FÓRUM ESPECIAL
Como ser o melhor dos BRICs
Condições fundamentais:
Estado moderno (*o melhor dos emergentes*), sistema político moderno (*co-responsável pelo desenvolvimento*) e ausência de vulnerabilidade externa
3, 4 e 5 de setembro de 2008

PATROCÍNIO

GRANDES BENEMÉRITOS

BRASIL
UM PAÍS DE TODOS
GOVERNO FEDERAL

ipea
Instituto de Pesquisa Econômica Aplicada

BNDES
Ministério do Desenvolvimento, Indústria e Comércio Exterior

FINEP
FINANCIADORA DE ESTUDOS E PROJETOS
MINISTÉRIO DA CIÊNCIA E TECNOLOGIA
APOIO DO FNDCT

BANCO DO BRASIL

BR PETROBRAS

CORREIOS
Ministério das Comunicações

CAIXA

Eletrobrás

Banco do Nordeste
O nosso negócio é o desenvolvimento

BID BANCO INTERAMERICANO DE DESENVOLVIMENTO

Telefónica

ODEBRECHT

VALE

IBMEC MERCADO DE CAPITAIS

SEBRAE

GERDAU

EMBRAER

CNI 70 ANOS
Confederação Nacional da Indústria

ANDRADE GUTIERREZ

Light

Bradesco

Sistema FIRJAN
FIRJAN CIRJ SESI SENAI IEL SISTEMA FIRJAN

SECRETARIA DE CULTURA DO ESTADO DO RIO DE JANEIRO

oi

CCR

ULTRA

PATROCINADOR ESPECIAL FIESP / **Agradecimento: PREVI**

INSTITUTO NACIONAL DE ALTOS ESTUDOS - INAE
RUA SETE DE SETEMBRO, 71 - 8º ANDAR - CENTRO - CEP: 20050-005 - RIO DE JANEIRO / RJ
TEL.: (21) 2212-5200 - FAX: 2212-5214 - e-mail: inae@inae.org.br - site: www.inae.org.br

Na CRISE GLOBAL como ser O MELHOR DOS BRICS

COORDENADORES
João Paulo dos Reis Velloso
Roberto Cavalcanti de Albuquerque

Na CRISE GLOBAL como ser O MELHOR DOS BRICS

COLABORADORES
Clifford Sobel • José Serra • Luciano Coutinho
Miguel Jorge • Fernando J. Ribeiro e Ricardo Markwald
Benedicto Fonseca Moreira • Celso Amorim
Sérgio Amaral • Cláudio R. Frischtak
João Geraldo Piquet Carneiro • Antonio Augusto Anastasia
Arlindo Chinaglia • Tião Viana • Tarso Genro • Sérgio Guerra
José Eduardo Cardozo • Arthur Virgílio • Célio Borja
Geddel Vieira Lima • Paulo Paiva • Luiz Carlos Everton de Farias
Saumíneo da Silva Nascimento • Oldemar Ianck

3ª Edição

ELSEVIER

20 ANOS FÓRUM NACIONAL

CAMPUS

Copidesque: Shirley Lima da Silva Bras
Revisão: Mariflor Brenlla Rial Rocha e Edna Rocha
Editoração Eletrônica: Estúdio Castellani

Elsevier Editora Ltda.
Rua Sete de Setembro, 111 – 16º andar
20050-006 – Centro – Rio de Janeiro-RJ – Brasil
Telefone: (21) 3970-9300 Fax: (21) 2507-1991
E-mail: info@elsevier.com.br
Escritório São Paulo
Rua Quintana, 753/8º andar
04569-011 – Brooklin – São Paulo – SP
Tel.: (11) 5105-8555

ISBN 978-85-352-3323-0

Nota: Muito zelo e técnica foram empregados na edição desta obra. No entanto, podem ocorrer erros de digitação, impressão ou dúvida conceitual. Em qualquer das hipóteses, solicitamos a comunicação à nossa Central de Atendimento, para que possamos esclarecer ou encaminhar a questão.

Nem a editora nem o autor assumem qualquer responsabilidade por eventuais danos ou perdas a pessoas ou bens, originados do uso desta publicação.

Central de atendimento
Tel.: 0800-265340
Rua Sete de Setembro, 111, 16º andar – Centro – Rio de Janeiro
e-mail: info@elsevier.com.br
site: www.campus.com.br

CIP-Brasil. Catalogação-na-fonte
Sindicato Nacional dos Editores de Livros, RJ

N11 Na crise global, como ser o melhor dos BRICs / coordenadores João Paulo dos Reis Velloso, Roberto Cavalcanti de Albuquerque ; colaboradores Clifford Sobel... [et al.]. – Rio de Janeiro : Elsevier ; São Paulo : INAE, 2009 – 3ª reimpressão.

Textos apresentados no Fórum Especial, realizado pelo Fórum Nacional nos dias 3, 4, e 5 de setembro de 2008, no BNDES, no Rio de Janeiro

ISBN 978-85-352-3323-0

1. Brasil – Relações econômicas exteriores. 2. Crise econômica. 3. Brasil – Política econômica. 4. Desenvolvimento econômico I. Velloso, João Paulo dos Reis, 1931-. II. Albuquerque, Roberto Cavalcanti de, 1939-. III. Instituto Nacional de Altos Estudos.

08-5131. CDD: 327.81
CDU: 327(81)

Sumário

SEXTA PARTE

PROJETO SINERGIAS: OPORTUNIDADEPARA O NORDESTE E A AMAZÔNIA

Prefácio

*João Paulo dos Reis Velloso**

*Coordenador-geral do Fórum Nacional (Inae), presidente do Ibmec-Mercado de Capitais e professor da EPGE (FGV). Ex-ministro do Planejamento.

Em maio deste ano, semanas antes do XX Fórum Nacional, Jim O'Neil, que coordenou o relatório do qual resultou a expressão BRICs (Brasil, Rússia, Índia e China), em 2003, deu uma entrevista de página inteira a um jornal do Rio, dizendo: "O Brasil é o melhor dos BRICs."

Diante das dúvidas naturais, resolvemos discutir a questão, sob a forma de "Na crise global: como ser o melhor dos BRICs". Daí resultou o Fórum Especial de setembro último, cujos textos são agora publicados em livro.

O ponto de partida, no caso, é saber se essa própria idéia faz sentido, pois estamos diante da pior crise mundial desde a Grande Recessão dos anos 30. Em nosso entender, faz sentido: na própria crise de 29, o Brasil teve uma reação que permitiu obter razoável crescimento e grande expansão industrial, com mudança do modelo de desenvolvimento.

E isso se repetiu diante da crise do petróleo. Novamente, a estratégia adotada permitiu razoável crescimento e mudança do modelo de desenvolvimento.

Desta forma, não estamos fora da realidade ao discutir em que condições o Brasil poderá ser o melhor dos BRICs. Condições econômicas, condições institucionais e condições políticas. E o contexto: inserção internacional inteligente – Brasil e América do Sul.

Na sessão de abertura, houve duas manifestações especiais – a do embaixador Clifford Sobel, dos Estados Unidos, sobre "Um chamado à parceria global". E a do presidente do BNDES, Luciano Coutinho, sobre "Oportunidades, a despeito da crise global".

CONDIÇÕES ECONÔMICAS (INCLUSIVE OPORTUNIDADE PARA O NORDESTE E A AMAZÔNIA)

Talvez possamos definir as seguintes condições econômicas:

- Aproveitar oportunidades, dentro da estratégia de "economia criativa", baseada na inovação e na "economia do conhecimento" – tema discutido no XX Fórum.
- Nova, e grande oportunidade, a área do petróleo – tema a ser discutido no Fórum Extraordinário deste mês de dezembro.
- Oportunidade para o Nordeste e a Amazônia – um dos temas do Fórum Especial de setembro.
- Medo do abismo – evitar a volta da vulnerabilidade externa – um dos temas do Fórum Especial de setembro.

No tocante ao Nordeste e à Amazônia, há três pontos a salientar.

Em primeiro lugar faz-se necessário recuperar a idéia do desenvolvimento regional, significando oportunidade de desenvolvimento para o Nordeste e Amazônia. Sem isso, as duas regiões continuarão sendo as menos desenvolvidas no país. E oportunidade dentro de estratégia de dupla opção: exportar para o resto do país e exportar para o resto do mundo.

Ser modelo exportador, para as duas regiões, faz todo sentido pois são economias pequenas.

Mas, como recuperar a relevância do desenvolvimento regional? Segundo a proposta do Fórum Nacional, isso será possível através da ação conjunta das principais agências de desenvolvimento do país – BNDES, Banco do Brasil, BRDE, Banco do Nordeste, Suframa. Isso, sem prejuízo da ação do Ministério da Integração Nacional e da nova Sudene, e com o apoio dos Planos de Desenvolvimento do Vale do São Francisco e do Vale do Parnaíba, formulados pela CODEVASF.

Importante notar: a ação das agências deve abranger, além da identificação de oportunidades de investimento, a sua promoção. Ou seja, a escolha de que instituição ou empresa vai fazer o investimento. Isso não é novidade, pois foi feito, nos anos 70, pelo INDI, em Minas Gerais.

O segundo ponto é que já existem oportunidades de investimento identificadas em relação ao Nordeste. Principalmente nos grandes pólos urbano-industriais: Salvador, Recife, Fortaleza, São Luís; Vale do São Francisco; Vale do Parnaíba; e na região de Cerrados: sul do Piauí e Maranhão, oeste da Bahia.

Cabe, claro, uma prioridade para o semi-árido, em termos de solução para o problema da água e da identificação de novas oportunidades econômicas.

O terceiro ponto - as oportunidades para a Amazônia giram em torno da floresta, tendo em vista a sua preservação e o desenvolvimento de seu enorme potencial.

Estamos falando de bioindústria, com base na biodiversidade da floresta; na mineração moderna, que já representa grande riqueza; no extrativismo sustentável, com beneficiamento das produções extrativo-vegetal e animal, para agregação de valor.

No painel correspondente a esse tema, tivemos a apresentação de *paper*, por Roberto Cavalcanti de Albuquerque, diretor técnico do Fórum Nacional, e manifestações do ministro Geddel Vieira Lima, da Integração Nacional; do presidente do BDMG, Paulo Paiva; de Luiz Carlos Everton de Farias, diretor de Controle e Risco do Banco do Nordeste; de Saumíneo da Silva Nascimento, diretor de Planejamento e Articulação de Políticas da Sudene; e de Oldemar Ianck, superintendente adjunto de projetos da Suframa.

BALANÇA COMERCIAL E TRANSAÇÕES CORRENTES – A VOLTA DA VULNERABILIDADE EXTERNA?

O Brasil conseguiu, no atual ciclo de crescimento, ficar sem vulnerabilidade externa, favorecido pela fase da economia internacional altamente favorável e pelo esforço interno de preservar boas bases.

Mas, como sabemos, o advento das três crises internacionais simultâneas – crise financeira, crise de alimentos e crise do petróleo -, ao lado de fatores internos – a nossa "síndrome macroeconômica" –, está trazendo de volta o risco da vulnerabilidade externa. O superávit da balança comercial está caindo rapidamente e já temos significativo déficit em transações correntes.

Se queremos ter crescimento, e se queremos tirar proveito das enormes oportunidades que se oferecem ao país, é necessário começar a agir em várias frentes. E, dentre elas, merece destaque uma inserção internacional inteligente, tendo como principal instrumento uma política industrial-exportadora, que, inclusive, melhore a nossa estrutura de exportações, hoje excessivamente concentrada em produtos básicos e matérias-primas, vendo para onde sopram os ventos. Eles sopram para muitos lados, mas, principalmente, para a Ásia.

Neste painel, houve o pronunciamento do ministro Miguel Jorge, do Desenvolvimento; a apresentação de *paper* por Ricardo Markwald, diretor-geral da Funcex, e Fernando J. Ribeiro, técnico da mesma instituição; e o comentário especial de Benedicto Fonseca Moreira, presidente da AEB (Associação de Comércio Exterior do Brasil).

Passando às condições internacionais, houve uma Sessão Especial (a de Abertura), voltada para o problema da gestão do Estado.

REMODERNIZAÇÃO DO ESTADO BRASILEIRO

Segundo Hélio Jaguaribe (I Fórum, 1988), o Brasil teve, até a altura de 1980, o Estado mais moderno do Terceiro Mundo. Isso foi conseqüência de um processo de profissionalização, desburocratização, despolitização do Estado e, principalmente, da Reforma Administrativa de 1967 (Decreto-lei 200).

Parece, hoje, ser evidente a necessidade de recuperação da idéia de reforma administrativa, para termos, de volta, uma gestão moderna do Estado brasileiro. Agora, incorporando a visão do "Estado inteligente" (que se concentra nas suas atribuições próprias) e do "Estado criativo" (dentro da estratégia de "economia criativa" e em consonância com as lições de Peter Drucker).

Lembrando o que ele disse: "Desenvolver o talento (de seus Recursos Humanos) é a função principal da empresa (e das organizações em geral)."

Houve, nessa sessão, a oportunidade de ouvir a manifestação do governador José Serra, do Estado de São Paulo, a apresentação do *paper* de Piquet Carneiro, Presidente do Instituto Hélio Beltrão (e ex-ministro da Desburocratização) e o comentário do vice-governador de Minas Gerais, Antonio Augusto Anastasía.

Passando às condições políticas, tivemos um Painel Especial sobre Modernização do Congresso Nacional e do Sistema de Partidos Políticos.

A SOCIEDADE CONTRA A BARBÁRIE ("CIRCOS DE HORRORES" E ESCÂNDALOS/"CONEXÕES") – IR À RAIZ COMUM: NECESSIDADE DE FORTALECIMENTO DAS INSTITUIÇÕES POLÍTICAS DO PAÍS

O painel se preocupou com o objetivo de tornar a democracia brasileira – e principalmente as instituições políticas – favorável ao desenvolvimento. Porque, se formos às raízes, veremos que os "circos de horrores" (escândalos políticos e "conexões") e os "apagões" (colapsos de sistemas) têm a mesma causa: a necessidade de modernização das instituições políticas brasileiras.

Daí a busca de propostas de modernização do modelo de Estado. E, por outro lado, modernização do Congresso Nacional (gestão moderna, melhor diálogo com o Executivo – sem "presidencialismo imperial" –, co-responsabilidade com o crescimento sustentado, a geração de empregos e as reformas) e do sistema de partidos (indo além da reforma política: conteúdo programático mínimo, co-responsabilidade com o crescimento sustentado, a geração de empregos e as reformas).

A sessão não poderia ter sido mais representativa. Tivemos as seguintes manifestações:

- Deputado Arlindo Chinaglia, presidente da Câmara dos Deputados
- Senador Tião Viana, primeiro vice-presidente do Senado Federal
- Ministro Tarso Genro, da Justiça
- Senador Sérgio Guerra, presidente do PSDB

- Deputado José Eduardo Cardozo, secretário-geral do PT
- Senador Arthur Virgílio, líder do PSDB
- Ministro Célio Borja

Tivemos, finalmente, a discussão do contexto internacional mais próximo ao país.

O BRASIL E A AMÉRICA DO SUL – INTEGRAÇÃO ECONÔMICA E POLÍTICA, NO MUNDO PÓS-DOHA

A preocupação básica foi fazer uma avaliação do que está acontecendo, efetivamente, na América do Sul, em termos de experiências, formais e informais, de integração econômica e política.

Como avaliar a situação do Mercosul, sempre uma prioridade para o Brasil, qual o rumo a tomar e qual a configuração que devemos dar-lhe, para que realmente tenha sucesso? Como ampliá-lo? De que forma fazer a integração da infra-estrutura, entre o Brasil e os países vizinhos?

No campo político, existem experiências acontecendo, principalmente na Venezuela, na Bolívia e no Paraguai. Como manter um bom relacionamento (integração?) político entre países de itinerários tão díspares? Que propósitos realmente pode alcançar a União Sul Americana de Nações? E como minimizar os desencontros, que às vezes se manifestam nos "por que não te calas"?

Integração e diplomacia são palavras-chave nesse continente tão complicado, que já tem governos de base popular, mas que ainda são inúmeros personagens à procura de autor – e de cooperação. E agora entra o fato novo do mundo pós-Doha.

O ministro Celso Amorim, das Relações Exteriores, colocou o Cenário de forma ampla: "Os BRICs, o mundo pós-Doha e a América do Sul".

Em seguida, o embaixador Sérgio Amaral (ex-ministro do Desenvolvimento, Indústria e Comércio Exterior) falou sobre os encontros e desencontros de Brasil e América do Sul. E, finalmente, Cláudio R. Frischtak (atualmente, consultor de empresas; ex-economista sênior do Banco Mundial) fez reflexão sobre as formas econômicas de integração na América do Sul.

PRIMEIRA PARTE

Na crise global como ser o melhor dos BRICs

O melhor dos BRICs: um chamado à parceria global

*Clifford Sobel**

* Embaixador dos Estados Unidos no Brasil.

Estamos vivendo um momento muito importante entre nossos países. Por meio de nossas parcerias, podemos construir juntos uma era de esperança, oportunidades e prosperidade.

O trabalho de um embaixador é construir pontes, criar parcerias, e agora devemos aproveitar o momento. É, pois, uma satisfação estar aqui para conversar com vocês sobre a importância da parceria global com os países do BRIC e sobre o que torna o Brasil uma parte tão importante desse grupo.

Em um jantar em São Paulo, Abby Cohen, co-presidente da Goldman Sachs, disse-me, em tom de brincadeira, mas meio sério, que estava desapontado porque nunca registraram como marca o termo "BRIC".

Como vocês sabem, o termo foi criado em 2001 por Jim O'Neill, da Goldman Sachs, para descrever quatro países cujas economias têm muita influência no mundo atual. É interessante observar que O'Neill disse: "O Brasil é o melhor dos BRICs."

Hoje, eu gostaria de falar a respeito dos BRICs e da posição especial que o Brasil ocupa nesse grupo – especialmente por seus valores democráticos e sua economia de mercado.

Gostaria de discorrer sobre as coalizões que os BRICs e o mundo desenvolvido podem fazer com base em interesses comuns, olhando para o que nos une, e não para o que nos divide.

Após a Segunda Guerra Mundial, os Estados Unidos e seus aliados construíram uma nova ordem mundial. Hoje, cabe aos BRICs e ao mundo em desenvolvimento fazer isso outra vez!

Os BRICs têm tido grande impacto em nosso mundo na condição de novos líderes em uma era de globalização. Vocês estão mudando o centro de gravidade.

O impacto pode ser visto nas inovações tecnológicas da Índia; no papel da China, como um grande consumidor e exportador; no papel da Rússia, como produtor fundamental de petróleo; e nos passos dinâmicos da economia brasileira em manufatura, agricultura e energia.

Em artigo recente intitulado "Dreaming with BRICs: The Path to 2050" (Sonhando com os BRICs: o caminho para 2050), Goldman relatou que "os resultados são impressionantes". Com sua trajetória atual, em menos de 40 anos as economias dos BRICs, juntas, poderão ser maiores do que as do G-6. Em 2025, poderão representar metade do tamanho do G-6. Atualmente, representam apenas 15% do G-6. Em 2050, somente os Estados Unidos e o Japão estarão entre as seis maiores economias, junto com as quatro dos BRICs.

Está claro que vivemos em um mundo cada vez mais globalizado e interdependente. Mas também em um mundo de rápida mutação. Assim, penso que as seguintes questões precisam de resposta: Como as nações mais desenvolvidas podem construir parcerias mais sólidas com os BRICs? E, em segundo lugar, o assunto de hoje, como o Brasil se tornará "o melhor dos BRICs"?

Juntas, as nações mais desenvolvidas, como os Estados Unidos, devem trabalhar unidas em parceria com as nações do grupo BRIC, para enfrentar as questões fundamentais de nosso tempo – a pobreza, a desesperança e os 30% da população que deixamos para trás.

Nossas economias interligadas prepararão o caminho para a cooperação em muitas áreas, não apenas em relações bilaterais. Tratarão também de levar os benefícios da globalização a todos os cidadãos do mundo. Juntos, nossos líderes precisam ser suficientemente sábios para tomar decisões difíceis ao lidar com as diferentes questões com as quais nós todos nos deparamos.

Hoje, nenhum país, nenhuma região, dispõe de recursos ou capital intelectual para lidar com todos esses desafios.

Como o maior país no sul da Ásia, a Índia tem o importante papel de ajudar a assegurar uma Ásia estável, pacífica e próspera. Estamos atuando em estreita colaboração com as iniciativas que visam limitar as mudanças climáticas globais e preservar os recursos energéticos.

No que diz respeito à China, os Estados Unidos construíram um sólido relacionamento, arraigado em interesses comuns. A China tem liberalizado seu mercado, e continuaremos a apoiá-la com investimentos expressivos em seu trajeto rumo a uma economia aberta e a mais respeito pelas liberdades individuais.

A Rússia tem um dilema: precisa decidir se vai se juntar às nações responsáveis do mundo em um relacionamento cooperativo sobre questões de segurança, economia, saúde e meio ambiente ou se continuará no caminho rumo ao confronto e ao isolamento. Os Estados Unidos estão dispostos a trabalhar com a Rússia na recuperação de seu lugar entre os líderes mundiais, com base em sua aceitação do princípio fundamental de que a soberania, a independência e a integridade territorial de todas as nações devem ser respeitadas.

Com o Brasil: somos parceiros naturais – *parcerias naturais.*

No decorrer dos últimos anos, nossos líderes cultivaram um relacionamento cada vez mais estreito entre nossos governos, nossos empresários e nosso povo. Como resultado, acredito que haja um imenso potencial de crescimento em qualquer iniciativa que possamos imaginar: no plano da cooperação política em nosso hemisfério; nas responsabilidades que nossas nações terão de assumir para tornar o mundo mais estável; nas parcerias para fortalecer a cooperação econômica e comercial no hemisfério; e muito mais. Somos parceiros em biocombustíveis, em questões da área de saúde, na ajuda alimentar e talvez, no futuro, na produção de alimentos.

Como disse a secretária Rice quando visitou a Bahia: "Sempre achei que o Brasil e os Estados Unidos são mais parecidos entre si do que quaisquer outros dois países do mundo: as tradições européias, latinas, africanas... mais importantes vivem todas lado a lado."

Em recente reportagem em *O Estado*, o Brasil foi citado como um dos líderes em tecnologia entre os BRICs. Um estudo atual da empresa americana de consultoria IDC mostra que o Brasil está à frente de países como Japão, França e Alemanha.

Atualmente, o Brasil assume uma crescente liderança em inovação. E em nenhuma área seu investimento em tecnologia é mais notório do que no desenvolvimento de biocombustíveis da próxima geração. E, agora, na extração de petróleo das novas fronteiras de energia na bacia do pré-sal.

Para o Brasil se tornar o melhor dos BRICs, ele deve reconhecer que o sucesso econômico dos BRICs depende de investimentos.

Recentemente, o *The Financial Times* – em artigo intitulado "The BRICs" [Os BRICs] – discorreu sobre grupos de *private equity* que assumem grandes riscos legais e financeiros à medida que investem em mercados emergentes.

Como qualquer executivo sabe, o capital é direcionado para investimentos seguros. Isso significa investimentos em países com regras empresariais transparentes, proteção dos direitos de propriedade intelectual e condições associadas para investimentos. Essa é a razão pela qual é tão importante desenvolver uma estrutura que inclua tratados tributários e de investimentos. É especialmente importante que, à medida que ascende na escalada econômica, o Brasil proteja a propriedade intelectual, inclusive marcas comerciais e patentes.

Se o Brasil pretende ser o primeiro entre os membros do BRIC, é importante que continue a construir um ambiente regulatório com a máxima transparência e abertura possíveis. O Brasil precisa fazer o que for necessário para atrair esses investimentos – especialmente nesse mercado globalmente competitivo para investimentos.

Na qualidade de líderes econômicos globais, tanto o Brasil quanto os Estados Unidos têm uma agenda de comércio e de investimentos bastante ativa. Precisamos fazer essa parceria crescer. Nossos países têm em comum o desejo de ver uma Rodada Doha passível de ser concluída com sucesso porque, como declarou a secretária Rice, "não podemos fazer nada mais importante para as nações em desenvolvimento do que ter um sistema mundial de comércio que apóie o desenvolvimento e sustente os mercados para que tanto os países desenvolvidos quanto os em desenvolvimento possam prosperar".

É importante lembrar que o comércio não é uma garantia, mas uma oportunidade. Uma oportunidade que está a nosso alcance! A liderança do Brasil em comércio entre os BRICs é reconhecida e apreciada!

O que pode ser feito para garantir sua posição como o "melhor dos BRICs"? Imaginem o impacto exercido pelo Brasil sobre o cenário mundial com base na importância que confere aos princípios democráticos e valores sociais.

Hoje, a liderança global exige parceria política e diplomática comprometida e contínua entre os países desenvolvidos e em desenvolvimento, em tempos de crise e em tempos tranqüilos. A liderança global implica tomar também decisões diplomáticas difíceis, não apenas as populares.

Um modelo de liderança global entre as nações do BRIC é o comando brasileiro das forças da ONU no Haiti, bem como seu engajamento diplomático na África lusófona.

Regionalmente, valorizamos os esforços empreendidos pelo presidente Lula e por outros líderes para promover a conciliação no caso dos problemas entre a Colômbia e o Equador.

O Brasil está trabalhando com diversos países da África para ajudá-los a enfrentar desafios, seja fornecendo melhor assistência médica e fortalecendo as instituições democráticas, seja auxiliando-os na abertura de novas oportunidades de mercado.

O Brasil progrediu de modo notável na defesa dos direitos humanos e da democracia, inclusive pelas declarações recentes sobre a crise no Tibete e pela oferta para atuar como observador nas eleições do Zimbábue.

E o envolvimento das nações do BRIC como parceiras do mundo desenvolvido é bem-vindo e necessário em outras áreas, como comércio, energia e meio ambiente. Não na forma de confronto, mas de cooperação.

Como líder entre os BRICs, o Brasil pode desempenhar um papel muito construtivo em questões como Darfur, conflitos na Eurásia e outros conflitos regionais com conseqüências globais. Talvez um dia o Brasil e os Estados Unidos possam ser parceiros em outras áreas no campo da energia, a exemplo do que estamos fazendo hoje com os biocombustíveis.

Em resumo, à medida que o Brasil e as outras nações do BRIC se fortalecem nas áreas econômica, política e diplomática, criam uma oportunidade sem precedentes. Elas têm a oportunidade de desenvolver uma nova matriz de liderança global, na qual poderemos trabalhar juntos em busca de soluções para os desafios enfrentados atualmente pela comunidade mundial.

À medida que o Brasil continuar avançando na liderança global, junto com vários outros países de atividade recente no cenário mundial, aumentará a pressão para rever e reformar as instituições globais.

Já estamos vendo mudanças – na OMC e no G-8, para citar apenas dois. A Organização das Nações Unidas, como concordam todos, é uma instituição importante e respeitável. No entanto, para permanecer no centro de nossa comunidade global, ela precisa transformar-se em uma instituição que reflita a realidade atual.

Os Estados Unidos uniram-se a outros países para lançar uma agenda ambiciosa de reformas – reformas que consideramos vitais para permitir que a Organização das Nações Unidas faça mais do que faz atualmente. Isso está em consonância com o pedido da secretária Rice em setembro passado, antes da 60ª reunião da Assembléia Geral, para "lançar uma revolução duradoura de reformas". Porém, antes de tomar uma decisão sobre o Conselho de Segurança, precisamos trabalhar juntos para reformar primeiro a ONU como um todo.

Concluindo, os Estados Unidos estão ao lado do Brasil – e de seus pares do BRIC – como parceiros no cenário mundial. Podemos realizar grandes coisas juntos – bilateral e multilateralmente – quando agimos em conjunto, como governos e como pessoas.

Como declarou recentemente o secretário de Estado adjunto para Assuntos do Hemisfério Ocidental, Tom Shannon: "Esta é uma relação em que os dois países precisam prestar muita atenção. Ela definirá, na realidade, o que acontece na América do Sul e em outros lugares do mundo."

Permitam-me enfatizar que essa relação não apenas persistirá, como também se aprofundará e se fortalecerá, não importa quem venha a conquistar a presidência dos Estados Unidos em novembro. Os dois candidatos americanos já sinalizaram quão importante é a relação com o Brasil e a América Latina e quanto desejam expandi-la.

Esse governo e os dois candidatos à presidência também entendem claramente que uma agenda global exige parceria global, e essa parceria precisa incluir o Brasil.

O que peço hoje ao Brasil é: continue a ser nosso parceiro. Não apenas nosso parceiro bilateral, mas nosso parceiro em relações multilaterais, nosso parceiro mundial. Juntos, temos tanto espaço para crescimento e sucesso que devemos ser mais ambiciosos em relação ao que nossos países podem fazer em conjunto.

Talvez um dia o Brasil e os Estados Unidos possam ser parceiros em outras áreas no campo da energia, a exemplo do que estamos fazendo hoje com os biocombustíveis. Talvez, nos próximos anos, tenhamos condições de trabalhar juntos até em mais países africanos que necessitem de nossa ajuda e experiência. Talvez nos unamos para ampliar nossa iniciativa bilateral de combate à discriminação racial e étnica e de promoção da igualdade de modo a incluir outros países.

Não sabemos quais serão as áreas específicas da futura cooperação entre nossos países. Mas sabemos que o futuro do Brasil é hoje, e nossos futuros e nossa prosperidade são interdependentes. Este é um grande momento para o Brasil e para os Estados Unidos, com oportunidades ilimitadas.

Cabe a nós todos, governos, setor privado e cidadãos, construir as pontes, criar as parcerias e aproveitar o momento.

Desenvolvimento do Estado brasileiro*

*José Serra***

*Texto adaptado de gravação, não revisado pelo autor.
**Governador do Estado de São Paulo.

Gostaria de fazer uma abordagem que começasse primeiro pelas questões mais gerais de nossa economia. Em seguida, o papel do Estado e, finalmente, as questões que, de fato, têm a ver mais com a gestão pública propriamente dita. Mas não resisto a fazer algumas referências mais amplas à questão econômica, porque ela é o pano de fundo das discussões a respeito da gestão de políticas públicas.

Nos últimos anos, a economia brasileira pôde aumentar sua taxa de crescimento, especialmente a partir de 2002, embora a um ritmo menor que o da América Latina, menor que o dos países emergentes e menor do que o do mundo. Apesar das condições internas, eu diria, excepcionais. Pelo menos que eu me lembre, talvez não tenha havido, mesmo no século passado, um período tão prolongado de bonança externa para a economia brasileira como nos anos recentes.

Qual é o nosso desafio? É que esse crescimento, essa aceleração do crescimento, não represente apenas mais um miniciclo seguido de novo de um período, mais longo, de estagnação. Eu queria lembrar que, tomando 1980 como base, até hoje, o crescimento da renda por habitante no Brasil esteve em torno de 1% ao ano, o que configura uma semi-estagnação de longo prazo. Um verdadeiro pesadelo do ponto de vista da história do Brasil.

E se imaginarmos que deveríamos conseguir empregos no futuro, manter uma taxa de desemprego de 5% e abrir oportunidades de futuro para nossa população, teremos de criar, até 2020, cerca de 21 milhões de empregos para absorver o aumento da população economicamente ativa, especialmente a taxa de desemprego. Isso é só uma idéia do tamanho do nosso desafio.

Um primeiro aspecto, nesse sentido, é a insuficiência da taxa de investimento. É uma taxa ainda reduzida. Menor do que a da Argentina, do Chile, da Colômbia, do Peru. Na verdade, na América Latina, dos dados que vi, só investimos mais do que a Venezuela, como fração do Produto Interno Bruto.

Por trás disso, há uma forte inconsistência na política macroeconômica, que também é gestão governamental. Ninguém discute aquele critério – tenho impressão até de que fui o primeiro a chamar de tripé, na época –, que é câmbio flutuante, responsabilidade fiscal e metas de inflação. Mas, nesse contexto, tem-se a administração do que seria a política econômica, que é inconsistente com o aumento da taxa de investimentos. Juros siderais, câmbio megavalorizado, gastos governamentais crescendo vertiginosamente por conta dos gastos correntes.

Para que se tenha uma idéia, os gastos governamentais de 2002 a 2012, projetados, crescerão cerca de 130% em termos reais se não houver aceleração da inflação. Isso por conta das despesas correntes, o que cria, também agora, uma inovação, ou seja, o aumento dos gastos futuros, porque não há lei de responsabilidade fiscal federal.

Não sei se a maioria aqui sabe. A lei de responsabilidade fiscal, no Brasil, só vale para estados e municípios. Não há uma lei de responsabilidade fiscal federal e o governo federal não precisa, quando transita de um governo para outro, obedecer à nenhuma lei de responsabilidade. Aquele velho mecanismo de transferir a desorganização das contas públicas para governos sucessivos foi inibido no caso de estados e municípios, mas não na esfera federal. Nem há lei de responsabilidade fiscal para o governo federal. Originalmente, ela não foi feita; deixou-se para depois – e depois não se materializou essa providência.

Junto com isso, houve um crescimento acelerado, vertiginoso, do déficit em conta corrente, apesar da melhora das condições externas. Déficit este que está financiando, na maior parte, não o investimento, mas o consumo.

Nos anos 70, houve também forte crescimento do déficit em conta corrente, mas financiando o investimento. A particularidade do período recente é que se está financiando o consumo, e não o investimento. Portanto, essa é uma inconsistência que terá de ser vencida com sabedoria, com serenidade, com arte. Mas – evidentemente – coloca o pano de fundo por cima, até, da própria gestão governamental.

Outro aspecto que quero mencionar aqui, e que tem muita importância, é o aspecto do comércio exterior, um componente vital na economia brasileira, muito mais do que era no passado. Se tomarmos 1978 como referência, a abertura da economia brasileira duplicou desde então. Ou seja, somando importação e exportação, em proporção do PIB, hoje temos uma abertura que é o dobro da que existia em 78, a qual é grande para uma economia continental.

Há certa ingenuidade, muitas vezes, em se confundirem economias continentais com economias pequenas. A economia chilena é uma economia pequena; ela tem uma abertura de um terço do PIB. A economia brasileira é continental, e as economias continentais nunca têm mais do que 10, 15% do PIB de importações, e o dobro de comércio exterior.

Precisamos, realmente, de uma definição, que já devia ter sido encaminhada nos últimos anos. Mas, na verdade, em vez de se reformarem esquemas então existentes, os sistemas foram aprofundados. É a idéia de multilateralismo *versus* bilateralismo. O Brasil precisa enfatizar mais as práticas bilaterais de comércio. As multilaterais não funcionaram. A gente pode discutir por que – eu, particularmente, tenho sido cético a respeito delas –, mas haveria determinadas condições que poderiam vir a favorecê-las.

Isso está consubstanciado, parcialmente, na questão do Mercosul, que precisa mudar. O Mercosul, como união alfandegária, estava fadado ao fracasso. E creio que o tempo mostrou que fracassaria. Com uma união alfandegária que não funciona na prática, o que temos tido de fazer é, em cada negociação bilateral, carregar mais parceiros.

O Brasil perde flexibilidade em sua expansão, e é uma economia continental. Imagine-se, por exemplo, a China fazendo uma união alfandegária. Significa renunciar à soberania da sua política comercial, ter o Camboja, o Laos, o Vietnã etc. como parceiros. E, quando for fazer negociações, quando vier ao Brasil, trazer os parceiros. E tudo tem de ser negociado dessa maneira. Isso é muito importante. E continua frágil, por outro lado, do ponto de vista de governo, a capacidade de fazer política de comércio exterior.

No governo Fernando Henrique, criamos a Camex, que até, modéstia à parte, foi idéia minha. Naquele tempo, um instrumento de coordenação do comércio exterior, mas que foi insuficiente, sem dúvida alguma.

Precisamos ter uma USTR brasileira. Ou seja, um Ministério do Comércio Exterior brasileiro. Hoje, são 23 ministérios mexendo com comércio, 10 departamentos, 3.900 leis; não temos, realmente, uma direção muito clara. O Itamaraty faz negociações, o Ministério do Desenvolvimento faz outras coisas, a Fazenda faz outras mais, a Aduana é conta da receita; enfim, não há uma política integrada de comércio exterior, e esse é um ponto de vulnerabilidade para o futuro.

Outro aspecto que quero mencionar é a respeito do modelo primário exportador. É um debate que não temos sido travado abertamente, mas está subjacente a muitas das discussões a respeito da política econômica. É que o Brasil não tem futuro voltando ao modelo *hacia afuera*, para usar a linguagem da Cepal, o modelo primário exportador. Isso, numa economia continental, não tem futuro. Uma nação não se faz só com a exploração de recursos naturais. É uma coisa que vai muito além disso.

Nessa área, demos um salto grande devido à entrada da China e da Índia, que ampliaram o comércio de *commodities*. O Brasil tem riquezas naturais e deve exportá-las, com valor adicionado ou sem valor adicionado, na medida das possibilidades. Isso gera renda, gera divisas, mas não vai presidir o nosso desenvolvimento. Devemos ser capazes de ter políticas macroeconômicas que impulsionem a atividade doméstica conferindo-lhe dinamismo próprio, gerando renda e emprego.

Está implícita, em algumas posições, essa idéia de voltar ao modelo primário exportador. Isso não vai nos conduzir ao desenvolvimento. Aliás, há até casos mais caricaturais, por exemplo, em relação ao petróleo. Lembro que, nos anos 70, a Venezuela e o México eram os países latino-americanos principais exportadores de petróleo. Quando houve aumento do petróleo, esses países quebraram. Os dois choques do petróleo, para eles, não foram choques de aumento de preço.

Nos anos mais recentes, temos tido um boom de comércio exterior, e estamos com o déficit em conta crescendo assustadoramente – além de subestimado nos cálculos atuais, porque, com a sobrevalorização cambial, o déficit em conta corrente fica subestimado. A sobrevalorização do real aumenta o PIB artificialmente em dólar. Dividir-se o déficit por um PIB inflado inegavelmente subestima o déficit em conta corrente.

Outro aspecto – agora entrando mais no tema de hoje – é com relação ao papel do Estado. Vi no programa deste Fórum a afirmação do Hélio Jaguaribe. Realmente, o Estado brasileiro foi muito eficiente. Junto com o Estado indiano, foram os mais intervencionistas, os mais presentes no desenvolvimento da economia, desde os anos 30. No caso brasileiro, foi o mais bemsucedido, até porque a economia cresceu a mais de 7% ao ano. Ou seja, do ponto de vista de resultados práticos, funcionou até os anos 80. E o Estado perdeu eficiência. Então, temos confluências conjunturais e mudanças estruturais na economia e na conjuntura mundial. O tamanho que o Estado assumiu, especialmente depois do II PND, dificultou sua intervenção pelo gigantismo de sua presença. Lembro que, nos anos 70, o expediente para financiar o balanço de pagamentos era endividar as empresas estatais, mesmo que elas não tivessem componentes importados, caso da Cesp, de São Paulo. Cerca de 90 e tantos por cento do que a Cesp comprava para construir usinas provinha do mercado doméstico. Mas ela se endividou em dólar, que era uma maneira de fechar o buraco do balanço de pagamentos.

No final dos anos 70, com a explosão dos juros e o segundo choque do petróleo, as empresas estatais quebraram porque estavam todas endividadas em dólar. Os juros em dólar chegaram a 20% ao ano, e o Brasil se endividara porque a taxa de juros fora negativa. Lembro que, uma vez, passei um tempo dando um seminário em Oxford. O Carlos Díaz-Alejandro estava lá. Ele fez uma palestra sobre um *paper* dele com Edmar Bacha, que nunca foi publicado e que mostrava a vantagem de se endividar em dólar, porque a taxa de juros era negativa e, de alguma maneira, apontava para a inteligência dessa política de endividamento.

De fato, era uma política inteligente – até que os juros explodiram. Isto quebrou o setor público. Mais ainda. Com a aceleração da inflação, o governo passou a manipular os preços para segurá-la. Foi grande o drama que enfrentou: de um lado, com o aumento violento de seu passivo; de outro lado, com a corrosão fortíssima de suas receitas em termos reais. O setor público quebrou.

Por outro lado, ainda, há o episódio da Nova República. Sejamos francos. Todos os que aqui estão, ou a maior parte, lutaram pela redemocratização. Mas a Nova República inaugurou um longo ciclo de loteamento de cargos e de politização da direção de todo o setor produtivo estatal. Realmente, o loteamento político atingiu o píncaro, talvez, em nossa história, dificultando muito a administração no conjunto desse setor. Isso tem de ser dito, porque é uma realidade. Acompanhei até de perto – não metido nisso, mas observando – o que aconteceu nessa área nos anos subseqüentes.

Por outro lado, tivemos a maior superinflação que conheço, pelo menos na história moderna, no sentido do que não era hiperinflação, mas inflação de 3, 4, dígitos durante 15 anos. Não houve ninguém que tenha tido essa superinflação por um período tão prolongado. Isso corroeu a capacidade de intervenção do Estado e o transformou em culpado junto à sociedade.

Tudo o que se seguiu – inclusive a redemocratização – à Constituinte foi condicionado, sobredeterminado, por essa superinflação, que lançou uma nuvem de poeira quente sobre o país, sobre a reflexão a respeito do Brasil. Nuvem de poeira quente que levou, inclusive, a não se enxergar direito quem estava sendo eleito em 1989 para presidente da República.

Tivemos, então, a crise daquele Estado, que antes havia sido muito bem-sucedido do ponto de vista de sua intervenção na vida econômica.

Quanto ao papel do Estado nas questões que têm a ver com o mercado de trabalho, com o bem-estar, a Constituinte foi até na mão contrária, acredito, do Estado, porque criou um verdadeiro Estado de bem-estar escandinavo, escrito na Constituição. Reforçando tudo aquilo que não podia ter sido reforçado, por exemplo, em matéria sindical, em matéria de mercado de trabalho e tudo mais.

Entramos em crise com relação ao papel do Estado e ele passou a ser necessário em outras funções e aspectos muito mais complexos do que no passado. Para começar, na medida em que perde o conjunto de empresas estatais, por exemplo, no caso da telefonia, esse mercado tem de ser regulado porque caracteriza monopólio natural. Essa era tarefa a que ninguém estava acostumado. No que respeita aos preços, antes energia elétrica, aço, petroquímica, tudo isso eram preços controlados (em energia elétrica, ainda se continua assim, mas já há contratos, porque há participação do setor privado), não estávamos equipados para regulá-los, para o controle do endividamento. Armou-se um esquema extraordinariamente complexo nessa matéria. A abertura da economia exigiria uma alfândega muito mais bem equipada. Lembremos que hoje os chineses exportam US$13 bilhões em têxteis para o Brasil e aqui são registrados apenas 5, 6 bilhões, um *underpricing* ou entradas de outras maneiras (só o que entra de contêineres para o Paraguai...). Uma vez, pedi ao Everardo Maciel para calcular o peso de todos aqueles contêineres que entravam via Paranaguá e Santos destinados ao Paraguai pela população daquele país. Obtivemos um número absurdo! Na verdade, todos ficam aqui dentro. Em uma economia aberta, controles desses procedimentos são mais essenciais, mas ainda não estamos preparados para isso. São, portanto, novos desafios, não foram até hoje bem equacionados.

A questão do tamanho do Estado também tem sido objeto de muito debate, mas há pouca clareza em matéria de definição. Aquele Estado do passado perdeu vigência, mas, em contrapartida, muitos vêem hoje no Estado uma passividade que não lhe pode corresponder.

Quero ler aqui ler um trecho que se ajusta exatamente à minha visão. É o seguinte:

"Em décadas recentes, os governos foram aconselhados a estabilizar, privatizar e liberalizar. Existe mérito no que está por trás dessa determinação: governos não deveriam tentar fazer demais, substituindo mercados ou fechando a economia com relação ao resto do mundo. No entanto, acreditamos que essa prescrição define o papel do governo de maneira muito limitada. Não é porque os governos são, às vezes, desajeitados ou equivocados que devemos retirá-los do script. Ao contrário, conforme a economia cresce e se desenvolve, governos ativos e pragmáticos têm um papel crucial a ser desempenhado. Uma estratégia coerente de crescimento irá, portanto, estabelecer prioridades, definindo onde aplicar as energias e os recursos do governo. Tais escolhas são extremamente importantes. Elas devem ser específicas aos países e seus contextos, respondendo a condições iniciais vastamente variáveis, pois existem inúmeras receitas para se preparar o macarrão."

Esse parágrafo é de um relatório recente do Banco Mundial, preparado por um grupo de *experts* que estudaram 30 países que cresceram durante 25 anos de maneira contínua. Eles chegaram de maneira concisa a essa conclusão, ou seja, aquele Estado do passado não deve dar origem a um Estado da pasmaceira, mas a um Estado ativo, a um ativismo governamental e a um papel regulador por parte do Estado que, na verdade, potencializa muito mais as forças de mercado com as novas funções que desempenha.

Quais são os riscos que temos pela frente? Primeiro, o risco agregado. Nos trabalhos em que se discute gestão, diz-se: "Não basta ter um orçamento equilibrado"; é necessário contar com uma lei de responsabilidade fiscal federal.

O papel das agências foi, indiscutivelmente, degradado. E não só porque as agências competem em poder com os ministérios, mas também porque elas foram loteadas politicamente. A Anvisa (Agência Nacional de Vigilância Sanitária), que criamos no Ministério da Saúde, foi um avanço grande, mas hoje ela está loteada entre partidos. Entra fulano porque é desse partido, entra sicrano porque é daquele partido, ou seja, uma providência crucial, no futuro, é reestatizar o Estado, quer dizer, aquilo que existe em matéria de Estado tem de ser reestatizado no sentido de não ficar preso a nenhum interesse partidário, corporativo de qualquer tipo, sindical ou de natureza privada.

Por último, as formas de gestão propriamente ditas. A gestão de resultados, que assa a ser uma gestão crucial, olhando-se daqui em diante, o aprimoramento da capacidade de coordenar do governo, de economizar, de estabelecer metas, de ser capaz de formular um plano de desenvolvimento para suas próprias ações, significando que o planejamento continua sendo essencial na área pública.

Temos tido várias experiências. Eu queria, antes de concluir, só mencionar a saga de conseguir empréstimo internacional. Para se ter uma idéia, do ponto de vista de exigências, um empréstimo externo trafega por nove órgãos distintos. Cada consulta que vai à Cofiex, que é do Ministério do Planejamento, deve ter 11 vias. A autorização para dar início à negociação de um empréstimo depende da liberação da Cofiex, que só se reúne três vezes por ano. O tempo estimado do processo é de um ano e meio a três anos para se chegar ao investimento.

Outro aspecto é a Lei nº 8.666, a lei de concorrência (eu era deputado quando ela foi debatida, era líder do meu partido e me opus a que fosse aprovada, porque ia piorar a situação). As pessoas que a fizeram agiram de boa-fé, mas realmente ela piorou tudo.

Um empreendimento médio da Sabesp (empresa de saneamento em São Paulo) está lá cinco anos e meio para se poder, no momento em que se decidir, ser concluído. Um empréstimo internacional com JBIC, por exemplo – o JBIC é um banco de financiamento japonês muito bom, dinheiro barato, tudo mais –, leva quatro anos para poder ser aprovado, se tudo andar direito.

A máquina pública é toda travada. Os aumentos de controle devido a problemas de corrupção ou problemas de endividamento e tudo mais tornaram o financiamento do investimento, sua organização, praticamente algo impossível, inclusive dentro dos prazos políticos que se colocam, porque um governo dura quatro anos. Ninguém quer começar uma coisa para terminar dali a oito, nove anos. Essas são questões críticas a serem estudadas.

Por outro lado, em matéria de novas ações do Estado, temos nos desenvolvido. Aqui vou me permitir dar outro exemplo de São Paulo – e não é para contar vantagem –, de outro lado da ação estatal e da ação pública que é a parceria com a iniciativa privada. Aí, há dois extremos. Um na infra-estrutura. Qual é o problema da parceria na infra-estrutura? Depois de o governo federal ter-se mantido irredutível durante muitos anos, convenceu-se de que eram importantes as concessões. Mas é difícil fazê-las, PPPs ou concessões, por causa da legislação, da cultura jurídica existente, que praticamente inviabiliza, com liminares e pretextos, seu andamento, tornando tudo muito difícil. E olha que já fizemos 4.200km de estradas mediante concessões e temos uns 1.600km mais pela frente.

Essa é uma boa forma de se aumentar a taxa de investimento. Qual é o adversário dela? É a taxa de juros, que tem a ver diretamente com o investimento privado na área pública, porque, se a taxa de juros é muito alta, a taxa de retorno tem de ser altíssima e isso inviabiliza muitos investimentos em infra-estrutura.

Outra parceria relevante é na área social. Temos, na área da saúde, 23 hospitais; não são hospitais administrados pela área privada, são hospitais nas mãos de entidades filantrópicas. Custam 10% menos, atendem 25% mais pessoas. É uma ação que funciona e é pública, rigorosamente pública, voltada à melhoria da saúde gratuita da população. Tudo isso no contexto de metas.

No caso da educação, temos generalizado o estabelecimento de metas e indicadores; agora, criamos metas para cada escola – cada escola que cumprir a meta e ultrapassá-la terá um aumento de salário que chega a até três salários por ano para cada professor, ou para cada funcionário da escola. Portanto, estamos dando incentivos materiais para o melhor desempenho na área pública em função de metas que, no caso do governo estadual, são generalizadas, mas na esfera federal ainda estão ainda muito distantes.

Eram essas as questões que eu queria levantar, mais para poder trazer elementos que promovam um debate de qualidade, já previsto neste Fórum.

Oportunidades, a despeito da crise global*

*Luciano Coutinho***

*Texto adaptado de gravação, não revisado pelo autor.
**Presidente do BNDES.

Gostaria de dizer, muito rapidamente, que o Brasil tem, sim, chances de se diferenciar como uma das economias em desenvolvimento capazes de crescer com relativa autonomia, embora a situação internacional nos próximos dois anos não seja necessariamente favorável. Por quê? Primeiro, porque a recessão internacional não será, provavelmente, uma recessão profunda, mas, possivelmente, uma recessão longa, embora amenizada pelo fato de que a Ásia, sob a liderança da China, tenderá a manter algum crescimento. E disso resultam condições razoáveis no contexto do comércio internacional e dos investimentos internacionais, que ajudam a sustentação da economia brasileira.

A economia brasileira, a despeito da crise global, tem condições singulares, neste momento, para sustentar um ciclo de investimentos bastante robusto. Quais são essas condições? A primeira deriva de uma fronteira de investimentos em infra-estrutura de alto retorno e risco relativamente baixo em função das demandas reprimidas. O país tem absoluta necessidade de investir fortemente em energia, logística e várias outras infra-estruturas importantes. Há também o fato de que estamos pondo em marcha processos irreversíveis de investimentos em que o setor privado, por meio de concessões, tem sido chamado a participar de forma muito ativa.

A segunda fronteira importante diz respeito a essas oportunidades ampliadas de exportação que a economia brasileira pode aproveitar, para não falar de nosso extraordinário agronegócio, que terá chances continuadas de crescer nos próximos anos, todas as nossas cadeias de mineração, cujos planos de investimento estão sendo reforçados, apesar da expectativa de alguma desaceleração na economia global nos próximos anos. A cadeia de celulose é outro exemplo, e ainda há a extraordinária oportunidade de tornar o etanol uma *commodity* internacional de grande escala de produção. Então, essas são oportunidades muito relevantes.

A terceira grande fronteira de investimento de que o Brasil dispõe deriva de seu mercado interno. A melhora das condições do mercado interno, da distribuição de renda, o crescimento do emprego formal e a possibilidade de expansão do crédito a partir de um sistema bancário muito saudável descortinam uma oportunidade de crescimento continuado dos investimentos dirigidos ao mercado interno. Não quero sublinhar apenas a cadeia automobilística. No mercado interno, além das possibilidades de expansão de um amplo conjunto de setores da economia e da indústria de serviços, sublinho, por exemplo, as imensas possibilidades de desenvolvimento da construção residencial no Brasil, fato que já é uma realidade visível em todas as capitais do país.

Então, essas são fronteiras muito robustas, e agrego a essas três ainda uma coisa nova, que foram as recentes descobertas do petróleo na camada de pré-sal, e que encerram uma enorme oportunidade de desenvolvimento para o país. Nesse sentido, vejo que o Brasil tem um conjunto de oportunidades de crescimento extremamente robustas e capazes de permitir um arranco na economia brasileira em direção a um papel diferenciado no sistema global.

Do que isso depende? Depende de muitas coisas, mas está aí o desafio para que nos tornemos um BRIC mais dinâmico que os outros. Uma das coisas mais relevantes, eu queria sublinhar, é a necessidade de constituirmos capacidade doméstica de poupança, para financiar esses investimentos sem depender exageradamente da abertura de um déficit em conta corrente imprudentemente elevado. Então, precisamos colocar em nossa agenda a importância de como ampliar a capacidade de poupança doméstica e de investimento para realizar esse grande potencial, que não nos absolve de pensar também em todos os outros desafios na área de educação, em outras áreas fundamentais para que a economia brasileira possa, de fato, se tornar uma economia relevante.

SEGUNDA PARTE

Crise global e inserção internacional inteligente

Desenvolvimento produtivo para evitar a volta da vulnerabilidade externa

*Miguel Jorge**

*Ministro do Desenvolvimento, Indústria e Comércio Exterior.

RESTRIÇÃO EXTERNA AO CRESCIMENTO

A idéia de que o desempenho de longo prazo do balanço de pagamentos pode representar uma restrição importante ao crescimento dos países em desenvolvimento, em particular do Brasil, não é novidade.

Durante vários momentos, na história recente do Brasil, nosso crescimento econômico esbarrou na chamada "restrição externa". Essa restrição pode se dar por duas formas.

A primeira, por meio da restrição de divisas, propriamente dita, que reduziria a capacidade de o país importar bens de capital e insumos necessários a seu desenvolvimento.

A segunda forma de atuação da restrição externa seria sobre a capacidade de investimento e de acumulação de capital da economia doméstica, pela necessidade de transferir parcela significativa da renda doméstica aos credores internacionais.

O debate sobre a restrição externa ao crescimento brasileiro foi bastante intenso durante a segunda metade dos anos 90, quando tivemos elevados e persistentes déficits em transações correntes.

As recorrentes crises internacionais do período também serviram para colocar em evidência a vulnerabilidade da economia brasileira aos choques externos.

Naquele momento, algumas das soluções apresentadas ao problema passavam por ampliar nossas exportações, bem como sua taxa de crescimento, e por diversificar nossa pauta, de modo a torná-la menos suscetível às oscilações de preço e demanda das *commodities*, historicamente o principal item de nossa pauta exportadora.

De lá para cá, muita coisa mudou, como todos sabemos.

A pergunta que se coloca hoje é: Até que ponto as mudanças pelas quais passou a economia brasileira nos últimos anos conseguiram afastar ou não o problema da vulnerabilidade externa?

Dividirei essa apresentação em três tópicos.

Primeiro, apresentarei alguns números gerais sobre o desempenho do balanço de pagamentos brasileiro nos últimos anos.

Num segundo momento, mostrarei alguns indicadores de vulnerabilidade externa da economia e as razões pelas quais acredito que seja precipitado falar em volta da vulnerabilidade externa, embora sob hipótese alguma devamos negligenciar esse problema.

GRÁFICO 1
Balanço de pagamentos (US$ bilhões)

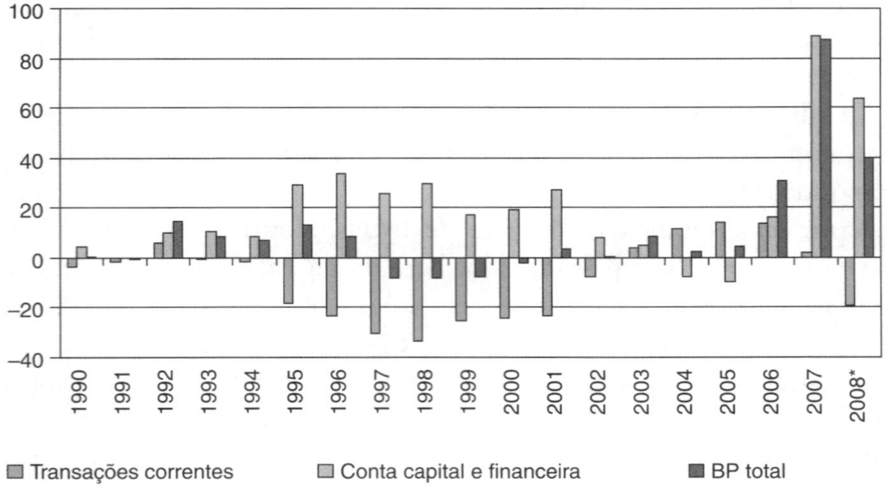

* *Últimos 12 meses até julho/2008. Fonte: Bacen. Elaboração: Assessoria Econômica (MDIC).*

Por fim, vou sugerir algumas estratégias que, em minha opinião, devem ser perseguidas para que possamos afastar as preocupações sobre a sustentabilidade de nosso balanço de pagamentos, no longo prazo.

O Gráfico 1 mostra a evolução do balanço de pagamentos brasileiro nos últimos anos, o que não é novidade para vocês.

O ressurgimento de nosso déficit em transações correntes, em 2008, em valores anualizados (representado pela coluna cinza do gráfico), é o fato novo que tem despertado as preocupações sobre a volta de nossa vulnerabilidade externa.

De fato, o Brasil é um país cuja conta de transações correntes é tradicionalmente deficitária, pelas remessas de lucros e juros associados aos investimentos estrangeiros no país.

Vamos discutir esse indicador mais à frente, mas antes também gostaria de chamar a atenção para a mudança de patamar dos resultados de nosso balanço de pagamentos.

Os resultados, quando positivos, eram da ordem de 1% ou 2% do PIB e os fluxos de investimento mal compensavam os eventuais resultados negativos da conta de transações correntes.

Em 2007, o superávit de cerca de US$90 bilhões em nosso balanço representou aproximadamente 7% do PIB.

Mesmo hoje, quando o déficit em transações correntes voltou a aparecer, os fluxos de investimento, não apenas de curto prazo, têm suprido com folga esse resultado deficitário.

Em relação aos investimentos diretos, a economia brasileira também parece ter mudado de patamar.

A recente obtenção do *investment grade* pode contribuir para manter esses investimentos em um nível muito superior ao que tínhamos, historicamente.

É óbvio que os fluxos de investimento têm outros determinantes que não estão necessariamente relacionados com o desempenho de nossa economia.

A maior ou menor disponibilidade de liquidez no mercado mundial, afetada também pelo desempenho das economias desenvolvidas, pode trazer maiores ou menores fluxos de investimento para o país.

Portanto, é claro que não podemos ter confiança excessiva nos fluxos de investimento como forma de financiar nosso balanço de pagamentos, no longo prazo.

Mas, hoje, a economia brasileira é muito mais capaz de gerar divisas do que nos anos 90. Nos últimos anos, nossos fluxos de comércio mudaram radicalmente de patamar, como fica claro no Gráfico 2. Somos uma economia muito mais aberta e integrada ao mercado mundial do que éramos há 10 anos.

GRÁFICO 2

Fluxos de comércio exterior (US$ bilhões)

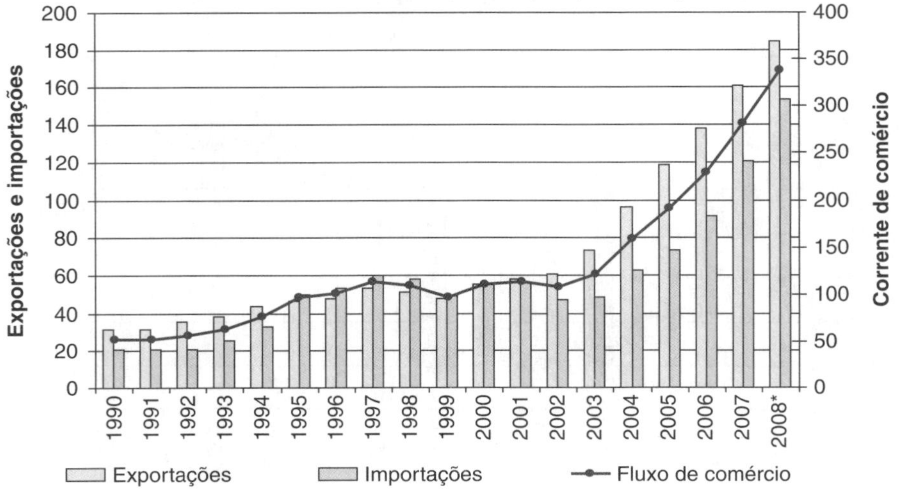

** Últimos 12 meses até julho/2008. Fonte: SECEX. Elaboração: Assessoria Econômica (MDIC).*

Em 1995, por exemplo, nossas exportações representavam 6% do PIB. Agora, chegam próximo a 12%. Nossos fluxos de comércio estão perto de US$300 bilhões (aproximadamente 21% do PIB), o que nos coloca numa situação muito diferente da que tínhamos há 10 anos.

Mas isso ainda é pouco para o tamanho da economia brasileira.

Em outros países em desenvolvimento, a participação dos fluxos de comércio no PIB é bastante superior: mais de 60% na China, 32% na Índia, 58% no Chile e no México.

Mas voltemos a falar da pergunta inicial: Essas mudanças em nossa inserção externa foram ou são suficientes para afastar as preocupações sobre a vulnerabilidade externa de nossa economia?

O Gráfico 3 talvez aponte para o mais tradicional indicador dessa vulnerabilidade: o déficit em transações correntes em relação ao PIB.

De fato, a conta de transações correntes voltou a ser deficitária em 2008.

Até julho deste ano, em valores anualizados, o déficit em transações correntes chegou a 0,61% do PIB brasileiro.

Obviamente, esse é um indicador importante, pois mostra que não fomos capazes de financiar nossa conta de serviços e rendas exclusivamente por meio de nosso saldo comercial.

Entretanto, é bom ressaltar que nosso déficit em transações correntes já foi muito mais expressivo.

GRÁFICO 3

Transações correntes/PIB (%)

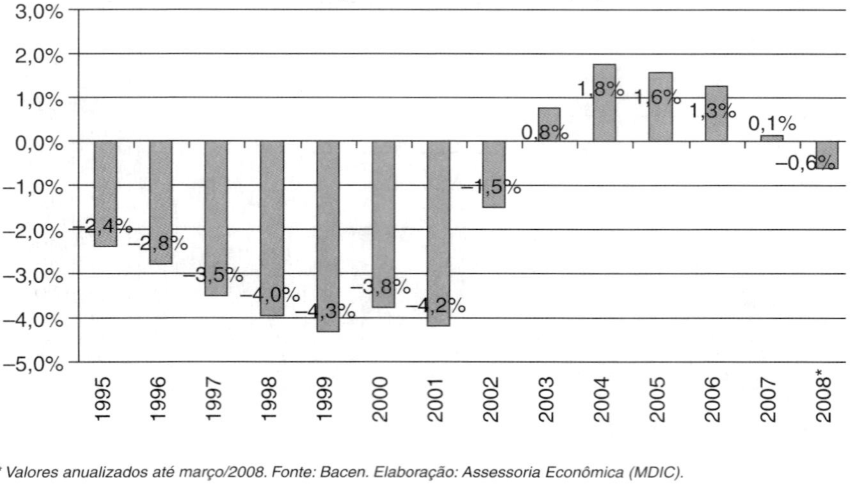

** Valores anualizados até março/2008. Fonte: Bacen. Elaboração: Assessoria Econômica (MDIC).*

Em 1999, ele representou mais de 4% do PIB, num ano em que os fluxos comerciais brasileiros eram de menos de U$S100 bilhões, ou seja, menos de 30% dos fluxos comerciais da economia brasileira hoje.

Certamente, há alguns anos, um déficit em conta corrente de 1% do PIB era muito mais preocupante do que hoje. Em 1995, 1% do PIB representava 17% de nossas exportações totais. Hoje, esse mesmo 1% do PIB representa cerca de 9% de nossas exportações.

Com isso, estou querendo dizer, apesar do ressurgimento do déficit em transações correntes, que somos muito mais aptos a lidar com ele do que há algum tempo, devido principalmente ao novo patamar de comércio da economia brasileira.

Isso não significa que poderemos permitir déficits maiores e recorrentes em transações correntes.

A maior capacidade de lidar com o déficit em transações correntes se expressa nos indicadores apresentados nesse gráfico, que também são usualmente utilizados para medir a vulnerabilidade externa de uma economia.

Podemos dizer que esses indicadores mostram a capacidade da economia brasileira de gerar divisas, por meio das exportações, para honrar seus compromissos externos.

Nosso pagamento anual de juros aos credores externos como proporção das exportações, por exemplo, é representado pela linha vermelha.

Em 1999, os juros já chegaram a representar mais de 30% das exportações brasileiras.

Em 2008, até junho, o pagamento de juros representou 4% de nossas exportações.

Outro indicador relevante é a relação entre o valor da dívida externa e o valor das exportações – a barra cinza no gráfico.

No Gráfico 4, estamos utilizando o valor da dívida bruta, ou seja, sem contabilizar as reservas e os ativos brasileiros no exterior. Esse, aliás, é outro elemento importante.

Desde janeiro de 2008, o valor dos ativos brasileiros no exterior (incluindo as reservas) superou nosso passivo externo, o que nos fez passar de devedores a credores internacionais. De qualquer forma, o indicador dívida bruta sobre exportações também mostra um desempenho muito favorável.

Em alguns momentos de nossa história recente, precisávamos de cinco anos de exportações para gerar divisas capazes de pagar o montante total de nossa dívida.

GRÁFICO 4

Vunerabilidade externa: Indicadores de solvência

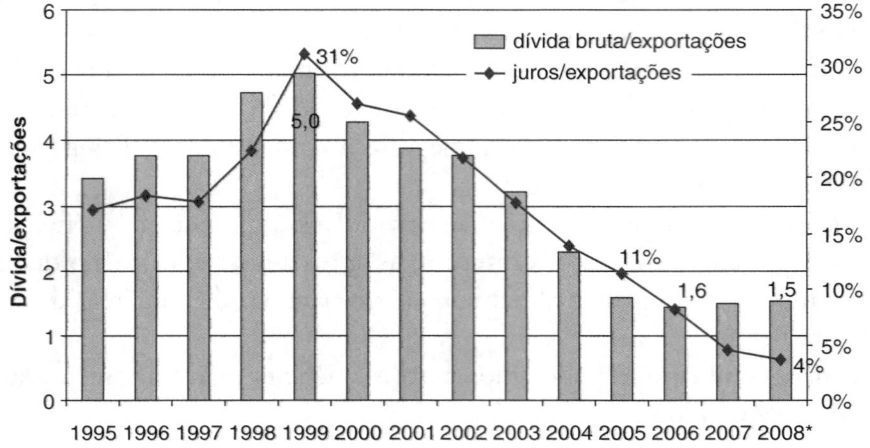

* *Valores anualizados até junho/2008. Fonte: Bacen. Elaboração: Assessoria Econômica (MDIC).*

Hoje, um ano e meio de exportações brasileiras já seriam suficientes para pagar nossa dívida externa bruta.

Outro fato novo que nos dá alguma tranqüilidade para fazer frente a eventuais déficits em transações correntes, mesmo com a redução dos investimentos estrangeiros, é o nível das reservas.

GRÁFICO 5

Reservas internacionais (US$ bilhões)

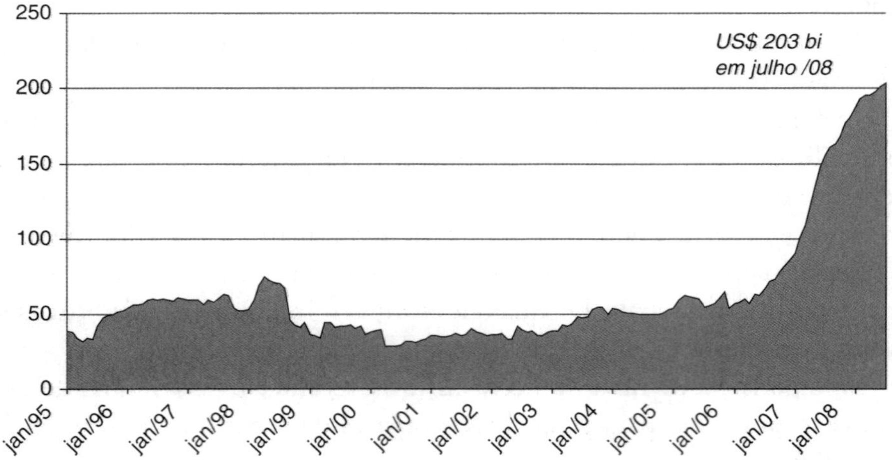

Fonte: Bacen. Elaboração: Assessoria Econômica (MDIC).

Em julho deste ano, estávamos com mais de US$200 bilhões em reservas, valor suficiente para cobrir um ano e meio de importações.

Em nenhum momento dos últimos 13 anos, tivemos um nível tão robusto de reservas.

A relativa tranqüilidade que esse volume de reservas nos dá pode ser constatada por alguns outros indicadores de vulnerabilidade externa.

Esses indicadores de liquidez estão mais relacionados com nossa capacidade de curto prazo de fazer frente aos compromissos internacionais.

O pagamento de juros (linha, Gráfico 6) já chegou a representar mais de 40% de nossas reservas internacionais, em 2000. Hoje, representa pouco mais de 1%.

Da mesma forma, em 2000, as reservas brasileiras respondiam por cerca de 14% de nossa dívida externa total. Hoje, nossas reservas cobririam 77% dessa dívida.

GRÁFICO 6

Vunerabilidade externa: Indicadores de liquidez

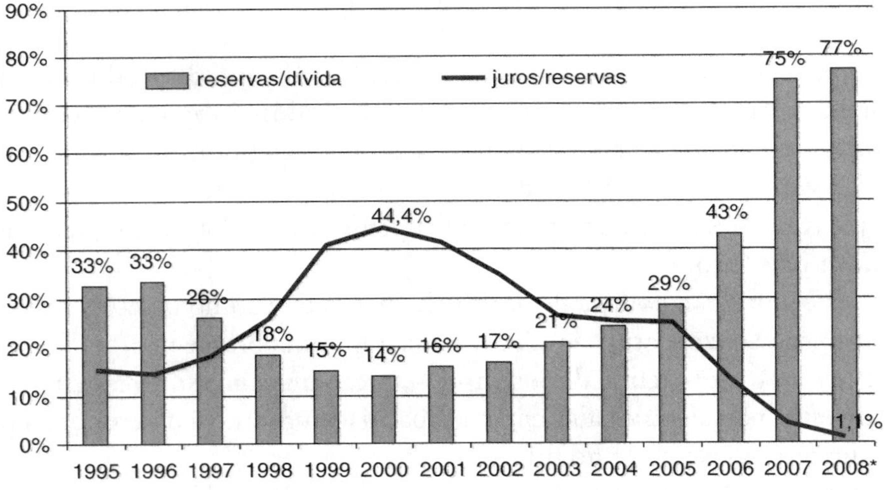

** Valores anualizados até março/2008. Fonte: Bacen. Elaboração: Assessoria Econômica (MDIC).*

A despeito desse relativo conforto sugerido pelos indicadores que acabei de mostrar, precisamos continuar no caminho de reduzir a vulnerabilidade do balanço de pagamentos.

Acredito firmemente que a Política de Desenvolvimento Produtivo, que lançamos em maio, terá um papel fundamental para garantir a sustentabilidade das transações externas brasileiras no longo prazo.

GRÁFICO 7

Síntese da política de desenvolvimento produtivo

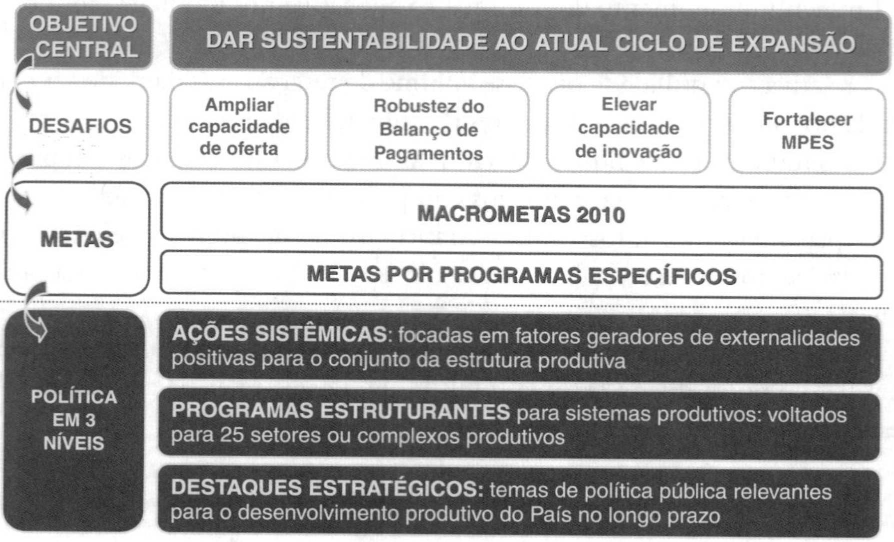
OBJETIVO CENTRAL
DAR SUSTENTABILIDADE AO ATUAL CICLO DE EXPANSÃO
DESAFIOS
Ampliar capacidade de oferta
Robustez do Balanço de Pagamentos
Elevar capacidade de inovação
Fortalecer MPES
METAS
MACROMETAS 2010
METAS POR PROGRAMAS ESPECÍFICOS
POLÍTICA EM 3 NÍVEIS
AÇÕES SISTÊMICAS: focadas em fatores geradores de externalidades positivas para o conjunto da estrutura produtiva
PROGRAMAS ESTRUTURANTES para sistemas produtivos: voltados para 25 setores ou complexos produtivos
DESTAQUES ESTRATÉGICOS: temas de política pública relevantes para o desenvolvimento produtivo do País no longo prazo

O papel dessa política é fomentar o desenvolvimento da produção industrial e dos serviços, com o objetivo de tornar a indústria brasileira mais competitiva e tecnologicamente mais avançada no longo prazo.

É essa maior competitividade que nos permitirá afastar, de vez, o perigo de que restrições externas venham, novamente, a impedir o crescimento econômico brasileiro.

Nesse sentido, a política de desenvolvimento tem como objetivo sustentar e dar fôlego ao ciclo atual de expansão da economia brasileira.

Para fazer isso – tenho dito, sempre –, precisamos investir mais e melhor.

Investir mais significa aumentar a capacidade produtiva da economia para continuarmos crescendo no futuro.

Investir melhor significa ampliar as capacitações tecnológicas e modernizar ainda mais o setor produtivo brasileiro.

Esses investimentos também criarão as condições necessárias para que possamos aumentar nossa inserção nos mercados internacionais, tanto pelas exportações quanto pelas importações, a fim de garantir a robustez do balanço de pagamentos no longo prazo e evitar a volta da vulnerabilidade externa de nossa economia.

Nesse sentido, ampliar, significativamente, as exportações brasileiras e nossa participação no comércio internacional é um dos objetivos centrais da

GRÁFICO 8
Ampliar a participação brasileira nas exportações mundiais (%)

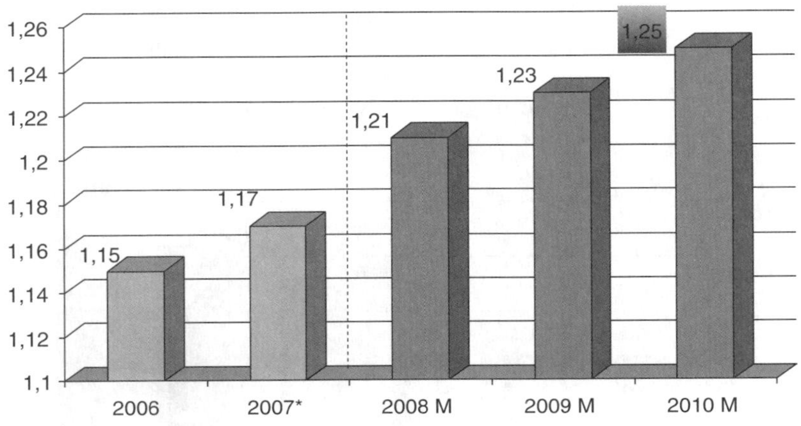

*Fonte: SECEX / MDIC. * Estimativa. M = Metas PDP. Elaboração: Assessoria Econômica (MDIC).*

Política de Desenvolvimento Produtivo e da Estratégia Brasileira de Exportações, lançada ontem por meu ministério.

Não podemos esquecer que ampliar nossa inserção externa tem de incluir não apenas as grandes empresas, mas também as micro e pequenas.

Esse também é um objetivo explícito da política.

Uma das metas da Política e da Estratégia Brasileira de Exportações é ampliar nossa participação nas exportações mundiais para 1,25%.

Alcançar 1,25% das exportações mundiais equivale a exportar US$208,8 bilhões em 2010. Isso vai requerer um crescimento médio anual das exportações brasileiras de 9,1%, entre 2007 e 2010. Em 2007, elas alcançaram US$160,6 bilhões ou 1,17% do total mundial.

A participação de nossas exportações nas exportações mundiais vem crescendo desde 2003. Portanto, o alcance da meta não somente é factível, como também está muito próximo – talvez até tenhamos sido um pouco conservadores ao estabelecermos essa meta.

Recentemente, fizemos uma primeira revisão para US$190 bilhões de nossa meta de exportações para este ano – assim, pouco a pouco, vamos nos aproximando de cumprir as metas para 2010.

Também queremos aumentar em 10% o número de micro e pequenas empresas exportadoras. Isso significa que, em 2010, teremos mais de 13 mil micro e pequenas empresas inseridas no mercado internacional.

A ampliação da base exportadora pode ter efeitos muito positivos, não apenas sobre nossas exportações, mas especialmente nos ganhos de produtividade e de eficiência do setor produtivo doméstico.

GRÁFICO 9
Ampliar os gastos privados em P&D

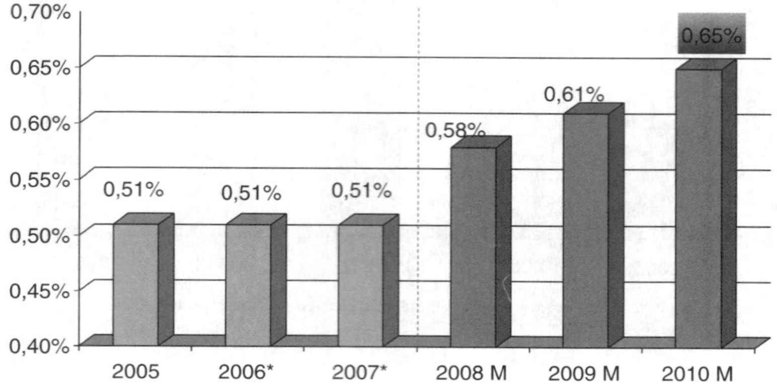

*Fonte: MCT. Elaboração: Assessoria econômica (MDIC). * Estimativas. M = Metas PDP.*

O progresso técnico e a inovação são fatores essenciais para impulsionar o crescimento e o desenvolvimento econômico dos países. Também são fundamentais para garantir uma inserção externa mais dinâmica e menos dependente de exportações de baixo valor agregado.

O Brasil ainda tem muito a avançar nesse sentido. Apesar de estarmos na liderança tecnológica entre os demais países latino-americanos, estamos muito longe dos países avançados na produção de conhecimento e inovação.

Hoje, o Brasil investe aproximadamente 1% de seu PIB em P&D. Os investimentos privados representam 0,51% do PIB e a meta da PDP é ampliá-los para 0,65% do PIB em 2010.

O Brasil tem obtido sucesso em ampliar suas exportações, o que tem contribuído para reduzir a vulnerabilidade externa de nossa economia.

Um dos grandes desafios, agora, é diversificar nossa pauta.

A ampliação dos investimentos privados em P&D pode contribuir para que possamos diversificar a pauta de exportações em direção a bens de maior conteúdo tecnológico e menos suscetíveis às oscilações cíclicas de preços e de demanda.

No Gráfico 10, podemos perceber que essa não é uma tarefa trivial.

A estrutura de nossas exportações, segundo intensidade tecnológica, é bastante estável, ao longo do tempo.

GRÁFICO 10

Diversificar as exportações brasileiras

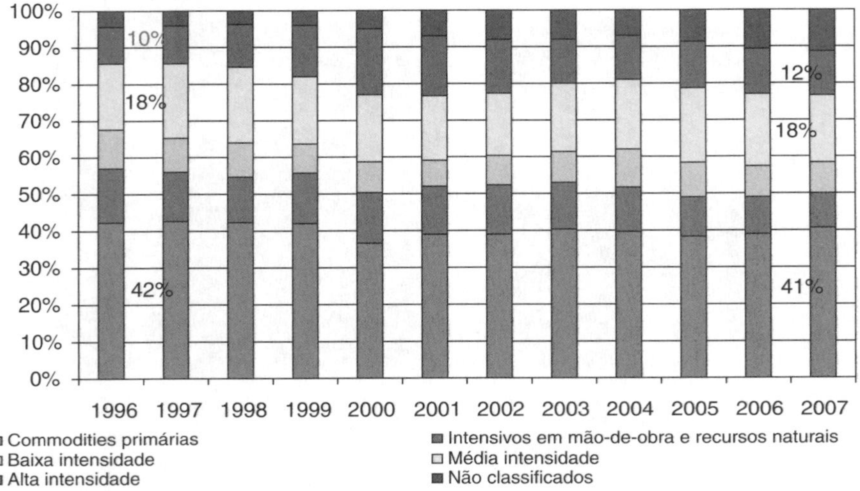

Fonte: UNCTAD e SECEX(MDIC). Elaboração: Assessoria Econômica (MDIC).

As *commodities* (e os produtos industriais relacionados a elas) representam cerca de 41% de nossas exportações e isso tem mudado muito pouco ao longo do tempo.

Podemos dizer o mesmo para outros tipos de produtos.

Os produtos de alta e média intensidade tecnológica, que, em 1996, representavam 28% de nossas exportações, em 2007 participaram com 30%, que praticamente, é o mesmo índice. Assim, modificar essa estrutura requer esforços coordenados e objetivos muito claros.

Esse talvez seja um dos maiores desafios que temos pela frente no sentido de eliminar de vez qualquer risco de restrição externa ao crescimento do país.

Balança comercial e déficits em transações correntes: de volta à vulnerabilidade externa?

*Fernando J. Ribeiro**
*Ricardo Markwald***

*Técnico da Funcex.
**Diretor-geral da Funcex (Fundação Centro de Estudos do Comércio Exterior).

INTRODUÇÃO

Há menos de um ano o país desfrutava de uma situação que era considerada extremamente confortável em suas contas externas. O saldo comercial foi superior a US$40 bilhões em 2007, mais do que compensando o resultado deficitário da conta de serviços, e o saldo na conta de capitais alcançou nada menos que US$89 bilhões – com forte entrada de investimentos diretos (US$34,6 bilhões) e de investimentos em ativos financeiros (US$48 bilhões). Isso permitiu que o país acumulasse um volume de reservas internacionais inédito em sua história: US$180 bilhões, o equivalente a 13,7% do PIB.

Este quadro não parecia dar margem a qualquer preocupação quanto ao possível retorno da famosa "vulnerabilidade externa", situação que, em diversos momentos da história do país, havia conduzido a crises cambiais com graves conseqüências sobre a estabilidade macroeconômica e o crescimento do PIB. Na verdade, naquela época, a polêmica maior girava em torno do excesso de oferta de moeda estrangeira e de seu efeito sobre a taxa de câmbio. Somente ao longo do ano de 2007, a cotação do dólar registrou queda de cerca de 17%, isso após já ter caído 26,5% nos três anos anteriores.

Embora a valorização do real tivesse potenciais implicações sobre o desempenho da balança comercial e, em conseqüência, sobre o equilíbrio das contas externas no futuro, o foco da questão naquela época não era exatamente o risco de o país voltar a uma situação de vulnerabilidade externa. A discussão girava em torno de duas questões: o risco de desindustrialização da economia, pela crescente dificuldade de a indústria doméstica competir com os produtos importados; e o surgimento da "doença holandesa", situação na qual o câmbio valorizado só viabilizaria a exportação de produtos com menor grau de industrialização, especialmente as *commodities* de origem agrícola e mineral.

De um lado do debate econômico, situavam-se economistas que defendiam uma intervenção mais forte do governo no mercado de câmbio, não só com maior compra de dólares por parte do Banco Central – o que já vinha sendo feito em grande volume –, mas também lançando mão de restrições à entrada de capitais para aplicações financeiras no país, além da redução da taxa de juros doméstica. Foi nesse contexto que ganhou corpo a proposta de criação de um "fundo soberano", mecanismo pelo qual o excesso de divisas não iria para o mercado, mas seria direcionado a um fundo controlado pelo governo e que destinaria os recursos para aplicações no exterior, inclusive para financiar os investimentos externos de empresas brasileiras.

Por outro lado, economistas da linha mais ortodoxa defendiam que a valorização do câmbio tinha raízes estruturais, refletindo três aspectos: (i) os ganhos de termos de troca que o país vinha obtendo, com aumentos nos preços de exportação em dólares que compensavam a valorização cambial; (ii) os ganhos de produtividade e eficiência da produção nacional, e (iii) a tendência de desvalorização do dólar em relação a todas as moedas importantes do mundo. Além disso, ressaltavam o papel estabilizador do câmbio flutuante. No momento em que a eventual queda do saldo comercial se tornasse mais expressiva, o excesso de oferta de moeda estrangeira seria naturalmente reduzido ou eliminado, provocando uma desvalorização que acabaria por corrigir automaticamente o problema.

Entretanto, no momento em que toda essa discussão ganhava corpo, as contas externas já começavam a apresentar claros sinais de mudança de tendência. No segundo semestre de 2007, os superávits comerciais começaram a registrar quedas expressivas a cada mês, quando comparados com o mesmo mês de 2006. O déficit da conta de serviços, por sua vez, continuava se elevando, fazendo o país voltar a registrar saldos deficitários nas transações correntes (–US$700 milhões no segundo semestre de 2007, contra um resultado positivo de US$2,4 bilhões no primeiro semestre). O saldo da conta de capital ainda foi bastante superavitário no segundo semestre (US$28,2 bilhões), mas com resultado bem inferior ao do primeiro semestre (US$60,7 bilhões), embora ainda permitindo uma expressiva acumulação de reservas.

Tais sinais não eram, contudo, interpretados como uma séria ameaça ao equilíbrio externo, ao menos em um horizonte de curto e médio prazo. A percepção dominante era a de que a redução do superávit comercial era um processo natural e inevitável, especialmente diante do crescimento das importações, o que resultava de uma recuperação mais intensa do crescimento da renda doméstica. Seria natural, também, que o país voltasse a ter déficits em transações correntes. Esse processo, porém, ocorreria de forma gradual e não apresentaria riscos, pois seria tranqüilamente financiado pela entrada de investimentos diretos. A sensação de tranqüilidade tornou-se ainda maior em abril, quando o país obteve a classificação de "grau de investimento" pela agência internacional Standard & Poor's, seguida pela Fitch Ratings em maio.

Os fatos mais recentes parecem indicar, contudo, que a hipótese de deterioração gradual estava errada. No primeiro semestre de 2008, o saldo comercial registrou uma queda de mais de 40% em relação ao mesmo período do ano anterior e o saldo em transações correntes tornou-se deficitário em

US$17,4 bilhões (o que corresponde a cerca de 2% do PIB do período). E isso coincidiu com uma deterioração das condições de liquidez internacional, por conta da crise do sistema de financiamento habitacional nos Estados Unidos e de suas repercussões internacionais, e com a real perspectiva de recessão nos países desenvolvidos – embora isso ainda não tenha impactado frontalmente a conta de capital do balanço de pagamentos, que registrou superávit de US$40,8 bilhões no semestre. Diante desse novo quadro, a questão da sustentabilidade das contas externas brasileiras voltou ao foco dos debates, acirrando a preocupação com o eventual retorno da vulnerabilidade externa e dos riscos que ela traz ao equilíbrio macroeconômico doméstico e à sustentação do crescimento do PIB.

O objetivo deste artigo é analisar, com certo grau de detalhes, a evolução recente das contas externas do país e discutir até que ponto o país corre realmente o risco de voltar a enfrentar uma situação de vulnerabilidade externa. Para isso, é necessário, antes de tudo, deixar claro o que se entende por vulnerabilidade externa e qual a situação atual do país, por meio da análise de diversos indicadores de vulnerabilidade (Seção I). A seguir, analisa-se o que vem causando a rápida deterioração do saldo em transações correntes e quais são as tendências para o futuro imediato (Seção II), com especial foco no comportamento das exportações de mercadorias. Por fim, é imprescindível analisar três questões fundamentais para o desempenho das contas externas (Seção III): a taxa de câmbio, o desempenho das contas públicas (e suas implicações diretas sobre as contas externas) e as políticas públicas voltadas para facilitar e estimular um maior crescimento das exportações de bens e serviços. A seção final apresenta as conclusões e discute as perspectivas futuras para as transações correntes.

I. VULNERABILIDADE EXTERNA: CONCEITUAÇÃO E INDICADORES

Considera-se que um país está em uma situação vulnerável em suas contas externas quando há um risco relativamente elevado de haver uma súbita escassez de moeda estrangeira para fazer frente aos compromissos externos. Via de regra, essa vulnerabilidade decorre do fato de o país possuir um montante relativamente elevado de compromissos em moeda estrangeira – importações de bens e serviços, pagamentos de juros, remessas de lucros e dividendos, amortizações de dívida externa, saídas de recursos previamente investidos no país – que não sejam suficientemente cobertos por fluxos de entrada de moeda estrangeira –, exportações de bens e serviços, receitas de juros, remessas de lucros e dividendos obtidos no exterior, empréstimos e financiamentos, investimentos diretos e em carteira.

A rigor, a escassez de moeda estrangeira pode ocorrer mesmo na ausência de tal desequilíbrio entre receitas e despesas, bastando que haja alguma desconfiança por parte dos agentes do mercado que leve a uma fuga da moeda nacional para a moeda estrangeira. Entretanto, tal desconfiança está associada, via de regra, à percepção de que a situação das contas externas é vulnerável.

Normalmente, a vulnerabilidade externa materializa-se em uma crise quando há alguma situação de estresse no mercado internacional, o que aumenta o grau de aversão ao risco dos investidores internacionais e restringe drasticamente os fluxos de capitais internacionais. Esse quadro costuma provocar o chamado "flight to quality", ou seja, os investidores se refugiam em ativos considerados de baixíssimo risco, como os títulos do Tesouro americano. Tal situação afeta primeiro, e de forma mais intensa, os países que estão em situação de maior vulnerabilidade externa. Esse foi tipicamente o caso do Brasil quando da crise cambial que levou à flutuação da taxa de câmbio em janeiro de 1999. O país já vinha enfrentando uma situação de vulnerabilidade há alguns anos, mas a crise só se materializou após a deterioração das condições da economia mundial que se seguiu à crise asiática de 1997.

A literatura econômica dá conta de um sem-número de indicadores que procuram avaliar o grau de vulnerabilidade externa de um país. O primeiro, e certamente mais importante, é o tamanho do saldo em transações correntes como proporção do PIB. Acumulando os saldos das balanças comercial e de serviços - inclusive os fluxos relacionados a pagamentos de juros e remessas de lucros e dividendos - e as transferências unilaterais, a conta de transações correntes do balanço de pagamentos incorpora quase todos os elementos que compõem as receitas e as despesas regulares do país em moeda estrangeira, com exceção das amortizações da dívida. Se as amortizações forem somadas, chega-se ao conceito de Necessidades de Financiamento Externo (NFE). Esse indicador diz qual montante de capitais externos o país precisa atrair a cada ano para fechar seu balanço de pagamentos.

Nos últimos anos, o país registrou uma queda significativa das NFEs, que chegaram a um mínimo de 3,7% do PIB no biênio 2006-2007, contra uma média anual de mais de 9% do PIB nos anos entre 1998 e 2002 (Gráfico 1). Inicialmente, a melhoria deveu-se à redução do déficit em transações correntes, que acabou tornando-se positivo a partir de 2003. Mais recentemente,

GRÁFICO 1

Saldo em transações correntes e amortizações da dívida externa (% do PIB)

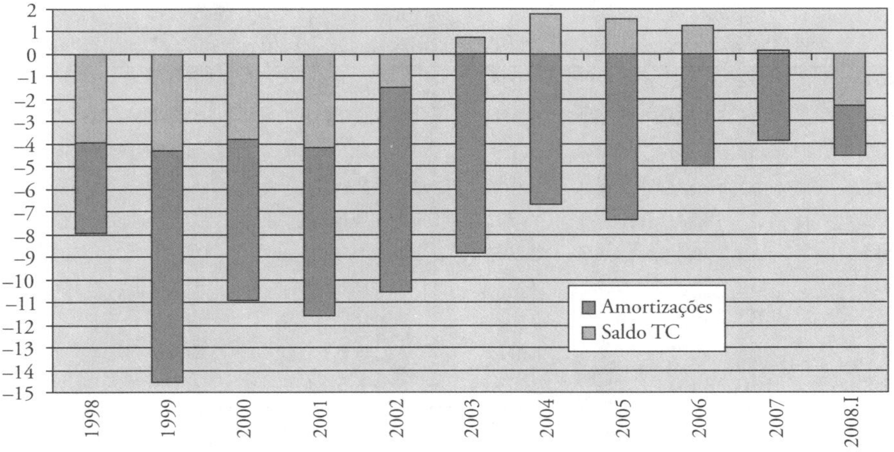

Fonte: Banco Central do Brasil.

verificou-se também uma queda expressiva do volume de amortizações, como conseqüência da redução da dívida externa total do país. No primeiro semestre de 2008, porém, a piora do saldo em transações correntes fez as NFEs voltarem a crescer, alcançando cerca de 4,5% do PIB, a despeito de o volume de amortizações da dívida ter alcançado seu nível mais baixo dos últimos anos (apenas 2,2% do PIB).

Um segundo indicador fundamental para se avaliar a situação das contas externas do país é o volume de reservas internacionais acumuladas e seu tamanho relativo a algumas outras variáveis, como o PIB, as importações (quantos meses de importação podem ser cobertos pelas reservas disponíveis), a dívida externa bruta e o serviço da dívida (pagamentos de juros + amortizações). Nesse ponto, a situação do país é altamente confortável, com um volume recorde de reservas, que chegou a US$200 bilhões em junho de 2008.

A Tabela 1 mostra que a evolução foi especialmente favorável nos anos de 2006 e 2007, quando o país acumulou US$126 bilhões, pela conjugação de superávits em conta corrente com saldos recorde na conta de capitais (mais de US$100 bilhões no biênio). Com isso, houve uma melhoria significativa de todos os indicadores relacionados às reservas em comparação com o que se observou ao longo dos anos anteriores: elas atingiram 13,7% do PIB em 2007, contra apenas 6% em 2005; passaram a cobrir um ano e meio de importações do país, contra pouco mais de oito meses em 2005; representavam 93% da dívida externa bruta do país, contra apenas 32% em 2005; e cobriam

TABELA 1
Reservas internacionais – indicadores selecionados

	Valor em US$ milhões	*% do PIBs*	*Reservas/ Importações*	*Reservas/ dívida bruta**	*Reservas/serviço da dívida*
1998	44.556,4	5,28	0,77	0,20	0,99
1999	36.342,0	6,19	0,74	0,16	0,58
2000	33.011,0	5,12	0,59	0,15	0,67
2001	35.866,0	6,48	0,65	0,17	0,68
2002	37.823,0	7,50	0,80	0,18	0,82
2003	49.296,0	8,90	1,02	0,23	0,90
2004	52.935,0	7,97	0,84	0,26	1,00
2005	53.799,0	6,10	0,73	0,32	0,80
2006	85.839,0	8,01	0,94	0,50	1,50
2007	180.334,0	13,73	1,50	0,93	3,50

*Exclui empréstimos intercompanhias.
Fonte: Banco Central do Brasil.

três vezes e meia os compromissos do país com o serviço da dívida externa, contra apenas 0,8 vez em 2005.

Outro indicador relevante diz respeito ao tamanho e à composição do passivo externo do país, o qual pode ser dividido em quatro categorias: estoque de investimentos externos diretos (que inclui os empréstimos intercompanhias), estoque de investimentos externos em carteira (em ações de empresas brasileiras listadas em bolsas de valores ou em títulos do governo brasileiro), dívida externa (empréstimos e financiamentos) e outros passivos. *A priori*, um país seria tão menos vulnerável quanto menor o tamanho de seu passivo externo e quanto menor a participação dos instrumentos de dívida no total do passivo, especialmente as dívidas de curto prazo. Isso porque as dívidas têm de ser pagas, ao passo que os investimentos não necessariamente irão retornar para os países de origem (ao menos os investimentos diretos). As dívidas também geram compromissos obrigatórios de pagamentos de juros, ao passo que os investimentos só gerarão remessas de lucros na medida em que tais lucros ocorrerem. É importante avaliar também o tamanho do passivo externo líquido, ou seja, o passivo externo diminuído do volume de ativos brasileiros no exterior.

A Tabela 2 mostra que o passivo externo total do país aumentou bastante em 2007, alcançando 71,5% do PIB, após ter se reduzido em cerca de 15 pontos percentuais entre 2003 e 2006. Isso se deveu ao excepcional volume de recursos internos ingressados no ano. Entretanto, como grande parte desses recursos foi acumulada na forma de reservas internacionais, e como houve também um expressivo volume de capitais brasileiros aplicados no exterior, o crescimento do passivo externo líquido foi menos significativo, ficando em 43,7% do PIB. Vale notar, porém, que esse indicador retornou a níveis próximos aos registrados nos primeiros anos da atual década. Além disso, em valores absolutos, o passivo externo líquido do país em 2007 era mais do que o dobro do existente em 2001. Tendo em vista que o saldo da conta de capital foi positivo em US$40,8 bilhões no primeiro semestre do ano e que apenas metade disso foi acumulada como reservas, é certo que o passivo externo do país continua crescendo. Em termos brutos, o aumento foi de pelo menos 6 pontos percentuais do PIB no período.

Com relação à composição do passivo, observa-se uma redução expressiva da participação da dívida externa bruta, que representava, em 2007, apenas 20,6% do total, contra mais de 60% em 2002. Em contrapartida, houve uma grande elevação dos investimentos em carteira, que em 2007 já representavam 38,8% do total, percentual superior ao referente ao estoque de investimentos diretos. Se, por um lado, a redução do peso relativo da dívida é um dado positivo, pois implica um volume relativamente menor de amortizações no futuro, o crescimento dos investimentos em carteira causa preocupação, pois são aplicações financeiras, em ações ou títulos da dívida pública brasileira, que podem ser desinvestidas rapidamente diante de uma situação de crise, gerando uma grande demanda por moeda estrangeira.

TABELA 2
Passivo externo e seus componentes

	Passivo bruto % do PIB	*Passivo líquido % do PIB*	*Composição do passivo bruto (participações %)*			
			Investimento direto	*Investimentos em carteira*	*Dívida externa bruta**	*Outros passivos*
2001	67,2	47,9	32,8	9,9	56,4	0,8
2002	68,0	45,8	29,4	7,9	61,4	1,3
2003	73,5	49,1	32,7	13,0	52,8	1,5
2004	67,2	44,9	36,1	17,3	45,2	1,5
2005	56,5	37,5	39,3	25,3	34,0	1,5
2006	58,1	35,8	37,9	30,8	27,7	3,6
2007	71,5	43,7	34,9	38,8	20,6	5,7

*Exclui empréstimos intercompanhias.
Fonte: Banco Central do Brasil (2008).

Por fim, deve-se considerar o tamanho do serviço referente ao passivo externo líquido, qual seja, o volume de pagamentos referentes aos juros da dívida externa e às remessas de lucros e dividendos. Este deve ser avaliado não só em termos absolutos, como também em relação a algumas variáveis relevantes, como o PIB, as exportações de bens e o volume de reservas internacionais. Esse dado é de extrema importância, pois representa a remuneração dos capitais que o país recebeu no passado e, portanto, tendem a ser compromissos mais rígidos e que não podem ser modificados em reação a alterações nas variáveis macroeconômicas, especialmente quando se trata da dívida externa. Por exemplo, uma desvalorização cambial pode reduzir o volume de importações de bens e serviços, mas não afeta, ao menos diretamente, os juros a serem pagos.

O montante em dólares dos pagamentos líquidos de juros, lucros e dividendos voltou a crescer de forma significativa nos últimos anos, após ter se mantido relativamente estável entre 1998 e 2003, tendo alcançado US$29,3 bilhões em 2007 (Tabela 3). Em percentual do PIB, contudo, eles ficaram em apenas 2,2%, abaixo do nível dos últimos anos. A comparação torna-se mais favorável quando se consideram esses pagamentos como percentual da receita de exportações de bens e das reservas internacionais, pois eles alcançaram em 2007 os níveis mais baixos desde 1998.

TABELA 3
Juros e remessas de lucros e dividendos

	Valor em US$ milhões	*% do PIB*	*% das exportações*	*% das reservas*
1998	18.189	2,2	35,6	40,8
1999	18.848	3,2	39,3	51,9
2000	17.886	2,8	32,5	54,2
2001	19.743	3,6	33,9	55,0
2002	18.191	3,6	30,1	48,1
2003	18.552	3,4	25,4	37,6
2004	20.520	3,1	21,3	38,8
2005	25.967	2,9	21,9	48,3
2006	27.480	2,6	19,9	32,0
2007	29.291	2,2	18,2	16,2

Fonte: Banco Central do Brasil.

O país se beneficia, no momento, da evolução favorável do passivo externo líquido até 2006, implicando níveis relativamente baixos de pagamentos relativos ao serviço deste passivo. É importante registrar também que o país vem obtendo receitas crescentes de juros (por conta da aplicação das reservas internacionais) e de lucros e dividendos (com o aumento dos investimentos diretos no exterior). Entretanto, caso o passivo externo permaneça em trajetória de crescimento, como se verificou em 2007, os pagamentos de juros, lucros e dividendos certamente crescerão bastante no futuro. Em 2008, aliás, esses pagamentos somaram US$22 bilhões apenas no primeiro semestre, com crescimento de 56% em relação ao mesmo período de 2007. Mantida essa tendência, eles certamente aumentarão como percentual tanto do PIB quanto das exportações e das reservas.

Em síntese, os indicadores mostram que houve, de forma geral, melhorias sensíveis no grau de vulnerabilidade externa do país ao longo dos últimos anos, com redução das necessidades de financiamento externo, grande aumento do volume de reservas internacionais e queda, em termos relativos, do serviço referente ao passivo externo. O volume de reservas, em especial, traz ao país uma grande tranqüilidade no curto prazo, pois há recursos suficientes para fazer frente a uma deterioração do saldo em transações correntes e também a uma súbita reversão dos fluxos de capital.

Em termos estruturais, contudo, não há como se afirmar que o país está livre de problemas no futuro. Primeiro, porque há uma nítida reversão dos saldos em transações correntes, com tendência de geração de déficits crescentes em resposta ao crescimento da demanda doméstica. Segundo, porque o passivo externo ainda é muito elevado, seja em termos brutos, seja em termos líquidos. O fato de ter crescido a participação dos investimentos em carteira na composição desse passivo, em detrimento dos instrumentos de dívida, também é problemático, pois são recursos de alta liquidez que podem ser retirados do país rapidamente. E terceiro, porque o aumento do passivo externo tende a exercer uma pressão significativa no futuro em termos de pagamentos de juros, lucros e dividendos.

II. EVOLUÇÃO RECENTE E TENDÊNCIAS DAS TRANSAÇÕES CORRENTES

O bom desempenho das transações correntes do país na presente década deveu-se fundamentalmente ao crescimento do saldo comercial, que passou de um montante próximo de zero no ano 2000 para cerca de US$40 bilhões em 2007. Nesse período, as exportações tiveram um desempenho excepcional, com crescimento de 16,5% a.a., em contraste com a alta de 11,6% a.a.

das importações. Isso foi suficiente para compensar o aumento do déficit da conta de serviços, que foi de 7,8% a.a.

A balança comercial também deu uma grande colaboração para a deterioração do saldo em transações correntes a partir de 2007 – que se tornou negativo em US$18 bilhões nos 12 meses até junho de 2008, uma queda de nada menos que US$31,7 bilhões (mais de 3% do PIB) em comparação com o resultado de 2006. O saldo da balança comercial reduziu-se em US$15,6 bilhões nesse período, como resultado da forte aceleração das importações, especialmente a partir de meados de 2007, e a despeito de as exportações também estarem crescendo mais rapidamente. Entretanto, isso explica apenas metade da queda do saldo em transações correntes. A outra metade da queda está relacionada ao déficit da balança de serviços, como se vê no Gráfico 2.

Antes de analisar com maiores detalhes o que caracterizou o desempenho recente dos principais elementos da conta de transações correntes – exportações e importações de mercadorias e balança de serviços –, é necessário ter em mente os fatores macroeconômicos que estiveram por trás da evolução do saldo em transações correntes nesta década. Dado que este é resultado da diferença entre a produção e a demanda doméstica de bens e serviços, o

GRÁFICO 2
Saldo em transações correntes, balança comercial e balança de serviços (US$ bilhões)

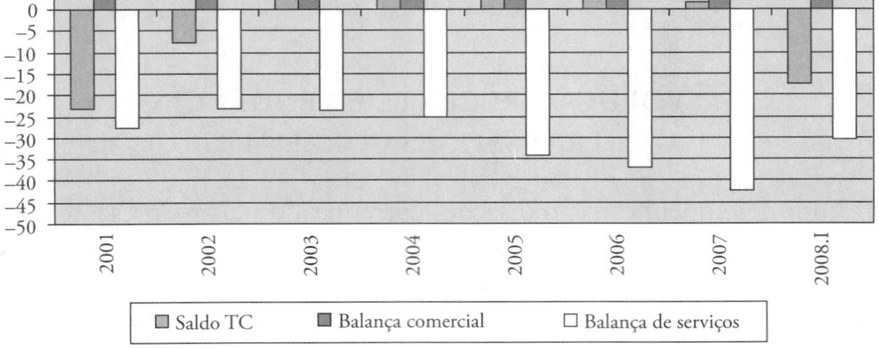

Fonte: Banco Central do Brasil.

saldo só pode aumentar se a produção crescer a um ritmo mais rápido do que a demanda. E foi justamente isso que aconteceu nos anos entre 2001 e 2004, como se vê no Gráfico 3, que apresenta a variação percentual da razão demanda/produção doméstica e a variação, em pontos percentuais, do saldo em transações correntes a cada ano. Naquele período, houve quedas significativas da razão demanda/produção (variação acumulada de –7,7%), as quais coincidiram com variações positivas do saldo em transações correntes. A partir de 2005, contudo, a demanda passou a crescer mais rapidamente do que a produção doméstica, gerando reduções do saldo. Os dados indicam que essa tendência permanece em 2008, o que explica a contínua deterioração do saldo, que já se tornou deficitário.

Muitos especialistas têm ressaltado a importância da conjuntura internacional para explicar a melhoria das contas externas brasileiras, e não há dúvida de que a dinâmica do saldo em transações correntes esteve ligada a fatores relativos ao mercado internacional, mais especificamente à aceleração do ritmo de crescimento do comércio mundial e ao aumento dos preços internacionais das *commodities*, com seus efeitos positivos sobre os termos de troca do país. Mas tais fatores devem ser analisados com o devido cuidado. No período 2002-2004, o crescimento do comércio mundial (de 7% a.a. em *quantum*)

GRÁFICO 3

Variação do saldo em transações correntes e da razão demanda doméstica/produção

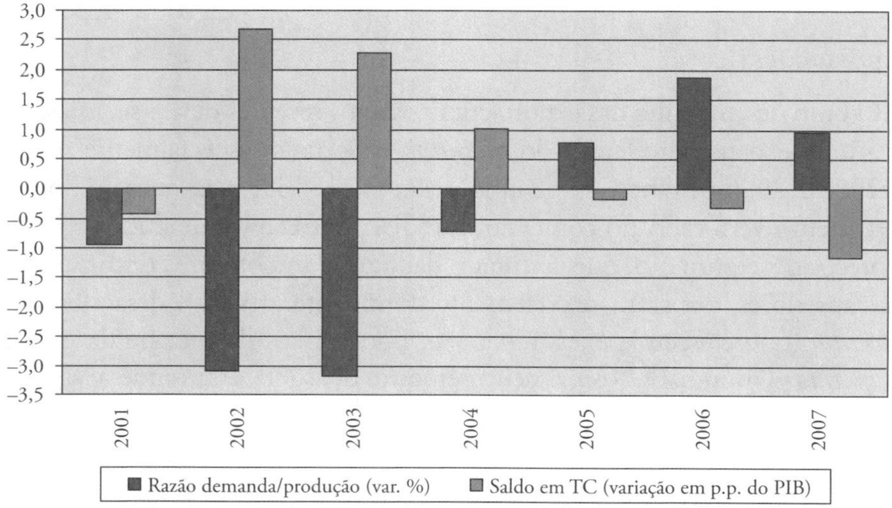

Fontes: Banco Central do Brasil e IBGE.

foi certamente um grande impulsionador da melhoria do saldo comercial. Já os preços de exportação deram uma contribuição modesta (alta de apenas 3,5%) e houve até uma pequena deterioração dos termos de troca do país. Já no período 2005-2007, a expansão do comércio mundial foi ainda mais forte (7,7% a.a.), os preços de exportação se aceleraram (11,7% a.a.) e o país obteve um ganho em seus termos de troca, embora não tão significativo (2,7% a.a.). Isso não impediu uma forte desaceleração do *quantum* das exportações e a queda do saldo em transações correntes.

Na verdade, o que fica claro é que as variáveis internas é que dominam a evolução do saldo em transações correntes, com as variáveis externas tendo uma influência importante, embora secundária, sobre o ritmo e a direção da variação do saldo. No início da presente década, a melhoria do saldo deveu-se fundamentalmente à contenção da demanda doméstica, mas a intensidade do movimento foi maior devido à boa conjuntura mundial. Já entre 2005 e 2007, os ventos externos favoráveis não foram suficientes para impedir uma queda do saldo, embora tenham sido cruciais para permitir que o país retomasse seu crescimento econômico sem que houvesse uma deterioração acelerada das contas externas.

No primeiro semestre de 2008, porém, nem o cenário extremamente favorável em termos de preços - aumento de 28,1% nos preços de exportação e de 3% nos termos de troca em relação ao primeiro semestre de 2007 - foi suficiente para evitar uma rápida deterioração das contas externas, tendo em vista a forte aceleração da demanda doméstica e as limitações ao crescimento da oferta, especialmente de bens industriais.

Exportações

O bom desempenho das exportações nos anos recentes deveu-se, inicialmente, a uma expansão acelerada do *quantum* exportado, especialmente nos anos de 2002 a 2005 (Gráfico 4), quando a alta foi de 13% a.a., quase o dobro do crescimento verificado no comércio mundial. Entretanto, de 2006 em diante, os preços de exportação, que já tinham dado uma importante contribuição nos anos anteriores, tornaram-se o elemento dominante, devido à desaceleração do *quantum* (que cresceu apenas 4,4% a.a., pouco mais da metade da expansão do *quantum* mundial). No primeiro semestre de 2008, essa tendência se aprofundou, pois o *quantum* teve queda de 1,5%, amplamente compensada pelo aumento de 25,2% nos preços. Em todo o período compreendido entre 2001 e o primeiro semestre de 2008, os preços foram responsáveis por 44% do crescimento do valor exportado pelo país.

GRÁFICO 4

Variação anual dos índices de preço e de *quantum* das exportações (%)

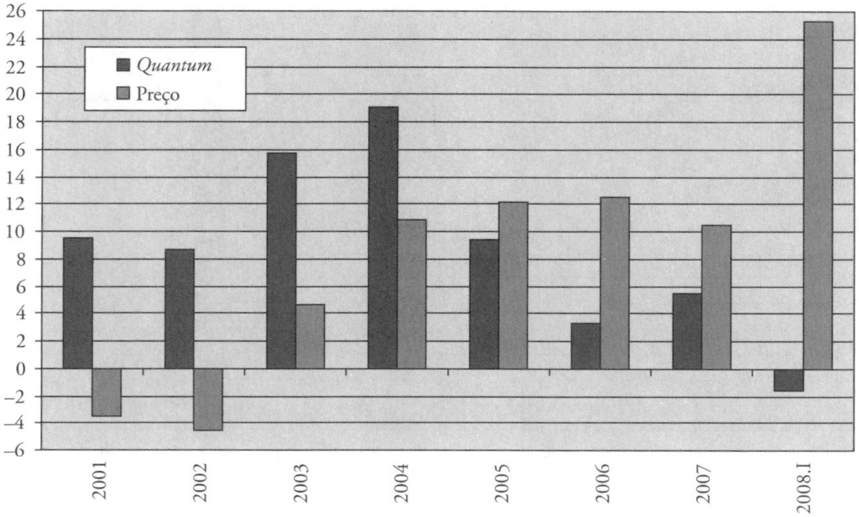

Fonte: Funcex.

O Gráfico 5 evidencia que o desempenho do *quantum* exportado está nitidamente correlacionado com a taxa de câmbio. Mais especificamente, a taxa de crescimento do *quantum* acompanha de perto a evolução do *nível* do câmbio real. Este último é medido pelo índice de rentabilidade das exportações,[1] o qual é calculado pelo câmbio nominal deflacionado por um índice de custo da produção e corrigido pelo índice de preço das exportações. Esse índice deixa claro que os ganhos nos preços de exportação verificados a partir de 2003 não foram suficientes para compensar a valorização nominal do câmbio e o aumento dos custos domésticos de produção, levando a uma queda de 32% no índice de rentabilidade entre dezembro de 2002 e junho de 2008.

Essa queda foi acompanhada por uma desaceleração quase contínua do ritmo de crescimento do *quantum* exportado (variação da média móvel de 12 meses), que atualmente se encontra próximo de zero. A exceção fica por conta de um curto período entre meados de 2004 e o início de 2005, quando o *quantum* registrou uma aceleração a despeito da queda da rentabilidade. Esse movimento deveu-se, provavelmente, à forte aceleração do comércio mundial naquele momento – em 2004, o crescimento do *quantum* das importações mundiais alcançou 10,9%, o mais alto dos últimos sete anos.

[1] Índice calculado pela Funcex e divulgado regularmente em seu *Boletim de Comércio Exterior*.

GRÁFICO 5

Índice de rentabilidade das exportações e variação do *quantum* das exportações em 12 meses

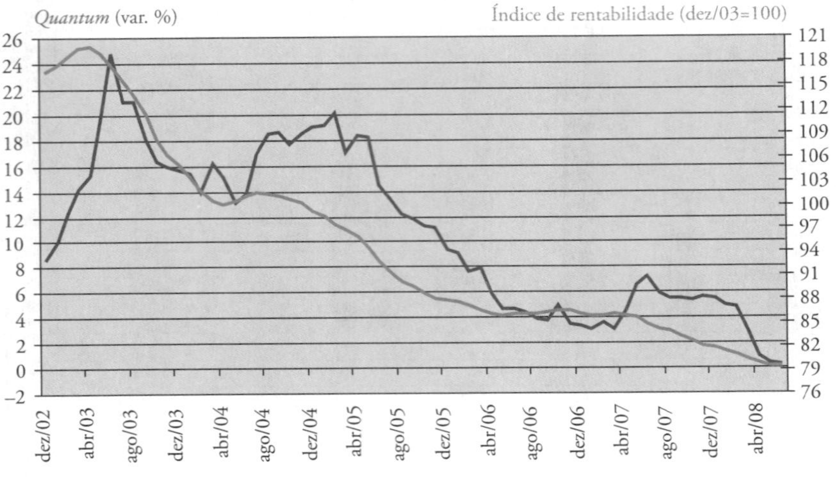

Fonte: Funcex.

Em grande parte como reflexo dos ganhos de preço, a participação das *commodities* na pauta exportadora do país aumentou sensivelmente nos anos mais recentes. O Gráfico 6 ilustra a participação na pauta dos produtos primários em um conceito amplo, que incorpora aos produtos primários propriamente ditos (conforme a classificação da Secex-MDIC) a maior parte dos bens semimanufaturados e também alguns manufaturados com características de *commodity*, como o suco de laranja, o açúcar refinado, entre outros.[2] De 2001 até o primeiro semestre de 2008, esses produtos ganharam mais de oito pontos percentuais de participação na pauta, já respondendo por 48,2% do total, ficando muito próximos da participação dos demais produtos, chamados de industrializados *stricto sensu.*

A composição da pauta exportadora do país pode ser mais bem analisada lançando-se mão de algumas tipologias alternativas e considerando-se um prazo um pouco mais longo de análise, qual seja, os últimos 10 anos. A primeira tipologia é a que classifica os produtos segundo a intensidade do uso de fatores de produção e/ou a fonte de vantagem comparativa na produção do bem. A Tabela 4 evidencia o aumento da participação dos produtos primários no período considerado (+5,2 p.p. entre 1998 e 2007) em detrimento dos

---

[2] Esta classificação foi elaborada pela Funcex.

GRÁFICO 6

Exportações – produtos primários (conceito amplo) e industrializados *stricto sensu* (% do total)

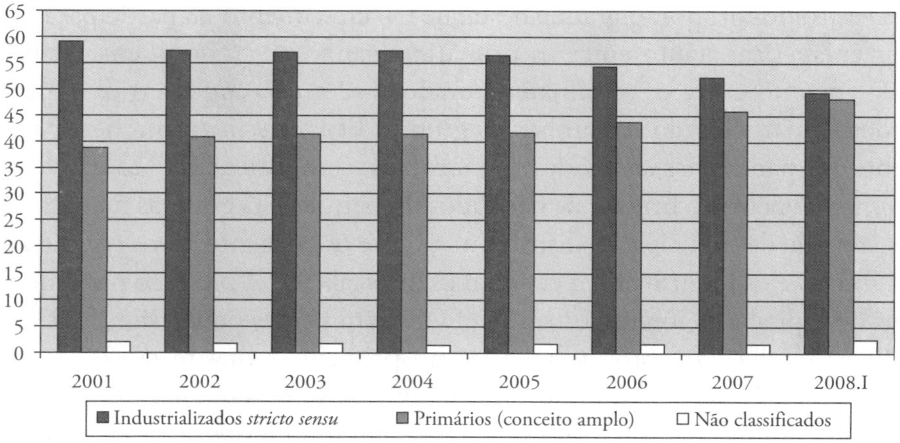

Fonte: Funcex.

TABELA 4

Composição das exportações segundo grupos de produtos (% da pauta)

Grupos	*1998*	*2002*	*2006*	*2007*	*2008.I*	*Variação 2007/1998*
Produtos primários	**20,2**	**20,4**	**23,2**	**25,3**	**27,4**	**5,2**
Agrícolas	12,6	11,3	9,6	10,8	12,2	(1,7)
Minerais	7,6	6,2	8,5	8,9	9,2	1,3
Energéticos	0,0	2,8	5,0	5,6	6,1	5,5
Semimanufaturados	**30,5**	**31,6**	**30,8**	**30,7**	**30,6**	**0,2**
Agrícolas	23,5	23,3	21,1	21,1	21,1	(2,4)
Minerais	6,3	6,3	7,1	6,9	6,5	0,6
Energéticos	0,7	2,1	2,7	2,7	2,9	2,0
Manufaturados	**48,1**	**46,3**	**44,1**	**42,1**	**39,4**	**(6,0)**
Intensivos em trabalho	8,7	8,7	6,2	5,8	5,1	(2,9)
Intensivos em economias de escala	21,7	18,1	20,4	19,2	18,4	(2,4)
Bens de capital	10,5	9,0	10,2	10,1	9,3	(0,4)
Intensivos em P&D	7,2	10,5	7,3	7,0	6,7	(0,2)
Demais produtos	**1,2**	**1,7**	**1,9**	**1,9**	**2,6**	**0,6**

Fontes: Funcex e OCDE.

produtos manufaturados (−6 p.p.), enquanto os semimanufaturados mantiveram sua participação relativamente estável. Essas alterações foram mais fortes a partir de 2002.

Dentro dos grupos, o grande destaque é o crescimento da participação dos bens energéticos, tanto entre os primários (ganho de 5,5 p.p. entre 1998 e 2007) quanto entre os semimanufaturados (+2 p.p.), enquanto os agrícolas perderam participação em ambos os grupos. Esse crescimento reflete basicamente a expansão das atividades da Petrobras, com forte aumento das vendas externas de petróleo bruto e de derivados do petróleo. Já entre os manufaturados, a perda de participação distribuiu-se entre os bens intensivos em trabalho (−2,9 p.p.) e os intensivos em economias de escala (−2,4 p.p.), ao passo que os bens de capital e os intensivos em P&D tiveram perdas pouco significativas.

Essas tendências aprofundaram-se no primeiro semestre de 2008, com novo ganho de participação dos básicos (inclusive os agrícolas), estabilidade nos semimanufaturados e nova perda nos manufaturados, agora alcançando todos os tipos de produtos (embora com menor força no caso dos intensivos em P&D, basicamente por conta do crescimento das vendas de aviões).

Uma segunda tipologia importante diz respeito à intensidade tecnológica dos produtos exportados, com base em um tradutor desenvolvido pela OCDE. Essa classificação mostra uma queda da participação dos bens industriais de baixa intensidade tecnológica (−5,1 p.p.) e de média-alta intensidade (−2,6 p.p.) entre 1998 e 2007. Os primeiros incluem os bens intensivos em trabalho (têxtil, calçados, vestuário, madeira) e os segundos relacionam-se basicamente a bens intensivos em economias de escala e a bens de capital. Entre os produtos que ganharam participação, destacam-se os bens não-in-

TABELA 5
Composição das exportações segundo intensidade tecnológica dos produtos (% da pauta)

Intensidade tecnológica	*1998*	*2002*	*2006*	*2007*	*2008.I*	*Variação 2007/1998*
Baixa	31,2	31,2	26,7	26,1	25,5	(5,1)
Média-baixa	16,3	16,1	18,0	17,9	17,4	1,6
Média-alta	26,6	22,6	25,3	24,0	22,7	(2,6)
Alta	5,2	9,0	6,2	6,0	5,5	0,8
Não-industrializados	20,7	21,1	23,8	26,0	28,9	5,3

*Bens não-industrializados e operações especiais.
Fontes: Funcex e OCDE.

dustrializados – agrícolas, minerais e energéticos, como o petróleo bruto – e as operações especiais. Entre os bens de tecnologia média-baixa, destacam-se os industrializados de origem mineral, inclusive o refino de petróleo. No caso de bens de alta tecnologia, os grandes destaques são os aviões e os telefones celulares, sendo que os primeiros têm sido responsáveis por todo o ganho de participação recente do grupo.

No primeiro semestre de 2008, houve queda na participação de todos os bens industrializados, destacadamente nos de tecnologia média-alta, como contrapartida do aumento da participação dos bens não-industrializados.

Por fim, a classificação dos produtos exportados segundo setores de atividade, de acordo com a Classificação Nacional de Atividades Econômicas – CNAE do IBGE, mostra que apenas seis setores vêm registrando ganhos de participação na pauta nos últimos anos, com destaque absoluto para a indústria extrativa mineral – principalmente petróleo e minério de ferro – e para coque, refino de petróleo, combustíveis nucleares e álcool. Juntos, esses dois setores ganharam 10 pontos percentuais de participação entre 1998 e 2007. Esse aumento relaciona-se tanto ao crescimento das quantidades exportadas, especialmente no caso do petróleo bruto, quanto ao aumento dos preços internacionais das *commodities* minerais, esse fator desempenhando um papel predominante nos anos mais recentes (Tabela 6).

Na parte inferior da Tabela 6, listam-se os setores que registraram queda de participação na pauta entre 1998 e 2007. Em geral, as perdas foram pouco significativas, com exceção de celulose e papel – setor de baixa tecnologia e intensivo em economia de escala – e couros, artigos de viagem e calçados – também de baixa tecnologia e intensivo em trabalho. No meio da Tabela 6, destaca-se um grupo de nove setores que tiveram, em 2007, participação semelhante à que tinham em 1998. Vale chamar a atenção, contudo, para o setor de veículos automotores, que perdeu 1,8 p.p. de participação entre 2006 e o primeiro semestre de 2008, e o setor de material eletrônico, aparelhos e equipamentos de comunicação, que perdeu 1 p.p. no mesmo período.

Um último aspecto importante diz respeito ao surgimento de inovações na pauta exportadora, quais sejam, produtos que não eram exportados ou que tinham exportações pouco significativas no passado e que passaram a registrar vendas expressivas nos anos mais recentes. Para tentar medir a relevância desse fenômeno, foram considerados todos os produtos que registraram exportações maiores do que US$100 mil na média do biênio 2006-2007, produtos estes classificados segundo a Nomenclatura Comum do Mercosul a 8 dígitos (a mais desagregada possível, que possui cerca de 10 mil itens). Dentre estes,

TABELA 6

Composição das exportações segundo setores de atividade CNAE (% da pauta)

Setores CNAE	*1998*	*2002*	*2006*	*2007*	*2008.I*	*Variação 2007/1998*
Ganharam participação	**28,4**	**33,1**	**39,4**	**40,5**	**40,5**	**12,1**
Extrativa mineral	6,2	8,6	12,6	13,5	14,3	7,3
Metalurgia básica	10,2	10,1	11,4	10,8	10,7	0,5
Máquinas e equipamentos	5,1	5,2	5,7	5,7	5,4	0,6
Outros equipamentos de transporte	4,2	5,1	3,8	4,8	4,1	0,6
Coque, refino de petróleo, combustíveis nucleares e álcool	1,1	2,5	4,0	3,8	4,0	2,7
Máquinas, aparelhos e materiais elétricos	1,6	1,7	2,0	2,0	2,0	0,5
Estáveis	**16,2**	**17,6**	**17,4**	**15,5**	**14,4**	**(0,7)**
Veículos automotores, reboques e carrocerias	9,0	9,2	10,0	8,9	8,3	(0,0)
Material eletrônico, aparelhos e equip. de comunicações	1,7	3,3	2,6	1,8	1,6	0,0
Artigos de borracha e plástico	1,7	1,5	1,5	1,6	1,6	(0,1)
Produtos de minerais não-metálicos	1,4	1,5	1,5	1,3	1,1	(0,1)
Produtos de metal, excl. máquinas e equipamentos	1,1	0,9	1,0	1,1	1,1	(0,1)
Equipamentos médico-hospitalares, instrum. de precisão e ópticos, automação industrial, cronômetros e relógios	0,6	0,6	0,5	0,5	0,5	(0,1)
Vestuário e acessórios	0,3	0,4	0,2	0,2	0,1	(0,1)
Edição, impressão e reprodução de gravações	0,1	0,1	0,1	0,1	0,1	(0,1)
Produtos do fumo	0,1	0,1	0,0	0,0	0,0	(0,1)
Perderam participação	**47,9**	**47,6**	**41,3**	**42,2**	**42,6**	**(5,7)**
Alimentos e bebidas	17,2	18,1	16,6	16,7	17,0	(0,6)
Agropecuária	10,0	9,9	8,5	9,7	11,2	(0,2)
Produtos químicos	6,1	5,8	5,5	5,6	5,2	(0,5)
Celulose e papel	4,2	3,4	2,9	2,9	3,0	(1,3)
Couros, artigos de viagem e calçados	3,9	4,3	2,9	2,7	2,4	(1,2)
Produtos de madeira	2,7	2,9	2,3	2,1	1,7	(0,6)
Produtos têxteis	1,5	1,5	1,2	1,2	1,0	(0,3)
Móveis e indústrias diversas	1,3	1,4	1,1	1,0	0,9	(0,3)
Máquinas para escritório e equipamentos de informática	0,9	0,4	0,4	0,2	0,2	(0,7)
Demais produtos	**7,6**	**1,7**	**1,9**	**1,9**	**2,5**	**(5,7)**

Fonte: Funcex e IBGE

foram selecionados aqueles cujas exportações tenham crescido a uma taxa pelo menos 10 vezes maior do que a taxa referente ao total das exportações – o que implica um crescimento de pelo menos 39% a.a., multiplicando o valor exportado em quase 20 vezes no período. Além disso, as exportações do produto devem ter sido inferiores a US$100 mil no biênio 1997-98.

Seguindo esses critérios, foram identificados 771 itens cujas exportações somaram US$3,6 bilhões na média do biênio 2006-2007, o equivalente a 2,4% de tudo o que o país exportou no período. No biênio 1997-98, esses mesmos produtos haviam registrado exportações de apenas US$10 milhões, ou 0,02% da pauta. A Tabela 7 mostra que, em termos de valores exportados,

TABELA 7

Inovações na pauta de exportações entre os biênios 1997-98 e 2006-07, distribuídas segundo setores de atividade CNAE (US$ mil)

Setores/produtos	*1997-98*	*2006-07*	*Var. % a.a*
Extração de minerais metálicos	0,4	809,9	135,4
Sulfetos de minérios de cobre	–	645,9	–
Outros minérios de cobre	0,0	130,3	270,1
Produtos químicos	0,4	622,0	124,4
Metalurgia básica	0,0	375,1	184,1
Folhas e tiras de alumínio	–	80,5	–
Veículos automotores	0,0	267,9	379,5
Motores diesel/semidiesel para veículos	0,0	102,3	188,1
Automóveis a diesel com cil< 1.500	–	146,0	–
Coque, refino de petróleo e combustíveis	0,2	163,6	114,9
Álcool etílico desnaturado	0,0	103,0	216,4
Agricultura e pecuária	0,0	147,8	205,3
Trigo	0,0	46,7	124,8
Produtos alimentícios e bebidas	0,8	135,9	77,2
Máquinas e equipamentos	0,1	124,9	123,7
Material eletrônico e de comunicações	0,1	134,5	132,5
Outros equipamentos de transporte	0,0	125,9	276,7
Litorinas automotoras	–	57,8	–
Produtos têxteis	0,3	113,7	97,0
Demais setores	7,8	611,8	62,3
Total	**10,0**	**3.632,9**	**92,5**

Fontes: Secex/MDIC. Elaboração dos autores.

as inovações relacionam-se a uma grande variedade de setores produtivos, com destaque para extração de minerais metálicos (principalmente os produtos de cobre), produtos químicos, metalurgia básica, veículos automotores, coque, refino de petróleo e combustíveis e agricultura e pecuária. Quando se tem em conta que o período analisado é de nove anos, porém, o volume de inovações na pauta pode ser considerado pequeno. Além disso, em termos de montantes exportados, há uma nítida concentração em produtos baseados em recursos naturais.

Em síntese, a composição da pauta exportadora brasileira apresentou poucas transformações relevantes nos últimos 10 anos. A rigor, identificam-se claramente apenas duas mudanças de grande importância: (i) o aumento de participação dos produtos de origem mineral, especialmente os minérios e o petróleo e seus derivados; e (ii) a queda da participação dos produtos industriais intensivos em trabalho e de alguns intensivos em economias de escala, como celulose e papel e produtos químicos. Deve-se destacar que, a despeito da evolução do agronegócio, a participação de bens de origem agrícola caiu entre 1998 e 2007, conforme se vê na Tabela 6, no caso dos setores de agropecuária e de alimentos e bebidas.

Na verdade, o aumento da participação dos produtos menos elaborados nas exportações do país, que se aprofundou no período mais recente, é uma tendência firme nos últimos 10 anos, e não um fenômeno passageiro. Esse fato relaciona-se a quatro fatores, sendo três de ordem estrutural e um de cunho conjuntural.[3] O primeiro fator estrutural diz respeito ao crescimento acelerado das exportações de petróleo bruto, como resultado do aumento da produção nacional e da incapacidade das refinarias brasileiras de utilizar plenamente o óleo extraído em território brasileiro, o que tem levado à curiosa situação de o país ser ao mesmo tempo um grande exportador (de petróleo pesado) e um grande importador (de petróleo leve). O segundo fator estrutural refere-se ao padrão de vantagens comparativas do país. A grande disponibilidade de terras agricultáveis e de recursos minerais (inclusive petróleo) torna o país um exportador natural de bens relacionados a esses recursos.

O terceiro fator estrutural refere-se ao rápido crescimento do comércio mundial, especialmente como reflexo do crescimento acelerado de algumas economias emergentes com grandes populações que enriquecem e elevam seu padrão de consumo rapidamente, o que tem pressionado de forma especial os mercados mundiais de alimentos, de energia e de diversas outras *commodities* exportadas

---

[3] Ribeiro e Markwald (2008).

pelo Brasil. Por fim, o quarto fator, este de ordem conjuntural, diz respeito aos impactos negativos da valorização da moeda brasileira sobre a exportação de bens industrializados, ao passo que os produtos básicos são menos sensíveis a variações cambiais, até mesmo devido à larga vantagem comparativa que o país possui nesses produtos.

Importações

A contração das importações deu uma importante contribuição para o aumento do saldo comercial brasileiro nos primeiros anos da presente década. Com efeito, no triênio 2001-2003 o valor importado pelo país acumulou uma queda de 13,5%, acompanhando a já citada redução da demanda agregada doméstica. Nos anos seguintes, as importações voltaram a crescer (à média anual de 25,7% em 2004-2007), acompanhando a recuperação da demanda doméstica.

No primeiro semestre de 2008, contudo, as importações registraram uma variação de nada menos que 50,7% em relação ao mesmo período do ano anterior, sendo as grandes responsáveis pela redução de 45% do saldo comercial. Esse aparente "boom" das importações tem sido freqüentemente associado à contínua valorização da moeda brasileira, dando força a argumentos que falam de uma possível desindustrialização do país, pela crescente penetração de produtos importados a preços que inviabilizariam a produção industrial doméstica.

Não há dúvida de que as importações estão ocupando um espaço mais importante na demanda doméstica. O coeficiente de penetração de importações, medido a preços constantes de 2005, alcançou 19,8% em 2007, com alta de 6 pontos percentuais em relação ao nível alcançado em 2003, o mais baixo dos últimos 10 anos. Em 2008, os números preliminares indicam que ele pode ficar acima de 21%, um recorde histórico. Não há como negar também a importância da queda dos preços em reais dos produtos importados, proporcionada pela valorização do câmbio. Mas, tendo em vista que o Brasil ainda é um país relativamente fechado, com uma razão importações/PIB de menos de 10% em 2007, não seria de se esperar que elas crescessem, especialmente em um contexto de recuperação da demanda doméstica? A pergunta fundamental é a seguinte: há algo fora do comum acontecendo?

A verdade é que as importações vêm tendo um desempenho absolutamente dentro do esperado. O Gráfico 7 deixa claro que o *quantum* das importações totais acompanha bem de perto a evolução da produção industrial doméstica.

GRÁFICO 7

Crescimento do *quantum* das importações e da produção industrial (média móvel de 12 meses, em %)

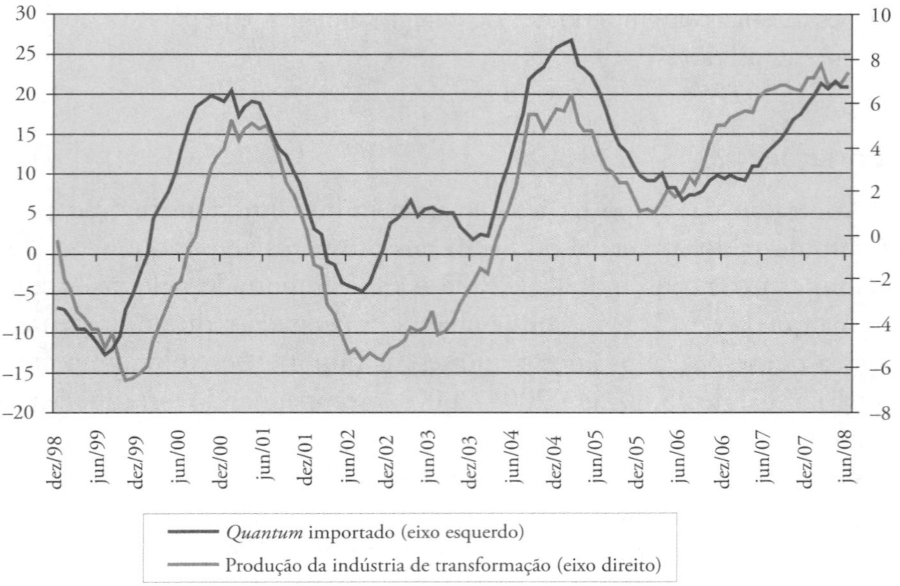

Fontes: Funcex e IBGE.

De forma geral, para cada ponto percentual de crescimento da produção, verifica-se um crescimento entre 3 e 4 pontos percentuais do *quantum* importado total. Isso se explica porque cerca de ¾ da pauta de importações refere-se a matérias-primas e a bens intermediários, incluídos os combustíveis. Ou seja, no Brasil as importações servem fundamentalmente como fonte de insumos para a indústria. Embora elas possam certamente substituir a produção interna, funcionam também como um importante elemento para promover ganhos de competitividade na indústria doméstica, e acabam sendo uma forma eficiente de permitir a sobrevivência da indústria diante da concorrência externa.

Outros 14% da pauta de importações referem-se a bens de capital, cujo *quantum* vem crescendo a um ritmo mais acelerado do que o *quantum* total (21,7% a.a. no período 2004-2007, contra 15,3% do total). Esse crescimento mais rápido reflete simplesmente o fato de que os investimentos têm crescido a uma taxa mais elevada do que o PIB. Esse pode ser entendido como um fato extremamente positivo, pois significa que uma parte importante das importações adicionais tem servido para aumentar a capacidade produtiva do país, com implicações favoráveis sobre a capacidade de crescimento econômico no futuro.

Por fim, apenas 11% das importações, ou cerca de US$13 bilhões em 2007, referem-se a bens de consumo. Os bens duráveis, em especial, vêm crescendo a uma taxa excepcionalmente elevada (46% a.a. em *quantum* no período 2004-2007). Nesse caso, há três fatos relevantes que devem ser levados em conta: (i) o volume de importações desses bens é ainda muito baixo em relação ao total do mercado doméstico (apenas US$5 bilhões em 2007); (ii) as importações são extremamente concentradas em dois tipos de produtos, automóveis e eletroeletrônicos, cujas vendas domésticas têm crescido a taxas muito superiores à média geral; e (iii) esses produtos são bastante sensíveis às variações da taxa de câmbio. Na verdade, esses bens estão apenas ocupando um espaço que seria naturalmente seu em uma economia aberta e com uma grande demanda reprimida por consumo. Nesse sentido, não se pode dizer que o crescimento das importações de bens de consumo seja ruim e, pelo seu volume em termos absolutos, não representam, por hora, uma grande fonte de preocupação com relação ao desempenho da balança comercial.

Por fim, deve-se observar que a aceleração do ritmo de crescimento das importações no primeiro semestre de 2008 relaciona-se exclusivamente aos aumentos dos preços de importação, que acumularam alta de 22,3% no período, bem acima dos 8,2% registrados em 2007. Isso porque o crescimento do *quantum* permanece na casa de 22% anualizados, o mesmo ritmo verificado durante todo o ano de 2007, e compatível com o crescimento da demanda interna. Em outras palavras, a inflação mundial está afetando fortemente o valor das importações brasileiras em 2008, compensando, em parte, o ganho que o país tem obtido nos preços de exportação.

Balança de serviços

O país é historicamente deficitário em sua balança de serviços. Os registros do Banco Central, desde 1947, mostram que jamais houve superávit nessa conta. Nos últimos 30 anos, a maior parte do déficit (tipicamente algo entre 70% e 80% do total) refere-se à conta de rendas – juros, lucros e dividendos. A evolução desta está diretamente relacionada ao tamanho do passivo externo do país, mas o déficit também tende a crescer em momentos de crise mundial ou em situações de grande incerteza doméstica, por conta da aceleração das remessas de lucros e dividendos por parte de multinacionais instaladas no país.

A conta de serviços comerciais tem seu saldo relacionado basicamente a três variáveis: o crescimento doméstico, as flutuações do câmbio real e o crescimento da corrente de comércio. Quanto maior o crescimento doméstico e quanto mais valorizado estiver o câmbio real, maior o déficit de algumas rubricas que têm peso importante na pauta de serviços, como viagens internacionais, aluguel de equipamentos, computação e informação e *royalties* e licenças. Já o crescimento da corrente de comércio tende a aumentar o déficit da conta de transportes. A única conta em que o país tem conseguido registrar superávits significativos é em serviços empresariais, profissionais e técnicos.

A Tabela 7 apresenta a evolução recente da balança de serviços e de suas principais contas. O déficit total cresceu entre os anos de 2001 e 2007, mas a uma taxa de 7,5% a.a., ritmo absolutamente normal. O ritmo foi mais acelerado entre 2004 e 2007 (13,9% a.a.), principalmente por conta do déficit de serviços comerciais (+29,2% a.a.), o que resulta justamente da combinação de crescimento doméstico, câmbio em valorização e forte expansão da corrente de comércio. O déficit cresceu bastante em todas as rubricas (e o superávit da conta de serviços profissionais também cresceu: 27,2% a.a.), sendo digna de nota a reversão verificada na conta de viagens internacionais: foi superavitária em US$400 milhões em 2004 e tornou-se deficitária em US$3,3 bilhões em 2007.

A conta de rendas, por sua vez, registrou crescimento mais lento nos últimos anos (6,8% a.a. entre 2001 e 2007 e 9,3% a.a. entre 2004 e 2007), o qual foi comandado pelas rendas relacionadas ao investimento direto, visto que os déficits das rendas de investimentos em carteira e de juros sofreram quedas entre 2001 e 2007. Estes movimentos refletem três aspectos marcantes da evolução da conta de capitais: (i) o forte crescimento dos influxos de investimentos diretos, que vem desde o final dos anos 90; (ii) a redução do montante da dívida externa, que reduziu sobremaneira sua participação no passivo externo do país (conforme discutido na Seção I); e (iii) o aumento das receitas do país com os juros obtidos sobre a aplicação das reservas internacionais, compensando o aumento das despesas relacionadas à remuneração do estoque de investimentos em carteira feitos no país.

O quadro de normalidade na conta de serviços modificou-se radicalmente no primeiro semestre de 2008, pois o déficit registrou um aumento de nada menos que 52,2% em relação ao mesmo período do ano anterior. Houve um forte crescimento do déficit dos serviços comerciais, destacadamente as viagens internacionais (+148,6%), acelerando as tendências verificadas nos últi-

TABELA 8

Balança de serviços (US$ milhões)

	2001	*2002*	*2003*	*2004*	*2005*	*2006*	*2007*	*2007.I*	*2008.I*	*Var. % 2008. I/2007.I*
Serviços e rendas	**(27,5)**	**(23,1)**	**(23,5)**	**(25,2)**	**(34,3)**	**(37,1)**	**(42,3)**	**(20,1)**	**(30,6)**	**52,2**
Serviços comerciais	**(7,8)**	**(5,0)**	**(4,9)**	**(4,7)**	**(8,3)**	**(9,6)**	**(13,1)**	**(6,0)**	**(8,5)**	**41,4**
Empresariais, profissionais e técnicos	2,3	2,5	2,2	2,4	3,7	4,6	6,2	2,7	3,7	37,4
Aluguel de equipamentos	(1,9)	(1,7)	(2,3)	(2,2)	(4,1)	(4,9)	(5,8)	(2,7)	(3,1)	11,4
Transportes	(3,0)	(2,0)	(1,6)	(2,0)	(2,0)	(3,1)	(4,2)	(2,2)	(3,0)	35,8
Viagens internacionais	(1,5)	(0,4)	0,2	0,4	(0,9)	(1,4)	(3,3)	(1,1)	(2,6)	148,6
Computação e informação	(1,1)	(1,1)	(1,0)	(1,2)	(1,6)	(1,9)	(2,1)	(1,1)	(1,4)	32,6
Royalties e licenças	(1,1)	(1,1)	(1,1)	(0,8)	(1,3)	(1,5)	(1,9)	(0,8)	(1,1)	37,9
Demais serviços	(1,5)	(1,1)	(1,3)	(1,2)	(2,1)	(1,3)	(2,0)	(0,9)	(1,0)	20,9
Rendas	**(19,7)**	**(18,2)**	**(18,6)**	**(20,5)**	**(26,0)**	**(27,5)**	**(29,3)**	**(14,1)**	**(22,1)**	**56,8**
Renda de investimento direto	(3,2)	(4,6)	(5,0)	(5,1)	(5,8)	(10,3)	(12,8)	(7,1)	(13,8)	93,9
Renda de investimento em carteira	(9,6)	(8,4)	(8,7)	(10,4)	(11,8)	(11,0)	(7,1)	(4,7)	(5,6)	18,8
Juros	(5,6)	(4,9)	(4,8)	(4,5)	(4,1)	(3,8)	(5,2)	(2,5)	(2,9)	18,3
Salários e ordenados	0,1	0,1	0,1	0,2	0,2	0,2	0,4	0,2	0,3	10,7

Fonte: Banco Central do Brasil.

mos anos, mas respondendo às mesmas variáveis citadas: crescimento, câmbio e corrente de comércio. As grandes responsáveis por essa deterioração, porém, foram as remessas de lucros e dividendos relacionadas aos investimentos diretos, que alcançaram US$13,8 bilhões (mais do que o total verificado em todo o ano de 2007) e representaram quase dois terços do aumento do déficit da balança de serviços no período. Isso reflete o aumento do estoque de investimento estrangeiro no país e provavelmente, também, o aumento dos lucros gerados pelas filiais das multinacionais no país. É provável também que essa aceleração esteja relacionada, ao menos em parte, à crise do sistema financeiro americano, o que pode ter levado diversas empresas a remeter lucros com mais intensidade para cobrir perdas verificadas em seus países.

Essa breve análise permite concluir que a evolução recente da balança de serviços tem seguido sua tendência histórica normal, com uma única grande modificação na composição das rendas: o crescimento da participação das remessas de lucros e dividendos referentes aos investimentos diretos, em detrimento dos pagamentos de juros. Isso pode ser considerado um fato positivo, pois as remessas de lucros não são previamente fixadas, como no caso dos juros, e estão relacionadas à rentabilidade dos investimentos feitos no país. Além disso, os lucros são registrados em reais e, portanto, quanto mais desvalorizada a taxa de câmbio, menores tendem a ser as remessas quando convertidas em moeda estrangeira.

De qualquer forma, não há indicações de que o saldo da balança de serviços possa sair de sua tendência histórica. Embora a aceleração verificada no primeiro semestre de 2008 tenha algo de extemporâneo, com um ritmo que não se deve manter daqui para frente, a situação estrutural do país indica que o saldo deve continuar se deteriorando daqui em adiante. Nos últimos 20 anos ele tem se mantido entre um mínimo de 2,5% e um máximo de 5% do PIB. Em 2007, ele ficou em 3,2% do PIB e caminha para algo próximo de 4% do PIB em 2008.

III. CÂMBIO E POLÍTICAS PÚBLICAS

O quadro apresentado neste artigo não deixa dúvida: a única forma de evitar uma deterioração contínua do saldo em transações correntes, e o eventual retorno da vulnerabilidade externa, é fazer as exportações brasileiras voltarem a crescer em ritmo elevado, tendo em vista as perspectivas de manutenção do crescimento das importações e de aumento do déficit da balança de serviços.

Do contrário, em algum momento no futuro o país se verá novamente diante de um dilema: permitir um aumento contínuo do déficit em transações correntes, implicando um retorno à vulnerabilidade externa; ou recorrer a um ajuste externo tradicional, caracterizado por contração da demanda doméstica e desvalorização cambial, com conseqüências negativas sobre o crescimento econômico e a inflação.

Desse modo, a discussão se volta para uma questão básica: em que sentido as condições domésticas favorecem ou não as exportações. A resposta parece clara: o atual *mix* de política econômica é, em linhas gerais, desfavorável às exportações, pela conjugação de três fatores: a ainda *baixa taxa de investimento da economia*; *câmbio real valorizado*; e *diversos problemas de ordem microeconômica* – como aqueles relacionados à infra-estrutura, à carga tributária, aos procedimentos burocráticos etc. – que aumentam os custos de produção e diminuem a capacidade competitiva dos produtos nacionais em comparação com os de outros países.

O aumento da taxa de investimento é uma condição necessária, pois a capacidade produtiva do país precisa crescer a um ritmo rápido o suficiente para que se possa fazer frente ao crescimento simultâneo da demanda doméstica e das exportações, e em bases sustentadas. É verdade que os investimentos vêm crescendo a um bom ritmo nos últimos anos, mas sua participação no PIB ainda está muito aquém do que seria compatível com um crescimento do PIB a taxas elevadas sem comprometer o equilíbrio externo e sem provocar inflação. O reconhecimento desse problema vem do próprio governo, tanto que a Política de Desenvolvimento Produtivo, recentemente lançada, tem como uma de suas metas elevar a taxa de investimento para 21% do PIB até 2010. Muitos especialistas apontam que essa taxa deveria se aproximar de 25% para permitir um crescimento do PIB na casa de 6% a 7% a.a.

Embora possa ser uma meta viável, ela esbarra em um problema fundamental: a insuficiência de poupança doméstica, problema histórico da economia brasileira. Nos últimos 10 anos, a taxa de poupança manteve-se sempre abaixo de 20% do PIB e, em 2007, ficou próxima de 18% do PIB. Supondo-se que a taxa de poupança se mantenha no nível atual, o alcance da meta de investimento da PDP implicará um déficit em transações correntes de cerca de 3% do PIB em 2010, e a manutenção de um ritmo forte de crescimento dos investimentos nos anos posteriores só fará aumentar o déficit. Na verdade, a queda do saldo em transações correntes a partir de 2005 resultou justamente de um aumento da taxa de investimento de cerca de 2,5 pontos percentuais, combinada com uma virtual estabilidade da taxa de poupança.

Se o que se pretende é aumentar os investimentos sem desestimular o consumo privado,[4] a única saída é promover um aumento da poupança pública, preferencialmente por meio da contenção dos gastos correntes. Do contrário, os novos investimentos teriam de ser financiados por poupança externa, o que significa a geração de crescentes déficits em conta corrente.

Com relação à taxa de câmbio, a experiência internacional dá suporte à idéia de que um bom desempenho exportador em prazos mais longos e um crescimento mais acelerado do PIB estão ligados a políticas deliberadas de subvalorização da taxa de câmbio. Essa idéia está relacionada a argumentos tanto de ordem macroeconômica quanto microeconômica.

Do ponto de vista macroeconômico, os estudos empíricos sustentam, de forma geral, que há uma relação negativa entre crescimento econômico e sobrevalorização cambial,[5] e esta última está normalmente associada a déficits não-sustentáveis em conta corrente, crises de balanço de pagamentos, ciclos de *stop and go*, escassez de divisas etc. Obviamente, essa conclusão tem mais força em países com regimes de câmbio fixo ou administrado.

Os argumentos microeconômicos têm um caráter normativo ainda mais forte: o que se recomenda não é apenas evitar a sobrevalorização cambial, mas praticar uma taxa de câmbio real desvalorizada e competitiva. As razões que fundamentam essa recomendação variam desde o antigo argumento em favor da indústria nascente, passando pela ênfase nos aspectos virtuosos das indústrias exportadoras (maior dinamismo tecnológico, promoção de *learning by doing*, *spill-overs* positivos para outros setores) ou, ainda, pela necessidade de compensar os setores *tradeables* por deficiências institucionais e falhas de mercado diversas que os penalizam de forma bem mais intensa do que aos setores *non-tradeables*.

Há, contudo, dois óbices à questão da política cambial. O primeiro é como manter uma taxa de câmbio desvalorizada em termos reais. Simples estratégias que passam pela retirada do excesso de moeda estrangeira do mercado, por meio de compras do Banco Central, ou pela redução da taxa de juros, para desestimular a entrada de capitais financeiros, têm óbvias limitações no Brasil. Como o governo é deficitário, não há espaço para a compra indefinida de reservas (como faz a China, por exemplo), pois isso significa despesa pública. E a taxa de juros é o único instrumento efetivo de combate à inflação, sendo

---

[4] Deve-se lembrar que a taxa de poupança privada é uma variável comportamental, difícil de ser modificada por políticas públicas. Além disso, caso se mantenha a tendência recente de melhoria da distribuição de renda, é possível que haja até uma queda da taxa de poupança privada.

[5] Ver Rodrik (2007).

impossível calibrá-la para atingir dois objetivos que, em geral, são conflitantes – um câmbio mais desvalorizado tem óbvias implicações inflacionárias. Na verdade, para que o governo possa ter alguns graus de liberdade para calibrar o câmbio real, deve-se observar uma condição fundamental: a obtenção de superávits nas contas públicas. Isso significa aumentar a poupança pública, o que nos leva de volta ao ponto inicial abordado nesta seção.

O segundo óbice é que a prática de uma taxa de câmbio desvalorizada é defendida como um argumento de segundo melhor (*second best*), tendo em vista as dificuldades de atacar diretamente os problemas de ordem microeconômica que restringem as exportações. A conduta mais correta seria adotar políticas diretamente voltadas para resolver esses problemas, com especial destaque para os investimentos em infra-estrutura, a melhoria da estrutura tributária (com uma adequada desoneração das exportações) e medidas de facilitação de comércio, com redução e/ou eliminação de entraves burocráticos ao comércio exterior.

Uma observação relevante diz respeito ao funcionamento do sistema de câmbio flutuante. Economistas de matiz mais ortodoxo têm argumentado que o câmbio flutuante é um mecanismo que promove o ajuste automático da taxa, de tal forma que, se o déficit em transações correntes começar a crescer, o câmbio irá se desvalorizar, estimulando naturalmente um aumento das exportações e uma desaceleração das importações, impedindo que os déficits cresçam explosivamente. Embora esse argumento possa ser verdadeiro no médio e no longo prazos, há o problema da velocidade do ajuste no curto prazo. Se a piora do déficit em transações correntes for acompanhada por um aumento *pari passu* dos influxos de capital, o ajuste da taxa de câmbio tende a ser excessivamente lento. No momento em que surgirem dúvidas quanto à capacidade de financiamento do país – geralmente, por conta de alguma crise internacional –, os fluxos de capital se reduzem, provocando uma desvalorização excessivamente rápida do câmbio. Esse é o problema típico de uma economia em que há elevada mobilidade de capitais, como a brasileira, não permitindo que se confie indistintamente nas virtudes da livre flutuação.

Por fim, em associação com as iniciativas relacionadas à poupança e à taxa de câmbio, seria necessário desenvolver políticas industrial, comercial e tecnológica com o objetivo de corrigir falhas de mercado e induzir um maior envolvimento das empresas brasileiras nas atividades de exportação. Tais políticas deveriam, inclusive, mirar em objetivos estratégicos, como a diversificação da pauta em termos de produtos e países de destino, a crescente incorporação de produtos com maior conteúdo tecnológico e a maior participação de micro e pequenas empresas na exportação.

Em síntese, para se alcançar um crescimento sustentado das exportações, é necessário que as políticas públicas conjuguem esforços em quatro sentidos. Primeiro, um aumento da poupança pública que abra espaço para um crescimento mais acelerado dos investimentos, provendo a oferta necessária para satisfazer os mercados interno e externo; segundo, uma adequada administração da política cambial, viabilizando um nível de câmbio real que torne as exportações uma atividade rentável para a maior parte dos setores produtivos, não só no curto, mas também no longo prazo; terceiro, ações voltadas a eliminar entraves que encarecem a produção voltada às exportações, como problemas burocráticos, de infra-estrutura e de tributação; e, por fim, o desenvolvimento de iniciativas voltadas a promover um maior envolvimento das empresas com a exportação e a melhorar o perfil da oferta exportadora brasileira.

Esses esforços são necessariamente complementares, e nenhum deles é capaz, isoladamente, de melhorar o desempenho das exportações. Em outras palavras, não basta ajustar as contas públicas e desonerar as exportações se não houver uma taxa de câmbio e um conjunto de políticas que induzam as empresas a investirem para aumentar, diversificar e agregar valor às suas exportações. De forma análoga, tentar manter um câmbio desvalorizado a qualquer preço ou desenvolver políticas de promoção de exportações são medidas que não terão qualquer efeito no médio e longo prazos se o país não dispuser de recursos de poupança suficientes para fazer frente aos investimentos necessários ao aumento da oferta exportadora do país.

CONCLUSÕES E PERSPECTIVAS

O excelente desempenho das contas externas do país desde o início da presente década, em especial o acelerado crescimento das exportações de mercadorias, permtiu que o país vivesse uma situação inédita em sua história, com elevados saldos positivos na balança de transações correntes e uma acumulação recorde de reservas internacionais. Diante desse quadro, muitos economistas chegaram a decretar o fim da vulnerabilidade externa do país. Agora, o problema seria como lidar com a entrada massiva de recursos externos e seus efeitos sobre a taxa de câmbio.

A análise de diversos indicadores mostra que, de fato, a vulnerabilidade externa do país reduziu-se sobremaneira nos últimos anos, com queda das necessidades de financiamento externo, redução do passivo externo e queda dos pagamentos de juros e remessas de lucros e dividendos (todos medidos em proporção do PIB), além da grande acumulação de reservas. A situação atual permite concluir que, no curto prazo, o país está a salvo de problemas mais graves em seu balanço de pagamentos. Tal fato certamente ajuda a explicar por que o país tem se desempenhando tão bem mesmo diante de uma conjuntura internacional mais desfavorável, com desaceleração do crescimento e ameaça de recessão nos países desenvolvidos e com a conseqüente contração da liquidez internacional.

No entanto, os desenvolvimentos mais recentes, basicamente a partir do segundo semestre de 2007, reduziram bastante o grau de otimismo com relação ao equilíbrio futuro das contas externas do país. Observou-se uma rápida deterioração das contas externas, com a queda do saldo comercial e a volta do déficit em transações correntes no primeiro semestre de 2008. Embora a maioria dos economistas concordasse que isso aconteceria mais cedo ou mais tarde, pois não é normal que um país como o Brasil seja um exportador de capitais, a velocidade do processo tem sido surpreendente. Em relação ao primeiro semestre de 2007, a queda do saldo em transações correntes foi de quase US$20 bilhões (mais de 2% do PIB).

Esses novos dados ajudaram a mostrar que o país não está livre de problemas no futuro. Além dos déficits em transações correntes, que devem aumentar diante da manutenção do crescimento da demanda doméstica, há também o problema do passivo externo, que ainda é muito elevado, seja em termos brutos, seja em termos líquidos. O fato de ter crescido a participação dos investimentos em carteira na composição desse passivo, em detrimento dos instrumentos de dívida, também é problemático, pois são recursos de alta liquidez que podem ser retirados do país rapidamente. Deve-se lembrar também que o país pode estar comprando um problema para o futuro, pois o aumento do passivo externo tende a exercer uma pressão significativa em termos de pagamentos de juros, lucros e dividendos.

Na verdade, o que fica evidente é que não se podem perder de vista os fatores estruturais que comandam a evolução das contas externas. A ocorrência de déficits em transações correntes resulta, em última instância, de um baixo nível de poupança agregada, insuficiente para fazer frente aos elevados requisitos de investimento para promover um crescimento econômico acelerado. Nesse sentido, é revelador o fato de que a melhoria das contas externas nos anos recentes não pode ser atribuída a um aumento da poupança doméstica, que se manteve relativamente estável como proporção do PIB. A explicação recai na contenção da demanda doméstica, com redução da taxa de investimento, especialmente no quadriênio 2001-2004.

Quando se analisa a evolução das exportações, fica claro que seu ótimo desempenho resultou, em grande parte, de uma conjuntura mundial favorável, com especial contribuição dos aumentos de preços das *commodities* nos anos mais recentes. Em termos estruturais, contudo, não houve grandes mudanças, e a mais importante delas caminha na direção contrária do que seria desejado: houve um contínuo aumento da participação dos produtos primários na pauta, com destaque para o petróleo e para os minérios. Verificou-se também uma perda de participação dos bens industriais intensivos em trabalho e em economias de escala, e uma evolução pouco favorável dos bens intensivos em tecnologia.

O aumento da participação dos produtos menos elaborados nas exportações do país parece ser uma tendência firme, e não um fenômeno passageiro, e está relacionado a quatro fatores: (i) o crescimento acelerado das exportações de petróleo bruto, que tendem a ganhar ainda mais força nos próximos anos, principalmente quando começar a exploração em maior escala dos recursos do pré-sal; (ii) o padrão de vantagens comparativas do país, voltado à exploração de terras agricultáveis e de recursos minerais; (iii) o rápido crescimento da demanda mundial por *commodities* produzidas pelo país; e (iv) os impactos negativos da valorização da moeda brasileira sobre a exportação de bens industrializados.

No que tange às importações, o que tem acontecido nos últimos anos está absolutamente dentro do esperado. O que se poderia esperar de um país ainda em processo de abertura ao exterior e com uma razão importações/PIB de menos de 10% em 2007, especialmente em um contexto de recuperação da demanda doméstica? Embora a valorização do câmbio impulsione esse movimento, o que está por trás do crescimento acelerado do *quantum* importado é, principalmente, a expansão da produção industrial, exercendo demanda crescente sobre os insumos importados. Há também uma forte demanda por bens de capital, por conta da aceleração dos investimentos, e um crescimento natural das importações de bens de consumo, que ainda representam uma fração muito pequena do consumo doméstico total.

Também no caso da balança de serviços, a análise permite concluir que sua evolução recente tem seguido a tendência histórica normal, com uma única grande modificação relevante: o crescimento da participação das remessas de lucros e dividendos referentes aos investimentos diretos, em detrimento dos pagamentos de juros. É verdade que a aceleração verificada no primeiro semestre de

2008 tem algo de extemporâneo, e o ritmo não deve se manter daqui para frente. Mas a verdade é que não há indicações de que o saldo possa sair de sua tendência histórica, de déficits que flutuam entre um mínimo de 2,5% e um máximo de 5% do PIB. Em 2007, ele ficou em 3,2% do PIB e caminha para algo próximo de 4% do PIB em 2008.

Tudo parece indicar que os últimos anos foram uma fase extraordinária em termos de desempenho das contas externas, mas que não se sustentará na ausência de medidas mais incisivas de política econômica. Parece inevitável que o déficit em transações correntes cresça de forma contínua daqui para frente, embora não explosivamente, como nos primeiros meses de 2008, sinalizando uma deterioração gradual dos indicadores de vulnerabilidade externa do país. As projeções mais recentes do mercado, consolidadas no *Boletim Focus*, do Banco Central, indicam que o déficit em transações correntes deve atingir cerca de US$28 bilhões em 2008 e chegar a US$35 bilhões em 2009 (ficando um pouco acima de 2% do PIB). Esses déficits serão cobertos basicamente pelos investimentos diretos, que devem ser de US$35 bilhões em 2008 e de US$30 bilhões em 2009, e não se espera que haja perda significativa de reservas. Tudo isso em um contexto de PIB crescendo a taxas razoáveis: 4,8% em 2008 e 3,6% em 2009.

Obviamente, esse cenário não está ausente de riscos. É possível, por exemplo, que ocorra um crescimento mais acelerado da demanda doméstica, ou uma queda mais expressiva dos preços internacionais das *commodities*, ou ainda uma desaceleração brusca do crescimento mundial. Em qualquer dessas hipóteses, o saldo comercial se reduziria de forma mais rápida (podendo mesmo tornar-se deficitário já em 2010), elevando o déficit em transações correntes para níveis mais elevados, talvez de 4% ou até 5% do PIB.

De qualquer forma, no curto prazo, a situação ainda se mostra confortável. Mas, no médio e no longo prazos, o cenário ainda é preocupante, devido à ausência de mudanças estruturais que indiquem uma evolução mais equilibrada das contas externas. O que fazer, então, para que o país rompa com seu histórico e consiga evitar o retorno de uma situação de maior vulnerabilidade externa no futuro?

A resposta está em criar condições para que as exportações brasileiras voltem a crescer em um ritmo mais elevado em termos de *quantum* e que tal crescimento seja sustentado ao longo do tempo. E, para isso, é estritamente necessário que se promova um *mix* de políticas públicas, tanto de cunho macroeconômico quanto de cunho microeconômico, voltadas para: (i) um aumento da poupança pública que abra espaço para um crescimento mais acelerado dos investimentos, provendo a oferta necessária para satisfazer os mercados interno e externo; (ii) uma adequada administração da política cambial, viabilizando um nível de câmbio real que torne as exportações uma atividade rentável para a maior parte dos setores produtivos, não só no curto, mas também no longo prazo; (iii) ações voltadas a eliminar entraves que encarecem a produção voltada às exportações, como problemas burocráticos, de infra-estrutura e de tributação; e (iv) o desenvolvimento de iniciativas voltadas a promover um maior envolvimento das empresas com a exportação e a melhorar o perfil da oferta exportadora brasileira. Tais esforços são necessariamente complementares, e nenhum deles é capaz, isoladamente, de melhorar o desempenho das exportações.

REFERÊNCIAS

RIBEIRO, F. J. e R. MARKWALD (2008). "A balança comercial sob regime de câmbio flutuante", in Giambiagi, F. e O. Barros. *Brasil Globalizado.* Rio de Janeiro: Campus, 2008.

BANCO CENTRAL DO BRASIL (2008). "Evolução dos indicadores de sustentabilidade externa - atualização". *Boletim Focus*, agosto de 2008.

RODRIK, D. (2007). *The Real Exchange Rate and Economic Growth: Theory and Evidence*, Harvard University, Cambridge.

Inserção internacional inteligente para evitar a vulnerabilidade externa

*Benedicto Fonseca Moreira**

*Presidente da AEB (Associação de Comércio Exterior do Brasil).

1. CONCEITUAÇÃO DE VULNERABILIDADE EXTERNA

A vulnerabilidade externa pode ser definida, e sua tendência evidenciada, pela soma de dois fatores:

a) comercial ou operacional, quando ocorrem déficits permanentes e crescentes do balanço de pagamentos em transações correntes, passíveis de cobertura com o uso de reservas cambiais, caso existam, e/ou com o ingresso de recursos externos, sob a forma de investimentos diretos ou empréstimos. O excesso de déficits, em níveis elevados, pode inibir a captação de recursos externos. Por outro lado, essa captação, mesmo em situação de normalidade, quando não canalizada, prioritariamente, para setores da produção de bens voltados à exportação, pode contribuir para aumentar a pressão negativa sobre as contas externas;
b) estrutural ou endêmica, decorre da fragilidade do conjunto de fatores que formam a capacidade de competição, em regime de abertura econômica com vistas à maior inserção internacional. Esses fatores da fragilidade definem-se em duas vertentes:
   (i) na marginalização de apoio coerente e continuado para ampliar fortemente a produção de bens, com incorporação de novas tecnologias e saltos na qualidade, e melhoria da produtividade, visando principalmente produtos de média e alta tecnologia, como suporte para o crescimento global da exportação em condições mais estáveis; e
   (ii) na ausência de política proativa visando corrigir ou superar as barreiras internas que impedem ou dificultam a formação dos preços de competição – nas condições FOB, CIF, DDP etc. –, tais como câmbio; desoneração tributária; sistema de financiamento abrangente e flexível; boa infra-estrutura; logística eficiente e eficaz; completa desburocratização nos procedimentos; dogmatização do "ganho" do tempo de embarque e entrega de mercadorias etc.

A vulnerabilidade estrutural ou endêmica acarreta e gera a vulnerabilidade operacional ou comercial. A percepção para os riscos de futura vulnerabilidade está na correta avaliação da estrutura da produção e da capacitação competitiva. Essa realidade não se prende, exclusivamente, às mercadorias, projetando-se, sobretudo, no campo dos serviços, que, no presente, em regime de crescente globalização da economia mundial, passam a ter destacada preponderância, por "comandarem" a competitividade.

Preço e qualidade são fatores básicos e primários na competitividade, mas não suficientes para garantir vendas crescentes e em "regime cativo". A incorporação dos serviços é o elo garantidor, realizador e promotor da competitividade.

Nosso balanço de pagamentos em transações correntes mostra o retorno aos déficits, devido à redução dos superávits comerciais e à elevação dos déficits nas contas de serviços comerciais e rendas. Essa tendência negativa encontra sua força em quatro fatores (a) concentração da pauta de exportação em commodities e concentração de empresas exportadoras; (b) expressivas barreiras internas à produção e à exportação. (c) sistema de captação de recursos externos pouco pragmático e (d) ausência de política integrada de serviços. As elevadas reservas cambiais e a facilitação para o ingresso de capitais estrangeiros, para todas as finalidades, em curto e médio prazo, servem de amortecedor da tendência estrutural à vulnerabilidade externa. Contudo, a ausência de política corretiva dessa tendência estrutural poderá corroer e desgastar os atuais fatores amortecedores, tornando, no futuro, a tendência em realidade visível, pela acumulação de déficit em transações correntes, com absorção das reservas cambiais.

2. DEFINIÇÃO DE COMPETITIVIDADE COMO BASE DA INSERÇÃO INTERNACIONAL INTELIGENTE

Uma política de comércio exterior competitiva, em regime de inserção internacional, implica, basicamente, cinco necessidades:

a) permanente expansão da produção, com crescente incorporação de tecnologia e saltos de qualidade;
b) domínio e autonomia na formação de preços;
c) bom suporte de serviços;
d) domínio, em caráter permanente, do mercado externo; e
e) superação das barreiras internas e capacidade para transpor barreiras externas.

Pode-se, em termos práticos, sintetizar a competitividade a ser alcançada como decorrente da capacidade de o governo criar as condições necessárias para que os empresários possam colocar seus produtos no exterior, no estabelecimento do importador, com os melhores preços, a melhor tecnologia, indiscutível qualidade, nas melhores condições de pagamento e no menor tempo.

Para que se alcance esse estágio de poder de ação, impõe-se, como determinante, superar as barreiras internas à exportação, normalmente mais danosas e constrangedoras do que as barreiras externas. Essas barreiras definem-se no conjunto de leis; atos públicos institucionais; decisões; ações políticas; deficiências estruturais; despreparo educacional e cultural; ideologias; exacerbação da burocracia como sistema de controle etc., que dificultam, desestimulam, limitam ou impedem o fortalecimento da produção e da capacidade competitiva na exportação e na importação.

As barreiras externas, por sua vez, são limitadoras da ação externa competitiva, mas diferentes das barreiras internas, porque são passíveis de negociação ou superação através de competência na ação comercial externa. De qualquer modo, há de se ter presente que elas constituem força ascendente, utilizadas como protecionismo, em substituição ao cadente protecionismo tarifário. Como registro, vale lembrar dois conceitos de protecionismo não-tarifário, vigentes: operacionais e políticos (Quadro 1).

Na discussão da vulnerabilidade externa brasileira, será sempre recomendável considerar os conceitos anteriormente lembrados, como ter presente, para avaliações e eventuais ações corretivas, os 10 principais fundamentos da formação da capacidade competidora dos países desenvolvidos (Quadro 2).

QUADRO 1

Operacionais	– exigências de normatização técnica e de natureza tecnológica – preservação do meio ambiente (ecológico): selo verde etc. – normas sanitárias e fitossanitárias – garantias de direitos humanos (social) – restrições a produtos modificados geneticamente – exigências de registros específicos – exigências de registros específicos – medidas antiterroristas – procedimentos conceituais antidumping e anti-subsídios – subsídios para P&D (indústria e agricultura) – subsídios à produção, via financiamentos especiais e garantias de preços ou de compras etc.
Políticas	– setorial ou acordos "voluntários" – absoluto ou ideológico: economias socialistas ou estatizadas – corretivo: defesa contra anomalias na competição (antidumping como protecionismo) – estrutural: fraqueza da economia – conjuntural: caráter temporário para ajuste do balanço de pagamentos – institucional: formação cultura etc.

QUADRO 2

- a) conhecimento e educação sem limites para
  - – sustentação do desenvolvimento econômico
  - – segurança nacional
  - – soberania: plena ou compartilhada
- b) intensa incorporação de novas tecnologias no processo de produção
  - – aumento da produtividade
  - – saltos na qualidade
- c) produção em escala, com crescimento vertical
  - – fusões e acordos interempresas
  - – novos "espaços" econômicos: preferências comerciais, integração etc.
- d) crescente desburocratização e racionalização
- e) máximo de eficácia e eficiência em logística
- f) sofisticado sistema de informações estratégicas
- g) serviços como fator estratégico
- h) tempo como fator determinante
- i) eficiência e eficácia organizacional
- j) comércio exterior como fator hegemônico
  - j.1) criação de "mercado" supranacional
    - – extroversão internacionalizadora
    - – forte exercício negocial
    - – comércio fragmentado
    - – sofisticado protecionismo que passa do campo tarifário para o não-tarifário
    - – vendas *door-to-door* etc.
  - j.2) vantagens comparativas perdem importância para as vantagens competitivas

3. A TENDÊNCIA À VULNERABILIDADE EXTERNA BRASILEIRA

A análise anterior permite visualizar os parâmetros determinantes da competitividade. Ao se projetarem aqueles conceitos para a realidade brasileira, é possível concluir que, no país, há vulnerabilidade estrutural ou endêmica, em que pesem os superávits comerciais obtidos nos últimos cinco anos, devido ao forte crescimento da demanda externa por *commodities*. A realidade estrutural, antes mascarada pelos superávits, começa a ficar evidente diante da nova conjuntura internacional.

O potencial da vulnerabilidade brasileira pode ser analisado, principalmente, em três vertentes: (a) abertura econômica *versus* realidade da economia nacional; (b) os fatos em números; e (c) a avaliação da situação atual dos fatores formadores dos preços de competição.

3.1 A abertura econômica com vistas à inserção internacional e à vulnerabilidade externa

A abertura da economia não deve e não pode ser improvisada. É preciso ter base programática e pragmática para que seja instrumento positivo para a sustentação do crescimento econômico. Se assim não for, há o risco de graves efeitos negativos sobre produção, exportação e emprego. Dado o seu caráter, que objetiva crescente inserção internacional, a abertura não pode ter visão ideológica, sequer prioridade no enfoque de combate à inflação, embora, neste caso, com eventuais efeitos positivos. Em princípio, não deve ser unilateral e gratuita, mas utilizada para obter alguma reciprocidade. Também, para ser instrumento positivo do desenvolvimento, precisaria ser "protegida" por ações estruturadas, tais como:

a) importante apoio ao crescimento diversificado da produção, com incorporação de novas tecnologias e saltos na qualidade;
b) política pragmática de redução de custos, sobretudo desburocratização;
c) crescente eficiência da infra-estrutura do país e apoio ao aprimoramento dos sistemas de logísticas, de modo a tornar o uso do tempo fator favorável à competição;
d) maximizar a capacidade de competição, tanto na exportação quanto em relação à importação beneficiada com a abertura.

Enfim, é preciso dar aos agentes da produção nacional condições de igualdade, para equilibrar e sustentar a capacidade de competição com os produtos similares importados, que chegam ao país, com importantes benefícios auferidos nos paises de origem. Esse equilíbrio na economia aberta é determinante, e leva à dogmatização da competitividade na exportação e na importação.

Lamentavelmente, não foi esse o enfoque dado à abertura iniciada em 1990, e ampliada nos anos seguintes. Estão presentes, ainda, ações no sentido de "forçar" a competição interna para a redução ou a sustentação de preços. A "prioridade" da abertura da importação, para obter apenas ganho na política de estabilização de preços, com horizonte político-eleitoral, é uma decisão perigosa, por não ter sustentação adequada. Com proteção tarifária decrescente, sem a alternativa de uma política de proteção não-tarifária, somada à depreciação cambial e, concomitantemente, aos custos internos crescentes – carga tributária, juros, burocracia, infra-estrutura etc. –, tem-se uma perigosa fórmula explosiva; porque limita a exportação, corrói os superávits comerciais pelo estímulo à importação; e amplia os déficits nas contas serviços comerciais e renda. O resultado inevitável será a acumulação de crescentes déficits no balanço de pagamentos em transações correntes, que expressa e dá corpo à vulnerabilidade externa.

3.2 A tendência indicada pela avaliação da estrutura das exportações

Para melhor compreensão das distorções existentes, merecem ser ressaltadas pelo menos quatro realidades numéricas das exportações:

a) a evolução das transações nos últimos 60 anos (1947/2007);
b) a estrutura da pauta de exportação: concentração das exportações em *commodities*;
c) a estrutura das empresas e concentração das empresas exportadoras;
d) a avaliação dos fatores formadores dos preços de competição.

3.2.1 A evolução das transações correntes nos últimos 60 anos

Entre 1947 (ano da 1ª crise) e 2007, isto é, ao longo de 60 anos, o balanço de pagamentos em transações correntes registrou:

a) déficits nas contas serviços e rendas em todo o período;
b) 43 anos de superávits comerciais e 17 anos de déficits. Contudo, deve-se evitar equívoco na análise. Entre 1947/1990, os superávits foram obtidos mediante a aplicação de forte controle redutivo da importação. Nos últimos 17 anos (1991/2007), os 11 superávits foram decorrência de controles indiretos, no início; medidas de desaquecimento da demanda interna e, mais recentemente, forte crescimento da demanda externa por commodities. Os resultados positivos não decorreram, necessariamente, da força da economia, mas de controles e fatos exógenos.

É importante observar que, ao longo do período mencionado, a visão dos governos e dos analistas econômicos sempre teve viés para marginalizar os déficits nas contas serviços e renda e enfatizar a balança comercial como fator principal de preocupação. Essa distorção de análise talvez seja explicável por razões culturais e pela fragilidade da economia. A Tabela 2 mostra que, paralelamente ao recente período de euforia pelos resultados da balança comercial, as contas deficitárias vêm crescendo sistematicamente. A não-auto-sustentabilidade das exportações é perfeitamente previsível, uma vez que depende de dois fatores instáveis: preço das *commodities* e demanda externa, referendados em equívocos nas políticas de produção, exportação, serviços e relação entre taxa de câmbio, custos internos e importação.

TABELA 1

Balanço de pagamentos

US$ bilhões

Discriminação	*Períodos de janeiro a dezembro*					*Janeiro a julho*	
	2003	*2004*	*2005*	*2006*	*2007*	*2007*	*2008*
Transações correntes	4,18	11,68	13,98	13,64	1,72	1,69	–19,51
Balança comercial (FOB)	24,79	33,64	44,70	46,46	40,04	23,92	14,65
Exportação de bens	73,08	96,48	118,31	137,81	160,65	87,33	111,10
Importação de bens	–48,29	–62,83	–73,61	–91,35	–120,61	–63,41	–96,44
Serviços e rendas	–23,48	–25,20	–34,28	–37,12	–42,34	–24,56	–36,39
Serviços	–4,93	–4,68	–8,31	–9,64	–13,05	–7,28	–9,90
Receita	10,45	12,58	16,05	19,48	23,81	13,03	17,24
Despesa	–15,38	–17,26	–24,36	–29,12	–36,86	–20,31	–27,13
Rendas	–18,55	–20,52	–25,97	–27,48	–29,29	–17,29	–26,49
Receita	3,34	3,20	3,19	6,46	11,49	5,84	6,93
Despesa	–21,89	–23,72	–29,16	–33,94	–40,78	–23,13	–33,42
Transferências unilaterais correntes	2,87	3,24	3,56	4,31	4,03	2,34	2,22
Receita	3,13	3,54	4,05	4,85	4,97	2,83	3,00
Despesa	–0,27	–0,31	–0,49	–0,54	–0,94	–0,50	–0,78

* Janeiro/julho.

Fonte: Bacen.

Elaboração: AEB.

TABELA 2

Balanço de pagamentos em transações correntes

US$ bilhões

Período	*Contas superavitárias*			*Contas deficitárias*			*Saldo transações correntes*
	Balança comercial	*Transferências unilaterais corr.*	*Soma dos superávits*	*Serviços*	*Rendas*	*Soma dos déficits*	
2003	24,8	2,9	27,7	–4,9	–18,6	–23,5	4,2
2004	33,8	3,2	37,1	–4,7	–20,5	–25,2	11,9
2005	44,9	3,6	48,5	–8,3	–26,0	–34,3	14,2
2006	46,5	4,3	50,8	–9,6	–27,5	–37,1	13,6
2007	40,0	4,0	44,1	–13,1	–29,3	–42,3	1,7
2008*	14,7	2,2	16,9	–9,9	–26,5	–36,4	–19,5

* Janeiro/julho.

Fontes: Balança comercial: MDIC/Secex-Sistema Alice; Demais: Bacen.

Elaboração: AEB.

Retorna o país aos déficits em transações correntes, o que poderá ser crescente nos próximos anos, caso não se adote forte política corretiva não só na exportação de mercadorias, que, por si só, não mais sustenta superávits corretivos, mas sobretudo no setor de serviços.

Em resumo, após 60 anos, o país mantém crescentes déficits nas contas serviços e rendas e propensão ao déficit comercial. A economia brasileira ainda não adquiriu força, qualidade, diversificação e apoio estrutural para garantir superávits auto-sustentáveis. O equívoco está, repita-se, na ausência de políticas consistentes de produção e exportação.

3.2.2 A estrutura da pauta da exportação

Procura-se, na análise das exportações brasileiras de mercadorias, enfatizar o fato de que as vendas externas seriam constituídas, preponderantemente, de produtos "manufaturados" ou "industrializados". Não deixa de ser verdade, se considerado o grau de transformação dos bens. Suco de laranja, óleo vegetais, siderúrgicos em primeira transformação etc. são produtos "transformados", mas não deixam de ser *commodities*. A apresentação dos dados da exportação por categoria de uso dos produtos melhor evidencia a atual estrutura da pauta e, assim, o nível de sua eventual instabilidade, fato que propende à vulnerabilidade.

Na Tabela 3 verifica-se que as *commodities*, assim consideradas matérias-primas, produtos intermediários, combustíveis e lubrificantes e bens de consumo não-durável (alimentos etc.), representaram, em 2006, 2007 e janeiro/julho 2008, respectivamente, 78,5%, 78,8% e 80,5% do valor total das exportações. Os bens de capital participaram com cerca de 14%, e os bens de consumo duráveis, com predomínio de veículos, vêm apresentando participação decrescente.

A avaliação da estrutura da exportação pode ser complementada com a participação do Brasil nas exportações mundiais, por setor.

Embora os dados disponibilizados pela OMC estejam defasados, a Tabela 4 fornece uma visão da importância relativa da participação brasileira em diferentes setores da demanda mundial.

Merecem destaque os produtos agrícolas, devido à elevada participação na receita de exportação do país. Em 2006, as exportações mundiais de produtos agrícolas somaram US$944,5 bilhões, representando apenas 7,8% do total mundial. Esses mesmos produtos que, naquele ano, perfizeram cerca de 29% das exportações brasileiras tiveram participação no mundo de apenas 4,18%.

TABELA 3

Balança comercial por categoria de uso

US$ bilhões

Descrição	*Exportação*						*Importação*					
	2006	*%*	*2007*	*%*	*2008**	*%*	*2006*	*%*	*2007*	*%*	*2008**	*%*
– Bens de capital	**19,5**	**14,1**	**23,2**	**14,4**	**14,2**	**12,7**	**18,9**	**20,7**	**25,1**	**20,8**	**19,8**	**20,6**
– Bens de consumo duráveis	**7,6**	**5,5**	**7,9**	**4,9**	**4,7**	**4,3**	**6,1**	**6,7**	**8,3**	**6,8**	**6,8**	**7,0**
Subtotal	**27,0**	**19,6**	**31,1**	**19,4**	**18,9**	**17,0**	**25,0**	**27,4**	**33,4**	**27,7**	**26,6**	**27,6**
– Commodities	**108,2**	**78,5**	**126,5**	**78,8**	**89,5**	**80,5**	**66,4**	**72,6**	**87,3**	**72,3**	**69,8**	**72,4**
Matérias-primas e intermediários	77,1	56,0	88,3	55,0	62,9	56,6	45,3	49,6	59,4	49,3	46,6	48,3
Combustíveis e lubrificantes	10,5	7,6	13,2	8,2	10,1	9,1	15,2	16,6	20,1	16,6	18,0	18,6
Bens de consumo não-duráveis	20,5	14,9	25,0	15,6	16,5	14,8	5,9	6,4	7,8	6,4	5,3	5,4
– Operações especiais	**2,6**	**1,9**	**3,0**	**1,9**	**2,7**	**2,5**	–		–		–	
Total	**137,8**	**100,0**	**160,6**	**100,0**	**111,1**	**100,0**	**91,4**	**100,0**	**120,6**	**100,0**	**96,4**	**100,0**

* Janeiro/julho.

Fontes: MDIC/Secex/Balança Comercial

Elaboração: AEB.

Embora não-disponíveis em 2007, as vendas mundiais de produtos agrícolas devem ter alcançado US$1 trilhão, com pouca alteração em nossa participação. Nos demais setores, o Brasil apresenta posição modesta: máquinas e equipamentos representaram 36% das exportações totais mundiais, em valor, cabendo ao país modestos 0,77%.

Observa-se que as principais *commodities* – produtos agrícolas, produtos minerais e ferro e aço – representaram 15% do comércio mundial, sendo a participação brasileira de apenas 9,8%, embora esses produtos tenham representado cerca de 47% do valor exportado.

A Tabela 4 permite duas leituras. A primeira, de que os produtos de maior conteúdo tecnológico – máquinas e equipamentos, veículos etc. – devem representar mais de 40% das exportações mundiais, enquanto a participação do Brasil não alcança 1% do valor. A segunda, que as *commodities* citadas, somadas aos combustíveis e alguns setores químicos e fármacos, perfazem outros 40% do valor global, com participação brasileira inferior a 4%. Em ambos os casos, há importante espaço para

TABELA 4

Exportação mundial e brasileira em 2006: principais setores da economia

Grupos de produtos	*Total do mundo*		*Brasil*		*Part. do Brasil no mundo (%)*
	US$ milhões	*%*	*US$ bilhões*	*%*	
a. Produtos agrícolas	944.531	7,8	39.528	28,7	4,18
b. Combustíveis e produtos minerais	2.277.120	18,8	26.459	19,2	1,16
b.1 Combustíveis	1.770.533	14,6	10.590	7,7	0,60
b.2 Minerais	506.587	4,2	15.867	11,5	3,10
c. Ferro e aço	374.006	3,1	9.454	6,9	2,53
d. Químicos e farmacêuticos	1.247.775	10,3	9.276	6,7	0,74
e. Máquinas e equips. de transporte (escritório, telecomunicação, processamento de dados e automobilístico)	4.363.956	36,0	33.405	24,2	0,77
f. Têxteis e vestuário	530.004	4,4	1.670	1,2	0,32
g. Demais produtos	2.370.608	19,6	18.015	13,1	0,76
Exportação total	12.108.000	100,0	137.807	100,0	1,14

Fonte: OMC.
Elaboração: AEB.

o crescimento de nossas exportações. Como são setores já "ocupados" por fornecedores concorrentes, o crescimento vai depender da eliminação dos constrangimentos internos à produção e à exportação, dentre os quais:

a) falta de estabilização macroeconômica auto-sustentável, que depende de reformas político-institucionais;
b) fragilidade da política de produção industrial;
c) desorganização institucional, estrutural e operacional do comércio exterior.

3.2.3 A estrutura das empresas exportadoras

A Tabela 5 mostra que o primeiro elo fraco da exportação está no fato de que no país, com mais de 5 milhões de empresas, apenas 20.889 participaram da exportação, em 2007, contra quase 30 mil na importação. Do total dos exportadores, apenas 28 empresas exportaram, individualmente, mais de US$1 bilhão, concentradas em *commodities*. Em termos relativos, representaram apenas 0,13% do total de empresas, mas 37,48% do valor. Observa-se, ainda, que 211 empresas, equivalentes a 1% das que exportam, embarcaram o equivalente a cerca de 70% do valor global. No outro extremo, 93% das empresas – 19.527 – foram responsáveis por apenas 8,6% do valor.

TABELA 5
Exportação brasileira em 2007: empresas por faixa de valor exportado

Faixas de valor	*Empresas*		*Valor*	
	Quantidade	*%*	*US$ bilhões*	*%*
Acima de US$1 bilhão	28	0,13	60,21	37,48
De US$500 milhões a US$1 bilhão	34	0,16	21,14	13,16
De US$100 milhões a US$500 milhões	149	0,71	30,46	18,96
De US$60 milhões a US$100 milhões	139	0,67	10,65	6,63
De US$10 milhões a US$60 milhões	1.012	4,84	24,30	15,12
De US$1 milhão a US$10 milhões	3.448	16,51	11,47	7,14
Abaixo de US$1 milhão	16.079	76,97	2,43	1,51
Total	**20.889**	**100,00**	**160,65**	**100,00**

Os dados expõem perigosa atrofia da musculatura exportadora. Dificilmente poder-se-á pretender, e acreditar possível, sustentar forte competitividade, consistência na abertura econômica, realismo na inserção internacional e garantia de êxitos futuros em termos das contas externas, com estrutura de vendas concentradas. A burocracia irracional dificulta a melhoria dessa base e contribui para a instabilidade e a vulnerabilidade estrutural.

3.2.4 A avaliação dos fatores formadores dos preços de competição

Conforme salientado, a competição internacional, cada vez mais, tem como base real de oferta não mais valores em termos FOB, mas CIF e, principalmente, DDP. Ou seja, mercadoria colocada no estabelecimento do comprador estrangeiro, em especial, exigência dos grandes importadores. Essa nova realidade limita a ação direta das micro, pequenas e médias empresas, e concentra a comercialização nos grandes grupos, crescentemente interligados por acordos ou fusões. Por outro lado, abre espaço para o forte crescimento das organizações de serviços, sobretudo aquelas em condições de operar multimodalismo.

Outro equívoco na análise do comércio exterior é a ênfase em um ou poucos fatores setoriais corretivos de preço, como determinante à competitividade. É o caso da taxa de câmbio, por exemplo. Não se discute sua forte influência. Mas é preciso entender que ela é apenas um fator. E, hoje, não tem o poder de, isoladamente, compensar o enorme elenco de impropriedades ou constrangimentos que limitam as exportações e geram ambiente propício à vulnerabilidade externa. Uma política de exportação correta, inteligente e agressiva precisa estar estruturada na soma de quatro fatores fundamentais, que se interligam e se complementam para criar e sustentar o dinamismo exigido na competição internacional. São fatores estruturais, institucionais, ações corretivas de preços e ação externa competitiva.

No caso do Brasil, é equivocado imaginar que apenas a adoção de medidas de correção dos preços na ponta garante competitividade. Na realidade, ela é criada na base, com fatores estruturais, e moldada nos fatores institucionais. A correção setorial de preços, embora determinante, não absorve as eventuais distorções criadas em nível estrutural ou institucional. Nem sustenta ação externa comercial proativa.

O Quadro 3 apresenta, de modo resumido, o desdobramento dos fatores mencionados e a situação atual de cada um, como contribuição à competitividade.

3.3 A exportação de serviços e a vulnerabilidade

O setor de serviços tem posição de destaque em qualquer economia. Nos países desenvolvidos, merece alta prioridade, devido à sua posição determinante na sustentação do crescimento econômico e na geração de empregos, razão pela qual exerce forte pressão em negociações internacionais, multilaterais ou bilaterais, para a abertura de mercados.

Existem pelo menos 13 itens que ressaltam a importância do setor, a saber:

- geração de emprego e renda;
- receita cambial;
- formação de cadeia produtiva, com especialização;
- indutor de mercado para produtos;
- determinante na competição dos produtos, por viabilizar vendas DDP;
- criação de imagem externa;
- adquirir eficiência e padrão técnico internacional, que se transfere para o mercado interno;
- adicionar valor aos produtos;
- induzir à horizontalização da produção, com acentuados benefícios pata as micro, pequenas e médias empresas no sistema de subcontratação de partes da produção (fragmentação interna);
- viabilizar maior capacitação competitiva;
- estimular a melhoria da qualidade;
- viabilizar o uso do "tempo" como fator de competição;
- estimular especializações e a profissionalização.

Enfim, é o setor preponderante na formação do PIB, cuja abrangência, segundo classificação das Nações Unidas, alcança mais de 150 subsetores.

Mesmo com esse universo positivo, o governo ainda não se dispõe a buscar a construção de uma política pragmática e coordenada para o setor, salvo iniciativa, positiva mas ainda limitada, do Ministério do Desenvolvimento, Indústria e Comércio Exterior (MDIC). A visão mercantilista brasileira levou à marginalização dos serviços como instrumentos proativos da política de desenvolvimento econômico e social com, pelo menos, cinco conseqüências negativas:

a) acumulação de déficits permanentes na conta serviços comerciais, do balanço de pagamentos, em todos os tempos. Déficit este que vem

QUADRO 3

Situação atual

- **Fatores estruturais**
  - formação de escala de produção: política de investimentos → conceito de maximizar a oferta → fraca
  - valorização do produto
    - – conceito de produtividade e qualidade → deficiente
    - – maior grau de industrialização → deficiente, com tendência a agravar
- **Ação indutiva**
  - – educação e treinamento (RH) → fraca
  - – reformas político-institucionais → imprevisível
  - – desregulamentação e simplificação → difícil (processo cultural)
  - – eliminação dos estrangulamentos estruturais → moroso e incerto
  - – apoio à integração da cadeia produtiva → marginal. Não há visão
  - – P&D → insuficiente
  - – legislação trabalhista e previdenciária → induz salário baixo e informalidade; limita produtividade. Ruim
  - – infra-estrutura → fortemente deficiente
  - – ruptura do viés antiempresa privada → processo cultural
  - – confiança nas regras e nas instituições → fraca
- **Capacitação**
  - – factual
    - – desoneração de investimentos → morosa e confusa
    - – financiamento → caro e burocrático
    - – burocracia → pesada e onerosa
  - – empresarial
    - – conhecimento (P&D)
      - – pesquisa
      - – tecnologia
      - – produtividade
      - → em evolução
    - – imagem
      - – qualidade
      - – eficiência
      - – design
      - → em evolução

Fatores institucionais (burocracia)

- excesso de leis e normas administrativas
- excesso de órgãos normativos e controladores
- excesso de gravames
  - → custo, tempo, cerceamento → prolixa, cara e punitiva
  - → conflitos; superposições hierárquicas; intervencionismo
- greves

Fatores setoriais corretivos de preços

- política cambial → negativa
- política tributária → burocrática, agressiva e altamente negativa
- política de financiamento → deficiente
- política de seguros e garantias de crédito → deficiente
- política de transportes
  - transportes internos e sua logística
  - portos
  - navegação
  - multimodalismo
  - → altamente deficiente; dificulta a competitividade; estatização; excesso de normas e regulamentos
- política de logística → inexiste

Ação comercial competitiva

- tempo → moroso. eleva custos
- imagem
  - eficiência
  - correção
  - qualidade
  - → em lenta formação
- informação e promoção
  - divulgação para disseminar
  - propaganda para induzir
  - promoção para conquistar
  - marketing para dominar mercados
  - → fraca
- ocupação de espaços externos
  - confiança no governo e instituições → fraca
  - dinâmica da política negocial → insuficiente
  - sistema de vantagens preferenciais → fraca
  - política tributária indutiva → negativa
  - rede externa e operacionalização → em formação
  - internacionalização de empresas → em crescimento

crescendo anualmente, tendo alcançado US$13 bilhões em 2007 e US$9,90 bilhões entre janeiro/julho de 2008;

b) deterioração dos serviços na infra-estrutura, em particular ferrovias, transportes aquaviários e portos;

c) atraso no conhecimento e uso da logística como sistema para integrar e viabilizar operações comerciais internas e na exportação, com menores custos, maior eficiência e ganho de tempo;

d) marginalização do multimodalismo de importância determinante em país de dimensão continental e na exportação;

e) a inadequada capacitação competitiva na formação dos preços FOB, CIF e DDP etc.

Os elevados superávits comerciais, obtidos nos últimos cinco anos, devido aos preços das *commodities*, dificilmente serão novamente alcançados, e, também, é quase certo que a conta rendas continuará deficitária, com valores crescentes. Assim, obter uma expressiva redução do déficit na conta serviços comerciais ou mesmo superávits passa a ser objetivo estratégico, para se evitarem resultados negativos muito elevados nas transações correntes. É a eliminação do déficit dos serviços comerciais que poderá compensar parte da perda do superávit comercial.

TABELA 6
Balança brasileira de serviços comerciais
US$ bilhões

	2006	*2007*	*2008 (janeiro/junho)*
Exportação	19,50	23,81	14,24
Importação	29,12	36,86	22,75
Déficit	–9,64	–13,05	–8,51

Fonte: Bacen. agosto 2008.

Os dados mostram que as exportações de serviços, mesmo sem ordenamento e coordenação, crescem a uma taxa importante, porém concentrada, principalmente em três itens: serviços empresariais, profissionais e técnicos; viagens internacionais; e transportes, sendo que apenas no primeiro item se observam superávits. Na importação, destacam-se: transportes, viagens internacionais e aluguéis de equipamentos, em que também se concentram os maiores déficits.

Política voltada à eliminação do déficit obrigará ação específica em cada um dos itens relacionados, com medidas tópicas para os diferentes setores.

Há um vasto campo para o Brasil atuar: turismo, transportes, engenharias, projetos, manifestações culturais, esportes, comunicação etc. Vale lembrar que as exportações mundiais de serviços superam em muito US$4 trilhões, sendo que os serviços comerciais alcançaram cerca de US$3,2 trilhões em 2007.

TABELA 7

Destaques na conta de serviços (2007)

US$ milhões

Descrição	*Exportação*	*%*	*Importação*	*%*	*Saldo*
Serv. empresariais, profissionais e técnicos	10.076	42,2	3.846	10,3	+6.230
Viagens internacionais	4.953	20,7	8.211	22,0	–3.258
Transportes	4.059	17,0	8.580	23,0	–4.521
Serviços governamentais	1.340	5,6	2.473	6,6	–1.133
Serviços financeiros	1.090	4,6	807	2,2	+283
Serviços relativos ao comércio	956	4,0	938	2,5	+18
Seguros	543	2,3	1.308	3,5	–765
Royalties e licenças	319	1,3	2.259	6,1	–1.940
Comunicações	276	1,2	96	0,3	+180
Computação e informação	161	0,7	2.273	6,3	–2.112
Serviços pessoais, culturais e recreação	73	0,3	651	1,7	–258
Aluguel de equipamentos	31	0,1	5.802	15,6	–5.771
Construção	17	0,0	4	0,0	+13

Fonte: Dados do Bacen, elaborados pela SCS/MDIC.

TABELA 8

Exportação de serviços comerciais (exceto governamentais)

US$ bilhões

Período	*Mundo*	*Brasil*	*Participação.%*
2003	1.833,0	9,6	0,52
2004	2.209,9	11,6	0,53
2005	2.469,4	14,9	0,60
2006	2.765,7	17,9	0,65
2007	3.257,3	22,5	0,69

Fonte: OMC.

Elaboração: AEB.

3.4 O ingresso de recursos externos e a vulnerabilidade

O mercado financeiro internacional é dinâmico e a cada dia mais interligado. É fato que beneficia a alavancagem da economia, como também "internacionaliza" as crises. As "exportações" de serviços financeiros ultrapassam US$1 trilhão e tendem a aumentar. Poupanças se internacionalizam na busca de rentabilidade e segurança. Para os países emergentes e subdesenvolvidos, em particular, o fluxo internacional de capitais é fonte não só para cobrir déficits nas contas internas, como também para complementar poupanças internas necessárias à sustentação do crescimento econômico. É indiscutível, pois, os aspectos positivos de uma equilibrada política de captação desses recursos. Contudo, é preciso ter presente que, mesmo as ações benéficas, podem gerar efeitos colaterais.

O ingresso de recursos externos financeiros a três canais, com destinações, objetivos e efeitos diferenciados: (a) como investimentos diretos para a produção ou os serviços; (b) como empréstimos para financiamento de produção, investimentos etc.; e (c) para simples aplicação financeira em mercado de capitais.

O investimento direto é de importância prioritária, porque completa a poupança para investimentos. Seu aspecto mais positivo é quando concorre para aumentar a produção, aportar tecnologia, difundir qualidade, melhorar o padrão da eficiência nos serviços e aumentar a exportação. De qualquer forma, acaba também por elevar as remessas na conta rendas, o que tem pouca importância se houver geração compensatória de exportações de mercadorias e serviços, ou visível melhoria da capacitação competitiva do país.

Os empréstimos para financiamentos de empreendimentos são necessários e, às vezes, fundamentais nos grandes projetos, mas onerosos. Aceitáveis em situação de normalidade, na expectativa de custos-benefícios favoráveis. A captação de financiamentos externos para realizar investimentos em grupos internacionais interligados é, não raro, preferível ao investimento direto. Financiamento é compromisso, e investimento direto, "capital de risco".

Quanto ao fluxo para simples aplicação financeira no mercado de capitais, dá a sensação de confiança, de amadurecimento, de respeitabilidade internacional, de segurança interna, de consolidação de liberdade, de plena inserção internacional etc. Mas seu êxito está mais na direção da elevada rentabilidade. Portanto, pagam-se, pelo menos, três preços para a conservação dessa política: juros elevados com efeito sobre o endividamento interno; o efeito sobre o custo de produção, devido aos juros elevados; e o efeito negativo sobre a exportação, à medida que contribui para manter a taxa de câmbio depreciada, ao tempo em que estimula a importação, com redução dos superávits comerciais e agravamento da tendência deficitária do balanço de pagamentos em transação corrente.

O ingresso de recursos externos é de grande importância e deve estar focado no "projeto" e nas prioridades do desenvolvimento econômico e social, que não significa tolher liberdades. Apenas compatibilizar necessidade, liberdade e prioridade de crescimento econômico.

TERCEIRA PARTE

O Brasil e a integração da América do Sul

Os BRICs, o mundo pós-Doha e a América do Sul

*Celso Amorim**

---

*Ministro das Relações Exteriores.

Minha intervenção segue uma linha um pouco distinta do tema que motiva este debate, "O Brasil e a América do Sul: integração econômica e política no mundo pós-Doha". O que vou dizer é relevante não só para o conjunto deste Fórum Especial, que tem a ver com os BRICs, o Brasil sendo, ou não, o melhor dos BRICs, como também para o tema proposto. Vou me limitar a três questões, deixando a América do Sul para o final.

A primeira delas diz respeito aos próprios BRICs. Acho importante, importantíssimo, que haja uma discussão sobre os BRICs, o significado dos BRICs no mundo de hoje, por muitas razões. Creio que a epígrafe deste seminário é talvez a mais forte dessas razões. A necessidade de que os países sigam seus interesses, e isso é muito interessante: não é só uma contradição, ou contraste, melhor dizendo, entre interesses e compromissos. Porque muitas vezes os interesses de longo prazo não coincidem com impulsos de curto prazo. Acho que esse é um elemento muito importante e que vai realçar a importância desse tema e de nosso relacionamento com os BRICs, que talvez não estivesse presente se estivéssemos olhando apenas o curto prazo.

Falando mais amplamente da política externa do governo do presidente Lula, muito freqüentemente ouvimos comentários do tipo: "Mas, afinal, qual é o mercado deste país? Quanto resulta disso? O que haverá de ganhos imediatos?" Esses comentários procuram justamente privilegiar interesses que muitas vezes não apenas são de curto prazo, mas também setoriais. Portanto, estão limitados tanto no espaço quanto no tempo, revelando não só esse possível contraste entre interesses e compromissos, mas sim o contraste entre interesses de curto e longo prazos. E a necessidade de progressivamente adequar os compromissos aos interesses, e não o contrário. É claro que todas essas coisas se passam com certas nuances e há compromissos importantes e que têm de ser pesados, porque a capacidade de um país cumprir seus compromissos também se reflete na própria capacidade que ele tem de realizar seus interesses. Porque um país que não goza de confiabilidade também não saberá (ou não poderá) agir em defesa de seus interesses na área internacional.

Mas, voltando aos BRICs, acho que o que há de mais interessante sobre os BRICs é que, à exceção de situações de natureza puramente geográfica, é a primeira vez em que um grupo nasce (pelo menos a primeira vez em minha história de vida diplomática), digamos assim, de fora para dentro. Quer dizer, o nome BRICs inclusive foi criado, como lembrado, por um economista da Goldman Sachs, Jim O'Neal, que definiu esses países como os países que terão importância crescente no mundo, a ponto de, dentro de 20 ou 30 anos, estarem seguramente, os quatro deles, entre os seis, ou sete, ou oito países mais importantes do mundo. Provavelmente todos eles estarão – um deles naturalmente já é membro – em qualquer G-8, ou qualquer G-7, que se queira construir dentro de 20 ou 30 anos.

Essa é uma realidade muito interessante e que foi assinalada de fora para dentro. Não foi nem a política externa nem a política econômica do Brasil, nem da Rússia, nem da Índia, nem da China que definiu isso. Foi uma constatação feita por economistas de bancos internacionais. E com uma característica adicional: feita no momento em que a economia brasileira não estava tão bem quanto está hoje; quer dizer, de lá para cá, o Brasil só melhorou. Eu não saberia dizer se o Brasil é ou não o melhor dos BRICs ou se será ou não, isso depende um pouco dos critérios que se adotem, mas seguramente de lá para cá tudo melhorou em relação ao Brasil e a nossos números.

Acho curioso que tenha havido essa visão com relação a esses quatro países, mas até o ano passado, e praticamente até esse ano, os BRICs, se permitirem aqui um pouco de pedantismo filosófico, não eram uma realidade para si, eram uma realidade em si. Em outras palavras, não havia uma autoconsciência dos BRICs. Os BRICs eram vistos como BRICs de fora para dentro; não havia propriamente uma política diretamente para os BRICs como tal. Havia uma política, já algum tempo, certamente no governo do presidente Lula, de relação com os grandes países em desenvolvimento, e isso naturalmente envolve os BRICs, mas não havia uma política específica em relação aos BRICs.

Este ano, pela primeira vez – fora alguns encontros esporádicos à margem da Assembléia Geral da ONU – em Ecaterimburgo, na Rússia, houve uma reunião de ministros das Relações Exteriores dos BRICs que chamou muita atenção (talvez até mais atenção em outros lugares do que no Brasil) da imprensa internacional, de que esse grupo de países que até então era visto como um grupo, assim definido, de países com uma série de características comuns, semelhantes, passava também a se assumir como um possível grupo de articulação político-diplomática. Penso que isso é um fato novo porque essa realidade subjetiva, digamos assim, vem dar corpo a uma realidade objetiva, que é a semelhança de condições, de dimensão e, portanto, também de interesses de países, independentemente de nuances, de especificidades, que também existem entre eles. Então, esse é um fato novo, importante.

É um fato importante também que essa consciência está se aprofundando. Na última reunião do G-8, os presidentes ou primeiro-ministros dos quatro países se encontraram rapidamente. Não foi propriamente uma reunião de trabalho; foi o que os anglo-saxões chamam de "photo opportunity", mas, de qualquer maneira, uma "photo opportunity" sempre é um fato importante, é uma imagem. E, como diz um provérbio de um dos BRICs, dos chineses: "Muitas vezes, uma imagem vale mais que mil palavras." Então é um grupo que vai tomando consciência de si próprio, vai tomando consciência de que ele pode agir em muitas questões, não diria em todas, mas em muitas questões no cenário internacional de maneira coordenada.

E, como resultado inclusive desses primeiros passos que foram dados (não estou querendo entrar aqui muito em detalhes do ocorrido, porque houve algumas outras aproximações), já houve também a decisão de se realizar uma reunião dos ministros de economia dos BRICs, à margem da reunião do G-20. Não o G-20 da OMC, do qual terei a oportunidade de falar rapidamente, mas do G-20 do FMI, que aconteceu no Brasil em novembro. Há, portanto, uma tomada de consciência de que esses países têm muito o que fazer juntos e têm muito o que fazer coordenadamente.

Naturalmente, são países, não preciso dizer, está implícito, está nos papéis que terão sido distribuídos pela organização de nosso Fórum, são países que representam quase metade da população mundial, 20% da superfície terrestre, recursos naturais abundantes, economias que, hoje, equivalem a 15% do mundo. Então, evidentemente, como um conjunto, eles têm um peso muito grande e, agindo juntos, podem fazer com que esse peso realmente se faça sentir nas organizações internacionais, de qualquer espécie, seja o Banco Mundial, seja o Fundo Monetário, eventualmente, no futuro, na OMC (hoje em dia, como sabem, a Rússia não é membro da OMC), e também, eventualmente, nas Nações Unidas, ainda que possa haver diferenças em relação a certos pontos da agenda internacional.

Acho que não é o caso de entrar em detalhes agora, mas é evidente que há uma margem e uma oportunidade muito grande de cooperação. No caso do Brasil, e volto a me valer do tema deste Fórum especial, talvez alargando um pouco o sentido dele, essa tomada de consciência dos BRICs vem se somar a uma política que tem baseado a arquitetura, digamos assim, de seu relacionamento internacional naquilo que tradicional ou historicamente os franceses, que gostam de inventar nomes, chamavam de geometria variável.

Vivemos num mundo em que as alianças não são, a rigor, nem excludentes nem permanentes. Claro que sempre haverá um interesse geográfico com relação ao vizinho que nos prenderá mais. Estou falando do mundo como um todo. Essas alianças variam e são móveis. Em certos temas, podemos estar aliados com a Índia e divergindo dos Estados Unidos; em outros temas, podemos estar aliados com os Estados Unidos e divergindo da Índia. Em outros temas ainda, estamos aliados com a Europa e divergindo de outros países. Há uma multiplicidade de situações e uma multiplicidade de arquiteturas que essas situações provocam ou ensejam.

Por isso mesmo, desde o início do governo [Lula], aliás no segundo dia do governo, tivemos a oportunidade de propor, por exemplo, outro foro, que não é o que está sendo comentado aqui, mas também muito interessante, o IBAS – Índia, Brasil e África do Sul –, que, nesse caso, tem uma peculiaridade especialmente atraente, segundo minha opinião, pois se trata de três países em desenvolvimento, três grandes democracias multiculturais, multiétnicas, multirraciais, cada uma em um continente.

A emergência dos BRICs, como um grupo que não é apenas um grupo "em si", mas "para si", isto é, um grupo que tem consciência de si próprio, vem-se somar a iniciativas, essas sim, provocadas desde o início por uma visão do mundo que privilegia alianças múltiplas e pragmáticas, sem necessariamente implicar abandono de princípios básicos que norteiam nossa política externa, isso é muito importante dizer.

É muito bom que o Brasil esteja olhando mais os BRICs, porque certamente o mundo está olhando para eles. Agora, não são só as entidades ou os analistas dos bancos de investimento, porém, mais amplamente, os analistas de política, os analistas que seguem a diplomacia, percebem a importância [do grupo]. Esse é um primeiro comentário que, a rigor, não está dentro do título desse painel, mas que eu não poderia deixar de fazer, porque acho que tem a ver com nossa atitude diplomática.

Sobre a segunda questão, que tem a ver com o título deste debate, Cláudio Fritschtak, aqui presente, me perguntava se minha ressaca do pós-Doha estava muito grande. Até usei a imagem de ressaca quando saí de Genebra, usei até de uma maneira muito forte – era uma ressaca muito ruim. Quando você sai de uma ressaca porque saiu de uma festa boa, tudo bem, mas, se você sai de uma ressaca porque a festa foi ruim e sua namorada ainda saiu com outro, é o pior dos mundos. A ressaca pós-Doha, pós-Genebra, poderia ter sido isso. Feito esse comentário – e houve realmente esse sentimento de ressaca logo a seguir à reunião de Genebra –, não posso deixar de dizer que não estou de acordo com o título do painel. Não acho que tenhamos de discutir o mundo pós-Doha.

Primeiro, Doha não acabou. Se há alguma coisa que posso dizer com razoável grau de certeza – claro que tudo é variável, muitas coisas acontecem, outros fatores podem ocorrer – é que [a Rodada] Doha, sim, será concluída. A questão não é saber se ela será concluída ou não, porque acho que se deve esperar um mínimo de sensatez da parte dos países. É muito improvável que todos os países resolvessem jogar fora não só o que se acumulou nas negociações até agora, mas a própria sobrevivência do sistema multilateral do comércio, importante para todos. É importante para os Estados Unidos, é importante para a China, é importante para o Brasil e é importante para a União Européia. Não é à toa que todos os países querem entrar para a OMC.

Lembro-me de que, em algum momento, quando fui embaixador em Genebra, um bom amigo meu, uma pessoa que respeito muito, intelectual, me telefonou e disse: "Celso, estou querendo começar com uma campanha..." – foi logo depois dos primeiros casos entre a Bombardier e a Embraer, em que o Brasil havia perdido dois ou três casos, depois conseguimos empatar o jogo mais na frente – "... estou começando com uma campanha para que alguns países latino-americanos possam sair da OMC". E falei: "Não conte comigo. Você conta comigo para muita coisa, mas, para isso, não conte." Ruim com a OMC, pior sem ela, porque são as regras nas quais o comércio internacional se baseia. Quem viveu os anos 70, 80 – eu diria mais os anos 80 – e lembra quantas vezes a simples ameaça de aplicação da 301 norte-americana causou prejuízos à indústria brasileira sabe que a OMC já fez uma grande coisa.

Na realidade, hoje, os conflitos têm uma maneira de serem canalizados por um órgão internacional. Podemos achar que às vezes o órgão erra, às vezes acerta, mas é uma disciplina e é uma previsibilidade que não existia. Essa importância de um instrumento multilateral para disciplinar o comércio é muito grande. O que estou dizendo para o Brasil é válido para outros, porque não são só os Estados Unidos, a Europa também toma medidas arbitrárias com relação a outros temas, e os Estados Unidos têm a oportunidade de se queixar, e de levantar essas questões – já ganharam várias também na própria OMC e por aí vai. Então não creio que se vá jogar fora. A questão que se coloca, a meu ver, não é se Doha será concluída ou não; é quando ela será concluída.

Segundo minha opinião, há duas hipóteses básicas. Claro que tudo tem variações, e outros fatos podem interferir, mas há duas hipóteses básicas: uma é concluir agora – e vou explicar por que acho isso possível; a segunda é, digamos, não concluir agora. Então, é um processo que vai levar de dois a três anos, no mínimo. Haverá uma nova administração norte-americana, no ano que vem há eleições na Índia, depois eleições no Brasil... Além das eleições, o próprio fato de você perder o élan negociador faz os países revisarem algumas coisas. "Será que fiz bem de fazer isso mesmo, vamos retirar isso, por que a gente não mexe nisso aqui mais?" Se cada um começar a mexer, um pouquinho que seja, em um acordo tão complexo – é um acordo que, quando ficar pronto, provavelmente terá mais de mil páginas, sem contar os anexos –, então, se cada um mexer um pouquinho, você faz desabar o conjunto da catedral.

Acho muito melhor terminar agora, porque será muito complicado fazer esse esforço mais tarde. Ele acabará ocorrendo, mas, enquanto passa o tempo, perdem-se empregos; perde-se comércio; pessoas que passam fome passarão mais fome; produtores agrícolas que sofrem a competição dos subsídios sofrerão competição ainda maior; e por aí vamos. Então, a outra hipótese seria tentar fechar nesse momento.

Vocês podem, às vezes, até achar idealismo, que isso está longe da realidade. Tomo como base o seguinte: o teste do realismo não é dado só pelo que um ou outro comentarista possa achar. É fato que o presidente Lula foi o primeiro a tomar a iniciativa de ligar para outros presidentes. Ligou para o presidente Bush, foi a primeira ligação que fez, falou depois com o presidente Hu Jintao, falou com o primeiro-ministro da Índia. Enfim, fez uma série de contatos e eu, no meu nível, também.

O que vejo é que um número importante de países está no mesmo comprimento de onda, e quer efetivamente chegar a uma conclusão. E por que acho possível? Porque, em Genebra, se considerarmos os elementos centrais da barganha que estavam em jogo – que não vou resumir agora –, eles foram praticamente acertados. Foram acertados por um número importante de países, que eram os países que faziam parte das reuniões menores (sete países), mas também aceitos por um número muito amplo de outros países. Em casos específicos, como é o caso da Argentina, aqui, nossa vizinha, que tem de ser levado em conta, o Brasil defende que seja levado em conta – como é o caso da África do Sul, por motivos diferentes –, tem-se de encontrar soluções específicas.

O que dificultou e criou, talvez, algum ruído e alguma incompreensão foi a tentativa de encontrar soluções sistêmicas para problemas específicos. No caso da África do Sul, ela havia feito uma negociação no tempo em que – antes do apartheid, portanto na Rodada Uruguai – foi considerada, na época, um país desenvolvido, coisa que obviamente não é. No caso da Argentina, o país vem da crise de desindustrialização, que todos conhecemos. Então, esses casos específicos requerem soluções específicas. E é preciso que se compreenda isso. O que não se pode querer, penso eu, o que seria um erro tático, a meu ver, é encontrar soluções sistêmicas.

Então, na realidade, é isso. Como os temas centrais – a eliminação dos subsídios à exportação, a redução substancial dos subsídios internos, o acesso ao mercado europeu e a outros, e, ao mesmo tempo, aquilo que tínhamos de fazer na área industrial – esses temas, que formam o que uma vez defini como "Triângulo de Pascal", estavam basicamente acertados.

Houve um tema paralelo, não é desimportante, mas um tema paralelo que está fora dessa barganha central, até porque ele é uma exceção, que é a questão da busca de um tratamento especial, de salvaguarda especial, para países em desenvolvimento, na área agrícola, que não conseguimos fechar. Mas vejam bem: mesmo nesse ponto não houve um desacordo conceitual. Foi aceita a idéia de que esses países têm direito a uma salvaguarda especial. A única dúvida – claro que não é uma coisa pequena, pois, em comércio, essas coisas contam –, mas a única dúvida ou as únicas dúvidas se referem à facilidade para usar esse instrumento, quer dizer, quão flexível é usar, e o tamanho do remédio. Se ele vai ou não afetar, por exemplo, as correntes de comércio atuais. Não se trata, portanto, de um elemento "os Estados Unidos não querem SSM", ou "a Índia quer". É uma simplificação errada. O princípio está aceito. São apenas essas questões.

Portanto, são essas as razões pelas quais creio que a Rodada de Doha pode, sim, ser concluída. É uma brecha muito pequena. Não é nem uma janela; é uma brecha, uma réstia de oportunidade, mas acho que nossa obrigação é lutar por ela, porque, repito, não há substituto para o sistema multilateral. Não obteremos correção dos problemas que mais nos afetam, como são os subsídios agrícolas, por meio de negociações bilaterais. Podemos fazer as negociações bilaterais. Elas são importantes? São. Mas elas não atendem a nossos principais interesses de longo prazo. Podem atender a alguns interesses de curto prazo, de um ou outro setor. Tudo bem, faremos, mas uma coisa não é substituta da outra.

Quanto à terceira questão, sei que todos vão falar de América do Sul, de modo que não vou me alongar a esse respeito, mas apenas para, digamos, justificar o fato de meu papel e o resumo que trouxe também eram sobre a América do Sul... É dizer simplesmente o seguinte: nesse sistema multilateral, nesse mundo de BRICs, de OMC, e de todas essas negociações, quanto mais integrados estivermos na América do Sul, mais força teremos nas negociações internacionais. O Brasil tem a posição que tem nessas negociações, claro, pelo seu tamanho, pelo tamanho de sua economia, pelo dinamismo de sua indústria, mas também porque é capaz de articular um entorno pacífico e próspero.

Hoje, a América do Sul representa 20% do total de nossas exportações e mais de 90% disso é de manufaturas. Os Estados Unidos compram menos de

15%. A União Européia, 24% ou 25%. E dou o exemplo do mercado apenas para citar um – acho que esse é um aspecto fundamental. Mas precisamos ter a compreensão de que esse nosso esforço de integração se dá também num momento de grandes mudanças políticas e sociais em nosso continente. Essas mudanças não são simples, não são fáceis. Elas decorrem de um aprofundamento da democracia. Mas o aprofundamento da democracia, sim, traz problemas. Então, é uma tarefa de cada dia lidar com questões específicas. Ao mesmo tempo que podemos traçar grandes projetos para o Mercosul ou para a Unasul, vamos ter de lidar com o diário, com os problemas do Paraguai, com os problemas da Bolívia, com os problemas, enfim, de todos os países da região.

O Brasil e a América do Sul: encontros e desencontros

*Sérgio Amaral**

*Embaixador. Ex-ministro do Desenvolvimento, Indústria e Comércio Exterior.

A América Latina sempre foi uma prioridade para a política externa brasileira. O que variou foi o recorte da região. No Império, predominou a chamada Política do Prata. Com Rio Branco, o foco ampliou-se para a América do Sul, pois o objetivo era regularizar as fronteiras do país. Mais tarde, no período Vargas, o Cone Sul voltou a ser uma prioridade, com a tentativa de constituição de uma aliança ABC – Argentina, Brasil e Chile. No pós-guerra, a atenção centrou-se na América Latina, como região que, em sua maioria, rejeitava o congelamento do poder mundial entre as duas grandes potências e buscava situar-se na perspectiva de um Terceiro Mundo ou de uma comunidade dos países não-alinhados. Na vertente econômica, a visão regional, sob a inspiração de Prebisch e da CEPAL, tomou primeiro a forma de uma associação para o livre-comércio (ALALC – 1960) e depois para integração (ALADI – 1980).

Desde então, a integração tornou-se a palavra de ordem para as propostas de organização política e econômica do continente. O projeto se foi realizando por duas iniciativas paralelas, que se propunham convergentes: a expansão da ALADI e a constituição dos grupos sub-regionais de integração: Grupo Andino em 1969 e Mercosul em 1991. A integração da América do Sul torna-se um objetivo separado mais recentemente, em decorrência de dois tipos de considerações. Uma é o reconhecimento de que a América Central e o Caribe constituem, como é verdade, uma realidade geográfica, histórica, econômica e política marcadamente diferenciada em relação à América do Sul. Outra se inspira na percepção de que a América Central e o Caribe, quer queiram ou não, fazem parte da área de influência política e econômica dos Estados Unidos, enquanto uma América do Sul integrada poderia constituir-se num contraponto à hegemonia dos Estados Unidos no continente.

Essa opção pode ser compreendida em face da tradição de intervenções, diretas e indiretas, dos Estados Unidos na América Latina. Menospreza, no entanto, questões relevantes. A primeira está no fato de que o México, percebido por alguns com desconfiança, por suas estreitas relações com os Estados Unidos, precisa, por isso mesmo, de uma constante reiteração e reforço de suas raízes latino-americanas. Um processo de integração da América Latina concorreria para esse objetivo, enquanto uma integração sul-americana em separado isolaria o México, estimulando a consolidação de um espaço político, econômico e cultural das Américas do Norte, Central e Caribe. Por fim, qualquer projeto de integração latino-americana, sem Brasil e México, seria inviável, pois ambos representam dois terços da economia da região.

Jean Monnet, um dos pais fundadores da Comunidade Européia, em seu livro de *Memórias*,[1] insiste em duas precondições para um processo de integração. Uma está na existência de uma visão compartilhada entre seus membros. A outra é o estabelecimento de uma comunidade de interesses que, no caso europeu, foi iniciada pela Comunidade Européia para o Carvão e o Aço. Ainda que as realidades sejam consideravelmente diferentes, os princípios valem para qualquer processo de integração. Assim, a questão consiste em saber em que medida a proposta de integração da América do Sul atende a esses dois quesitos.

Visão compartilhada

É difícil afirmar que a América do Sul compartilhe uma mesma visão ou mesmo visões convergentes para sua integração. Existem pelo menos três ou quatro posições diferentes.

O Acordo de Livre Comércio para as Américas (ALCA) conquistou um número expressivo de adesões na América Central e no Caribe. Chile e Peru subscreveram acordos que já foram ratificados. Colômbia concluiu um acordo que ainda não foi ratificado pelo Congresso norte-americano. A expansão da ALCA na América do Sul, no entanto, mostra-se improvável pela reação de um grupo de países, entre os quais Brasil e Argentina, que não aceitam algumas de suas cláusulas, como as regras sobre propriedade intelectual; e de outros países, como Venezuela e Bolívia, que se opõem ao acordo, por entenderem que promoverá a hegemonia política dos Estados Unidos na América do Sul. Ainda que não avance mais, a ALCA já exerce um efeito de divisão entre os que já concluíram o acordo, os que o rejeitam e os que têm simpatia por ele, como Uruguai e, até pouco tempo, o Paraguai.

Na prática, a existência da ALCA pode significar, para os que não são membros, uma redução no acesso relativo ao mercado dos Estados Unidos, assim como no de nossos vizinhos que, como o Peru, concederam aos Estados Unidos um acesso mais favorável do que ao Brasil.[2] Em anos recentes, as exportações do Brasil aos Estados Unidos declinaram de 25% a 15% de nossa pauta de exportações.

---

[1] Monnet, Jean. *Memoires*, Fayar, 1976.

[2] O Peru concedeu aos Estados Unidos um acesso em termos de tarifas e prazos de desgravação mais vantajoso do que ao Brasil. Em sua visita ao Brasil, em setembro de 2008, o presidente peruano propôs ao Brasil a negociação de um acordo do livre-comércio, proposta que o governo brasileiro hesita em aceitar, aparentemente por resistência de outros membros do Mercosul.

Outro caminho para a integração sul-americana, que contava com adeptos tanto no Mercosul quanto na CAN, estava na progressiva convergência dos dois acordos de integração sub-regional. Mas, hoje, o que representa efetivamente a Comunidade Andina de Nações? Até alguns anos atrás, a CAN avançara mais do que o Mercosul. Havia completado o livre-comércio tanto de bens quanto de serviços. Havia logrado a transferência de algumas competências nacionais para instâncias supranacionais, assim como a garantia de aplicação de decisões dos órgãos colegiados. Os países-membros chegaram a criar um ente financeiro, a Corporação Andina de Fomento (CAF), de inegável êxito. A CAN avançou na direção de uma União Aduaneira e, inclusive, na negociação conjunta em foros multilaterais, como a OMC. Mas a Tarifa Externa Comum ficou incompleta e, pouco depois, a negociação conjunta foi abandonada. A CAN foi abalada pelas divisões entre seus membros em relação à ALCA e pela saída da Venezuela.

O Mercosul apresenta um balanço equilibrado, que contempla ativos, mas também passivos. Se não recuou, tampouco avançou significativamente. Entre 2001 e 2006, as exportações do Brasil para o Mercosul cresceram 76%, aproximadamente a mesma taxa de crescimento das exportações totais do país. Enquanto isso, as vendas do Brasil para a Comunidade Andina aumentaram 100% e, para o México, 123%. O livre-comércio continua a registrar um número expressivo de exceções e exclui um dos setores mais dinâmicos, o de automóveis. A Tarifa Externa Comum, por sua vez, deixa de fora dois importantes setores, como o de informática e o de bens de capital. Mais significativo é o fato de que Brasil e Argentina não lograram entender-se sobre as questões centrais para a conclusão da Rodada de Doha.

Os investimentos aumentaram de modo expressivo e refletem, em boa medida, a saída crescente de capitais brasileiros para o exterior. Mas o avanço na área institucional foi modesto. Criou-se, é verdade, o Fundo de Convergência Estrutural (FOSCEM), com o objetivo de estimular projetos de infra-estrutura e de integração de cadeias produtivas, sobretudo em benefício dos países de menor desenvolvimento relativo, mas os recursos ainda são modestos. A Secretaria Técnica continua tolhida, pois seus poderes são limitados. Pouco ou nada se avançou na transferência de competências nacionais para órgãos supranacionais, o que, inevitavelmente, colocaria a questão da ponderação de votos no processo de decisão, que o Brasil hesita em suscitar.

No momento, o grande obstáculo para romper a paralisia do Mercosul está no descompasso entre as duas grandes economias, a da Argentina e a do Brasil. Enquanto a Argentina se reindustrializa, o Brasil já conta com um parque industrial competitivo e consolidado. Um não quer abrir a economia, enquanto o outro precisa de mercados para exportar. Um não precisa de Doha, porque exporta sobretudo *commodities*; o outro quer. Um está aumentando a intervenção do Estado na produção, na fixação de preços e na exportação, enquanto o outro, a despeito de algumas ambigüidades, mantém a liberalização e a desregulamentação. Essas diferenças, algumas relevantes, tornam cada vez mais difícil para o Mercosul negociar acordos de comércio com terceiros mercados. No plano bilateral, as divergências naturais entre dois importantes parceiros comerciais são resolvidas na direção da administração do comércio, em vez da liberalização.

Nesse cenário já complicado, a adesão da Venezuela de Chávez ao Mercosul poderá trazer barreiras adicionais no caminho de uma convergência. Por fim, a participação modesta do Mercosul no conjunto das exportações brasileiras (11%), junto com as fricções recorrentes no intercâmbio bilateral debilitam o compromisso da comunidade empresarial para com o acordo sub-regional.

Um terceiro caminho para a integração foi a criação da Comunidade Sul-Americana (2004), rebatizada União das Nações Sul Americanas (UNASUR) em 2005.[3] Se os grupos sub-regionais, mais homogêneos, já encontram dificuldades crescentes para avançar, quais as possibilidades de um projeto mais ambicioso e marcado por mais profundas diferenças? A UNASUR busca incorporar iniciativas já existentes, como a integração da infra-estrutura física da região (IIRSA), e retomar a agenda de grupos sub-regionais, como regras de origem, harmonização das disciplinas de comercio, construção da normativa da América do Sul, temas sobre os quais o Mercosul vem trabalhando há anos, com resultados pouco expressivos.

Por fim, a Alternativa Bolivariana (ALBA) mais se assemelha a uma associação para solidariedade política entre países movidos por afinidades ideológicas do que a um projeto de integração. Com a participação da Venezuela, Bolívia, Cuba e Nicarágua, a ALBA vem desenvolvendo formas de comércio compensado para a integração energética, buscando estabelecer empresas bi ou "granacionais", como o Gran-Caribe, e promovendo cooperação em educação, saúde, esporte e cultura, no âmbito do Tratado de Comércio dos Povos. A Alternativa Bolivariana celebrou acordos de cooperação com vários países, tais como Haiti, Caribe e Uruguai (energia), Argentina (televisão do sul, energia, saúde, cooperação financeira), Brasil e Argentina (Petrosur).

---

3 Para uma avaliação mais ampla dos acordos de integração sub-regional, ver Tussie, Diana, *Réquien o un nuevo sendero para la integración?* Latin American Trade Network (LATN), Brief # 37, Junio 2007, de onde foram retirados alguns dos dados referidos neste artigo.

Assim, diante dos obstáculos para avançar, ou mesmo de alguns retrocessos nos projetos de integração sub-regional, criaram-se novas iniciativas, metas, instituições e novos programas mais ambiciosos. Muitas vezes, duplicaram-se as agendas. Essa trajetória de objetivos irrealistas e de forte cunho mediático tem contribuído para retirar o foco dos verdadeiros desafios, retardar decisões necessárias, comprometer a credibilidade das instituições e, dessa forma, retardar o processo para uma efetiva integração.

Comunidade de interesses

Em que medida os diferentes processos de integração em curso na América do Sul têm levado à formação de uma comunidade de interesses – em termos de comércio, investimentos, parcerias industriais e integração da infra-estrutura?

As exportações da América Latina cresceram, em média, 20,6% por ano, no período 2003-2006, refletindo o aumento substancial da demanda por *commodities*. Em média, o aumento em preços (12,3%) foi maior do que em quantidade (8,3%).[4]

Se tomarmos o desempenho das exportações por grupo sub-regional em 2007, observaremos que as exportações para fora da região superam consideravelmente as vendas dentro do grupo sub-regional, para todas as categorias consideradas. As exportações intra-regionais representam 18% para o Mercado Comum Centro-Americano (MCCE), 15% para a ALADI, 14% para o CARICOM, 13% para o Mercosul e 10% para a CAN. Esses percentuais diferem consideravelmente da realidade de outros esquemas de integração, como o NAFTA (mais de 50%) e a União Européia (mais de 60%).

A forte aceleração da demanda por *commodities* e, por conseguinte, de seus preços reforçou ainda mais a tendência para que o principal parceiro dos países latino-americanos esteja fora da região. Numa amostra com 16 países, 10 têm como principal destino das exportações os Estados Unidos e 4, a União Européia. Assim, a maioria dos acordos bilaterais e sub-regionais não foi concluída com os principais parceiros comerciais, mas com os que estão mais próximos.[5] Uma das razões para a predominância dos fluxos extra-regionais está em que

---

[4] Os dados dos gráficos a seguir incluem os países da América Latina para permitir uma comparação entre os grupos regionais da América do Sul, América Central e o Caribe.

[5] Para uma análise mais ampla dos fluxos regionais, ver Covino, Gladis, *La integración latino-americana, su dimensión econômica, politica y de relaciones com terceros*. Latin American Trade Network (LATN), Working Paper # 95, Julio de 2008, de onde foram retirados alguns dos dados e comentários a seguir.

GRÁFICO 1
Composição do crescimento das exportações da América Latina e Caribe

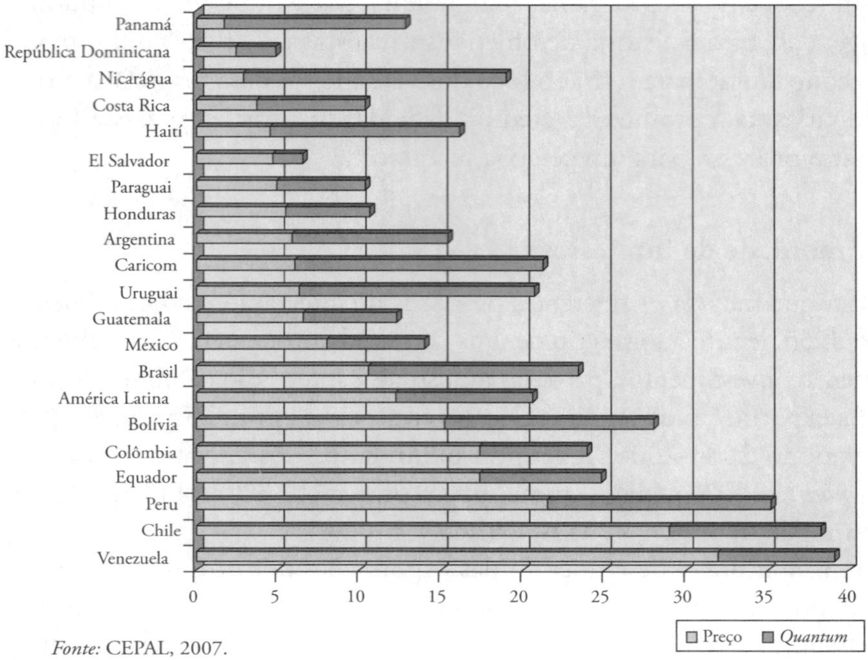

Fonte: CEPAL, 2007.

GRÁFICO 2
Exportações totais por grupos sub-regionais de integração

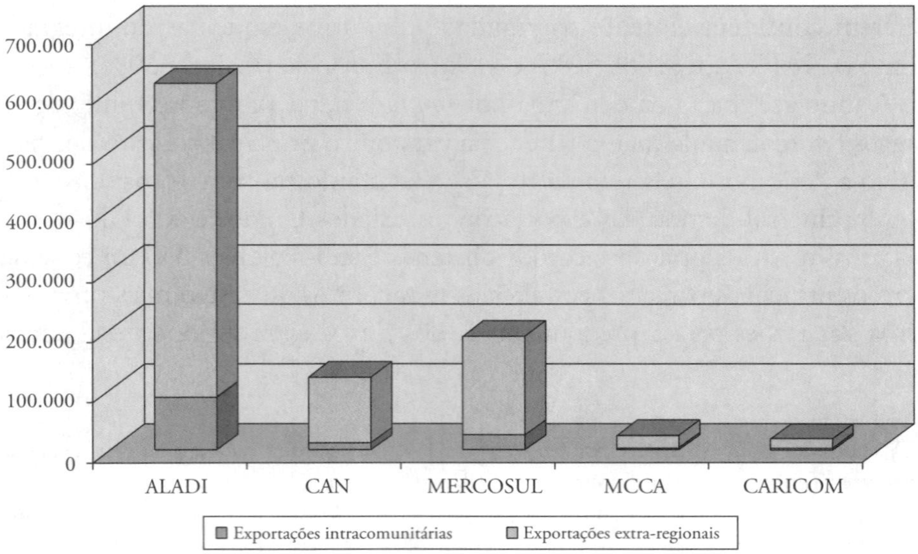

Fonte: CEPAL, 2007.

GRÁFICO 3
Composição das Importações da América Latina por categorias de produtos

□ Produtos agrícolas ■ Petróleo e minérios □ Manufaturas

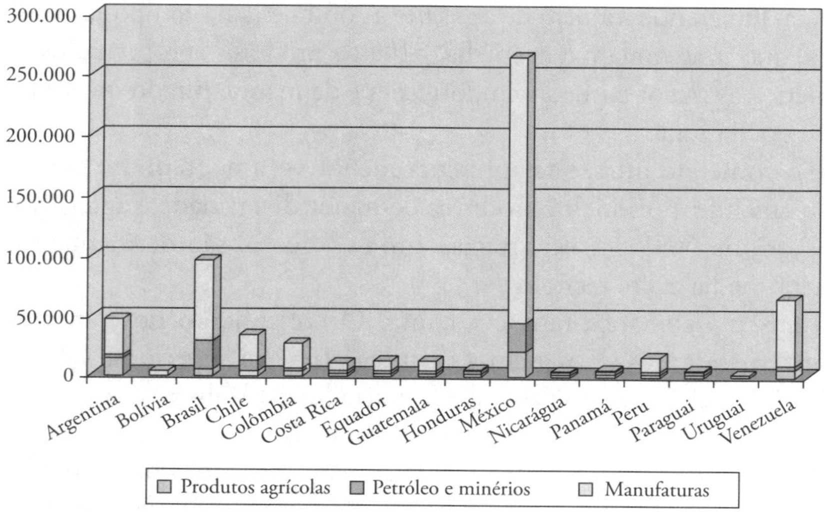

Fonte: OMC, 2007.

GRÁFICO 4
Exportações intra-regionais por subgrupo

□ ALADI ■ CAN □ MERCOSUL □ MCCA ■ CARICOM

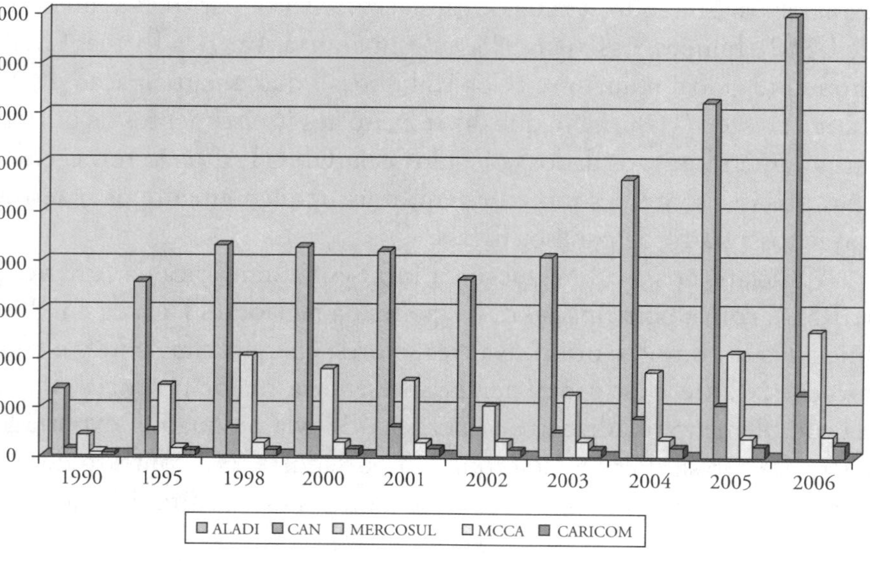

Fonte: CEPAL, 2007.

os acordos sub-regionais são incompletos. Os esquemas de livre-comércio, que poderiam ampliar o comércio intra-regional, são incompletos e comportam, via de regra, um grande número de exceções. A outra está na composição das exportações, que contemplam, em média, 51% de produtos agropecuários, petróleo e minérios. A maior parte das importações é de manufaturados provenientes de países fora da zona.

Se o comércio intrazona apresenta menor volume, tem, no entanto, melhor qualidade, pois inclui produtos de maior diversidade e agregação de valor. Cerca de 60% das exportações intra-Mercosul são de manufaturas que incluem média e alta tecnologia.

O efeito vizinhança também conta. O crescimento do comércio intra-regional, para todos os esquemas de integração, foi superior a 20% por ano, desde 1990. O Brasil é o primeiro importador da Bolívia, o segundo importador da Argentina, do Paraguai e do Uruguai.

Em resumo, os grupos sub-regionais, embora não representem a maior parcela do comércio de seus membros, são relevantes em volume e, sobretudo, em qualidade do comércio. São, portanto, o espaço privilegiado para a normatização das relações comerciais. Mas a relevância crescente das exportações de *commodities* (ainda que se reduza sua taxa de crescimento nos próximos anos) também justifica a conclusão de acordos de comércio com os países importadores, de modo a garantir o acesso preferencial a esses mercados.

Os investimentos de países sul-americanos em sua região são cada vez mais expressivos. Em 2006, a saída de capitais brasileiros para o exterior foi de mais de US$28 bilhões, dos quais 9% se destinaram à América Latina. Em 2007, o montante global reduziu-se (US$12 bilhões), mas a participação da América Latina cresceu (16%).[6] No que diz respeito aos investimentos de outros países latino-americanos, os dados coletados pela UNCTAD não fornecem indicações precisas sobre destino e origem, pois freqüentemente os investimentos são feitos a partir de paraísos fiscais.

A Iniciativa para a Integração da Infra-estrutura Física da América do Sul (IIRSA), com a participação de 12 países da região, foi lançada em 2000, por iniciativa do Brasil, e priorizava três setores: energia, transportes e telecomunicações. Entre eles, o de energia apresentava maior potencial, em função da complementaridade entre Venezuela, Bolívia e Equador, exportadores de energia, e Brasil, Peru e Colômbia, importadores. No contexto dessa iniciativa, vários projetos foram desenvolvidos, tais como: Brasil-Paraguai, Vene-

---

6 Pesquisa da Funcex.

zuela-Colômbia, Colômbia-Equador, Peru-Equador. As modificações unilaterais nos contratos de petróleo e gás, feitas pela Venezuela e pela Bolívia, introduziram grande incerteza regulatória que compromete os investimentos privados de fora da região, especialmente no setor energético. Os projetos bilaterais, contudo, prosseguem, sobretudo os que contam com a participação dos bancos oficiais de desenvolvimento (BID e BIRD) e do BNDES.

Em resumo, os fluxos de comércio intra-sul-americano são relevantes e crescentes. Mas, em termos relativos, representam uma parcela pequena do comércio total dos países da região. O caso mais ilustrativo talvez seja a participação do Mercosul nas exportações brasileiras, que se limita a cerca de 11%. Essa tendência acentuou-se com a elevação do preço das *commodities*, que provocou uma reorientação das exportações dos países sul-americanos em direção aos grandes importadores de *commodities*, particularmente na Ásia. Os investimentos na região também são crescentes, mas ainda relativamente pequenos. Como foi salientado, os capitais brasileiros em toda a América Latina atingem apenas 15% do total. Os projetos em infra-estrutura ressentem-se das incertezas no marco regulatório e possivelmente da restrição de crédito decorrente da crise financeira.

Nessas condições, as perspectivas de um incremento significativo da integração regional, a curto e médio prazo, parecem improváveis. Não existe uma visão compartilhada de um projeto de integração. Ao contrário, apresentam-se várias visões, por vezes claramente conflitantes. Os dados da realidade mostram um crescimento dos fluxos econômicos intra-regionais, mas não permitem concluir que os diferentes projetos de integração acrescentem um volume ou mesmo um valor expressivo a esse intercâmbio, em confronto com as relações com o resto do mundo.

Isso não significa que o projeto de integração latino-americano, sul-americano ou mesmo sub-regional venha a ser posto em questão. A idéia da integração continua a contar com amplo apoio da sociedade e dos meios políticos. Mas seus avanços efetivos no curto prazo serão modestos se não houver retrocessos localizados. O prosseguimento do processo de integração requer um foco mais claro, uma opção compartilhada sobre o caminho a seguir, objetivos mais realistas, a construção de uma convergência mínima das políticas macroeconômicas e a recuperação da credibilidade nas instituições, afetada por iniciativas recentes equivocadas.

O CENÁRIO PÓS-DOHA

É difícil fazer um prognóstico sobre o futuro das negociações comerciais multilaterais no momento em que profundas transformações estão em curso na economia mundial. No que diz respeito à suspensão das negociações de Doha, caberiam, no entanto, alguns comentários.

A. A conclusão da Rodada de Doha é um objetivo a ser perseguido. Mas a suspensão da Rodada ou mesmo seu fracasso não são graves para o país, pois seus ganhos e riscos seriam limitados. As dificuldades para o avanço das negociações levaram a uma redução das ambições a um mínimo denominador comum. Basta lembrar alguns dos pontos de bloqueio, na fase final da negociação. A redução dos subsídios nos Estados Unidos, a US$16 bilhões, como pretendiam os negociadores norte-americanos, ou a US$14,5 bilhões, como propunham seus opositores, manteria, de qualquer forma, um patamar de subsídio superior ao efetivamente praticado. A abertura dos mercados agrícolas ainda era uma incógnita, pois não se conheciam os produtos que seriam colocados em generosas listas de exceção. A redução das tarifas de importação de produtos industriais, no caso do Brasil, levaria a uma tarifa média consolidada da ordem de 9 a 11%, ou seja, algo praticamente equivalente ao que já é praticado. O que significaria isso para um setor industrial que, nos últimos anos, sofreu uma apreciação da moeda de mais de 30%?

B. As rodadas de negociação do GATT sempre levaram vários anos. A Rodada Kennedy levou três anos, a Tóquio levou seis, a Uruguai, oito anos. A questão que se coloca hoje não está na demora das negociações, mas na possibilidade de a Rodada não se concluir. Ao contrário das rodadas anteriores, não havia, desta feita, a figura do "demandeur", o país ou grupo de países capazes de promover mobilização ou a pressão para a conclusão da negociação. Este foi o caso dos Estados Unidos, por ocasião da Rodada Uruguai, para obter um acordo sobre serviços. Agora, a maioria dos países mantém uma postura predominantemente defensiva. Mais do que a falta de um "demandeur", a razão principal para a suspensão das negociações parece estar na fadiga da globalização, ou seja, no receio de um aprofundamento da liberalização – tanto por parte de países desenvolvidos quanto por parte daqueles em desenvolvimento – que ressuscitou velhos instintos protecionistas. Nos Estados Unidos, a resistência ao *outsourcing* e aos investimentos dos fundos soberanos. Na Europa, as apreensões quanto ao impacto sobre os salários da invasão de manufaturas baratas provenientes do Leste europeu ou da China. Mesmo entre os emergentes, como a Índia, a preocupação com o impacto de uma liberalização agrícola.

C. O eventual fracasso da Rodada não significa necessariamente uma ameaça à sobrevivência da OMC, como alguns apontam. Pode comprometer uma de suas funções, que é a de promover rodadas de negociação para remover as barreiras ao comércio. Mas essa função ou método pode estar chegando a seu esgotamento. A OMC pode apoiar a abertura de mercados de modo mais circunscrito ou regional. Ampliar sua função jurisdicional, de modo a evitar ou resolver os conflitos de natureza comercial entre os Estados. Assumir de modo mais efetivo a gestão e supervisão do comércio internacional, inclusive para disciplinar áreas novas, como comércio e meio ambiente, estabelecer regras mais claras para as questões sanitárias e definir o alcance e a compatibilidade das normas privadas, muitas vezes impostas pelo consumidor e cada vez mais freqüentes.

Se não contarmos mais, ou pelo menos por algum tempo, com a opção das rodadas de negociação comercial, qual a alternativa para um país como o Brasil, que precisa abrir mercado para seus produtos? O melhor caminho parece ser o dos acordos bilaterais ou regionais, como fizeram alguns de nossos parceiros, como a China ou o México. O Brasil concluiu poucos acordos e de impacto limitado. Ou o mercado é pouco relevante ou a cobertura do acordo é restrita.

Entre 2003 e 2008, estabelecemos preferências tarifárias no âmbito da ALADI com o Peru, a CAN e Cuba. Fora da ALADI, assinamos um acordo com a Índia (mas limitado a 45 linhas tarifárias de cada lado) e com Israel. Estamos em negociação com o Mercado Comum do Sul da África, com o Conselho do Golfo, Egito, Paquistão, Turquia, Jordânia e Rússia. As negociações do Mercosul com a União Européia estão paralisadas.

As negociações bilaterais poderão enfrentar dificuldades. A primeira delas é comum a toda tentativa para liberalizar o comércio e está na fadiga da globalização, sobretudo num momento de grande incerteza e provável desaceleração da economia mundial. A segunda está nas restrições para a celebração de acordos bilaterais ou regionais estabelecidas tanto pela OMC quanto pelo Mercosul. Em conformidade com o princípio básico da nação mais favorecida (cada membro é obrigado a estender aos demais qualquer concessão comercial feita a um dos membros da organização), a OMC só aceita dois tipos de acordos não-multilaterais: a hipótese do artigo XXIV, que é a de acordo de livre-comércio que abranja substancialmente todas as barreiras; e a do sistema geral de preferências, ou seja, os acordos entre países em desenvolvimento. No Mercosul, a Decisão 32 de 2000 impõe a negociação conjunta de todos os membros do Mercosul.

No caso da OMC, seria preciso verificar as margens de flexibilidade adotadas em casos anteriores, ou como tornar tais regras mais flexíveis, à luz do fato de que o eventual fracasso de Doha cria uma situação inteiramente nova para o sistema multilateral de comércio.

A obrigatoriedade de negociação conjunta no Mercosul pode criar um indesejável empecilho para o Brasil concluir novos acordos, em razão do descompasso entre as políticas comerciais do Brasil e Argentina. Essa situação coloca uma oportuna discussão entre disciplina e flexibilidade no Mercosul, bem tratada por Felix Pena em artigo recente.[7] Se é dever dos sócios manter a disciplina no que diz respeito às regras do Mercosul, é preciso ter presente que a tradição do Mercosul é de considerável flexibilidade, haja vista a criação de um mecanismo de ajustamento competitivo, mecanismo estranho à natureza de um acordo de livre-comércio. A prorrogação, mais uma vez, da entrada em vigor do livre-comércio no intercâmbio automotivo; a retirada de setores inteiros da TEC; e a insólita adesão da Venezuela ao acordo comum.

Vale lembrar também que a Decisão 32/2000, que prescreve a negociação conjunta, é um simples regulamento, sem a força de um tratado. Pode, assim, ser revogado ou flexibilizado, à luz da conveniência, não para pôr fim à tarifa externa comum, mas para permitir velocidades diferentes para a negociação, no entendimento de que, dentro de um prazo determinado, os acordos individuais convergiriam para uma regra comum.

É preciso levar em conta as sinalizações da realidade neste momento e buscar caminhos inovadores para recuperar o dinamismo do comércio. Se para isso for preciso ter flexibilidade, talvez seja melhor do que se conformar com a paralisia. Talvez seja o momento de recuar, para melhor saltar. Recuar temporariamente nas regras, para promover o dinamismo que permitirá retomar a convergência em seguida.

---

[7] Pena, Felix, *Newsletter mensal*, agosto de 2008.

O Brasil e a América do Sul: reflexões sobre as formas econômicas de integração

*Cláudio R. Frischtak**

* Consultor de empresas. Ex-economista sênior do Banco Mundial.
O autor agradece pela excelente assistência de pesquisa de Andréa Gimenes e Heloisa Jardim.

I. INTRODUÇÃO

A premissa deste trabalho é que – na perspectiva do Brasil – há um imperativo político para a integração da América do Sul, derivado fundamentalmente de um determinismo geográfico e um fato econômico: o país se projeta fisicamente no continente de forma única, tanto por seu tamanho quanto pelo contato fronteiriço com todas as nações (exceto duas); e sua economia tem dimensão e poder crescente de polarizar as transações regionais. Uma postura nacionalista-isolacionista não é uma opção para informar a política do país; tampouco uma "negligência benigna". Nesse sentido, o país não teria escolha que não um engajamento ativo no sentido de uma crescente integração das economias sul-americanas.

Essa premissa, contudo, vai de encontro a forças econômicas de natureza centrípeta, que tensionam o processo de integração, mais além de diferenças de ideologias, e mesmo de estratégias de desenvolvimento econômico. De fato, o continente se vê clivado entre governos nacional-populistas (a exemplo da Venezuela, Bolívia, Argentina, Equador e, possivelmente, Paraguai), moderados (Brasil, Colômbia e Chile) e liberais (Peru e Uruguai), com estratégias de desenvolvimento e integração distintas: o Chile e o Peru voltados crescentemente para o Pacífico; a Colômbia e o Uruguai, para os Estados Unidos; e os demais países vislumbrando algum arranjo que dê sustentação a uma integração cujo desenho não está dado.

Porém, a dissonância básica entre o imperativo (político) da integração e as possibilidades reais de levá-la a cabo diz respeito à dinâmica dessas economias, suas relações de comércio e investimento, e grau de assimetria. É importante sublinhar que não estamos diante de um dilema em que o vetor econômico avança mais rapidamente que o político. Pois não apenas a velocidade, como também a própria direção desses vetores, ambas são distintas. Assim, tendencialmente, as forças econômicas podem inviabilizar ou alterar de forma irreversível a equação custo/benefício – e a atratividade – da integração para o Brasil (e outros países).

O trabalho inicia por uma análise das forças do comércio que unem o Brasil e os demais países, e sugere que o país não apenas é um *global trader*, mas que os fluxos comerciais se movimentam de forma crescente para a Ásia, Europa Oriental e Oriente Médio. Se é bem verdade que em anos recentes a Venezuela ganhou espaço nas exportações brasileiras, e o México no interior do NAFTA, é igualmente correto afirmar que a participação da América do Sul está – para todos os efeitos – estagnada, apesar de sua conhecida importância nas exportações brasileiras de manufaturados e contribuição para o saldo comercial.

A Seção III discute o fluxo bidirecional de investimentos diretos entre o Brasil e os países da América do Sul. Ainda que haja sérios problemas na contabilidade dos investimentos diretos – pela dificuldade de se identificar a origem dos fluxos, pois empresas domésticas muitas vezes remetem os recursos de países cujo atributo maior é a eficiência fiscal –, as indicações são de que, em termos relativos, tanto os investimentos do Brasil nos países sul-americanos perderam substância em anos recentes como ocorreu o inverso.

A Seção IV analisa o grau de sincronia macroeconômica – dada pela correlação do crescimento do PIB entre países – como uma indicação adicional da medida de integração do Brasil com os blocos regionais da América do Sul. Os dados apresentados parecem confirmar que nos últimos anos houve uma "mudança de qualidade" na economia brasileira e em sua articulação à economia mundial. O país parece ser um caso claro de "integração tardia", com uma tendência bem definida de aprofundamento nesse período, enquanto para os blocos do continente essa dinâmica é mais errática, sem uma tendência clara. Ao mesmo tempo, a integração do Brasil com o Mercosul (e com seu principal parceiro comercial e de investimento) parece – sob essa ótica – ser mais frágil, até mesmo quando comparada à Comunidade Andina das Nações (CAN) e ao conjunto da América do Sul.

Nesse contexto, os preços das *commodities* se revelam como principal direcionador do movimento de sincronização das trajetórias de crescimento das economias do continente, sendo, no caso do Mercosul, possivelmente o elemento exógeno definidor da dinâmica de expansão – em contraposição às forças endógenas da integração econômica. Vale sublinhar que a política monetária dos Estados Unidos não teve impacto significativo sobre o crescimento do Brasil nos anos 2000, mas teve visibilidade nas décadas anteriores, principalmente nos anos 80, quando parece afetar o continente como um todo.

A natureza centrípeta das forças econômicas que afetam a relação do Brasil com os parceiros do Mercosul – e de forma mais atenuada com os demais países do continente – é reforçada pelas assimetrias entre países discutida na Seção V. A assimetria fundamental diz respeito ao poder econômico diferenciado entre países espelhado no tamanho de seu PIB, cuja clivagem vem crescendo ao longo dos anos. A polarização é direcionada pelo Brasil e, mais recentemente, pela Venezuela – que deverá tornar-se, em 2008, a segunda economia do continente; e uma perda relativa de substância da Argentina, só recentemente estancada, assim como estagnação ou retrocesso de economias menores – Bolívia, Paraguai, Uruguai e Equador.

Ademais, em termos de renda *per capita*, e apesar dos ganhos de todos os países do continente, observa-se uma dinâmica perversa espelhada na perda de participação dos países mais pobres – em especial, Bolívia e Paraguai – tanto em valores correntes quanto em paridade de poder de compra. O empobrecimento relativo desses países explica, em certa medida, a intensificação recente de suas demandas; e o maior poder econômico da Venezuela – e a vontade de exercê-lo para fins políticos –, a maior procura de apoio.

A Seção VI – à guisa de conclusão do trabalho – discute as conseqüências de política para dois fatos essenciais revelados pela discussão aqui empreendida: *primeiro*, que os fatores que direcionam a economia brasileira parecem ser fundamentalmente exógenos às forças econômicas da integração continental; *segundo*, que as assimetrias entre as economias e a distância relativa entre os países mais pobres e os demais, em termos de renda *per capita*, vêm assumindo maior relevância com o tempo.

Tomando por premissa o imperativo da integração, é necessário definir uma agenda positiva. Esta seria centrada na promoção do comércio e do investimento, e tendo por cerne a criação de uma área de livre-comércio para o continente, com preferências definidas para as economias mais frágeis, e complementada por medidas de redução dos custos e dos riscos do investimento direto. De novo, especial ênfase poderia ser direcionada aos países mais pobres, sob a premissa de que o apoio bilateral mais eficaz envolve a expansão do comércio e do investimento, inclusive em infra-estrutura.

Aqui, propõe-se que o país com os maiores recursos políticos e econômicos do continente tome a iniciativa. Há muito que o Brasil pode – e deve – fazer no âmbito do comércio e do investimento, criando de antemão um ambiente favorável à integração. No balanço de riscos, o país tem mais a perder pela omissão do que pela ação – formulada em bases inclusivas e implementada com competência.

O Brasil tem recursos limitados de poder; ainda assim, tem uma responsabilidade especial com a América do Sul. Até recentemente, e após a democratização, o país estava absorto por questões econômicas de curto prazo – fundamentalmente, os desequilíbrios doméstico e externo – que consumiam a atenção dos governos.

É possível que se esteja ingressando numa nova era de normalidade; nessas circunstâncias, a agenda se redefine. Aqui, identificaram-se as forças centrípetas que paralisam ou mesmo levam à regressão no processo de integração continental; compensá-las deve estar no topo da agenda econômica externa do governo brasileiro.

II. AS FORÇAS DO COMÉRCIO

Nas duas últimas décadas, o Brasil se tornou de fato um *global trader*, com um maior equilíbrio em suas exportações, importações (e logo corrente de comércio) entre os maiores blocos (Tabela 1). Nesse período, os fatos mais marcantes do ponto de vista dos fluxos de comércio podem ser assim resumidos:

- A ascensão do Mercosul na década de 1990 e sua consolidação recente, com o bloco sendo responsável por 10-11% das exportações brasileiras, cerca de 9% das importações e 18% do saldo comercial.
- A expansão da CAN, direcionada pelas exportações para a Venezuela (até seu desligamento em meados de 2006). Os países andinos (incluindo a Venezuela) foram responsáveis no primeiro semestre de 2008 por 5,75% das exportações brasileiras, 3,12% das importações e 19% do saldo comercial.
- Em conseqüência, a América do Sul em 2008 (1º semestre) igualou-se à Ásia e ao NAFTA como segundo destino mais importante das exportações (o primeiro sendo a União Européia – UE-15), e liderando com pouco mais de um terço do saldo comercial.
- A estabilidade da participação da Ásia (emergente e em desenvolvimento) nas exportações brasileiras vem combinada com um explosivo crescimento das importações. Em 2008, a região se tornou – junto com a UE-15 – o principal parceiro comercial do país.
- A Europa Oriental vem sendo – ainda que em menor escala – a outra fonte de dinamismo comercial em relação ao Brasil, praticamente triplicando sua participação desde os anos 90.
- Finalmente, e em contraposição, a contração da participação do NAFTA e da UE-15 no comércio brasileiro é marcante: de cerca de 53% na década de 1990 para 51% em 2000-05, 44% em 2006-07 e 40% em 2008 (1º semestre). Ainda assim, somados, os blocos são os maiores parceiros comerciais do país, e responsáveis por cerca de 34% do saldo comercial.

Uma análise conduzida na perspectiva dos parceiros comerciais permite identificar alguns países críticos para o Brasil e cujo desempenho em anos recentes sugere uma nova dinâmica comercial, seja de expansão, estagnação ou mesmo regressão (Tabelas 2 e 3).

TABELA 1

Brasil – evolução do comércio por grandes blocos – participação nas exportações, importações, corrente de comércio e saldo comercial 1989 e médias 1990-99, 2000-05, 2006-07 e 1º semestre de 2007 e de 2008 (em %)

Período	*Mercosul*	*CAN*[1]	*América do Sul*[2]	*NAFTA*	*União Européia*[3]	*Europa Oriental*	*Oriente Médio*	*Ásia*[4]
Exportações								
1989	3,98	2,87	8,86	27,22	30,12	1,35	3,23	16,01
1990-99	12,76	4,07	19,06	23,58	28,87	1,03	3,03	15,39
2000-05	9,56	4,23	16,34	27,86	24,67	2,06	3,50	14,11
2006-07	10,48	3,61	19,60	21,37	22,80	2,75	4,08	15,36
1º sem. 2007	10,38	3,55	19,37	20,59	24,83	2,64	4,08	15,65
1º sem. 2008	11,54	3,33	19,65	17,49	23,46	3,01	3,75	17,99
Importações								
1989	12,00	2,39	17,21	24,39	22,54	0,55	16,76	10,52
1990-99	13,50	2,65	18,05	25,90	26,13	1,13	7,69	13,39
2000-05	11,66	2,77	16,26	23,59	25,73	1,47	3,15	18,22
2006-07	9,73	2,65	15,86	18,86	21,32	1,93	3,04	25,26
1º sem. 2007	9,89	2,52	15,87	19,47	22,57	2,32	2,29	24,77
1º sem. 2008	8,87	2,78	12,95	17,70	20,97	2,94	3,70	27,09
Corrente de comércio								
1989	6,76	2,70	11,75	26,24	27,49	1,07	7,92	14,11
1990-99	13,03	3,38	18,48	24,79	27,81	1,04	4,88	14,62
2000-05	10,47	3,62	16,32	26,07	25,10	1,82	3,35	15,87
2006-07	10,16	3,21	18,04	20,35	22,17	2,42	3,65	19,46
1º sem. 2007	10,17	3,12	17,91	20,12	23,88	2,51	3,33	19,47
1º sem. 2008	10,29	3,07	16,53	17,59	22,30	2,98	3,73	22,23
Saldo de comércio								
1989	–	3,51	–	31,36	39,89	2,33	–	22,91
1990-99	8,79	4,92	14,46	34,92	28,40	1,03	10,72	18,37
2000-05	6,32	10,46	17,06	39,82	15,64	6,06	6,35	21,74
2006-07	11,03	5,29	25,73	24,13	23,75	4,11	5,96	–
1º sem. 2007	10,35	5,52	25,22	20,86	27,24	3,08	7,72	–
1º sem. 2008	17,93	4,24	39,51	9,52	24,28	2,08	2,43	–

Fonte: Cálculo próprio a partir de dados da SECEX/MDIC.

Notas: (1) Bolívia, Colômbia, Equador, Peru e Venezuela (até 2005); (2) Argentina, Bolívia, Brasil, Chile, Colômbia, Cuba, Equador, México, Paraguai, Peru, Uruguai e Venezuela; (3) 15 países = Alemanha, Áustria, Bélgica, Dinamarca, Espanha, Finlândia, França, Grécia, Irlanda, Itália, Luxemburgo, Países Baixos, Portugal, Reino Unido, Suécia; (4) Ásia: Afeganistão, Bangladesh, Mianmar, Brunei, Butão, Camboja, China, Taiwan, República da Coréia, Coréia do Sul, Filipinas, Hong Kong, Índia, Indonésia, Japão, Laos, Ilhas Lebuan, Macau, Malásia, Maldivas, Mongólia, Nepal, Paquistão, Cingapura, Sri Lanka, Tailândia, Timor Leste, Vietnã.

TABELA 2

Evolução do comércio por países da América do Sul – participação nas exportações, importações, corrente de comércio e caldo comercial 1989 e médias 1990-99, 2000-05, 2006-07 e 1º semestre de 2007 e de 2008 (em %)

Período	*Argentina*	*Paraguai*	*Uruguai*	*Venezuela*	*Bolívia*	*Colômbia*	*Equador*	*Peru*	*Chile*
Exportações									
1989	2,07	0,94	0,97	0,77	0,67	0,59	0,47	0,37	2,01
1990-99	9,09	2,14	1,53	1,10	1,04	0,85	0,40	0,68	2,24
2000-05	7,68	1,06	0,83	1,47	0,58	1,06	0,47	0,66	2,55
2006-07	8,75	0,96	0,77	2,76	0,52	1,50	0,52	1,06	2,75
1º sem. 2007	8,62	0,95	0,80	2,75	0,57	1,53	0,42	1,04	2,69
1º sem. 2008	9,48	1,23	0,84	2,42	0,57	1,19	0,41	1,16	2,37
Importações									
1989	6,78	1,96	3,25	1,21	0,14	0,10	0,04	0,89	2,82
1990-99	10,78	0,98	1,75	1,76	0,08	0,23	0,06	0,52	1,89
2000-05	10,08	0,64	0,94	1,05	0,85	0,32	0,07	0,49	1,82
2006-07	8,72	0,34	0,66	0,47	1,46	0,31	0,03	0,85	3,02
1º sem. 2007	8,92	0,25	0,66	0,36	1,27	0,31	0,03	0,90	3,11
1º sem. 2008	7,87	0,40	0,60	0,34	1,64	0,50	0,03	0,62	2,61
Corrente de comércio									
1989	3,70	1,29	1,76	0,92	0,48	0,42	0,32	0,55	2,29
1990-99	9,84	1,57	1,62	1,40	0,59	0,56	0,25	0,59	2,07
2000-05	8,73	0,87	0,87	1,31	0,68	0,75	0,29	0,59	2,23
2006-07	8,73	0,70	0,72	1,81	0,90	1,01	0,32	0,97	2,86
1º sem. 2007	8,74	0,66	0,74	1,75	0,86	1,02	0,26	0,98	2,87
1º sem. 2008	8,72	0,84	0,73	1,45	1,07	0,87	0,23	0,91	2,48
Saldo de comércio									
1989	–	–	–	0,38	1,71	1,57	1,29	–	1,50
1990-99	11,10	3,85	1,73	3,23	2,95	2,20	1,50	0,91	3,90
2000-05	11,09	2,25	1,08	5,34	0,54	3,77	1,94	1,19	5,35
2006-07	11,23	3,14	1,31	10,73	–	5,55	2,16	2,00	2,65
1º sem. 2007	10,19	3,57	1,51	11,51	–	6,01	1,84	1,79	2,10
1º sem. 2008	12,09	4,08	1,44	9,86	–	3,54	1,78	2,88	0,42

Fonte: Cálculo próprio a partir de dados da SECEX/MDIC.

TABELA 3

Evolução do comércio por países selecionados – participação nas exportações, importações, corrente de comércio e saldo somercial 1989 e médias 1990-99, 2000-05, 2006-07 e 1º semestre de 2007 e de 2008 (em %)

Período	*México*	*EUA*	*Países Baixos*	*Alemanha*	*Itália*	*França*	*Japão*	*China*	*Índia*
Exportações									
1989	1,25	22,99	10,91	4,96	5,15	2,66	6,72	1,83	0,58
1990-99	2,03	20,05	9,93	5,30	3,86	2,32	6,17	1,73	0,55
2000-05	3,58	22,73	7,87	4,30	3,13	2,54	3,39	4,50	0,73
2006-07	2,94	16,70	7,13	4,31	2,78	2,05	2,76	6,39	0,64
1º sem. 2007	2,69	16,37	7,48	4,54	2,97	2,21	2,83	6,71	0,62
1º sem. 2008	2,22	14,19	7,86	4,19	2,78	2,05	2,80	8,17	0,44
Importações									
1989	1,07	20,42	2,45	8,74	2,50	3,05	7,60	0,70	0,19
1990-99	1,42	21,80	2,13	9,17	4,95	2,96	6,45	1,43	0,28
2000-05	1,20	20,53	2,05	8,51	3,58	3,64	5,03	4,25	1,03
2006-07	1,54	15,80	1,89	7,15	2,79	3,01	4,01	9,60	1,70
1º sem. 2007	1,65	16,27	1,77	7,35	2,86	3,06	3,96	9,90	1,44
1º sem. 2008	1,65	14,28	1,83	7,02	2,75	2,76	3,95	11,28	1,96
Corrente de comércio									
1989	1,19	22,10	7,97	6,27	4,23	2,80	7,03	1,44	0,44
1990-99	1,79	20,95	6,36	7,10	4,43	2,63	6,29	1,60	0,43
2000-05	2,56	21,81	5,33	6,12	3,32	3,00	4,10	4,38	0,86
2006-07	2,37	16,34	4,95	5,48	2,79	2,45	3,28	7,73	1,08
1º sem. 2007	2,26	16,33	5,10	5,71	2,93	2,57	3,30	8,05	0,96
1º sem. 2008	1,95	14,24	5,04	5,51	2,77	2,38	3,34	9,62	1,15
Saldo de comércio									
1989	1,98	35,25	27,87	0,91	11,09	3,03	7,80	4,22	1,40
1990-99	4,81	25,69	30,65	17,68	10,06	4,17	6,35	2,09	1,32
2000-05	11,67	29,53	27,15	48,38	1,86	3,80	6,31	6,56	0,65
2006-07	7,93	23,63	25,51	–	3,48	–	0,16	1,21	–
1º sem. 2007	6,96	21,58	28,64	–	4,24	0,07	–	–	–
1º sem. 2008	4,57	10,10	37,17	–	2,19	–	–	–	–

Fonte: Cálculo próprio a partir de dados da SECEX/MDIC.

- O salto inicial na década de 1990 que o Mercosul propiciou no comércio com a Argentina perdeu *momentum* nos anos subseqüentes, estando sua participação na corrente de comércio com o Brasil estagnada. Já em relação ao Paraguai e Uruguai, as exportações brasileiras deram igualmente um salto na década passada e regrediram posteriormente em termos relativos, enquanto a participação das importações se contraiu de forma sistemática no período, de modo que a corrente de comércio com esses países se encontra em níveis muito inferiores de participação do que à época do Acordo de Assunção.
- Essa assimetria de resultados no Mercosul deve acentuar-se com a eventual ascensão da Venezuela enquanto membro pleno, país que – mais do que qualquer outro (com exceção da China) – mudou de patamar entre os anos 90 e a presente década no que diz respeito à sua participação nas exportações brasileiras e na corrente de comércio.
- No âmbito do NAFTA, observa-se uma forte regressão dos Estados Unidos em 2006-07, com continuidade no primeiro semestre de 2008, seja como importador do/ou exportador para o Brasil, e uma perda de participação do México nas exportações brasileiras após a expansão de 2000-05.
- As perdas relativas em relação à UE-15 nesses anos são moderadas e se concentram nos países que tradicionalmente têm sido os maiores parceiros comerciais do Brasil: Países Baixos; Alemanha; Itália; e França, em menor escala.
- Dois países na Ásia têm papel definidor nas relações comerciais do Brasil com o continente. Historicamente, o Japão ocupava a posição dominante, mas a perdeu desde meados da década de 1990 e numa trajetória que se acentua nos anos 2000. O caminho inverso foi feito pela China, cujo crescimento na corrente de comércio do Brasil vem ganhando momento neste final de década, o que posiciona aquele país como segundo maior parceiro comercial do Brasil (após os Estados Unidos).
- Finalmente, a Índia – que emerge de uma posição residual na década de 1990 – ainda tem um papel secundário para as exportações brasileiras, em contraposição a um maior dinamismo enquanto exportador para o Brasil. De qualquer forma, sua posição na corrente de comércio é inconsistente com seu protagonismo dentre as economias emergentes.

Em síntese: o comércio permanece como principal laço que une o Brasil a seus parceiros econômicos, apesar do papel crescente dos investimentos diretos (ver a seguir). Sem dúvida, o Mercosul, a CAN e a América do Sul em seu conjunto têm papel de relevo nas transações comerciais do país; mas o dinamismo em anos recentes vem se concentrando no continente asiático – particularmente direcionado pela China – e em novos mercados (a exemplo da Europa Oriental). Sem um novo projeto, é provável que a relação com os parceiros vizinhos do país tenda à estagnação, e a âncora do Brasil na América do Sul – o Mercosul – definhe gradativamente.

III. A DINÂMICA DO INVESTIMENTO

O investimento direto no mundo expandiu-se rapidamente nos últimos anos: entre 1990 e 2006, o crescimento foi, em média, de cerca de 11% a.a. (entre emissões e recepções). A expansão foi ainda mais intensa nos países em desenvolvimento: nesse período, os fluxos bidirecionais cresceram 16,5% a.a., e de forma mais acentuada aqueles voltados para fora desses países (Tabela 4). Ainda que as economias em desenvolvimento permaneçam como receptores, em primeiro lugar, seu papel como emissor vem ganhando substância em anos recentes. Nesse período, a relação dos fluxos passou de 3 para pouco mais de 2 para 1.

Frente ao conjunto dos países em desenvolvimento, em anos recentes, a América do Sul não perdeu substância, pois permanece ancorada na atratividade receptora de algumas economias e no dinamismo inversor de empresas domésticas. As principais economias do continente geraram, de fato, empresas com capacidade de implementar estratégias de inversão transfronteiras, refletido na rápida expansão dos investimentos emitidos; porém, o excesso de volatilidade macroeconômica e de instabilidade regulatória – a exemplo da Argentina – refreou os fluxos inversos (Tabela 4).

Na América do Sul, o Brasil foi historicamente o maior receptor; mais recentemente, o país assumiu uma posição de crescente importância como emissor, seja pela maior maturidade das empresas e a necessidade de se expandirem para fora, seja pelas condições macroeconômicas mais favoráveis.[1] Em 2006, o país se tornou simultaneamente o maior emissor e receptor, com um total de US$46,9 bilhões.

---

[1]Ver, a esse respeito, Fernando Ribeiro e Raquel Casado Lima, "Investimentos brasileiros na América do Sul: desempenho, estratégias e políticas – Relatório Final", Funcex, Julho de 2008; Sandra Polônio Rios e Roberto Magno Iglesias, "Investimentos brasileiros na América do Sul: as perspectivas dos países andinos (Síntese dos estudos nacionais) – Relatório Final", Funcex, Julho de 2008; e Cláudio R. Frischtak, "O mundo de cabeça para baixo: a nova competição global e a transnacionalização das empresas brasileiras", trabalho apresentado no XX Fórum Nacional, maio de 2008.

TABELA 4

Fluxos de investimento direto externo 1990, 1990-94, 1995-99, 2000-04, 2005 e 2006 (em milhões de US$ correntes)

		1990	*1990-94**	*1995-99**	*2000-04**	*2005*	*2006*
Mundo	Recebido	201.593,9	201.049,4	606.555,2	834.429,8	945.795,4	1.305.851,9
	Emitido	229.597,6	226.041,5	609.888,7	792.554,2	837.193,7	1.215.788,8
Países em desenvolvimento	Recebido	35.877,4	62.014,6	174.271,6	219.216,0	314.279,4	379.052,3
	Emitido	11.913,3	27.106,5	62.465,6	84.896,2	115.860,4	174.389,3
América do Sul	Recebido	5.849,3	9.146,8	44.613,2	37.360,2	45.278,6	45.018,9
	Emitido	1.110,9	2.055,1	6.051,0	5.892,4	11.942,4	36.719,7
Argentina	Recebido	1.836,0	3.026,8	10.599,3	4.193,9	5.007,9	4.809,0
	Emitido	34,9	593,6	2.161,3	330,1	1.150,6	2.007,6
Brasil	Recebido	988,8	1.518,6	18.324,8	20.023,2	15.066,3	18.782,2
	Emitido	624,6	591,7	1.257,3	2.512,5	2.516,7	28.202,5
Chile	Recebido	1.314,7	1.510,2	5.303,1	4.618,0	6.959,6	7.951,6
	Emitido	7,5	375,1	1.477,8	1.821,8	2.209,0	2.875,6
Colômbia	Recebido	500,0	818,2	2.795,8	2.380,1	10.255,0	6.295,2
	Emitido	16,0	71,6	461,0	455,7	4.661,9	1.098,3

Fonte: UNCTAD, Handbook of Statistics, 2008.
*Média dos anos.

Como receptor, o Brasil teve no passado como investidores dominantes os Estados Unidos, os países europeus (Alemanha, Suíça, França), assim como o Japão e o Canadá (Tabela 5). Desde meados da década de 1990, observam-se a perda de substância dos investidores tradicionais e a ascensão dos países ibéricos, que tiveram um papel protagônico nas privatizações, bem como da Holanda (inclusive por motivos tributários) e dos paraísos fiscais.

Já a América do Sul tem sido historicamente um investidor marginal no Brasil. Entre 1995 e 2000, caiu a participação dos estoques de investimentos sul-americanos no país, refletindo os menores fluxos da década de 1990. Essa tendência continua na atual década: a soma de ingressos 2001-07 foi de 2,31% do total, abaixo da participação do continente no estoque de investimentos em 2000. Ademais, os dados sugerem que a Argentina vem perdendo

TABELA 5

Investimento direto externo no Brasil, por país de origem
Estoques: 1995 e 2000; fluxo dos ingressos: 1990-2000 e 2001-07
(em milhões de US$)

	Estoque				*Fluxo*			
País	*1995*	*% total*	*2000*	*% total*	*1990-2000*	*% total*	*2001-07*	*% total*
Holanda	1.545,8	3,71%	11.055,3	10,73%	9.723,8	7,67%	29.233,0	19,43%
Estados Unidos	10.852,2	26,03%	24.500,1	23,78%	28.100,5	22,15%	28.557,1	18,98%
Espanha	251,0	0,60%	12.253,1	11,89%	21.603,0	17,03%	10.016,6	6,66%
França	2.031,5	4,87%	6.930,8	6,73%	8.253,5	6,51%	8.456,3	5,62%
Alemanha	5.828,0	13,98%	5.110,2	4,96%	2.014,1	1,59%	6.852,5	4,55%
Luxemburgo	408,0	0,98%	1.034,1	1,00%	1.763,2	1,39%	6.022,6	4,00%
Canadá	1.819,0	4,36%	2.028,3	1,97%	1.599,1	1,26%	5.678,9	3,77%
Japão	2.658,5	6,38%	2.468,2	2,40%	1.878,9	1,48%	4.833,8	3,21%
Portugal	106,6	0,26%	4.512,1	4,38%	7.641,0	6,02%	4.585,4	3,05%
Suíça	2.815,3	6,75%	2.252,1	2,19%	1.581,1	1,25%	4.060,4	2,70%
América do Sul	1.528,3	3,67%	3.138,5	3,05%	1.111,4	0,88%	3.478,1	2,31%
Uruguai	874,1	2,10%	2.106,6	2,04%	502,9	0,40%	1.344,6	0,89%
Chile	238,4	0,57%	228,1	0,22%	3,1 (?)	0,00%	1.042,7	0,69%
Argentina	393,6	0,94%	757,8	0,74%	569,6	0,45%	610,2	0,41%
Venezuela	1,0	0,00%	19,1	0,02%	6,0	0,00%	47,1	0,03%
Colômbia	4,8	0,01%	15,0	0,01%	0,3	0,00%	403,7	0,27%
Equador	–	–	1,1	0,00%	0,0	0,00%	13,0	0,01%
Paraguai	3,2	0,01%	5,5	0,01%	29,5	0,02%	10,6	0,01%
Peru	12,8	0,03%	0,8	0,00%	0,0	0,00%	3,4	0,00%
Bolívia	0,4	0,00%	4,4	0,00%	n.d.		2,9	0,00%
Paraísos fiscais	4.185,8	10,04%	15.082,2	14,64%	15.767,5	12,43%	22.263,8	14,80%
Resto mundo	7.665,5	18,38%	12.649,5	12,28%	25.810,1	20,35%	16.406,6	10,91%
Total	41.695,6	100,00%	103.014,5	100,00%	126.847,2	100,00%	150.445,2	100,00%

Fonte: Cálculos próprios com base nos dados do Banco Central e UNCTAD.

substância como investidor, enquanto empresas domiciliadas no Chile e na Colômbia ganham.

Cabe aqui um breve *excursus*. A análise dos fluxos de investimento direto no plano mais desagregado levanta duas questões centrais que dizem respeito ao direcionamento dos fluxos: a origem e o destino dos investimentos. Tipicamente, a unidade de análise é o país ou a região, e não as empresas. Esse fato gera sérias distorções, fundamentalmente porque as empresas sediadas em determinado país nem sempre dão origem a investimentos a partir de sua sede, mas de subsidiárias em domicílios fiscais com regimes tributários mais competitivos ou com acordos bilaterais de investimento mais sólidos, o que não é incomum para empresas brasileiras investindo fora do país, de modo geral, e na América do Sul em particular.

Nesse sentido, os dados até aqui apresentados devem ser lidos com cuidado, pois pode haver sub-registro considerável dos investimentos oriundos dos países do continente, pelos fortes incentivos para originar investimentos ou bem de paraísos fiscais e/ou de jurisdições que facultam tratamento mais favorável ou seguro de investimentos externos oriundos de empresas aí domiciliadas.

Essas considerações se aplicam com mais razão ainda para o Brasil na qualidade de emissor. Ainda assim, chama atenção a regressão na participação da América do Sul – inclusive Argentina – no estoque de investimentos de capital brasileiro declarados entre 2001 e 2006 (Tabela 6).

Até que ponto as estatísticas do Banco Central do Brasil refletem a alocação de fato dos investimentos diretos de empresas domiciliadas no país ou de empresas brasileiras? A rigor, é extremamente difícil responder com precisão. Dados do Banco Central da Argentina sugerem, contudo, que o estoque de investimentos brasileiros de US$2,1 bilhões em 2006 (Tabela 6) é possivelmente uma subestimativa, tendo em vista que, entre 1992-2001, os investi-

TABELA 6
Capitais brasileiros no exterior (investimento direto) 2001-06
(em milhões de US$)

	2001	*% total*	*2006*	*% total*
Total	**42.584,4**	**100,0%**	**97.714,7**	**100,0%**
América do Sul*	5.248,1	12,3%	6.310,4	6,5%
Mercosul	4.786,7	11,2%	4.027,7	4,1%
Argentina	1.625,4	3,8%	2.136,3	2,2%
Uruguai	3.121,1	7,3%	1.742,6	1,8%
Paraguai	40,2	0,1%	148,7	0,2%
CAN**	276,8	0,7%	379,5	0,4%
Bolívia	35,6	0,1%	54,9	0,06%
Colômbia	129,7	0,3%	47,5	0,05%
Equador	71,5	0,2%	42,4	0,04%
Peru	40,1	0,1%	234,7	0,24%

Fonte: Banco Central do Brasil – Declarações do CBE (Capitais Brasileiros no Exterior).
*Argentina, Bolívia, Brasil, Chile, Colômbia, Equador, Paraguai, Peru, Uruguai e Venezuela
**Bolívia, Colômbia, Equador e Peru. Não inclui Venezuela.

mentos totalizaram US$745 milhões e que, no período 2002-2006, houve investimentos adicionais (incluindo reinvestimentos) de cerca de US$3,9 bilhões (Tabela 7).

TABELA 7
Investimentos direto por firmas brasileiras na Argentina (em milhões de US$)

	2002	*2003*	*2004*	*2005*	*2006*	*∑ 2002-06*	*2007*
Volume de investimento	944,0	151,0	654,0	1.106,0	1.065,0	3.920,0	1.000,0

Fonte: Banco Central da Argentina.

Nessa perspectiva, poder-se-ia argumentar que o papel da Argentina – quiçá de outros países do continente – é de muito maior relevância no fluxo de investimentos diretos brasileiros do que as estatísticas do BC mostram.[2] Estas não são considerações inócuas, pois dizem respeito à centralidade da Argentina (e, por extensão, do Mercosul) – bem como dos demais países da América do Sul – na estratégia de expansão das empresas brasileiras, e no seu papel de integração das economias do continente.[3] Contudo, o fato de haver uma diferença material entre os registros dos dois bancos centrais não permite concluir que a participação da Argentina nos investimentos brasileiros deva ser reestimada na proporção dessa diferença, pois não há estudo sistemático que possa afirmar a existência ou não de problemas da mesma magnitude nos demais países.

O que se pode inferir desta discussão é que é altamente provável que o volume de investimentos brasileiros na Argentina seja de fato superior ao reportado no CBE. Se o estoque de investimentos brasileiros for contabilizado

---

[2]Para investimentos nos países da CAN, há aparentemente considerável sub-registro: a soma dos investimentos diretos do Brasil no período 2002-2006 é de US$1,542 bilhão (excluindo Venezuela), o que parece ser inconsistente com a variação dos estoques no período reportado pelo Banco Central do Brasil (US$102,7 milhões – ver Tabela 6), mesmo considerando eventuais desinvestimentos. Ver Sandra P. Rios, *op. cit.*, p. 6 (Quadro 1) para a contabilidade do fluxo dos investimentos diretos nos países andinos 1996-2007, obtida com base em fontes nacionais (Instituto Nacional de Estadística e Banco Central da Bolívia, Banco Central da Colômbia, Banco Central do Equador, e Próinversion do Peru).

[3]O maior investimento brasileiro na Argentina é o da Petrobras Energia, seguida das empresas do grupo Camargo Corrêa (a cimenteira Loma Negra, Santista Têxtil e Alpargatas), a Swift-Armour (grupo Friboi) e Banco Itaú Buen Ayre, além da Cervejaria Quilmes, adquirida pela então Ambev (hoje, a belgo-brasileira AB-Inbev). A Acindar foi comprada pela Belgo-Mineira, hoje pertencente à Mittal-Arcelor.

simplesmente como sua soma no tempo desde o início dos anos 90 (*ceteris paribus*), então não teria havido uma regressão (relativa) da Argentina, como aponta a Tabela 7, mas um pequeno ganho. O mais provável é que essa regressão tenha de fato ocorrido (como de resto para a América do Sul), mas não na intensidade apontada.

IV. SINCRONIA MACROECONÔMICA

No interior do Mercosul, e menos ainda no âmbito da América do Sul, não há, de fato, – pelo menos por enquanto – mecanismos endógenos de coordenação das políticas macroeconômicas, fundamentalmente ações no plano monetário e fiscal. Nem todos os bancos centrais são independentes (como o chileno) ou efetivamente autônomos (como o brasileiro), e a natureza de sua atuação é bastante distinta: em alguns casos, o foco é a estabilidade macroeconômica, minimizando a volatilidade do PIB num contexto de baixa inflação; outros atuam como extensão do Poder Executivo, garantindo um crescimento rápido por meio de uma política monetária expansionista ou um câmbio sistematicamente competitivo, independentemente das conseqüências sobre a inflação. Da mesma forma, as políticas fiscais também variam, e não necessariamente no mesmo sentido que as políticas monetárias.[4]

De qualquer forma, há um grupo importante – e possivelmente dominante – de países na América do Sul com políticas macroeconômicas bastante similares em seus aspectos fundamentais: Brasil, Uruguai, Chile, Peru e Colômbia. Combinado com uma maior mobilidade de produtos e fatores entre esses países, seria razoável esperar crescente convergência ou sincronia na dinâmica de seu crescimento. Inversamente, e apesar da maior integração econômica, a disparidade de políticas entre países pertencentes a um mesmo bloco – a exemplo de Brasil e Argentina – poderia implicar menor grau de sincronia.

A Tabela 8 utiliza uma medida de correlação de crescimento entre o Brasil e os blocos da América do Sul como indicador (indireto) do grau de integração das economias pela força tanto do comércio e investimento como da coerência das políticas macroeconômicas. Inicialmente, chama atenção a baixa sincronia do crescimento do Brasil com a expansão do Mercosul (o bloco exclui evidentemente o Brasil) e, em especial, com a Argentina (denotado pelo fato de que

[4]De forma simplificada, a Argentina, por exemplo, tem combinado uma política monetária expansionista – com óbvios efeitos sobre a inflação – com uma política fiscal moderadamente conservadora.

os índices de correlação com base nas médias ponderadas de crescimento são sistematicamente menores do que os índices baseados nas médias simples de crescimento do bloco).

Ao mesmo tempo, a integração do Brasil com a CAN – sob essa ótica – é significativa, principalmente nos anos 2000, revelando possivelmente maior identidade das políticas macro, além de densidade crescente das relações econômicas. Essa convergência também se expressa no grau de sincronia do Mercosul com o restante da América do Sul, que se eleva para seu maior patamar naqueles anos, quando as maiores economias parecem estar mais conectadas.

TABELA 8
Correlação entre o crescimento do PIB do Brasil e dos países e blocos selecionados das Américas (1980-89; 1990-99; 2000-07)

	1980-89	*1990-99*	*2000-07*
Média			
Mercosul (ex-Brasil)	0,465	0,290	0,451
CAN	0,493	0,437	0,752
América do Sul (ex-Brasil)	0,516	0,403	0,620
Média ponderada			
Mercosul (ex-Brasil)	0,229	0,211	0,391
CAN	0,425	0,356	0,755
América do Sul (ex-Brasil)	0,458	0,299	0,627
Mercosul *versus* América do Sul (ex-Mercosul)			
Média	0,820	0,737	0,842
Média ponderada	0,519	0,578	0,865

Fonte: Cálculos próprios com base nos dados de PIB disponíveis em FMI, World Economic Outlook Database, abr/08.

Nota: Crescimentos do PIB do Mercosul, CAN e América do Sul calculado pela média do crescimento do PIB de cada um dos países-membros (Média); e ponderado pelo PIB nominal de cada um dos países (Média ponderada). Dados de crescimento para 2008 projetados pelo FMI.

É verdade que esse fenômeno de sincronização nas trajetórias de crescimento do produto do Brasil com países da América do Sul nos anos 2000 – e de forma mais modesta com o Mercosul – pode estar refletindo o crescente poder polarizador da economia mundial sobre os países.

A correlação do crescimento do PIB mundial com o Brasil, o Mercosul e a Comunidade Andina das Nações (CAN) – e a América do Sul – parece refletir aquele fenômeno, de uma aparente "integração tardia" com o mundo. Na década de 1990, o crescimento do PIB do Brasil apresentava uma baixa

TABELA 9

Correlação entre o crescimento do PIB do mundo e dos países e blocos selecionados das Américas (1980-89; 1990-99; 2000-07)

	1980-89	*1990-99*	*2000-07*
Brasil	0,235	0,204	0,809
Média			
Mercosul (incl. Brasil)	0,314	–0,262	0,769
Mercosul (ex-Brasil)	0,294	–0,367	0,725
CAN	0,189	–0,158	0,778
América do Sul (incl. Brasil)	0,381	–0,243	0,808
América do Sul (ex-Brasil)	0,379	–0,286	0,791
NAFTA	0,570	0,511	0,808
Média ponderada			
Mercosul (incl. Brasil)	0,376	–0,126	0,920
Mercosul (ex-Brasil)	0,192	–0,442	0,746
CAN	0,147	–0,213	0,784
América do Sul (incl. Brasil)	0,396	–0,165	0,899
América do Sul (ex-Brasil)	0,314	–0,425	0,833
NAFTA	0,883	0,681	0,845

Fonte: Cálculos próprios com base nos dados de PIB disponíveis em FMI, WEO Database, abr/08.

Notas: Crescimentos do PIB do Mercosul, CAN e América do Sul calculado pela média do crescimento do PIB de cada um dos países-membros (Média); e ponderado pelo PIB nominal de cada um dos países (Média ponderada). Mercosul = Brasil, Argentina, Paraguai e Uruguai; CAN = Bolívia, Colômbia, Equador e Peru. Neste caso inclui Venezuela, que saiu do bloco em abr/06; América do Sul: Brasil, Argentina, Bolívia, Chile, Colômbia, Equador, Paraguai, Peru, Uruguai e Venezuela; NAFTA: Canadá, EUA e México.

sincronização com a expansão da economia mundial, enquanto as economias do Mercosul como um todo, da CAN e da América do Sul se correlacionavam negativamente (Tabela 9).[5] Essa situação mudou dramaticamente na década atual, quando as economias do continente passaram a crescer de forma sincrônica com o restante do mundo. Vale notar que o grau de sincronia das economias do NAFTA é bem superior, principalmente levando em consideração as médias de crescimento ponderadas pelo peso das maiores economias, cuja discrepância praticamente desaparece nos anos 2000, refletindo forte ressonância das trajetórias das três economias.

Uma análise dos demais grandes blocos e das economias do mundo sugere que esse fenômeno de maior sincronia nos anos 2000 parece ser generalizado

[5]As correlações foram calculadas tanto com base nas médias simples quanto ponderadas de crescimento dos blocos, não alterando materialmente os resultados.

no caso das economias emergentes asiáticas – além do próprio Japão, cuja crise na década de 1990 as fez "descolar" do restante da economia mundial. Em contraposição, a Zona do Euro mostra apenas mudanças de segunda ordem entre décadas no que diz respeito a seu grau de sincronia com o mundo (Tabela 10).

Uma evidência de que o dinamismo do Brasil, do Mercosul e da região como um todo está sendo direcionado exogenamente é apresentada na Tabela 11. O crescimento do Brasil, e mais ainda do Mercosul, nos anos 2000,

TABELA 10

Correlação entre o crescimento do PIB do mundo e dos países e blocos selecionados da Ásia e Europa – média (1980-89; 1990-99; 2000-07)

	1980-89	*1990-99*	*2000-07*
Zona do Euro	n.d.	0,605	0,574
Ásia em desenvolvimento	0,790	0,063	0,811
ASEAN-5	0,117	0,061	0,847
China	0,469	–0,243	0,665
Japão	0,550	0,029	0,950

Fonte: Cálculos próprios com base nos dados de PIB disponíveis em FMI, WEO Database, abr/08.
Nota: Zona do Euro: 15 países – Áustria, Bélgica, Chipre, Finlândia, França, Alemanha, Grécia, Irlanda, Itália, Luxemburgo, Malta, Holanda, Portugal, Eslovênia, Espanha. Asiáticos em desenvolvimento: 23 países – ASEAN-5 (Indonésia, Malásia, Filipinas, Tailândia e Vietnã), e Bangladesh, Butão, Cambodja, China, Índia, Indonésia, Kiribati, Laos, Maldivas, Myanmar, Nepal, Paquistão, PNG, Samoa, Ilhas Salomão, Sri Lanka, Tonga, Vanuatu.

TABELA 11

Correlação entre o índice de *commodities* e o crescimento do PIB dos países e blocos selecionados das Américas (1980-89; 1990-99; 2000-07)

	1980-89	*1990-99*	*2000-07*
Brasil *versus* SPCI –G	–0,037	0,058	0,559
Média			
Mercosul (com Brasil)	0,137	0,064	0,802
CAN	–0,010	0,458	0,780
América do Sul (com Brasil)	0,067	0,287	0,821
Média ponderada			
Mercosul (com Brasil)	–0,248	–0,028	0,806
CAN	–0,188	0,420	0,774
América do Sul (com Brasil)	–0,246	0,065	0,816

Fonte: Cálculos próprios com base nos dados de PIB disponíveis em FMI, World Economic Outlook Database, abr/08.
Notas: SPCI-G – Índice de Commodity Standard & Poor's – Séries Geométricas. Dados de 2007 até junho. O S&P Commodity Index – Geometric Series (SPCI-G) foi lançado em outubro de 2001 e descontinuado em janeiro de 2008, e mede os movimentos de preço da commodity nos contratos futuros.

parece ter acompanhado o impulso das *commodities*, fenômeno esse relevante para a CAN já na década anterior. Vale notar que o grau de aderência do PIB das diferentes jurisdições e geografias regionais ao índice de *commodities* na década de 1980 era baixo ou mesmo negativo.

Finalmente, é útil contrastar a relativa importância dos preços das *commodities versus* a taxa nominal básica de juros dos Estados Unidos (enquanto medida do custo do dinheiro e de grau de liquidez). Ambas têm sido usadas para explicar o dinamismo econômico dos anos 2000, em contraposição ao lento crescimento médio dos anos 1990 e à "década perdida". No caso da América do Sul, a correlação tem o sinal adequado na década de 1980, sendo particularmente forte para o caso do Brasil e do Mercosul, e de segunda ordem para a CAN (Tabela 12). Na década seguinte, ela se enfraquece e até inverte o sinal no caso da CAN, e nos anos 2000 – contrário senso – ela se torna pouquíssimo relevante, em contraposição ao preço das *commodities*.

TABELA 12

Correlação entre a taxa nominal básica dos EUA e o crescimento do PIB dos países e blocos da América do Sul (1980-89; 1990-99; 2000-07)

(Taxa nominal em T=0 e crescimento do PIB em T+1)

	1980-89	*1990-99*	*2000-07*
Brasil	**–0,451**	**–0,400**	**–0,018**
Média			
Mercosul (com Brasil)	–0,421	–0,306	–0,062
CAN	–0,048	0,028	0,021
ALADI (com Brasil)	–0,248	–0,120	–0,032
Média ponderada			
Mercosul (com Brasil)	–0,578	–0,394	–0,170
CAN	–0,141	0,029	0,092
ALADI (com Brasil)	–0,491	–0,281	–0,088

Fontes: Cálculos próprios com base nos dados de PIB disponíveis em FMI, World Economic Outlook Database, abr/08 e Federal Reserve Bank dos EUA.

Já para o México, e principalmente os Estados Unidos e o Canadá, os índices de correlação entre as variações do PIB e a taxa nominal crescem de significado (ou mesmo ganham significado, no caso do México) no decorrer dos anos, sendo a economia dos Estados Unidos – como era de se esperar – a mais sensível (Tabela 13). Dito de outra forma, a política monetária dos Estados Unidos tem crescente importância para os países do NAFTA em seu conjunto e individualmente, em escala menor para o México, moderada para o Canadá e mais significativa para os Estados Unidos. Quanto aos países da Ásia, o grau de sincronia aumenta para os cinco países em rápida industrialização – o ASEAN-5 – e na atual década se torna marginal nos demais, sugerindo que a importância direta da política de juros dos Estados Unidos sobre a atividade econômica chegou a ser maior para o conjunto dos países em desenvolvimento e economias emergentes da Ásia na década de 1990 (e anterior), e feneceu na atual.

TABELA 13
Correlação entre a taxa nominal básica dos EUA e o crescimento do PIB dos países da América do Norte e NAFTA, e Ásia (1980-89; 1990-99; 2000-07)
(Taxa Nominal em T=0 e Crescimento do PIB em T+1)

	1980-89	1990-99	2000-07
México	0,537	0,040	–0,178
Canadá	–0,218	–0,371	–0,435
Estados Unidos	–0,325	–0,431	–0,604
NAFTA – *média*	0,105	–0,233	–0,407
NAFTA – *média ponderada*	–0,261	–0,408	–0,579
Japão	–0,380	0,409	–0,257
China	–0,390	–0,732	–0,109
ASEAN-5	–0,036	–0,212	–0,480
Ásia em desenvolvimento	–0,485	–0,580	–0,165

Fontes: Cálculos próprios com base nos dados de PIB disponíveis em FMI, World Economic Outlook Database, abr/08; e Federal Reserve Bank dos EUA.

Em síntese: Nas últimas três décadas, houve um salto pronunciado no grau de sincronia entre o crescimento do Brasil e o mundo, bem como com o dos países da CAN e América do Sul como um todo. Porém, nota-se que essa maior sincronia se aplica de forma limitada com o Mercosul, principalmente com o maior parceiro comercial do país na região.

Assim, a correlação entre o PIB do país – e entre os principais blocos do continente – e do mundo sofreu nos anos 2000 uma metamorfose significativa, espelhando uma "integração tardia" desses países e jurisdições à economia global. Este parece ser também um fenômeno asiático, embora, nesse caso, não revele uma tendência.

Uma busca do direcionador desse movimento parece indicar um choque exógeno e material que afetou essas economias: os ganhos nos termos de troca propiciado pelo aumento nos preços das *commodities*, que, de forma clara, se correlaciona fortemente – e pela primeira vez – com a variação do PIB não apenas do Brasil, mas ainda mais acentuadamente com os demais países do Mercosul, CAN e o continente. Ao mesmo tempo, o choque de liquidez do início dos anos 2000 e o gradativo aperto monetário do Federal Reserve em anos mais recentes tiveram um impacto marginal nessas economias.

Esta discussão reforça a noção de que há forças centrípetas operando nas economias da região, não apenas no plano do comércio e do investimento, como a partir da própria integração dessas economias com o resto do mundo. Como será exposto a seguir, as assimetrias crescentes de poder econômico dos países operam na mesma direção.

V. ASSIMETRIAS

Nas últimas três décadas, a América do Sul se caracterizou por grande volatilidade macroeconômica e passou por um processo de ajuste cujos resultados se distribuíram no tempo entre os países de maneira pouco uniforme. Somente em anos recentes, com o "boom" das *commodities* e a retomada do crescimento, o conjunto das economias passou a apresentar um desempenho mais sólido. Medido em dólar a preços correntes, as economias do continente desde 1990-94 e até 2008 teriam avançado (se as projeções do valor do PIB para este último ano se confirmarem) a uma média de 7,3% ao ano em 16 anos, uma expansão – mesmo em bases nominais – bastante significativa.

Há, contudo, grandes disparidades. Sob a perspectiva do tamanho relativo de cada economia na região, ganham participação no PIB continental no período 1990-94/2008 principalmente as maiores economias, enquanto as menores – Uruguai, Bolívia e Paraguai – regridem (Tabela 14). A grande exceção é a Argentina, cuja participação declina quase de maneira monotônica ao longo das décadas (ao menos da retomada do início dos anos 90). Sob essa medida, o Brasil e a Venezuela se tornam, em 2008, as duas maiores economias da América do Sul.

Uma *primeira conclusão* é que o grau de concentração econômica no âmbito do Mercosul se expandiu aceleradamente de meados da década de 1990, coincidindo mesmo com sua formação e a implementação do Tratado de Assunção. Obviamente, "correlação não é causalidade" e aqui não se sugere que a integração das economias tenha gerado ou ampliado as assimetrias, que se relacionam

TABELA 14

Relação entre o PIB (preços correntes) dos países selecionados e a América do Sul (média por período em %)

	1980-84	*1985-89*	*1990-94*	*1995-99*	*2000-04*	*2005-07*	*2008 (P)*
América do Sul *(US$ bilhões)*	504,80	624,47	935,29	1.434,15	1.150,22	1.957,13	2.882,98
Argentina	27,09	16,40	22,53	19,60	16,17	11,14	11,23
Bolívia	0,66	0,66	0,59	0,54	0,72	0,58	0,58
Brasil	34,43	54,87	52,50	54,56	50,78	55,65	56,24
Chile	4,90	3,46	4,60	5,33	6,62	7,30	5,89
Colômbia	8,57	6,90	6,43	6,71	7,38	7,33	7,02
Equador	2,81	1,92	1,47	1,46	2,14	2,09	1,72
Paraguai	1,02	0,73	0,65	0,57	0,54	0,48	0,42
Peru	4,34	5,16	3,83	3,86	5,13	4,80	4,36
Uruguai	1,61	1,07	1,41	1,46	1,31	1,00	0,92
Venezuela	14,57	8,82	6,00	5,90	9,20	9,62	11,61

Fonte: Cálculos próprios com base nos dados de PIB disponíveis em FMI, World Economic Outlook Database, abr/08.

*P = projeção.

TABELA 15

Relação entre o PIB (PPC) dos países selecionados e a América do Sul (média por período em %)

	1980-84	*1985-89*	*1990-94*	*1995-99*	*2000-04*	*2005-07*	*2008 (P)*
América do Sul (bilhões de dólares correntes – internacional)	946,54	1.282,16	1.645,48	2.154,34	2.551,44	3.369,15	3.934,52
Argentina	15,64	13,64	14,08	14,54	13,13	13,98	14,52
Bolívia	1,12	0,94	1,03	1,06	1,13	1,09	1,07
Brasil	51,67	54,51	52,12	51,13	52,63	50,62	49,85
Chile	3,62	3,68	4,84	5,78	6,33	6,38	6,26
Colômbia	7,38	7,75	8,64	8,66	8,56	8,65	8,66
Equador	2,65	2,58	2,74	2,62	2,70	2,78	2,64
Paraguai	0,76	0,76	0,83	0,80	0,75	0,74	0,73
Peru	6,26	5,92	4,81	5,29	5,54	5,85	6,07
Uruguai	1,09	1,04	1,12	1,13	1,00	1,01	1,02
Venezuela	9,81	9,16	9,79	8,98	8,21	8,90	9,17

Fonte: Cálculos próprios com base nos dados de PIB disponíveis em FMI, World Economic Outlook Database, abr/08.

*P = projeção.

com as políticas domésticas dos países, a instabilidade passada e a natureza de sua inserção na economia mundial. Contudo, o fato é que houve um agravamento nas disparidades regionais em termos de tamanho das economias. *Segundo*, a Venezuela deverá, pela primeira vez, ultrapassar a Argentina, e tornar-se a segunda economia do continente.

Ao mesmo tempo, em paridade de poder de compra (PPC), as posições relativas do PIB dos países da região pouco variaram nestes anos, sendo o único ganho inequívoco o do Chile, que apresenta uma tendência de aumento de participação no PIB regional seja a preços correntes, seja em PPC (Tabela 15). Os resultados, nesse aspecto, são quase surpreendentes, dadas as transformações por que passaram os países.

Porém, os dados em PPC refletem, antes de tudo, o poder aquisitivo médio da população, e não o peso específico da economia. O que a Tabela 15 sugere é que o poder relativo de consumo das populações do continente não variou de forma significativa no decorrer dos anos. Houve, de fato, algumas perdas (a exemplo do Brasil) e ganhos (Colômbia e Chile); mas, com exceção deste último, as diferenças no tempo são pouco significativas.

A maior concentração do PIB a preços correntes entre países do continente, e a invariância no tempo das participações relativas em PPC, estão longe, contudo, de significar uma estagnação da renda *per capita* ou mesmo perdas em termos absolutos (Tabelas 16 e 17). Novamente, a exceção é a Argentina, considerando o período 1990-94 a 2005-07 (ainda que o nadir

TABELA 16

PIB *per capita* (preços correntes) de países da América do Sul (em US$)

	1980-84	*1985-89*	*1990-94*	*1995-99*	*2000-04*	*2005-07*	*2008 (P)*
Argentina	4.763,2	3.292,7	6.281,5	7.893,9	4.981,8	5.589,6	8.146,8
Bolívia	612,9	674,9	806,9	991,7	938,4	1.171,2	1.665,3
Brasil	1.401,0	2.459,9	3.237,5	4.785,8	3.311,5	5.822,3	8.449,9
Chile	2.162,4	1.728,8	3.166,3	5.230,8	4.879,8	8.711,1	10.125,8
Colômbia	1.455,0	1.305,6	1.643,0	2.403,6	1.935,9	3.063,8	4.193,5
Equador	1.674,1	1.263,0	1.274,5	1.762,8	1.942,0	3.030,0	3.562,6
Paraguai	1.558,0	1.192,1	1.354,7	1.646,0	1.132,9	1.582,4	1.962,5
Peru	1.207,8	1.566,7	1.588,3	2.301,0	2.266,3	3.390,6	4.414,6
Uruguai	2.760,6	2.198,2	4.196,0	6.446,0	4.483,4	6.145,0	8.314,8
Venezuela	4.629,0	3.067,9	2.740,7	3.706,7	4.249,2	6.961,1	11.933,2

Fonte: Cálculos próprios com base nos dados de PIB disponíveis em FMI, World Economic Outlook Database, abr/08.
*P = projeção.

tenha sido na crise de 2000-04), e, mesmo assim, apenas a preços correntes, e não em PPC.

Contudo, olhando os valores da renda *per capita* ao longo do tempo, é de se notar que os países mais pobres da América do Sul – a Bolívia e o Paraguai – crescem abaixo da média do continente em termos correntes e em PPC (Tabela 18). Mesmo a Argentina o faz acima da média dos países em paridade do poder de compra (ainda que não em termos correntes). É provável que, em parte, ao menos, as demandas daqueles países se expliquem por uma trajetória de crescente afastamento de seus vizinhos em termos de padrão de vida e percepção de empobrecimento relativo. Em contraposição, há um conjunto de países com significativo progresso medido em termos de renda *per capita*: em valores correntes, o Chile, o Brasil e o Peru, e a Venezuela em anos mais recentes (impulsionada pela escalada nos preços do petróleo). Já em PPC, os ganhos acima da média do continente se concentram no Chile, Argentina e Uruguai.

Em suma: a instabilidade macroeconômica que caracterizou o continente desde a década de 1980 não impediu o crescimento da renda *per capita* – e de uma forma surpreendentemente acelerada a partir de meados da década de 1990. A preços correntes, as diferenças entre países são marcantes; em PPC, elas subsistem, mas são bem menos acentuadas. Ainda assim, as disparidades persistem, e se agravaram em relação aos países mais pobres do continente.

TABELA 17
PIB *per capita* (PPP) de países da América do Sul
(em dólar corrente internacional)

	1980-84	*1985-89*	*1990-94*	*1995-99*	*2000-04*	*2005-07*	*2008 (P)*
Argentina	5.116,9	5.621,6	6.912,9	8.792,9	8.930,1	12.075,3	14.376,2
Bolívia	1.938,7	1.975,2	2.469,8	2.929,0	3.248,4	3.821,7	4.200,5
Brasil	3.930,4	5.036,7	5.653,7	6.722,3	7.604,8	9.126,4	10.222,9
Chile	2.988,2	3.779,6	5.860,2	8.507,2	10.356,5	13.122,0	14.673,1
Colômbia	2.345,0	3.008,3	3.898,6	4.654,2	4.978,6	6.225,9	7.059,1
Equador	2.952,3	3.453,5	4.188,2	4.725,4	5.442,9	6.945,1	7.450,0
Paraguai	2.180,2	2.511,5	3.055,7	3.472,8	3.484,4	4.217,7	4.666,9
Peru	3.252,0	3.719,6	3.511,5	4.726,7	5.432,7	7.121,7	8.383,3
Uruguai	3.510,5	4.396,0	5.898,0	7.489,3	7.583,2	10.594,3	12.565,9
Venezuela	5.820,6	6.510,3	7.866,9	8.494,9	8.397,8	11.102,9	12.867,6

Fonte: Cálculos próprios com base nos dados de PIB disponíveis em FMI, World Economic Outlook Database, abr/08.
*P = projeção.

TABELA 18

Crescimento do PIB *per capita* a preços correntes e em PPC de países da América do Sul (em %)

	Δ % em preços correntes		*Δ % em PPC*	
	1980/84 – 2008	*1990/94 – 2008*	*1980/84 – 2008*	*1990/94 – 2008*
América do Sul – Δ % médio	*4,04%*	*5,56%*	*3,99%*	*4,14%*
Argentina	2,09%	1,64%	4,05%	4,68%
Bolívia	3,92%	4,63%	3,02%	3,37%
Brasil	7,16%	6,18%	3,74%	3,77%
Chile	6,12%	7,54%	6,31%	5,90%
Colômbia	4,16%	6,03%	4,33%	3,78%
Equador	2,95%	6,64%	3,62%	3,67%
Paraguai	0,89%	2,34%	2,97%	2,68%
Peru	5,11%	6,60%	3,71%	5,59%
Uruguai	4,33%	4,37%	5,03%	4,84%
Venezuela	3,71%	9,63%	3,10%	3,12%

Fonte: Cálculos próprios com base nos dados de PIB disponíveis em FMI, World Economic Outlook Database, abr/08.

*Dados usados para o ano de 2008 são projeções do FMI.

O cerne da questão das assimetrias está não apenas numa dinâmica perversa da renda *per capita*, mas, fundamentalmente, numa aparente bipolaridade direcionada pelo crescente poder econômico do Brasil no interior do Mercosul e, em anos mais recentes, da Venezuela no âmbito continental.

Essa bipolaridade – combinada com o encolhimento relativo de países menores ou mais pobres – vem se expressando num progressivo agravamento da distribuição do PIB sul-americano quando medido a preços correntes, após um interregno ao início da década (Tabela 19). Ainda que, em PPC, note-se uma melhora, em termos de poder econômico de fato o quadro é de deterioração.

TABELA 19

Coeficiente de Gini para a distribuição do PIB dos países da América do Sul (vários anos)

	1980-84	*1985-89*	*1990-94*	*1995-99*	*2000-04*	*2005-06*	*2007*	*2008 (P)*
Gini – a preços correntes	0,569	0,653	0,660	0,660	0,617	0,628	0,638	0,649
Gini – em PPC	0,620	0,631	0,614	0,605	0,606	0,598	0,596	0,595

Fonte: Cálculos próprios com base nos dados de PIB disponíveis em FMI, World Economic Outlook Database, abr/08.

*P = projeção.

Ao Brasil, não interessa o enfraquecimento relativo dos países sul-americanos, com a maioria dos quais o país tem uma extensa e porosa fronteira. As conseqüências, no médio e longo prazos, são claramente adversas.

Primeiro, a progressiva marginalização dessas economias e suas estruturas produtivas frente ao dinamismo econômico e à acumulação de riqueza no pólo dominante do continente.

Segundo, a vinda de quadros qualificados dos países vizinhos, essenciais a seu desenvolvimento – e aumento da imigração ilegal – pelo estreitamento do mercado de trabalho.

Finalmente, o crescente rancor das populações desses países e a consolidação de um nacionalismo "antiimperialista" e voltado a contestar as relações econômicas (e políticas) com o Brasil; e, simetricamente, o surgimento de forças políticas no país calcadas numa resposta doméstica xenofóbica, quando não racista, ao discurso político da injustiça pelos vizinhos, às ameaças aos interesses brasileiros, às crescentes pressões migratórias, tendo como pano de fundo as disparidades crescentes entre o Brasil e os países mais frágeis.

Nesse contexto, e como prólogo à conclusão a seguir, é importante lembrar que os países que possivelmente menos avançaram com o processo de integração do continente foram o Paraguai e a Bolívia, ainda que secularmente o Uruguai e o Equador pouco tenham avançado em termos relativos, e a Argentina tenha regredido.

VI. CONCLUSÃO: CONSEQÜÊNCIAS PARA AS POLÍTICAS DE INTEGRAÇÃO

Este trabalho se inicia enunciando uma premissa: para o Brasil, a integração da América do Sul é um imperativo político. O país teria uma "responsabilidade especial" no/e para com o continente. Nesse sentido, deve usar seus recursos para promover a aproximação econômica dos países e uma melhora no bem-estar dos povos da região.

Esta não é uma premissa óbvia ou universalmente aceita, tanto pelos custos quanto pelos benefícios, inclusive pelo contexto de crescente complexidade nas opções de estratégia de desenvolvimento e competição política no continente. As obrigações que o país assume – assim como o rancor surdo dos países mais pobres e frágeis – podem ser magnificadas por uma percepção de que a nova riqueza energética irá apenas gerar disparidades ainda maiores (além de potencialmente enfraquecê-los politicamente), gerando novas demandas compensatórias no plano das assimetrias.

Ademais, o direcionador do crescimento do país deixou de ser – se é que algum dia foi – as economias do Mercosul ou mesmo do restante do continente. Não pela sua baixa importância; pelo contrário, para alguns setores (como automotivo, máquinas agrícolas, serviços de engenharia e, mais recentemente, lácteo) e frente a alguns insumos (eletricidade de Itaipu, gás natural da Bolívia), a região tem criticalidade. Porém, os dados mais recentes sugerem que o dinamismo da corrente de comércio está sendo direcionado pela Ásia, e em menor escala pela Europa Oriental e pelo Oriente Médio.

Visto de outra perspectiva: são forças exógenas ao continente que impulsionam a economia brasileira. Sendo esse o caso, por que não uma política de "negligência benigna", cuja marca seria uma passividade calculada para evitar que o país se torne refém de suas ambições reais ou aparentes? Por que não alocar os recursos políticos para os mercados mais promissores e cujo distanciamento (físico) possibilita um relacionamento menos arriscado, pois destituído de herança ou carga histórica?

Este trabalho não se posiciona num debate assim. Afirma, contudo, que uma política passiva no continente possivelmente sancionará um distanciamento progressivo impulsionado pelas forças econômicas, como aqui documentado. *Atualmente, não há qualquer motor endógeno que aproxime os países da América do Sul, que não a vontade política dos governos*, a qual se tornou o *leitmotiv* da integração.

Nessa perspectiva, o que fazer? Recentemente, a chamada *Força Tarefa – O Brasil na América do Sul* [6] sugeriu um conjunto de medidas abarcando quatro temas de clara importância para a integração: comércio e investimentos; infra-estrutura e serviços de transporte; integração energética; e mudanças climáticas. Aqui não se repetem as recomendações desta iniciativa, de todo relevante, mas reforçam-se alguns pontos considerados fundamentais para uma aproximação continental.

Primeiro, o cerne das relações econômicas entre países se dá no plano do comércio e dos investimentos. São esses os fluxos que necessitam de expansão a taxas elevadas, de modo que o continente adquira um novo protagonismo na

---

[6] Ver Centro de Estudos e Integração do Desenvolvimento (CINDES), *Breves Cinde*, n. 7, 2ª edição, julho de 2008 para uma exposição dos antecedentes e situação atual de cada tema, uma formulação que embasa as propostas, e uma agenda de mudanças tanto no plano doméstico quanto no externo.

economia brasileira. A integração física deve ser vista como um meio de facilitar o fluxo de bens, serviços e fatores, mas não substitui o que é a essência da integração econômica.

Nessa perspectiva, *a criação de uma área de livre-comércio na América do Sul* – talvez a proposta-chave da *Força Tarefa* – seria o eixo não apenas do adensamento do comércio intra-regional, como o elemento motor para o fortalecimento dos fluxos de investimento direto e em infra-estrutura de integração regional. É no contexto da eventual ALC que as assimetrias devem ser tratadas de forma objetiva, e na essência por meio de preferências comerciais que promovam o investimento nos países mais pobres, e com economias mais frágeis, a Bolívia e o Paraguai em primeiro lugar.

Segundo, o comércio tem-se demonstrado como uma forte alavanca para o investimento; mas a evidência sugere que o inverso também parece ser verdadeiro. Ou seja, o investimento direto é igualmente motor não apenas das exportações de bens e serviços – como corretamente argumentam empresas brasileiras que investem em novos mercados –, mas de um fluxo reverso, na medida em que aproxima países e suas empresas, e amplia o conhecimento dos mercados.

Porém, e diferentemente do comércio, os custos e os riscos políticos embutidos no investimento direto são de modo geral significativamente maiores. Nessa perspectiva, seria essencial reduzi-los – principalmente quando os investimentos são direcionados a países mais pobres. Há medidas na área tributária que devem ser consideradas, dado seu potencial de elevada eficácia; e há igualmente a necessidade de se estudarem e proporem acordos de proteção ao investimento de uma nova geração que equilibre as demandas dos investidores com o interesse público nas jurisdições em que se aplicará.

Finalmente, quem deve tomar a iniciativa? Se a premissa deste trabalho estiver correta, o país que detém a maior economia e ainda a maior influência no América do Sul deve fazê-lo. O ponto de partida pode ser a definição de uma *agenda mínima* no plano doméstico, voltada para a remoção de barreiras comerciais (principalmente de natureza não-tarifária) e ao investimento (centrada em questões tributárias) que sinalizem a determinação do Brasil de avançar para a criação de uma economia continental com elevados níveis de integração e menos polarizada.

QUARTA PARTE

Gestão moderna do estado

Bases de uma reforma administrativa de emergência

*João Geraldo Piquet Carneiro**

*Presidente da Fundação Hélio Beltrão. Ex-ministro da Desburocratização.

I. NO RUMO DO COLAPSO GERENCIAL

Há sinais inquietantes da incapacidade do Executivo federal para administrar com um mínimo de eficácia as demandas postas pela agenda do desenvolvimento econômico e social. O presidente da República está indignado com a lentidão burocrática; os ministros alegam que as licitações públicas se tornaram praticamente inexeqüíveis devido ao excesso de exigências formais; disputas entre concorrentes na esfera do Judiciário ameaçam paralisar o aproveitamento energético do Rio Madeira.

Providências para simplificar o comércio exterior – área crítica para a economia – esbarram no conservadorismo de quase 40 órgãos e autoridades obrigatoriamente chamados a opinar sobre cada proposta.

O Tribunal de Contas da União detecta irregularidades em 70% das obras aeroportuárias. O Ministério Público Federal obtém liminares em ações civis públicas para suspender obras em andamento.

Os controles tornam-se mais rígidos e numerosos, os administradores públicos temem tomar decisões e todo o processo decisório parece caminhar para a virtual paralisia. E a corrupção não dá sinais de arrefecimento, nem surge qualquer idéia nova para moralizar e dinamizar a administração pública.

A preocupação extravasa a esfera federal e atinge também os governos estaduais. Na *Carta de Brasília sobre Gestão Pública*, de 28 de maio de 2008, o Ministério do Planejamento, Orçamento e Gestão e o Conselho Nacional de Secretários de Administração (CONSAD) propõem as bases de um pacto para melhorar a gestão pública. Assinalam: "É necessário repensar a forma de organização e funcionamento do Estado e que o arcabouço legal e institucional da administração pública é, de maneira geral, muito pesado e calcado em valores e práticas que estão ultrapassados..." E conclamam a que se inclua "o tema da gestão pública na agenda política dos governos". Seguem-se excelentes propostas concretas de ação que, infelizmente, sabemos que não terão respaldo político suficiente dentro do Executivo.

A coordenação administrativa, um dos princípios nucleares do Decreto-lei nº 200, de 1967, se auto-inviabiliza num mar de órgãos, ministérios e secretarias, muitos deles sem missão específica e estrutura adequada, mas que, de todo modo, congestionam o fluxo decisório da administração.

Apesar da convergência de diagnóstico, as circunstâncias políticas não sugerem a viabilidade de qualquer tipo de reforma administrativa mais abrangente, haja vista a multiplicidade de fatores que obrigatoriamente teriam de ser levados em conta e a dificuldade jurídica e política de sua adoção. Talvez até pelas razões que exporei mais adiante, sequer seja o caso de uma *grande* reforma; ao contrário, medidas pontuais seriam mais fáceis de transitar no ambiente político.

Há, porém, alguns aspectos consensuais que poderiam ser, desde logo, enfrentados, como procurarei demonstrar em seguida.

II. ESGOTAMENTO DO MODELO DE PARTILHA DE CARGOS COMO INSTRUMENTO DE MANUTENÇÃO DA BASE DE APOIO PARLAMENTAR

Desde o retorno ao governo civil, em 1985, estabeleceu-se que as áreas governamentais ligadas à formulação e à execução da política econômica ficariam excluídas da negociação de cargos. Essas áreas "técnicas" abrangem principalmente o Banco Central, o Ministério da Fazenda, o Ministério do Planejamento e Orçamento, a Secretaria do Tesouro e a Secretaria da Receita Federal.

Nos 15 anos seguintes, a preocupação dos governos foi primordialmente o controle da inflação e o reequilíbrio das contas públicas. Ou seja, o esforço de gestão era, do ponto de vista prático, aumentar a arrecadação, de um lado, e conter a despesa, de outro. Portanto, os órgãos críticos eram o Banco Central em matéria de juros, a Secretaria do Tesouro na contenção da despesa e a Receita Federal na ampliação da arrecadação de tributos. Fórmula simples e bem-sucedida. Tal modelo dava espaço para o presidente da República negociar a formação de uma base parlamentar de apoio, sem pôr em risco a complexa gestão da economia. Fórmula que só viria a dar certo após a adoção do Plano Real.

As dificuldades de manutenção desse modelo começam a surgir quando se recoloca a retomada do crescimento econômico como prioridade do governo. Pela simples razão de que investir bem e racionalmente demanda conhecimento técnico e gestão adequada dos órgãos setoriais. Esse nível de sofisticação e seriedade não convive bem, é óbvio, com a política de distribuição de cargos e recursos orçamentários, principalmente nas áreas responsáveis pela infra-estrutura.

Registre-se que o número de ministérios e secretarias com status de ministério passou de 17 em 1990 para 34 em 2008. Ainda que vários desses órgãos não tenham orçamentos expressivos, sua simples existência gera controles onerosos para a própria administração e não contribui para a agilidade do processo decisório administrativo. Nem constituem centros de excelência.

III. O REGIME JURÍDICO ÚNICO E A INDEFINIÇÃO DO GRAU DE AUTONOMIA FINANCEIRA E GERENCIAL DAS ENTIDADES AUTÁRQUICAS

Outra questão crucial para o aperfeiçoamento da gestão pública federal reside no recrutamento e na reciclagem de servidores. Nesse sentido, a flexibilização do regime jurídico único instituído no art. 39 da Constituição de 1988 é providência imprescindível. Por ele, os servidores públicos federais, estaduais e municipais da administração direta, das autarquias e das fundações públicas ficaram submetidos exclusivamente ao regime *estatutário*, vedada a contratação por qualquer outro regime.

A Emenda Constitucional nº 19, de 1998, deu nova redação ao dispositivo constitucional para apenas dizer que "a União, os estados, o Distrito Federal e os municípios instituirão conselho de política de administração e remuneração de pessoal", o que resultou na abolição do regime jurídico único.

Ocorre que o Supremo Tribunal Federal, no ano passado, declarou inconstitucional o *caput* do art. 39 alterado pela Emenda 19 e restabeleceu, portanto, o regime jurídico único. Ora, a idéia de um regime jurídico único e homogêneo é totalmente incompatível com o grau de diferenciação e especialização que se demanda de uma administração pública moderna.

Acresce que a experiência de terceirização de determinados serviços públicos não produziu os efeitos imaginados como instrumento de flexibilização da contratação indireta de pessoal. Ao contrário, provocou novas distorções e irregularidades. Simultaneamente, passou-se a abusar da criação de cargos de confiança – algo hoje superior a 40 mil – voltados, na maioria dos casos, para a acomodação de indicados políticos.

No que concerne à autonomia gerencial e financeira das autarquias, o que se nota na evolução legislativa é grande hesitação em concedê-la nos termos previstos no Decreto-lei nº 200/1967. A mesma Emenda Constitucional nº 19 procurou vincular o grau de autonomia a "contratos de gestão" – uma experiência do direito administrativo francês de uso ainda bastante limitado e eficácia relativa. Ou seja, a autonomia decisória passaria a depender antes do atingimento de certas metas prefixadas do que em razão da natureza intrínseca do respectivo órgão.

Partiu-se, então, para algumas diferenciações terminológicas. As agências reguladoras de serviços públicos foram designadas *autarquias de natureza especial*, para significar basicamente um grau maior de autonomia decisória (na realidade, de independência decisória) nas questões específicas substantivas em que a lei lhes atribuiu *discricionariedade técnica*.

Finalmente, as *agências executivas* ainda são um nome em busca de uma missão específica. De acordo com os respectivos normativos, as agências executivas são autarquias e fundações que tenham "celebrado contrato de gestão" e que apresentem "plano estratégico para melhoria da qualidade de gestão e para a redução de custos".[1]

Objetivamente falando, fica claro que a ordem jurídica ainda reflete o temor atávico de que órgãos dotados de efetiva autonomia gerencial e financeira possam se tornar núcleos de poder que contrastem com a lógica do governo central.

Na seção a seguir, procuro explicar essa evolução e esse retrocesso para, no final, propor uma agenda mínima de reforma administrativa.

IV. DO PIONEIRISMO AO RETROCESSO

A evolução do setor público federal nos últimos 70 anos é rica em reformas administrativas em geral pioneiras e razoavelmente bem-sucedidas. Tais reformas foram, por certo, essenciais para o desenvolvimento econômico do país e a remodelação do setor público ao longo desse período.

Não obstante, os processos de reforma administrativa – sem exceção – sofreram regressões, perderam ímpeto ou foram simplesmente descontinuados. As explicações mais freqüentemente sugeridas apontam as "raízes históricas" como a força centrípeta que impede a expansão e a definitiva consolidação dos processos de reforma. Por raízes históricas, entendem-se, em especial, o patrimonialismo, a centralização administrativa e o formalismo inerentes ao modelo colonial implantado no país. Tão fortes são essas características que, numa visão pessimista, o Brasil estaria fadado a cumprir o destino de Sísifo: promover, num momento, com grande esforço, reformas modernizadoras do aparelho de Estado e, logo após, permitir que elas se esvaziem.

Sem pretender diminuir o impacto do modelo colonial de administração sobre a organização administrativa, penso que, a esta altura, a explicação acadêmica seja insuficiente para justificar a ocorrência de ciclos alternados de reforma e obsolescência da administração pública federal. Por certo, fatores históricos e culturais – em especial, a centralização administrativa – tiveram e ainda têm peso específico na conformação do setor público e, em particular,

---

[1] Lucas Rocha Furtado, *Curso de direito administrativo*, 2007.

no padrão de relacionamento deste com os agentes econômicos e a sociedade de um modo geral. Mas devem ser encarados de forma relativa, a começar pelo patrimonialismo.

Com efeito, não tem cabimento imputar à sociedade brasileira contemporânea ou às suas elites o desejo de "ser parte do Estado" e "ser chamada de excelência" – na cáustica observação de Eça de Queiroz. Ou que o funcionalismo público busque consciente ou inconscientemente se "apropriar" do Estado. Ao contrário, todas as vezes em que a sociedade teve a oportunidade, manifestou-se a favor das reformas administrativas, principalmente quando resultaram em redução de encargos burocráticos e na melhoria dos serviços públicos. De outro lado, as elites – "ilhas" de competência e experiência – do setor público sempre foram a força motriz das reformas, pelo que também não se lhes pode imputar qualquer parcela de responsabilidade pela descontinuidade das reformas.

Uma versão mais sofisticada e moderna do patrimonialismo – a apropriação dos recursos do Estado e do processo decisório estatal por agentes econômicos privados aliados a parcelas da alta burocracia estatal – também é invocada para justificar o colapso das reformas. Mas a "privatização do Estado", ainda que óbvia em certos setores da atividade governamental, não é ampla o bastante para ser responsável por todos os males da administração pública.

Se o peso do patrimonialismo e do modelo administrativo colonial fosse absoluto, numa visão imobilista do processo histórico, sequer teriam acontecido reformas de vulto. De resto, é improvável que, decorridos 186 anos da independência nacional, mais de um século de forma republicana de governo e de altíssimas taxas de crescimento econômico e de industrialização ao longo do século XX, a regressão dos processos de reforma administrativa seja explicável, apenas, a partir da persistência desses fatores remotos. No mínimo, é recomendável que se busquem causas mais contemporâneas para a explicação do fenômeno.

Por último, esclareço que esta análise será restrita à administração federal, diante da dificuldade de se abordar a administração pública brasileira como um todo. Sem dúvida, a riqueza e a diversidade de situações inerentes às administrações estaduais e municipais tornam arriscada qualquer tentativa de generalização. A única referência será à reforma administrativa do antigo Estado da Guanabara em face de seu impacto na reforma federal de 1967 e de sua incrível atualidade conceitual e política.

V. EFICÁCIA RELATIVA DAS REFORMAS ADMINISTRATIVAS

Antes de ingressar na análise das reformas da administração pública brasileira, convém assinalar que, de um modo geral, reformas abrangentes do setor público raramente atingem, em qualquer sociedade, os níveis preestabelecidos de abrangência e eficácia. A menos que se processem no bojo de mudanças revolucionárias mais amplas, como ocorreu com a Revolução Francesa, a Revolução *Meiji*, no Japão do século passado, e com a Revolução Russa, do início deste século. Nesses casos, porém, as reformas administrativas foram a conseqüência inevitável de rupturas drásticas da ordem política, econômica e jurídica anteriormente em vigor. Fora dos ciclos revolucionários, ou seja, em circunstâncias *normais* – aqui incluídos os ciclos autoritários de governo, mas não-revolucionários no sentido estrito do termo –, as reformas acabam ficando aquém das expectativas, não só dos que delas fazem a crônica posterior, mas também de seus próprios executores.

O descompasso entre as metas pretendidas e os resultados efetivamente alcançados decorre das dificuldades inerentes a qualquer processo de reforma administrativa, o qual esbarra em obstáculos de natureza política, cultural e econômica. De fato, reformas administrativas implicam mudança de posturas e valores solidamente instalados na administração pública. Não é tarefa simples convencer a cúpula da administração de que a descentralização e a delegação de competência são instrumentos essenciais à agilização e ao aperfeiçoamento do processo decisório estatal. Da mesma forma, o funcionário de escalão intermediário, pouco afeito a decidir, resiste em receber encargos que lhe atribuam função decisória.

Outra ordem de limitações é de índole material. As reformas administrativas demandam investimentos em pessoal (funcionários malpagos não se dispõem a modificar posturas em prol de uma reforma que poderá, até mesmo, custar-lhes o emprego), na melhoria dos serviços públicos, na contratação de técnicos e, em certos casos, na ampliação dos quadros e na aquisição de equipamentos. Ocorre que iniciativas reformistas afloram, em geral, em momentos de crise do setor público, justamente quando os recursos disponíveis são mais escassos. Ora, a utilização de recursos escassos se contrapõe à noção vulgar, hoje amplamente difundida, de que a eficiência estatal significa, antes de tudo, reduzir o gasto público – uma contradição em termos com o pressuposto de que é necessário gastar agora para auferir ganhos futuros. Estabelece-se, assim, o divórcio entre o que é necessário fazer e o que é materialmente possível de ser alcançado dentro de um projeto de reforma.

A experiência brasileira e internacional mais recente revela que as reformas administrativas abrangentes encaram resistências quase intransponíveis. Como as estruturas governamentais se agigantaram nas últimas décadas, é praticamente impossível fazer a reforma *de fora para dentro*, diante da impermeabilidade das grandes organizações dotadas de forte espírito de corpo. Daí a razão para a tendência atual, no sentido de se fazerem reformas pontuais que gerem ganhos incrementais e permitam, mais adiante, ampliá-las para diferentes áreas da administração pública.

VI. OS CICLOS REFORMADORES E O PAPEL DAS ELITES DO SERVIÇO PÚBLICO

Feita a ressalva inicial a respeito da eficácia relativa das reformas administrativas, passo ao exame da experiência brasileira nos últimos 70 anos e dos diferentes contextos em que essas reformas ocorreram. A primeira delas teve lugar no Estado Novo, a partir da segunda metade da década de 1930, e se iniciou com a criação do Departamento de Administração Civil do Serviço Público (DASP), órgão encarregado de dar organicidade à administração federal em matéria de compras públicas e de pessoal. A seguir, foi instituído e regulado o concurso para acesso à função pública, mediante a adoção de provas nacionais, e o sistema do mérito para a promoção na carreira pública.[2]

No fim dos anos 30 e início da década de 1940, surgem os Institutos de Previdência Social (os "IAPs"), sob a forma de autarquias dotadas de autonomia financeira e operacional. Foi o primeiro esforço sério de descentralização administrativa e de busca de novos padrões de eficiência gerencial que rompessem com o rigorismo formal aplicável aos órgãos centrais do governo. A participação de um notável grupo de excelência administrativa foi fundamental para lançar as bases de um novo padrão de gestão pública no governo federal.

Outro ciclo de reformas inicia-se na década de 1950, com a criação e a consolidação das grandes empresas estatais, como parte da estratégia de industrialização. Isso demandaria um grau de flexibilidade decisória inexistente nos órgãos centrais de governo, razão pela qual no governo de Juscelino Kubitschek (1955 a 1960) surgem os "grupos executivos", sem natureza jurídica

---

[2] Mais tarde, o DASP se tornaria sinônimo de centralização administrativa, principalmente em matéria de compras e de pessoal. Mas seu sentido modernizador foi inquestionável.

própria e, por isso mesmo, livres dos controles impostos sobre as estruturas convencionais de governo. As empresas estatais, dotadas de autonomia financeira e gerencial e regime jurídico semelhante ao das empresas privadas, passaram a ser peças fundamentais ao novo ciclo de desenvolvimento econômico. Sendo ainda frágil o setor privado nacional, os órgãos de fomento, tendo à frente o BNDES e o Banco do Brasil, celeiros de técnicos de alta qualificação, tornaram-se instrumentos fundamentais de financiamento do processo de industrialização.

Uma importante reforma administrativa foi a do Estado da Guanabara, em 1962, no governo Carlos Lacerda, a qual serviria de matriz para a reforma administrativa federal de 1967. De novo, lá estava reunido o que havia de melhor na administração pública brasileira, em termos de competência e experiência – remanescentes da administração federal no Rio de Janeiro –, com uma estratégia de gestão fundada na descentralização administrativa e na delegação de competência. Do ponto de vista político, foi a primeira reforma administrativa promovida em pleno regime democrático.

O terceiro ciclo de reformas da administração federal teve início em 1965, no primeiro governo militar. No governo deposto, o Ministério Extraordinário da Reforma Administrativa havia promovido um primeiro diagnóstico sobre a administração federal, o qual foi aproveitado pela Comissão de Reforma Administrativa constituída pelo Presidente da República General Castello Branco.[3] Na comissão, travou-se o confronto entre duas concepções antagônicas de reforma administrativa. De um lado, os *tradicionalistas*, que entendiam o processo de reforma basicamente como uma reformulação de estruturas, uma revisão do organograma da administração; de outro lado, liderados por Helio Beltrão, que havia sido secretário de planejamento do Estado da Guanabara, os que encaravam a reforma como um processo dinâmico, com ênfase no papel dos servidores públicos como agentes da reforma e na prioridade à descentralização administrativa e à delegação de competência. No final, prevaleceu a corrente moderna e seus princípios fundamentais encontram-se na primeira parte do Decreto-lei nº 200, de 1967 – estatuto básico da Reforma Administrativa.

A Reforma de 1967 logrou êxito em várias frentes. Deu organicidade ao setor produtivo estatal, consagrando o princípio da autonomia financeira e gerencial das empresas estatais e assegurando-lhes regime jurídico adequado;

---

[3] O ministro Extraordinário da Reforma Administrativa foi Amaral Peixoto, político do Estado do Rio de Janeiro e figura importante desde o Estado Novo.

definiu o conceito de planejamento e coordenação administrativa e criou o orçamento plurianual; além disso, preparou as bases da reforma constitucional que reforçou a capacidade de organização interna do Executivo. No entanto, o endurecimento do regime militar, a partir de 1969, impediu que a reforma chegasse às últimas conseqüências naquilo que era sua verdadeira essência, visto que a centralização política ditada pelo regime militar era incompatível com a descentralização administrativa. Esta teria sido fundamental para dar maior funcionalidade ao sistema federativo, mediante delegação de atribuições executivas do centro para a periferia da administração federal, e desta em direção aos estados e municípios.[4]

Um novo ciclo de reformas teve início em 1979, por meio do Programa Nacional de Desburocratização. Seus princípios orientadores eram essencialmente os mesmos da reforma de 1967, porém com ênfase especial no atendimento dos interesses dos cidadãos e na melhoria da qualidade do serviço público. Datam desse período várias iniciativas pioneiras destinadas a assegurar tratamento diferenciado, inclusive no plano legislativo, às distintas questões sociais, econômicas e administrativas, bem como a simplificar rotinas, controles e exigências de natureza formal cujo custo fosse excessivo aos pobres e às pequenas empresas.

Dois grandes projetos oriundos do Programa de Desburocratização foram aprovados, em 1984, pelo Congresso e se tornaram símbolos do esforço de reforma – o Juizado de Pequenas Causas, destinado a ampliar o acesso à Justiça, e o Estatuto da Microempresa, que assegurava isenções fiscais e redução de encargos burocráticos às empresas de porte reduzido. Ambos passaram a ter normas específicas na Constituição de 1988, o que significou, do ponto de vista institucional, uma importante inflexão no sentido da consagração do tratamento jurídico diferenciado, ou seja, do rompimento, ao menos parcial, da vocação legislativa padronizadora e centralizadora.

Na década de 1990, a reforma administrativa passa a ter como norte – em linha com o que já vinha ocorrendo na Europa desde os anos 80 – a privatização de serviços públicos e a conseqüente criação das agências reguladoras. Em junho de 1998, foi aprovada a Emenda Constitucional nº 19, com o objetivo, entre outros, de mitigar o engessamento excessivo do setor público por controles excessivos. Entre estes, a imposição do Regime Jurídico Único a todos os servidores públicos. Mas, como já visto, o art. 39, *caput*, foi considerado inconstitucional pelo Supremo Tribunal Federal, pelo que permanece em vigor o regime instituído em 1988.

---

[4] Governadores e prefeitos de capitais passaram a ser nomeados pelo presidente da República.

No mesmo período, destaca-se a introdução do novo modelo regulatório das empresas concessionárias de serviços públicos. A criação das agências reguladoras teve um início tumultuado, pelo fato de que, em alguns casos, a privatização precedeu a criação desses órgãos. De todo, trata-se de um sistema já implantado e irreversível, ainda que comporte aperfeiçoamentos adicionais e, em particular, na melhor definição do *poder discricionário* das agências nos temas substantivos que lhe são próprios e no controle finalístico, e não apenas formal a que estão submetidas.

Importante é assinalar que, ao longo de dessas sete décadas de sístoles e diástoles do ímpeto reformador, sempre houve esforços isolados setoriais de grande importância para a manutenção de um núcleo básico de qualidade do serviço público e de uma cultura reformadora. Destacam-se, sem dúvida, o Banco Central, o Banco do Brasil, o BNDES como órgão de fomento, a Secretaria do Tesouro Nacional e, no campo acadêmico, a Fundação Getulio Vargas e diversas universidades públicas e privadas.

VII. O CICLO DECLINANTE

Após o fim do ciclo de governos militares e especialmente a partir da Constituição de 1988, verifica-se o arrefecimento do ímpeto reformador da administração pública. O *realpolitik* no Congresso Nacional promoveu diversas mudanças no organograma federal com a criação, extinção e recriação de órgãos públicos, com sérios prejuízos para a eficiência da gestão pública. Em diversas circunstâncias ficou claro que a "reforma" administrativa não passava de um instrumento ancilar de clientelismo político.

Com isso, instilou-se na administração federal um elemento de instabilidade extremamente grave. Pois, toda vez que se muda a localização de um órgão e se alteram seus objetivos estruturais, neles se instala um processo de crise que provoca paralisia do processo decisório e perda da memória administrativa, além de fomentar conflitos de culturas (principalmente nas fusões) e insegurança no seio do funcionalismo de carreira.[5]

---

[5] Um exemplo paradigmático ocorreu na área de ciência e tecnologia. De início, ciência e tecnologia faziam parte do Ministério da Indústria e do Comércio; logo se resolveu, por motivo político circunstancial, criar-se um ministério específico, extraído do MIC, para cuidar do assunto; como o novo ministério não tinha quadro próprio, levou um pedaço dos funcionários do MIC; no momento seguinte, houve nova conveniência política de refundir os dois ministérios, renomeando-se o antigo ministério para Ministério da Indústria, do Comércio e da Ciência e Tecnologia; dois anos depois, o novo ministério foi mais uma vez cindido.

O período do governo Collor também foi marcado por uma série de mudanças drásticas da estrutura federal, porém não mais como linha auxiliar do clientelismo. Nesse período, a reforma tornou-se um instrumento de marketing político do governo, tal como o combate às mordomias, a pregação do Estado mínimo e as propostas de "enxugamento da máquina".[6]

Diversos fatores contribuíram – e continuam contribuindo até hoje – para o esvaziamento do processo de reforma administrativa federal. Em primeiro lugar, reduziu-se a contribuição das elites modernizadoras, uma vez que, devido ao empobrecimento da administração federal, dissolveram-se as "ilhas" de competência e experiência.

Em segundo lugar, a Constituição de 1988 retirou do Executivo o poder de se auto-organizar. Assim, mudanças na estrutura administrativa, como a criação de órgãos, passaram a depender da chancela do Congresso, o que significou abrir ainda mais as portas à barganha política.

Em terceiro lugar, o modo pelo qual foi conduzida a reforma constitucional exacerbou sobremaneira o corporativismo. Com efeito, a subdivisão temática do trabalho da Constituinte permitiu que inúmeros grupos de interesses empresariais, regionais, setoriais, sindicais etc. se organizassem para pressionar os parlamentares.

O momento atual

O governo Fernando Henrique Cardoso esteve comprometido desde o primeiro mandato com a Reforma do Estado, aí compreendidas: a extinção ou abrandamento dos monopólios estatais, a reforma do sistema previdenciário, a privatização de serviços públicos, a reforma tributária e a reforma do Judiciário. A Reforma Administrativa (Emenda nº 19, de 1998) teve em mira, entre outras providências, dar flexibilidade ao regime jurídico dos servidores públicos (antes o regime era "único"), permitir a demissão de servidores estáveis por insuficiência de desempenho e excesso de quadros, fixar o teto de remuneração, além de "desconstitucionalizar" determinadas questões que poderão ter tratamento mais adequado em nível infraconstitucional.

A reforma administrativa, em sentido estrito – como se entende a busca da eficiência administrativa mediante a adoção de providências gerenciais desti-

---

6 É desse período a criação do superministério da Infra-estrutura, resultante da fusão de três ministérios – uma das mais insensatas providências em matéria de desorganização administrativa. Provou-se impossível um único ministro controlar várias áreas gigantescas, sendo que o peso específico de cada uma delas variava muito.

nadas a aumentar a eficácia do processo decisório governamental, a promover a descentralização administrativa, a combater a burocratização e a melhorar a qualidade dos serviços públicos –, não constituiu prioridade do governo.

VIII. AUTORITARISMO E REFORMA

Uma questão que, inevitavelmente, emerge da análise das reformas administrativas é a relação que guardam com a natureza autoritária ou democrática do regime. O tema é de inegável relevância.

À primeira vista, parece mais fácil promover reformas abrangentes em governos autoritários, pela simples razão de que neles as reformas podem ser sumariamente impostas sem consulta à sociedade, aos eleitores e aos funcionários públicos. Nos governos democráticos, ao contrário, as reformas têm de ser exaustivamente negociadas e a opinião pública passa a ter grande peso nas decisões. Acresce que boa parte dos políticos ingressa na vida parlamentar sem experiência anterior no trato de questões administrativas e, por isso mesmo, não se sensibiliza com as questões específicas da eficiência gerencial do Estado. Finalmente, o clientelismo político exacerbado, que se segue aos períodos autoritários, é por certo um obstáculo ao aperfeiçoamento da administração pública. Sem dúvida, reformas administrativas não são populares no Congresso.

Certo é que as duas grandes reformas de âmbito federal – 1937 e 1967 – foram promovidas durante regimes autoritários: o Estado Novo e a ditadura militar de 1964 a 1985. De fato, a causa da "modernidade" administrativa governamental estava associada ao pensamento autoritário, tanto no Estado Novo, inspirado na filosofia positivista,[7] quanto no governo autoritário, como essência do projeto de nação-potência formulado na Escola Superior de Guerra. Em ambas as reformas, o Estado é visto como o instrumento por excelência de afirmação do poder nacional e como principal promotor do desenvolvimento, sendo imprescindível que a estrutura administrativa estatal seja eficiente.

Além disso, nos períodos autoritários, jamais se deu especial relevo aos problemas decorrentes da expansão do setor público. Ao contrário, ele sempre foi visto como uma necessidade estrutural do projeto político e econômico. Vale dizer, a modernização, nas décadas de 1930 e 1960, operou-se pela mão do

---

[7] O positivismo, de Augusto Comte, teve importância maior no Brasil do que na Europa.

Estado, tendo em vista, entre outros fatores, a fragilidade do setor privado. De qualquer forma, existiam, nos dois momentos, "ilhas de competência" disponíveis para emprestar seus conhecimentos à causa da reforma.

Ocorre que o autoritarismo, por sua própria índole, termina circunscrevendo, se não a eficácia, pelo menos a solidificação das reformas administrativas. Pois, de um lado, impede que a sociedade e a classe política participem do processo e, com isso, não as fazem avalistas das mudanças. De outro lado, a natureza autoritária do regime impede que ele adote técnicas democráticas de gestão, em particular a descentralização administrativa, como ocorreu em 1969 com o endurecimento do regime militar.

Além disso, a experiência brasileira dos últimos 60 anos revela que também é possível se fazerem reformas relevantes em períodos de democracia plena. Foi o que ocorreu com as reformas do período Kubitschek, nos anos 50, que conviveram com estruturas arcaicas e com o clientelismo, e com a reforma do Estado da Guanabara – especialmente ampla – no início dos anos 60.

O Programa Nacional de Desburocratização, embora tenha sido implantado no último governo militar, valeu-se de uma estratégia típica de governo democrático, por meio de ampla negociação interna e externa e do debate aberto com o Congresso. Na realidade, grande parte de seu êxito deveu-se justamente ao conteúdo democrático. Portanto, a causa da modernização administrativa não é monopólio dos regimes autoritários, se bem que se torne de aplicação muito mais complexa nos períodos de democracia plena.

Causas da descontinuidade das reformas

A retrospectiva dos ciclos de reforma, a partir dos anos 30, revela que as causas de sua descontinuidade são variadas. Em primeiro lugar, o não-preenchimento integral dos objetivos das reformas não é característica brasileira, mas uma limitação inerente a qualquer reforma, em particular as que se pretendem amplas, independentemente da natureza autoritária ou democrática do regime político.

Em segundo lugar, fica claro que a instalação de governos democráticos após longos períodos autoritários produz o arrefecimento das reformas administrativas. Isto se explica pelo surgimento de novas prioridades políticas que, ao menos no primeiro momento, tiram das reformas seu sentido de urgência. Além do mais, a volta à democracia enseja o recrudescimento do clientelismo e, portanto, de práticas administrativas incompatíveis com o objetivo de eficácia gerencial inerente a essas reformas.[8] O excesso de clientelismo pode ser também atribuído a certo grau de imaturidade política inevitável ao fim de um ciclo autoritário.

A persistência de um modelo de ditadura "mitigada", como ocorreu no último ciclo autoritário, em que se manteve aberto o Congresso, porém emasculado e corrompido pelo Executivo, agravou o potencial de clientelismo e entronizou práticas parlamentares espúrias, que se projetaram inevitavelmente no ambiente político seguinte.

Em terceiro lugar, a alternância de ciclos autoritários e ciclos democráticos agravou sobremaneira a disfuncionalidade do sempre imperfeito sistema federativo. A reforma constitucional de 1988 trouxe, efetivamente, o reforço da capacidade de arrecadação dos estados e municípios – principalmente dos municípios –, embora não tenha sido acompanhado da necessária descentralização de encargos administrativos do centro para a periferia. Em conseqüência, a União continuou com os encargos, porém com menos recursos.

Na realidade, não se enfrentou até agora a questão nuclear da descentralização política como instrumento essencial ao reforço da federação. O padrão de relacionamento dos estados e municípios com o governo central permaneceu inalterado: o regime tributário de impostos compartilhados foi mantido, assim como também as transferências "voluntárias" de recursos orçamentários da União para os estados e municípios – um poderoso instrumento de barganha política do Executivo. Assim, manteve-se a disputa em torno de recursos escassos.

A crise fiscal que atinge o governo federal e vários estados e municípios serviu para tornar mais evidente a precariedade do sistema federativo. De um lado, o governo federal, que não abre mão do poder de mando político sobre estados e municípios. De outro lado, os estados e municípios, que disputam interminavelmente verbas federais. Ora, a combinação de centralização administrativa federal com ausência de interesse das demais unidades federativas de assumir encargos administrativos inerentes à descentralização de recursos forma o caldo da atual "crise federativa".

Se conseguirmos situar na questão federativa o fator que leva à descontinuidade das reformas administrativas federais, teremos dado um passo importante em direção à correta compreensão das causas da descontinuidade

---

8 Vale lembrar que, findo o Estado Novo, o primeiro Presidente da República *pro tempore*, José Linhares, então presidente do Supremo Tribunal Federal, promoveu imediatamente a nomeação de parentes e amigos – talvez o primeiro escândalo administrativo do novo regime.

administrativa. E estaremos falando de um fenômeno típico deste século, e não apenas do atrelamento a raízes históricas remotas.

Em quarto lugar, a dissolução das "ilhas de competência" da administração federal, principalmente a partir de 1985, suprimiu o papel da elite de administradores públicos até então exercido nas reformas administrativas. A crise fiscal, a deterioração dos salários públicos, a perda de perspectiva de ascensão profissional no serviço público, o loteamento de cargos, a hostilidade de sucessivos governos em relação ao funcionário público, a concorrência em termos salariais e de vantagens indiretas oferecidas pelo setor privado – essas e várias outras foram causas do esvaziamento do serviço público federal.

Em quinto lugar, ocorreu a *banalização* do conceito de reforma. Passamos a chamar de "reforma administrativa" simples alterações do organograma da administração que nada mais foram – com mínimas exceções – que ajustes para atender a arranjos políticos circunstanciais.

Nesse quadro, a coordenação administrativa – pedra angular de qualquer reforma – tornou-se impraticável, sem nunca ter-se efetivado de forma adequada, diante da *parlamentarização* do Executivo, praticada em escala sem precedentes. As propostas de reformas constitucionais, assim como diversos projetos de lei oriundos do Executivo, não traduziam consenso interno do governo e, por conseguinte, dificultaram, até do ponto de vista técnico, o trabalho do Congresso. O melhor exemplo foi a emenda da Previdência Social.

Por último, cabe salientar que o êxito de reformas administrativas e sua permanência e cristalização sempre estão ligados a um projeto maior capaz de mobilizar as forças políticas. Foi assim em 37, 55, 67 e 79.

Das causas mencionadas, dou importância excepcional à questão federativa. Na realidade, depois de 100 anos não há ainda clareza conceitual e operacional a respeito da *União* e do governo federal. De grande valia para a compreensão desse traço característico de nosso federalismo é a análise feita recentemente por José Murilo de Carvalho[9] a respeito da persistência da idéia de "império para dentro", que hoje persiste no sonho de ser o Brasil uma grande potência. Do ponto de vista administrativo, ser ou não ser império é fator de perplexidade, pois fica-se sem saber se, para ser grande, necessitamos de um governo federal grande e forte, comandante do desenvolvimento. Ou se, ao contrário, deve ser forte a federação e menos influente o governo federal.

---

[9] "Além de Tordesilhas", *Folha de São Paulo*, 12.9.1999.

IX. AGENDA MÍNIMA (OU EMERGENCIAL) DE UMA REFORMA ADMINISTRATIVA VOLTADA PARA O DESENVOLVIMENTO ECONÔMICO E SOCIAL

1. Novo mapa de distribuição de cargos e verbas

Ainda que não se goste do presidencialismo de coalizão, ele é a única realidade disponível, até que ocorra uma reforma integral do sistema político-eleitoral. Como isso não está no cenário previsível dos próximos dois anos (pelo menos até as eleições gerais de 2010) e é urgente que se proceda a uma reforma administrativa mínima, parece-me recomendável que se amplie a "área de exclusão" da partilha política levando-se em conta duas variáveis: (1) a importância específica do órgão e dos recursos disponíveis para a promoção do desenvolvimento econômico e social (por exemplo: área portuária e de transportes, comunicações, energia etc.) e (2) o grau de suscetibilidade do órgão à corrupção.

No primeiro caso, trata-se de um *pacto anticlientelista* que, para ser efetivo, terá de atingir todas as facções políticas. No segundo, de *prevenção da corrupção*, uma proposta que certamente virá ao encontro de anseios sociais profundos e poderá adicional ao capital político do governo.[10]

Aqui – insisto – estamos tratando especificamente de *prevenção* da corrupção, tendo em vista que a *repressão* segue o modelo reativo convencional, ou seja, a cada novo "escândalo" mobiliza-se o aparato policial e do Judiciário e o Congresso mobiliza-se para instalar uma CPI.

A promoção da ética como instrumento de gestão pública consta do programa de governo do presidente Lula. No documento *Combate à Corrupção – Compromisso com a Ética*, estão previstas diversas iniciativas, entre as quais: a) ação coordenada de diversos órgãos da administração pública no campo da ética; b) a transparência das decisões administrativas e o controle pela sociedade; c) a modernização da gestão pública com vistas à boa governança; d) o aperfeiçoamento dos controles interno e externo, inclusive com a participação de entidades da sociedade civil; e) a educação para a cidadania democrática, de modo a inserir a ética de forma permanente na agenda dos servidores e dos cidadãos; f) o combate à promiscuidade nas relações entre os setores público e privado de modo a prevenir conflitos de interesse; g) novo padrão de relacionamento do Executivo com o Legislativo. Alguns desses objetivos vêm sendo

---

[10] Segundo pesquisa anual da CNT-Sensus, mais de 70% dos entrevistados acham que a corrupção no Brasil é um problema grave, mais grave do que em outros países.

perseguidos pela Controladoria Geral da União, pelo Ministério do Planejamento e pela Comissão de Ética Pública da Presidência da República.

Como providência de curto prazo, propõe-se a identificação dos órgãos e entidades mais suscetíveis à corrupção, a partir de *matrizes de risco* já elaboradas, inclusive pela Comissão de Ética Pública. Feita a identificação, esses órgãos e entidades passariam a ter tratamento diferenciado mais rigoroso, mediante monitoramento em tempo real dos processos de licitação e compra de bens e serviços. As respectivas comissões de licitação seriam integradas por técnicos de outras áreas e, se possível, com a participação de representantes do TCU e do Ministério Público.

2. Desburocratização dos processos licitatórios

As licitações públicas devem ser simplificadas para delas se expurgar o excesso de controles formais, que constituem um manancial de conflitos e impugnações. A atual legislação (Lei nº 8.666) foi concebida com vistas a um quadro inflacionário fora de controle e, portanto, imprevisível quanto a preços. Hoje, com moeda estável, são dispensáveis as mensurações físicas para fins de liberação de pagamentos – verdadeiros convites à corrupção.

Outra providência, já adotada em algumas esferas estaduais, é inverter a ordem da licitação. Com efeito, a fase de *pré-qualificação* de licitantes se transformou em verdadeiro tormento para a administração pública. Nela, os interessados são obrigados a comprovar estado de regularidade fiscal completa, quando tal exigência só faz sentido – se é que faz – em relação ao vencedor.

3. Abolição do regime jurídico único

O regime jurídico único foi e ainda é uma das mais nefastas experiências em matéria de recrutamento de pessoal especializado para o serviço público. Graças a ele, onerou-se o Estado e não se garantiu a qualidade das contratações. O crescimento explosivo dos *cargos de confiança* deve-se, em parte, à dificuldade de se atraírem técnicos oriundos do setor privado para prestar serviços diferenciados na esfera pública.

4. Instituição de pré-requisitos para a nomeação para cargos de confiança

Na Grã-Bretanha, que praticamente inventou o *civil service*, hoje funciona um serviço de seleção de candidatos a diferentes cargos nos chamados *Non-*

Departamental Public Bodies ou "*Quangos*". Não são exatamente *cargos de confiança* no sentido que aqui adotamos, porém se assemelham, na medida em que não fazem parte integral do quadro de servidores públicos de carreira. A criação dessa figura resultou de uma recomendação feita em 1995 pelo Nolan Committee – uma dramática revisão das práticas éticas dos membros do Parlamento.

Uma das funções do *Commissioner* é fixar critérios e padrões para o processo de seleção de candidatos ao preenchimento de cargos públicos. Cabe-lhe estabelecer um Código de Práticas e fiscalizar o processo de seleção, de modo a assegurar que as nomeações sigam o critério do mérito e se dêem dentro de uma justa e aberta competição (*fair and open competition*).

Não vejo dificuldade para que se adote algo semelhante para as nomeações para cargos de confiança na administração federal. Imagino – e aqui vai uma sugestão – que a Secretaria de Gestão do Ministério do Planejamento, Orçamento e Gestão possa fazer um exame prévio de adequação de candidatos a cargos de confiança baseado no currículo profissional do indicado. Pelo que estou informado, Minas Gerais já pratica algo semelhante.

5. Restabelecimento da autonomia efetiva de órgãos e entidades da administração indireta

Na realidade, todo o esforço desenvolvido com a definição do grau de autonomia gerencial e financeira de entidades da administração indireta (autarquias, autarquias especiais, agências executivas), desde a Constituição de 1988, é, no fundo, uma tentativa de se voltar aos princípios norteadores constantes do Decreto-lei nº 200, de 1967. Se assim é, por que não voltarmos àqueles princípios e corajosamente *repristiná-los*, como se diz no jargão jurídico?

Refiro-me, em particular, a seus artigos 4º e 5º, que definem as autarquias, empresas públicas, sociedades de economia mista e fundações públicas, do artigo 6º, que estabelece os cinco princípios fundamentais da administração federal: *planejamento*, *coordenação*, *descentralização*, *delegação de competência* e *controle*. E as definições constantes dos artigos 7º a 14. Seria um bom começo.

Gestão pública: investir nas pessoas, buscar resultados*

*Antonio Augusto Anastasia***

*Texto adaptado de gravação, não revisado pelo autor.

**Vice-governador do Estado de Minas Gerais.

Gostaria de ressaltar a satisfação em participar deste famoso Fórum Nacional. Satisfação que é maior diante do que se propõe discutir, a questão da gestão pública. Tenho feito uma verdadeira peregrinação pelo Brasil, debatendo esse tema. E observo que, lamentavelmente, durante muitas décadas o assunto não recebeu a importância devida. Estamos hoje pagando um preço muito alto pelo despreparo de nossa administração pública.

O texto apresentado pelo ministro Piquet Carneiro, eu já o li; é de fato esplendoroso. Coloca de maneira muito precisa os pontos nos is, alinhando as mudanças necessárias que devemos fazer. Se me permitem, não uma crítica, mas uma observação, a frase que no programa deste Fórum motiva o tema, que mais uma vez volto a louvar, de autoria do professor Hélio Jaguaribe, refere-se ao fato de que o Brasil pode ter tido, até a década de 1980, o Estado mais moderno do Terceiro Mundo. Mas, lamentavelmente, perdemos a oportunidade de dar um passo avante na administração pública. A partir de então, nossa herança é a de uma administração pública deteriorada, burocrática no sentido negativo, esclerosada. Não aproveitamos a modernidade, deixando de nos empenhar, àquela época, em investir no que seria mais importante: investir exatamente em gente, nas pessoas, nos quadros para a administração pública. Não aproveitamos aquele momento positivo para instituirmos entre nós uma burocracia estável, no sentido positivo da expressão: distinguindo o que é governo do que é administração e, de fato, identificando valores e prestigiando carreiras em todos os níveis. O resultado é que passamos a ter no Brasil bolsões de excelência na administração pública. Mas, de um modo geral, uma mediocridade lamentável, que se espraia da União para estados. Nem vou falar da administração dos municípios, coitados, que têm uma situação muito pior. Essa é minha observação inaugural.

Participamos agora no país de um sentimento compartilhado basicamente por todos: o sentimento da prioridade de se reformar a administração, de investir nas pessoas, de preparar o Estado. Porque sabemos muito bem, como aqui foi dito, que de nada adiantarão todo esse grande boom econômico, os recursos já decantados do pré-sal e outros tantos, se não tivermos uma gestão eficiente do poder público capaz de lastrear as políticas públicas. Não teremos infra-estrutura, educação, qualificação, saúde, segurança, enfim nada, se não tivermos preparo na administração pública, um aparato de Estado correto. Essa é a primeira prioridade: tentarmos modificar, claro que sempre lentamente, dada a natureza da tarefa, a cultura, o ambiente, o ideário, a consciência coletiva de todos os brasileiros, da sociedade brasileira, para que a administração pública seja tomada como coisa séria, coisa para profissionais. Ela tem de estar preparada para o exercício das funções públicas, evidentemente sem desmerecer e confundir as questões ideológicas, próprias do governo, mas não da administração.

Dando seqüência a essa idéia, cabe-nos investir em uma política de resultados, em uma gestão pública voltada a resultados. Considerados os abusos cometidos durante todas essas décadas, o que ocorreu foi que o próprio Brasil passou a desconfiar da administração pública. E passamos a viver em um cipoal de normas, controles, regras, peias e amarras que praticamente inviabilizam a boa gestão. Torna-se necessário modificar esse padrão. E como fazer para romper esse incrível emaranhado? Nós, que vivemos dentro de uma estrutura voltada para o formalismo (ministro Piquet Carneiro e o governador José Serra foram muito felizes ao apontar o exemplo da lei de licitações públicas)? Para tornar possível essa modificação de padrão, é necessário darmos um passo adiante: não descuidarmos dos aspectos formais, mas, quanto mais investirmos e insistirmos no gerenciamento intensivo e na apresentação de resultados, na boa qualidade fiscal dos gastos públicos, mais vamos elevar ao mesmo status a questão do controle. Nós, brasileiros, que ficamos escravos dos aspectos formais, procedimentais e ritualísticos durante todas essas décadas. Todos os aspectos formais passaram a ser importantíssimos, mas sempre se descurou do mais importante, que é exatamente o resultado da ação governamental. A escola construída está perfeita se tiver sido licitada e se seus professores forem concursados e pagos de acordo com a lei. Mas nunca se indagou nem se avaliou o resultado da educação nela ministrada. No momento em que demonstrarmos que os dois valores são igualmente importantes, vamos dar um passo adiante nesse ambiente cultural, percebendo que a administração pública não pode ficar exclusivamente escrava dos aspectos relativos ao controle. Eles são fundamentais, mas, reitero, não são os únicos a ser implementados.

À guisa de comentário ao texto do professor Piquet Carneiro, observo que ele cita a questão do regime único. É um exemplo brilhante e fundamental do que estou abordando. Um regime jurídico único muito bem concebido, baseado no modelo burocrático de dois séculos atrás, lamentavelmente foi levado do Brasil a tal grau de rigidez que torna praticamente inviável o funcionamento da administração. A estabilidade, que é positiva, se tornou no Brasil uma proteção para os incompetentes. A remuneração simétrica e isonômica estimulada na Constituição, prevista nas leis e defendida pelo Judiciário, transformou-se igualmente em um aplauso àqueles que não trabalham e são contrários à produtividade. Precisamos quebrar essas barreiras, o que é muito difícil. Vivemos agravados por uma situação de ideologia no âmbito do Ministério Público e do Poder Judiciário, completamente voltados para os padrões antigos dessa burocracia ultrapassada. Qualquer iniciativa que se pretenda modernizante enfrenta resistências não só nos tribunais, mas também nos órgãos de controle e no Ministério Público. Mudar esse padrão comportamental apoiando-se no clamor da sociedade brasileira será o grande desafio.

Pinço um exemplo dentro do regime único. Temos hoje no Brasil, felizmente, essa situação econômica de grande expansão. Por conseqüência, é necessário termos licenciamentos ambientais. O licenciamento ambiental é uma atividade típica de poder de polícia. Por conseqüência, pela interpretação dada, por ser de poder de polícia, ela é privativa de agentes públicos estatutários, do regime jurídico único, que podem exercer esse poder de polícia. Desse modo, tenho de fazer concurso e nomear os concursados para os cargos efetivos. Hoje em dia, a realização de um concurso leva um ano, mas, independentemente disso, há esse boom na área ambiental, que pode não permanecer. Enfrento o problema de aumentar o quadro de pessoal em centenas de servidores para conceder as licenças que, daqui a três, quatro, cinco, oito anos, podem não ser mais solicitadas em igual quantidade, gerando ociosidade no serviço público e, conforme lembrou o governador José Serra, aumentando em demasia as despesas de pessoal e de custeio da administração. Temos, portanto, de prever sistemas que permitam, de maneira sazonal, o ingresso de pessoas no Estado para prestar atividades específicas. A União até está considerando esse modelo, mas não sei se ele vai vicejar e não enfrentar resistências jurídicas. Além de tudo, no caso da área ambiental, quando o poder público seleciona e nomeia as pessoas, e elas ganham experiência, tornam-se tecnicamente aptas e, em dois ou três meses, a iniciativa privada atrai essas pessoas. Elas vão trabalhar no setor privado. E o setor privado volta a queixar-se de um governo que não é ágil na concessão de licenças ambientais, travando a iniciativa privada. Vivemos, lamentavelmente, num círculo totalmente vicioso e que ilustra bem as mazelas do regime jurídico único.

Acredito que essa questão de recursos humanos é fundamental. A questão da certificação foi aqui levantada. É fundamental que na administração os cargos de chefia e assessoramento sejam providos por pessoas tecnicamente preparadas. Isso se pode obter pela modalidade de certificação que estamos adotando em Minas Gerais e vários outros estados. Somente podem prover esses cargos e funções os candidatos, sendo servidores efetivos ou não, portadores de um certificado da Universidade Federal de Minas Gerais de habilidade e expertise para o exercício de determinadas atribuições. É um passo, uma diminuição da discricionaridade do governante, mas um passo muito favorável no que se refere ao preparo e à profissionalização da administração pública. Mais uma vez, a idéia central é reiterarmos a noção de que a administração pública deve ser profissionalizada. Mantendo-se, distante das questões ideológicas naturais do governo, ela deve trabalhar para o governo que for eleito, seguindo, evidentemente, as diretrizes por ele traçadas.

QUINTA PARTE

Fortalecimento das instituições políticas

Fortalecimento do Congresso e principalmente da Câmara*

*Arlindo Chinaglia***

*Texto adaptado de gravação, não revisado pelo autor.

**Presidente da Câmara dos Deputados.

Este Fórum, e em especial este painel, traz aquilo que poderia ser uma percepção. E, com algum pessimismo, uma cobrança daquilo que deveria ser o papel das instituições políticas do país. O fortalecimento das instituições políticas tem várias abordagens, até porque a própria definição do que é uma instituição política forte talvez merecesse em si um debate. Mas, dentre as possibilidades, quero escolher, por uma questão de formulação momentânea, que uma instituição política forte é aquela que é estável não do ponto de vista conservador, da imutabilidade, mas do ponto de vista daquela que consegue exercer seu papel de maneira a atender aos interesses do país.

Escolhi estável porque creio que contraria um pouco até a minha própria percepção, porque, se existe algo que se altera continuamente, são as chamadas correlações de força na sociedade. Estas implicam mudanças das leis e, portanto, é papel das instituições políticas, notadamente do Legislativo, termos a capacidade de identificar quais são as mudanças que se impõem ou que se fazem necessárias. Nesse sentido, é comum também atribuir-se, no caso do Legislativo, e só fui convidado porque sou presidente da Câmara, certa morosidade. Muitas vezes, esquece-se de que a não-deliberação pode ser também produção legislativa. Porque, se temos de raciocinar em torno de uma sociedade com regras claras, com objetivos que sejam genérica e sinteticamente traduzidos na busca do bem-estar comum, não creio que a mudança constante seja o foco desse debate.

Mas faço referência à morosidade exatamente porque isso implica a percepção de que o Poder Legislativo, além de ser o mais plural, portanto mais em consonância com a sociedade, é o que, por conseqüência, encerra o maior número de contradições. Nele, não foi eleito apenas um programa, ou alguém que defendeu apenas um único programa. Nele, o que faz a diferença são exatamente as diferenças.

Portanto, se entendermos, e essa é a maneira como entendo, que o Estado atual, mesmo aquele concebido pelo mais radical liberal, ou por aquele outro radical que defenda a participação direta da sociedade, o fato é que o Estado contemporâneo está presente na vida de todos os cidadãos como em nenhum outro momento da história. Isso vale mesmo quando se considera a época em que o poder era exercido, digamos, de uma forma talvez mais autoritária, porém muito menos abrangente, ainda que essa hipotética forma autoritária – eu me refiro à autoridade de religiosos, de bispos –, mesmo essa autoridade era exercida muitas vezes de forma colegiada.

Dessa forma, ao se pensar no Estado com tal magnitude, profundidade, interferindo na vida dos cidadãos, e se então pensarmos que os poderes têm de estar orientados para o bem comum, a conclusão que se impõe é que particularmente o Poder Legislativo tem de trabalhar, tem de potencializar a interferência da sociedade nas decisões do Estado. E algumas vezes, por exemplo, quando discutimos e votamos parte da reforma política ainda no ano passado, no diálogo com representantes da sociedade, era comum se ouvirem frases ou análises que tinham o seguinte conteúdo sintético: não estamos aqui discutindo apenas uma reforma eleitoral, queremos discutir uma reforma política.

Interessante, porque não sei o que nos últimos 200 anos mudou tanto a sociedade quanto o voto universal e a constituição dos partidos políticos. Ou seja, muitas vezes se trata o voto como algo menor no arcabouço político do país.

Ao fazer essa observação, quero voltar a esse desafio de a sociedade interferir nas decisões do Estado. O comum, e o painel de certa maneira expressa isso, é discutir as relações internacionais, por exemplo no tocante à segurança jurídica dos investimentos, da eficiência de agências ou marcos reguladores. E, às vezes, corre-se o risco de não se perceber que são exatamente os setores que não têm força para interferir nas decisões do Estado, ou seja, os mais pobres são os que mais dependem de uma estrutura legal que assegure a participação – aí vou usar o termo – de todos nas decisões do próprio Estado.

É o arcabouço legal que mais comumente faz referência àquilo que podemos chamar de interesses econômicos e correlatos, mas o fato é que, ao se formatar o arcabouço legal e constitucional da nação, na verdade precisamos ter os olhos voltados para aqueles que não têm acesso a deputados, a ministros e muito menos à máquina do Estado. Nisso, há outro risco que não podemos correr. É que toda vez que se discute arcabouço jurídico, reforma política e outras reformas, às vezes a gente se esquece de constatar os avanços conquistados, as mudanças já produzidas. Exemplo: antes da Constituinte, no Brasil, conquistamos o direito de voto do analfabeto e acabou a proibição da existência de partidos comunistas. Isso antecedeu a Constituinte de 88.

E o que às vezes deixamos de perceber? O fato de que o povo, por meio de associações, sindicatos, grupos esportivos, até mesmo religiosos, demonstrou uma pujança tão notável que mesmo a representação nas instituições vem mudando ao longo dos anos e de décadas. Por mais que atualmente seja fácil citar o presidente da República, acho que não há maior exemplo do que o próprio Presidente da República. É preciso termos em conta que, ao se pensarem as estruturas, e suas mudanças, e seus aperfeiçoamentos a partir das instituições, mesmo aquelas que representam o povo formalmente, mesmo quando representam bem, jamais substituem a participação popular.

Creio que a reflexão sobre o fortalecimento da Câmara dos Deputados para que seja co-responsável pelo desenvolvimento passa por alguns caminhos. Do ponto de vista da instituição, a equação que defini para mim mesmo é que tudo que é relevante para o país tem de ser prioridade para a Câmara dos Deputados. Só que, entre essa constatação e a realização, ao final dessa tarefa, enfrenta-se todo tipo de vicissitude.

Se o Tarso Genro não estivesse aqui, eu citaria medidas provisórias que trancam a pauta. Isso não pode também servir de desculpa para o Legislativo, pela sua incapacidade de estabelecer prioridades, de ter muitas vezes como primeiro método a paralisação dos trabalhos na forma de obstrução. Ou ainda, em uma pseudovocação democrática, um regimento interno em que um único parlamentar pára a votação da Lei Geral do Orçamento da União para dar alguns exemplos daquilo que é a nossa experiência. Disso tudo, então, conclui-se que, se um dos caminhos é o trabalho a partir das prioridades do país, não creio que esse seja único, por isso estou dizendo que é um dos caminhos; tampouco mudanças internas, e fiz referência anterior às fantásticas mudanças que o país conquista pela participação, por dentro e por fora, eu diria, principalmente, das camadas populares.

Diante desses desafios, poderíamos entrar em outro debate, que seria o sistema de governo. Porque, no sistema de governo parlamentarista, fica evidente que o Parlamento desempenha um papel mais preponderante do ponto de vista de traçar rumos para a nação, mas aí entramos em outro debate. Todavia, até para provocar os próximos, sou presidencialista, não o imperial, e por que sou presidencialista? Exatamente pela experiência de parlamentar. Não creio que a intermediação do Parlamento para eleger o chefe da nação seja o caminho mais democrático, tampouco aquele que consegue captar aquilo que de mais novo por vezes surge na sociedade. Portanto, creio que, ao se estabelecer a divisão dos poderes, sempre cabem aperfeiçoamentos. Sempre.

Quero, nesta parte final, falar daquilo que creio ser fundamental para dar seqüência a todas as reflexões que dizem respeito ao papel do Legislativo, e, particularmente, da Câmara dos Deputados, a saber, a reforma política. Fiz referência ao voto universal, ao voto dos analfabetos; agora quero fazer referência à lei dos partidos políticos. O que ocorreu na época do regime militar? Houve, digamos, uma sufocação, uma camisa-de-força, e só se permitiu a existência de dois partidos.

Quando redemocratizamos o país, tudo aquilo que estava represado veio à tona e ali foram fundados vários partidos. Porém, depois que foi aprovada a lei dos partidos, em 95, não tenho certeza, está escrito em algum lugar, mas me parece que apenas três novos partidos foram fundados. Além disso, foi estabelecida a chamada cláusula de desempenho, apelidada de cláusula de barreira, mas caiu no Supremo Tribunal Federal, em uma ação direta de inconstitucionalidade, em que prevaleceu a compreensão do Supremo, de que aquilo feria direitos de minoria.

Mas se então considerarmos que existem, não sei se vou conseguir achar aqui, digamos, dezenas de propostas que dizem respeito à reforma política, por que de fato ela não acontece com a profundidade que cada um gostaria, ou que cada um defende? Na verdade, imagino que isso passa por algumas questões. A mais comumente apontada diz que os parlamentares não mudam um sistema pelo qual eles próprios foram eleitos. Acho bastante razoável essa análise, até porque isso é conseqüência de uma questão que antecede essa, infinitamente mais importante.

Da maneira como as eleições são disputadas, principalmente as eleições proporcionais, a disputa não se dá entre projetos; dá-se em primeiro lugar entre aqueles que representam exatamente o mesmo projeto dentro de seu próprio partido, ou dentro da coligação. E não é só no período eleitoral. Na verdade, isso continua no exercício parlamentar. Por que um deputado que, porventura, tenha uma boa iniciativa, vai repartir com a bancada de seu partido, quando ele quer receber aquele prêmio sozinho, porque isso vai fortalecê-lo em disputas futuras? Então, não é só durante as eleições, mas durante a atividade parlamentar.

Digamos, acaba virando muitas vezes uma ação individual. E por quê? Por tudo que todos sabemos. Não creio que exista uma fórmula perfeita, mas o voto proporcional como ele é hoje, com financiamento de campanha, como ela é hoje, por exclusão defendo o voto em lista preestabelecida, para que possa haver financiamento público de campanha. Ainda que, de alguma maneira, exista financiamento público no Brasil, senão para campanha, mas mesmo para campanha existe, que é o horário eleitoral, apelidado de gratuito, mas o próprio fundo partidário recebe dinheiro público para atividade partidária, para formação etc.

Portanto, fiz a pergunta e quero concluir com a resposta em aberto. Creio que tudo o que traz dificuldades para o trabalho do Legislativo tem a ver com a fragilidade partidária; a fragilidade partidária se retroalimenta da atividade parlamentar difusa, dispersa, individualizada e, quando um presidente assume o governo, ele tem de construir uma maioria quase custe o que custar, porque, se ele não construir maioria parlamentar, os primeiros que tendem a se afastar são os chamados investidores: "Como vou colocar dinheiro se o país não tem comando?"

Então, temos a clara percepção da importância, da relevância, de que, em minha opinião, uma reforma política dificilmente é feita a frio. Ou seja, tem de haver uma pressão, uma participação da sociedade exatamente para se balizarem propostas que signifiquem de fato avanço institucional para o país.

O Parlamento: credibilidade e respeito*

*Tião Viana***

*Texto adaptado de gravação, não revisado pelo autor.
**Primeiro vice-presidente do Senado Federal.

Começo deixando claro que vim para defender o fortalecimento institucional. Se chegasse aqui para artilharia em cima da minha instituição, o Senado Federal, não estaria cumprindo o papel que me foi designado neste debate. E, de início, cito uma expressão poética: "Longe dos olhos, longe do coração."

Quando não se fala bem, quando não se vêem as coisas boas, o esquecimento vem junto. O Parlamento brasileiro tem sido vítima de ataques, não sei quantas vezes isso ocorreu na história do Brasil: sempre a exposição negativa, a evisceração permanente de seus defeitos, suas virtudes nunca colocadas na agenda do dia.

Começo com o mais simples exemplo: a acusação de que o Parlamento brasileiro está entre os três mais caros do mundo. Ela ignora, com a maior simplicidade, sem qualquer lógica, que essa comparação, esse cálculo orçamentário, exclui, em relação aos outros países, as despesas com as aposentadorias, incluídas no caso do Parlamento brasileiro. Por aí começa a deturpação da imagem da instituição Senado Federal perante os olhos da opinião pública. É claro que sempre é possível otimizar os gastos, melhorar a relação entre resultados e custos, estabelecer metas e prazos para um melhor desempenho da instituição, como fazem o setor privado brasileiro, muitas instituições brasileiras em sua fase moderna, sua fase atual.

Tenho claro que devemos considerar, preliminarmente, ao pensar no fortalecimento da instituição Poder Legislativo no Brasil, primeiro o que se deve entender, qual é o conceito de democracia. Trata-se de um conceito minimalista, uma democracia processual, em que se sobrevive pelas mínimas possibilidades de aprovação pelo voto? Ou é a democracia maximalista, aquela que, de fato, busca envolver-se com princípios como igualdade, justiça social em seu sentido pleno? Esse é um debate que está presente onde nos encontramos inseridos, em uma América do Sul em que há um deslocamento recente das forças conservadoras sendo substituídas pelas forças chamadas populares, Venezuela, Equador, Chile; Argentina, de certo modo; o Uruguai, o Paraguai; especialmente, o nosso Brasil; a Bolívia. Se todo esse movimento está ocorrendo, como ficam as forças tradicionais formadoras de opinião? Estão quietas e serenas nessa transição, ou muitas a ela se opõem em ataque duro, ataque exemplar a essa possibilidade de substituição do poder estabelecido que nos une no país?

É nesse debate que estamos inseridos hoje. O Tocqueville lembra: os hábitos do coração estão presentes, estamos conduzindo o país em cima de uma cultura democrática, ou vivemos um desenho institucional democrático que não tem relação com ela? Porque, quando olhamos a tradição constitucional do Brasil, vemos que ela não é real; ela é interrompida em vácuos assustadores, de décadas. D. Paulo Evaristo Arns disse: "São 50 anos para se recuperar de uma ditadura." Estamos no meio de uma fase recente de libertação democrática. Será que a cultura democrática está impregnada, que ela faz parte dos valores fundamentais da República, que ela nos dá as grandes diretrizes? E como está o descompasso entre os poderes numa hora dessas? O Poder Executivo, como diz o próprio texto proposto para debate, tem sua feição imperial, sim, dentro do nosso modelo presidencialista. Hoje, vivemos uma fase de fragilidade do Poder Legislativo, sim, esse também é um fato. O Poder Judiciário tenta crescer nesse vácuo? Tenta, pois os hábitos do coração não fazem parte desse desenho institucional vigoroso do Estado brasileiro.

E como ficamos nisso? Os exemplos são claros! A chamada judicialização da política é real, está dentro do Tribunal Superior Eleitoral, está dentro da interpretação das normas, está dentro da resposta direta àquilo que são os direitos das minorias da sociedade, e em detrimento de uma atividade que é prerrogativa do Poder Legislativo. Da mesma forma, temos o exemplo de uma tentativa de disputa entre o Judiciário e o Executivo, também instalada, que se expressa na chamada judicialização da saúde, no ativismo judicial. Só o governo de São Paulo, do governador José Serra, tem de pagar R$300 milhões por ano por conta de sentenças judiciais que substituem o médico, dizendo que o Estado é obrigado a pagar aqueles medicamentos, relegando o médico a segundo plano. É a força do Poder Judiciário estabelecida, e não se pensa nas conseqüências disso. No Rio Grande do Sul, 14 medicamentos consomem mais de 65% do orçamento em saúde do estado, porque as sentenças judiciais determinam a atitude que o governante tem de tomar ao atender, ou não, à reivindicação do usuário por um preceito constitucional, desconsiderando as razões de ordem científica que podem permear o assunto, que estão nas normas médicas, no tratamento, na conduta mais adequada. Essa disputa é natural e ocorre com muita freqüência entre nós, entre os poderes.

Acho que se confunde muito a democracia partidária, competitiva, com a democracia da guerra entre as instituições do Estado, silenciosa, de disputa de vaidades, de disputas por espaço. Isso prejudica a cultura democrática, tão virtuosa e tão importante, que devemos edificar em nosso país.

Vamos ter de aprender isso no meio de tudo. As organizações não-governamentais estão espraiadas em milhares de locais deste país, com ação legiferante, com ação fiscalizadora, denunciando, substituindo, muitas vezes, o Poder Legislativo e chamando para si a referência da credibilidade, tirando de uma instituição como o Poder Legislativo aquilo que é essencial para a democracia – sua credibilidade e seu fortalecimento. Isso, não vejo como problema; vejo que algo tem de acontecer para colocar cada coisa em seu devido lugar. É fantástica a presença das organizações não-governamentais interferindo e participando dessa interface com a vida da sociedade.

Só se constrói o marco civilizatório, que é o bem maior, a democracia de fato, com a presença íntima da sociedade perante as decisões de Estado. Temos de aprender a considerar a equação da boa convivência que deve nos unir.

E como fica o Parlamento? O presidente Arlindo Chinaglia respondeu a essa questão muito bem e gostaria de adiantar um pouco. Vivemos a agenda da crise, e alguns acham que só sobrevivem na atividade nacional se for pelo denuncismo. Eles não vêem o lado virtuoso da proposição, da parceria, da mão estendida, da cooperação; trata-se de uma crise como se vivêssemos em um Estado maniqueísta, é o bem contra o mal toda hora, em vez de se entender a democracia competitiva partidária como altamente virtuosa e essencial à socialdemocracia, que deve fazer parte desse chamado Estado capitalista que nos norteia dentro das relações estruturadas pelo Estado. Vivemos essa situação, então somos reféns dela. Os parlamentares basicamente ficam presos a propor seu orçamento e trabalhar suas emendas como se isso fosse a liberdade do mandato parlamentar. Conseguir liberar suas emendas equivale à sobrevivência do voto na próxima eleição. Isso é pequeno para uma instituição como o Poder Legislativo, que tem sua grandeza, sua razão de Estado, muito maior. Temos de superar a agenda da crise em nós mesmos, temos de avançar! Vejo o esforço do presidente Chinaglia, vejo o esforço do Senado Federal nesse sentido, mas ainda vivemos esse bate-cabeças, porque há um setor que vê tudo com os olhos da crise o tempo todo – a imprensa! Isso não deve diminuir em nada o valor fundamental da imprensa para a democracia! As pesquisas mostram que o primeiro influenciador da opinião pública hoje é a televisão. Em segundo lugar, vem a imprensa, depois se considera virtuosa a presença forte do Congresso Nacional e das outras instituições. Temos de conviver de maneira muito melhor com uma agenda positiva dentro dessa relação; caso contrário, vamos pagar um alto preço.

Quando olho as reformas que temos como dívida para com a sociedade, governo, vejo algo muito gritante. Hoje, o Parlamento tem mais de quatro mil ações processuais legislativas em andamento e não aprovaremos nos próximos cinco anos, na velocidade em que estamos, nem 5% do que está lá. Só as emendas constitucionais são mais de 350 e a Constituição brasileira vive com 56 emendas. Sem contar os projetos de lei ordinária, projetos de lei complementar, ações outras que tramitam e são de natureza do Parlamento. Não nos unimos por uma agenda comum; unimo-nos pela crise. Isso gera conseqüências muito danosas.

A reforma política foi muito bem defendida e apresentada por sua necessidade pelo presidente Chinaglia. Preocupa-me a repetição das dificuldades. Vejam o Código Civil brasileiro. Ele saiu porque tinha um vetor chamado Josafá Marinho, figura ímpar que, por décadas, fez daquilo uma causa e foi conduzindo os acontecimentos, sensibilizando os presidentes das casas, incorporando os partidos democráticos que ocuparam com mais expressão o poder dentro Parlamento, fazendo sua pressão junto com a sociedade, os sindicatos mais próximos do Parlamento. Assim ele saiu. Onze anos de tramitação dentro da casa. Agora temos essas outras reformas para fazer.

Qual é a tradição das democracias hoje? Quem quer reformar não apresenta proposta de reforma no atacado, mas no varejo, ou seja: financiamento público, as coligações partidárias, a fidelidade partidária, dois, três itens no máximo. Vamos resolver esses; acabados esses itens, vamos apresentar uma nova proposta de agenda para a reforma política. Se colocarmos 10 itens, o Parlamento vai criar um mosaico de interesses ideológicos os mais diversos. O que vai ocorrer? Uns puxam para um lado, outros para o outro, nada anda, não se sai daquele movimento redundante, cai-se na inércia, em uma situação paralisante, porque as contradições são muito grandes, e é bom que sejam, é assim que uma sociedade plural se apresenta no debate. Se pudesse defender a reforma ideal hoje, colocaria três itens, no máximo no que diz respeito à reforma política, sabendo da importância dela para modernizar o Estado, e, para evitar o impasse, ainda colocaria: "Passa a vigorar a partir de 2014." Nosso problema não é do tempo, não é temporal, é consolidar o Estado democrático maduro, com uma cultura democrática nele impregnada.

O debate democrático é sempre oportuno. Não podemos imaginar as instituições fortes com os partidos fracos, temos de tê-los fortalecidos. E, quando se tira hoje o retrato do partido brasileiro, temos inovações! O meu partido, o PT, é um partido que criou uma interface com a estrutura sindical fantástica, ele criou uma interface com as organizações não-governamentais fantástica. Isso é novo em relação aos partidos políticos na vida republicana brasileira. O PSDB caminha para se aproximar do movimento social, os partidos de centro sabem que têm de se aproximar do movimento social. Basicamente, o Partido dos Democratas cria uma relação ainda mais retraída em relação a essa convivência, essa interface com o movimento social. Qual será a conseqüência disso? Não sei! Acho que virtuosa, acho que muito positiva.

Mas defendo parcialmente o voto em lista que o deputado Chinaglia defende, defendo a lista parcial, porque entendo que há setores que, às vezes, ficam fora da vida partidária, como, por exemplo, o setor intelectual. Muitas vezes, ele não está representado de maneira mais significativa; está muito fora da sociedade, vive suas crises de reflexão na academia, não se aproxima das estruturas de base da sociedade, nem sempre estará sensível a ela, para estimular sua renovação, podendo tornar-se conservador. Os Estados que se orientaram por modelos autoritários e transformaram os partidos em máquinas muito pesadas ficaram atrás dos interesses e do movimento da sociedade. Devemos refletir se, de fato, o voto em lista mista permite esse equilíbrio do setor voluntário da sociedade, setor que não é do ativismo partidário, setor que, segundo minha opinião – o ministro Tarso Genro certamente vai falar sobre isso –, tem a obrigação de ser quem quer entrar na vida partidária. Que possamos compreender essa fase de transição entre os partidos, que ainda não estão em seu ponto de maturidade ideal!

Entendo que fortalecer as instituições significa fortalecer o Parlamento. Não há como imaginarmos que esse ataque de opinião se dirige às crises do Legislativo, às crises de governo, no contexto do presidencialismo. Não há presidencialismo que não viva suas crises, ainda mais freqüentes em uma estrutura partidária como a nossa, ainda mais profundas num Parlamento cercado pela hipertrofia que se intenta no Judiciário, pela natureza forte do Executivo. Não temos como imaginar o fortalecimento do Parlamento se a sociedade não acreditar nele, se os meios influentes não acreditarem nele.

Acredito que o presidente Lula tem feito um esforço extraordinário para compreender as razões da democracia que estamos vivendo, uma democracia aprendiz, uma democracia que quer crescer e que quer se afirmar dentro de um Estado com as instituições vigorosas. Há poucos dias, ele falava em um seminário para os advogados gerais da União e os defensores públicos acerca da importância do fortalecimento das instituições. Tenho certeza de que, se essas forem as regras da vida político-partidária, o Parlamento vai alcançar nela um lugar de respeitabilidade e de credibilidade. Uma das virtudes do Parlamento é sua capacidade de ser enxergado pelo respeito, por suas atitudes adequadas, e não por seus defeitos, como parece que a cultura da sociedade brasileira nos impõe hoje.

A questão política e a questão da segurança*

*Tarso Genro***

*Texto adaptado de gravação, não revisado pelo autor.

**Ministro da Justiça.

Em primeiro lugar, quero estabelecer uma distinção conceitual para situar minha contribuição ao debate de uma forma bastante clara. O processo de transição do Brasil, do Império para a República e da República antiga para a República moderna, processo de modernização sociopolítica do país, foi sempre conciliatório, tomada essa visão de conciliação como um processo de composição estática de interesses não-explícitos, mas interesses só implícitos nesse processo conciliatório. Isso trouxe uma vantagem político-institucional para o país, porque permitiu que se forjasse processualmente um Estado moderno com, evidentemente, alguns processos de ruptura, mas que não alteraram essa tendência ao acordo. Defendo que temos de superar esse método de composição do projeto democrático para o país, e partir para outro estágio, mais consentâneo com as grandes questões políticas estratégico-econômicas que nosso país deve abordar.

Entendo que é hora de propormos um patamar superior de diálogo na sociedade, para produzir um processo de concertação social e política diferente. O processo de composição estática da conciliação é feito ordinariamente por cima, a partir daqueles núcleos dirigentes que vão se formando e têm uma representação implícita na sociedade. Núcleos que, para dialogar, não necessitam, em sua plenitude, expor de maneira evidente seu programa e sua visão de nação. Já a concertação, ou o projeto, é um processo de produção de maiorias com sujeitos políticos estáveis, que defende interesses explícitos. A concertação, segundo entendo (e uma das grandes concertações em um período recente de nossa história foi a que ocorreu particularmente na Espanha e na segunda fase da revolução de abril em Portugal), é onde os sujeitos políticos orgânicos se apresentam com seus programas, sua visão de história, sua visão de mundo, sua visão de nação, e tratam de ceder pontos de sua visão programática para buscar pontos comuns, visando à formação de maiorias estáveis, para dar uma condução acordada para o país, por um longo período.

Creio que o momento é adequado, porque todas as pessoas de bom senso já superaram aquele debate proposto pelo thatcherismo na década de 1970, que era um debate que ainda se dava em cima dos valores políticos, teóricos, econômicos do estatismo burocrático e autoritário, de uma parte, seja por intermédio da vertente populista ou neopopulista, seja da visão realista socialista que redundou nas ditaduras burocráticas do Leste europeu; e, de outro lado, aquela visão de Estado mínimo. Em última análise, tem parte de uma análise da realidade, como se o Estado fosse uma estrutura de intromissão na vida privada e nos desejos, e nos projetos, e nas propostas dos indivíduos, dos grupos sociais, para moldá-las a uma visão de sua burocracia.

Acho que a maioria das pessoas dos diversos partidos políticos democráticos do país já superou essa dicotomia e hoje já há um grande acordo no sentido de ser necessário considerar para um projeto de nação moderna o Estado, a sociedade civil e o mercado. E não somente o Estado e a sociedade civil, mas o Estado, a sociedade civil e o mercado.

Hoje, é possível dizer que existem alguns enunciados importantes, produzidos a partir da Constituição de 88. Acho que, por exemplo, a questão da estabilidade da economia, o conceito de estabilidade, a necessidade da estabilidade, que foi um legado do governo do presidente Fernando Henrique, de uma parte; e, de outra parte, a demonstração cabal, feita pelo governo do presidente Lula, de que o crescimento econômico e a distribuição de renda não são incompatíveis entre si, mas dois valores agregados ao cenário político nacional. E nos possibilitam ousar a busca dessa concertação política de natureza estratégica na formação de maiorias estáveis, para que o país dê sustentabilidade ao círculo virtuoso que estamos atravessando neste momento.

Tenho uma experiência, como sabem, no Conselho de Desenvolvimento Econômico Social, e, lá, há distintas forças econômicas e políticas representadas. Eu dizia ao senador Sérgio Guerra que, naquela época que ia do MST ao Banco Itaú, travamos diversos diálogos de concertação e conseguimos construir um conjunto de enunciados que estão retratados hoje de maneira silenciosa nessa transição, mas de maneira muito articulada e coerente estão retratadas em várias das ações do governo federal, seja na área educacional, seja na questão do PAC, seja em relação à questão da segurança pública, à qual vou me reportar em breve.

Esse é um processo de concertação imperfeito ainda, um processo de concertação, segundo entendo, bloqueado pelo sistema político atual, que precisa urgentemente ser reformado. É possível identificar, neste momento do ângulo, pelo menos do Ministério da Justiça, duas questões que devem ser desbloqueadas e se mostram fundamentais para a formação dessas maiorias estáveis em torno de um programa estabelecido entre as diversas forças políticas do país, que só podem se tornar hegemônicas por meio do processo eleitoral.

Esses dois temas, de acordo com minha opinião, são a segurança pública e a questão da reforma política. A segurança pública, porque não é mais hoje uma questão reportada exclusivamente à questão de os indivíduos transitarem livremente nas ruas de sua *polis*. Diz respeito ao direito de ir e vir como efetividade constitucional, de uma parte, e de outra parte é uma questão integrada no cálculo econômico dos investidores de qualquer porte, pequeno, médio e grande.

Ou seja, hoje, a segurança e, em particular, a segurança pública, é uma das questões centrais da política. Não é de graça que hoje não terá a menor possibilidade a força política que se apresente para dizer, por exemplo: "Sou contra a segurança que advém da estabilidade econômica e da higidez da moeda." A partir do momento em que a pessoa disser isso, deixará de ser ouvida, porque o valor segurança está introjetado no cotidiano dos indivíduos –, a segurança da moeda, a segurança pública, a segurança na capacidade de reprodução da família, a segurança do núcleo familiar como núcleo organizador, de consumo.

Muitos de nós somos da época em que era impensável achar, por exemplo, que um menino de 17 anos mataria outro para pegar um tênis importado. Hoje, todas essas questões giram em torno dessa categoria, que passa a ser a categoria central da política, e a questão da segurança pública é uma das mais agudas e, segundo minha opinião, uma das mais palpáveis para o país, para o desbloqueamento do sistema político e do processo de um programa concertado para a construção do futuro de uma nação democrática.

Falo na questão da segurança pública porque quero apontá-la como uma preocupação política e institucional-estrutural. Já houve um processo de concertação silencioso, concreto, realizado, e que não obteve ainda a repercussão e a avaliação de seu valor. A lei que começa a inverter no país o paradigma da segurança pública foi aprovada por unanimidade na Câmara Federal e no Senado Federal. Unanimidade, repito, depois de seis meses de um debate em que alguns dos projetos dessa lei eram até taxados de bolsa bandido.

E fomos concertando, articulando, incorporando propostas dos partidos de oposição e, ao fim, essa lei foi aprovada por unanimidade na Câmara e no Senado, e terá desdobramentos estruturais fundamentais no futuro da segurança pública do país, como, portanto, uma contribuição fundamental do Congresso Nacional, dos partidos e do Poder Executivo.

Agora, as repercussões são em médio e longo prazo, não em curto prazo. Até porque quem disser que vai resolver essa questão em curto prazo não está falando a verdade. Porque isso diz respeito a uma série de questões de natureza policial, técnica, social, de políticas preventivas, de repactuação entre os entes da União, que, em última instância, só podem ser verificadas com o fato de seus resultados no médio e no longo prazo. Mas o processo está em andamento.

E a segunda questão, para ser aprofundada, tomaria muito tempo. É a questão da reforma política. Estamos apresentando cinco projetos de lei e mais uma emenda constitucional. O assunto está em discussão pública neste momento, e fizemos dessa forma porque cada um deles pode ser ordenado, dirigido pela Câmara Federal, pelo Senado Federal, ordenado e composto por maiorias referidas a cada um dos temas em separado, e, portanto, podemos transitar para um processo de reforma política no próximo ano, se o Arlindo fizer os projetos andarem como andam as medidas provisórias.

Uma reforma política que fortaleça o Congresso e a democracia*

*Sérgio Guerra***

*Texto adaptado de gravação, não revisado pelo autor.

**Senador (PE). Presidente do PSDB.

Ouvi com enorme atenção a palavra dos que me antecederam. É claro que o grupo que está aqui hoje, participando deste Fórum Especial, é certamente um grupo representativo e de qualidade do Congresso Nacional. Não há dificuldade em conversarmos ou que, entre nós, se estabeleçam entendimentos sobre questões essenciais. Não vejo essa dificuldade, não a enxergo sob nenhum aspecto. A chegada do senador Arthur Virgílio apenas ilustra o que estou dizendo.

Vou fazer essa minha abordagem de maneira rápida e precisa. São apenas uns poucos minutos para tratar de vários assuntos, sobre vários pontos de vista. Mas eu o farei de uma forma que imagino um pouco diferente das intervenções que me antecederam.

Em primeiro lugar, o funcionamento do Congresso, o fortalecimento da instituição Congresso Nacional. Eu diria que estamos em situação de extrema dificuldade no Congresso. Não sou eu apenas que digo isso; a opinião pública também o afirma. O ponto crítico: a Lei de Orçamento, de todas as leis, a lei mais importante que o Congresso examina a cada ano. Nesse aspecto, o Congresso não ajuda na construção de uma Lei de Orçamento decente. Ao contrário, compromete-a ainda mais. Portanto, ela já chega comprometida. Nesse campo, as relações Executivo-Legislativo e Legislativo-Executivo são completamente poluídas – e isso não foi invenção do governo atual. Elas se poluíram mais do que antes, mas, efetivamente, são poluídas e comprometem o papel do Congresso de maneira dramática. Qualquer pessoa que estude essa questão de maneira elementar vai comprovar isso. A própria demonstração da execução orçamentária, que é ridícula, é prova do que estou dizendo. A presença do chamado contingenciamento, que é brutal, foi progressivamente crescendo e desautoriza todo o esforço parlamentar.

A idéia, por exemplo, de um orçamento do tipo impositivo tem uma ampla transição, mas é absolutamente inadequada. Ela produziria mais corrupção, e a ampliaria em proporção geométrica – isso não daria certo. Eu próprio tenho proposto, de maneira sistemática, a extinção da Comissão de Orçamento, a extinção do atual modelo de emendas, mas nada disso evolui, nada disso prospera. As práticas são sempre as mesmas, remodeladas a cada ano, mas com o mesmo conteúdo. Impossível pensar em um Congresso que se afirme com a Lei de Orçamento a se manter o padrão do que ele aprova hoje.

Em segundo lugar, a multiplicação de medidas provisórias, muitas delas sem urgência e relevância. Quero aqui reconhecer, de maneira especial, o esforço do presidente da Câmara, Arlindo Chinaglia, bem como o de muitos outros parlamentares, para estabelecer regras que tenham capacidade de recompor esse ambiente. Mas não dá para ter Congresso com as medidas provisórias que hoje, em grande parte, são absolutamente inadequadas e que se reproduzem a cada instante. É um quadro de total e absoluto desrespeito pelo Congresso, que avilta o Parlamento e que impede que ele funcione mesmo em seus limites, que são muito estreitos.

A aprovação de créditos por medida provisória é um absurdo. No entanto, ela se reproduz a cada dia e a cada hora, créditos extraordinários, que deveriam destinar-se apenas a situações imprevisíveis e financiamento de operações urgentes, tempestades e outros fenômenos da natureza. Mas esses expedientes são usados de maneira vulgar para as mais variadas finalidades.

Terceiro, a relação dos partidos com o governo, do governo com o Congresso e do Congresso com o governo não pode ser pautada pela relação entre as pessoas, mas deve ocorrer entre os partidos. Aliás, já ouvi isso há algum tempo do ministro Tarso Genro e quero fazer esse reconhecimento aqui, publicamente. Essas relações não são, não foram, não sei se estão sendo agora pautadas dessa maneira. Crises como as que se deram no passado, que comprometeram a imagem do Congresso de maneira dramática, resultam desse tipo de relacionamento. Partidos mínimos se transformaram em partidos grandes, que tinham de ganhar consistência, crescente capacidade de operação política, organicidade. Esses partidos, ao contrário, foram desagregados pela necessidade de o governo ou os governos que reconhecemos terem maioria. Mas o fato é que não dá para fazer nada a sério desse jeito. A negociação e os acertos têm de se dar entre os partidos, de maneira respeitosa e transparente. É assim que achamos que podemos dar um passo adiante.

Não há verdade na afirmação de que os partidos estejam melhorando. A verdade está no reconhecimento de que eles estão mais fracos ainda. Dei uma volta pelo Brasil inteiro durante a presente campanha eleitoral para as eleições dos prefeitos e as proporcionais. Não vi, em mais de dois ou três estados, a figura da oposição. Não há, de modo geral, oposição, nem de vereadores a prefeitos, nem de deputados estaduais a governadores. Não estou aqui acusando partido algum. Trata-se de um fenômeno generalizado: as oposições estão abolidas. No Congresso, elas estão extremamente enfraquecidas. Fato real é que, apesar dos protestos e das claras definições de líderes como Arthur Virgílio, Tião Viana, aqui presentes, José Eduardo Cardozo, do presidente Arlindo Chinaglia, essa não é a regra; a regra geral é outra regra, e não é republicana. Esse é o quadro real, verdadeiro, objetivo, que prevalece. Nas campanhas atuais, os candidatos sequer fazem oposição ao governo, essa é a regra. Não terá sido apenas obra dos marqueteiros que sempre dizem que fazer oposição dá prejuízo, que se tem de ser propositivo. Mais concretamente, trata-se de uma relação mais complicada que se desenvolve, que tem a ver com o sistema político como ele está organizado e que tem de ser imediatamente alterada.

Quarto ponto: reforma política. Aqui expresso minha concordância geral, concreta, imediata e absolutamente segura com o deputado José Eduardo Cardozo. Não há nada mais importante a fazer agora do que uma verdadeira reforma política. Como fazê-la? No âmbito de uma crise, talvez fosse mais fácil. Depois da eleição de um presidente da República por maioria importante, teria sido muito mais fácil. Nesse instante, porém, temos de juntar muito de nossas consciências, produzir ampla verificação dos fatos que estão se desenvolvendo e que não servem a ninguém. Do modo como as coisas vão, o Brasil se tornará ingovernável. É necessário adotar providências radicais. As divergências não são tão grandes quanto ao conteúdo de uma reforma política. Estão longe de ser abismais entre aqueles que pensam verdadeiramente o país. Elas são perfeitamente discutíveis, perfeitamente acertáveis. O fato é que tem de haver uma decisão real sobre essa questão. Essa decisão não pode partir da oposição, nem da bancada do governo no Congresso. Ela tem de partir do próprio governo; tem de ser de todos! Todos têm de entender que as regras atuais da política vão nos levar para o buraco. A desorganização é crescente, as crises vão chegar ao Ministério da Justiça a cada semana, grampos de um lado, insegurança de outro lado, ilhas de insubordinação e de rebelião urbanas, todos esses problemas que chegam todo dia ao gabinete do ministro Tarso Genro. De uma ou de outra forma, isso tudo tem a ver com a necessidade concreta e absoluta de uma ação pelo povo, pela democracia que está sendo diminuída e em risco.

Tenho absoluta certeza de que, desse risco, nós que estamos aqui não somos cúmplices. O risco, entretanto, tem de ser enfrentado.

Quinto ponto: voto distrital. Eu, pessoalmente, não tenho nenhuma má vontade para com as listas. A fidelidade partidária tem de ser aprofundada, e não adulterada. Não tenho coragem de reclamar do Judiciário porque ele cumpre o papel que não cumprimos. Não cumprimos mesmo! Não quero, porém, dividir perplexidades. Tenho certeza de que muito do que falei aqui tem a ver com os que estão aqui nesta mesa, brasileiros e democratas. Talvez meu líder no Senado, essa grande figura política que é Arthur Virgílio, possa ir mais adiante. Limito-me a essas considerações.

Sistema político perverso: energia social para mudá-lo

*José Eduardo Cardozo**

*Deputado Federal (SP). Secretário-geral do PT.

Sei que um dos maiores riscos em que se incorre em qualquer análise é a simplificação excessiva, o reducionismo exagerado. Mas ousaria dizer que o principal desafio que o Brasil tem diante de si no século XXI parece ser, efetivamente, o desafio da reforma política. Caminhamos bem na economia, vamos bem no desenvolvimento social, temos horizontes promissores à frente. Mas parece que o sistema político é o que mais nos desagrada, o que mais nos traz temores nos dias atuais.

Desconheço uma força política expressiva no país que esteja satisfeita com o atual sistema político. Nos contatos que temos mantido, nos debates de que participamos, há um grande consenso: a perspectiva de se tentar modificar nosso sistema político.

Por que isso, se muitas vezes partimos de diagnósticos comuns?

Em primeiro lugar, é indiscutível que esse sistema desfavorece a formação de partidos fortes. Trata-se de um sistema baseado fundamentalmente em relações pessoais. Sistema em que, no momento das eleições, particularmente das proporcionais, a ênfase central da disputa é a preocupação com as características pessoais dos candidatos – e não com um programa, não com uma opção ideológica, não com o que efetivamente se propõe. Cria-se, portanto, uma ambiência frágil para a formação de partidos fortes.

Em segundo lugar, essa dificuldade que o atual sistema político tem de produzir partidos sólidos traz a imensa dificuldade de permitir pactuações políticas, ou seja, de ser um sistema que nos faz mergulhar periodicamente em disputas eleitorais com fragilidade partidária. Trata-se de um sistema que, inexoravelmente, gera profundas dificuldades à construção de pactos e entendimentos políticos maiores.

Em terceiro lugar, torna-se evidente que esse sistema político afeta diretamente a governabilidade. Sabemos como é difícil em nosso país conquistar maiorias parlamentares a partir de princípios republicanos e éticos, como os governos, muitas vezes, se vêem mergulhados em uma cultura tradicional que dificilmente se romperá, a manter-se o sistema político que temos hoje.

E, finalmente – permitam-me dizer –, trata-se de um sistema político profundamente gerador de corrupção. A corrupção é um dos maiores problemas que temos em nossa história, um dos maiores problemas que temos na atualidade, e nosso sistema político é a porta primeira de entrada na corrupção estrutural em que vivemos.

Diante disso, se esse diagnóstico é comum, há de se perguntar por que não se consegue transformar essa realidade. Eis a pergunta que acho que nós mesmos e nossos próprios partidos políticos temos de nos fazer. Peço aos senhores e senhoras da própria sociedade civil que participem conosco dessa reflexão.

Por que há tanto tempo se fala em reforma política e nosso sistema continua o mesmo? Aliás, curiosamente, mudamos o país em 5 de outubro de 1988 com nossa Constituição, aliás a Constituição cidadã, a Constituição que merece aplauso por ser a mais democrática das constituições brasileiras. Mas, em larga medida, foi mantido o sistema político antecedente com características e eixos muito semelhantes àqueles que nos encontrávamos na Constituição de 1946 e na Constituição de 1967. Por que isso aconteceu?

Eu colocaria como problematização dois fatores. O primeiro deles reside no fato de que dificilmente as instituições se auto-reformam. É uma lei da vida, uma lei da natureza humana. O presidente Arlindo Chinaglia chegou a tangenciar esse problema em sua fala, ou seja, as pessoas que participam de uma instituição e que lá são colocadas no exercício de função de poder dificilmente conseguem se desprender das próprias relações que as colocaram lá. Inexoravelmente, tendem a pensar o mundo a partir da posição em que estão e, assim, a manter o *status quo*. Essa é uma característica de qualquer instituição. Claro, por ser o Congresso Nacional formado a partir de um sistema político, evidentemente exerce suas funções como beneficiário desse sistema. Dificilmente conseguiremos gerar, no âmbito interno, a energia propulsionadora de mudanças. O único fator decisivo de energização, permitam-me dizer assim, que poderia permitir essa reforma tem de ser externo, deve provir da sociedade. Atualmente, não vemos como ele pode, de alguma forma, fazer-se presente.

A sociedade brasileira mal compreende o atual sistema, e, portanto, mal compreende os malefícios que ele nos traz. Não temos efetivamente, de fora para dentro, a cobrança, a exigência e a afirmação, a busca, inclusive, de um caminho da reforma política. Ou seja, a dificuldade inercial da auto-reforma e a ausência de uma consciência da sociedade brasileira dos danos, problemas e conseqüências do sistema político vigente nos levam à paralisia que se arrasta há tantos anos. E, apesar de os diagnósticos serem comuns, o remédio tarda – e talvez tarde mais enquanto não enfrentarmos esse problema com a maturidade que ele exige de nós.

E então? Cada um de nós tem sua visão, cada um de nós apresenta suas propostas. E a grande dificuldade que temos é de nos entendermos, inclusive dentro de nossas próprias forças políticas. Ousaria dizer, inclusive, em que pese o fato de termos proposta de reforma em meu partido (o senador Sérgio Guerra terá proposta do PSDB), que a grande quantidade de divergências internas que temos em nossos próprios partidos em relação a qualquer proposta demonstra o quão distantes estamos ainda de um patamar que possa nos permitir avançar.

Nós do Partido dos Trabalhadores, por exemplo, defendemos alguns eixos para a reforma política.

O primeiro deles é o financiamento público das campanhas, que, em nosso partido, tem uma grande, quase total aceitação. Por quê? A gente imagina, fala: "Financiar com dinheiro público campanhas eleitorais? Não seria perverso tirar dinheiro de creches, escolas e hospitais para financiar eleições?" Eu diria que a democracia tem custos. Qualquer Estado democrático arca com os custos de sua democracia. Talvez a democracia do ponto de vista financeiro (o ministro Reis Velloso talvez possa nos brindar com uma análise desse aspecto) seja mais cara do que uma ditadura: do ponto de vista da necessidade de custeio das estruturas do Estado, uma ditadura não precisa de tantas estruturas de defesa de direitos, não precisa custear órgãos que, obviamente, uma democracia custeia. Portanto, ter custos e eleições faz parte da democracia. Não há nenhum equívoco de princípio imaginar-se que dinheiro público pode custear um braço da democracia, se assim se quer! Não bastasse isso, o argumento de que se desviaria dinheiro público para o custeio de campanhas eleitorais – permitam-me dizer com toda e absoluta franqueza – tem certa dose de hipocrisia. Hoje, boa parte dos recursos utilizados em campanhas eleitorais é desviada e não tem transparência, mas é pública. E quem não aceita essa constatação talvez esteja se referindo a um mundo de sonhos, infelizmente distanciado de uma grande verdade. Ou seja, boa parte dos recursos que custeiam eleições muitas vezes são desviados – só que sem controle da sociedade, sem transparência e sem decisão coletiva, razão pela qual o financiamento público das campanhas submeteria esses recursos a controle, transparência e verificações que, evidentemente, são republicanas e democráticas.

O segundo ponto que defendemos é alvo há anos de polêmicas dentro do próprio partido, embora uma maioria expressiva o defenda. É o voto em lista. Talvez não exista lista fechada, talvez não exista sistema democrático perfeito, talvez tenhamos de procurar sempre algum sistema que apresente menos falhas que os outros. Não vemos no sistema de listas um sistema perfeito, porém ele tem vantagens e, na perspectiva histórica nacional de rompimento de uma cultura política danosa, ele nos parece sedutor. O voto em lista permite, obviamente, o fortalecimento partidário. Permite atrair para a lista partidária setores que muitas vezes não teriam disponibilidade ou até mesmo condições de ocupar funções político-parlamentares. Por exemplo, quem não gostaria de ter o ministro Célio Borja como um parlamentar hoje? No entanto, indago se o ministro Célio Borja gostaria de participar de uma eleição nos moldes em que a disputamos hoje. Quem disputou eleições sabe quão perverso é submeter-se aos processos que temos de enfrentar. A lista partidária permitiria que pudéssemos trazer segmentos para as disputas eleitorais e formar nelas compactações político-ideológicas.

Quem são hoje os principais adversários dos candidatos que disputam as eleições? São seus próprios colegas de partido. Isso é profundamente desagregador. Por exemplo, nas próximas eleições lá no meu estado, o Estado de São Paulo, quando eu for disputar votos, quem será meu adversário? O Arlindo Chinaglia, com grande desvantagem para mim. Por quê? Porque vamos às cidades buscar os mesmos redutos eleitorais, aqueles que simpatizam com nossas bandeiras! Esse é um sistema tão horrível que, no nosso partido, os companheiros torcem pela desgraça do outro. Às vezes, é preferível que um candidato de partido adversário entre num reduto, por temor de que meu companheiro venha disputar comigo. Portanto, a lista partidária é uma proposta que tem seus defeitos, é claro. Mas traz vantagens, pelo menos uma vantagem importante, a vantagem da ruptura, da mudança, a vantagem de varrer da história política brasileira um sistema que tem sido muito perverso. Se não tivermos energia social e política necessária para mudá-lo, ele continuará a causar grandes malefícios no futuro.

Ética no governo, reforma política e compromisso com a democracia*

*Arthur Virgílio***

*Texto adaptado de gravação, não revisado pelo autor.
*Senador (AM). Líder do PSDB.

O ministro Tarso Genro disse estar preocupado em propor para o Brasil algo parecido com a *concertación* chilena, que tem servido há algum tempo para revelar o amadurecimento institucional daquele país.

Julgo a idéia válida. O Brasil tem de se alçar a essa maturidade. E caminhar, ao longo desse mesmo amadurecimento institucional, para o que eu chamaria um verdadeiro círculo virtuoso. A proposta serve aos partidos, serve para discutirmos o que seria esse país governado por fulano ou por beltrano, pelo partido tal ou pelo partido qual.

Vejo hoje no país dois partidos-pólos.

O PT, de um lado. E, em torno dele, gravitam alguns partidos até com afinidade ideológica (quem sabe? está difícil discernir...); e alguns outros partidos que gravitariam em torno de qualquer partido que comande uma proposta de poder.

De outro lado, o PSDB. Em torno dele, também gravitam alguns partidos, alguns com afinidade ideológica com ele; e alguns outros que gravitariam em torno de suas perspectivas de poder.

Temos de começar pela questão ética. Tem de haver um compromisso muito claro com respeito à coisa pública. O Brasil precisa de regras muito nítidas de punição a quem descumpra esse compromisso com a coisa pública. Não trabalho a ética dizendo: "Ah, porque a palavra corrupção é feia e a palavra ética é bonita." Nem sei dizer, mas, se corrupção significasse ética e ética significasse corrupção, talvez não soasse a nosso ouvido o que hoje é feio e feio o que hoje é bonito. Do ponto de vista prático – em um país como o Brasil em especial –, em um país qualquer, a corrupção subtrai oportunidades dos cidadãos, rouba-lhes o futuro, massacra seu presente. Ela deve ser combatida por todas as razões: pelas razões do coração, pelas razões da poesia, pelas razões práticas. É ruim que tenhamos nossas dificuldades agravadas pelo surrupio de oportunidades aos cidadãos, por meio de práticas nada republicanas. Essa questão é essencial. Temos regras, os governos têm de ser éticos. Alguém no interior dos governos praticará corrupção e será perseguido por isso. Mas os governos têm de ser basicamente dirigidos por pessoas comprometidas com a ética.

Considero que precisamos ter afinidades macroeconômicas. Por isso, discordo amplamente quando falamos – aliás, já vejo um fato consumado – na Venezuela dentro do Mercosul. Ela soube até que vota mais do que opina. Não quero discutir, não tenho o coronel Chávez como homem de esquerda, nem homem de centro, nem de bola, nem de rebola, nem de carambola. Tenho-o como um coronel golpista, o modelo mais acabado de caudilho sul-americano. Apenas eu diria que o Brasil faz um esforço brutal para ter inflação baixa e ele não! Se não é o preço do petróleo nas alturas, ele teria inflação 100% a.a. que escalaria para 1.000%. Precisamos ter, então, governos no Brasil que se afinem com certas verdades macroeconômicas, das quais não podemos nos afastar agora. Por exemplo, está funcionando bem o sistema de metas de inflação em muitos países, no Brasil especialmente. Mantê-lo é um compromisso. Câmbio flutuante, sim. Nada dessas fórmulas mágicas que imaginam que intervir no câmbio vai levar a algum benefício para o empresário exportador. Não acredito nisso. Acredito que temos de pensar em facilitar as exportações através dos ganhos de produtividade, dos avanços tecnológicos – não depositando todas as esperanças, os ovos todos em uma única cesta, que seriam os ovos do câmbio favorecido. Temos de olhar para a realidade de um mundo no qual as *commodities* vêm perdendo preço, valor.

E a Lei de Responsabilidade Fiscal? Ela foi bravamente combatida à época por esse partido tão querido, o PT, que me estima tanto, como todos sabem. Mas essa lei tem sido bastante útil ao governo do presidente Lula, inclusive para dizer não a governadores, a prefeitos, e significou uma grande arrumação na casa brasileira.

Entendo que é preciso melhorar o perfil do ajuste fiscal praticado ao longo do tempo. Falando de maneira bem técnica, quero me referir apenas ao governo do presidente Lula, que está se excedendo em uma hora grave com gastos crescendo acima do PIB, sistematicamente acima do PIB, fortemente acima do PIB. Mas também não acho que tenhamos praticado um ajuste fiscal de boa qualidade. Tivemos esqueletos tirados do armário, assumimos dívidas de estados e municípios. Quando aquele formulador notável que é o Ciro Gomes diz que a dívida cresceu no governo do Fernando Henrique de $60 bilhões para $600 bilhões, com enorme modéstia, digo a ele que, se tivéssemos de repente anulado aquelas leis todas que negociaram as dívidas de estados e municípios, BNDES, Banco do Brasil, duas capitalizações, Caixa Econômica Federal, um esqueleto como o BNH antigo, enfim, isso tudo reduziria, para a satisfação dele, por um fim de semana, a dívida pública brasileira. Mas não sei o que ocorreria como desdobramento de tudo isso. Juro que não estou fazendo nenhuma ironia; estou vendo que ele está pensando que estou, mas não estou.

Eu trabalharia para melhorarmos o perfil do ajuste fiscal. Recentemente, apresentei um projeto que imagino pudesse merecer análise dos companheiros dos dois partidos que aqui estão, que são os partidos mais relevantes do país. (Todos são muito relevantes, mas esses dois, por serem partidos-pólos, têm uma responsabilidade que é da iminência de governabilidade para quem disputa o poder como nós, e do dever da governabilidade para quem está no poder.) Meu projeto diz que só é possível aumentar gastos correntes no país até a metade, 50%, do crescimento positivo do PIB no ano anterior. Isso é uma forma de darmos uma meia trava nos gastos públicos. Porque explicamos, por esses gastos públicos exorbitantes, os juros elevados. Não adianta imaginarmos que baixamos os juros porque somos bonzinhos ou porque algumas pessoas muito perversas mantêm os juros altos, enquanto outras pessoas muito desenvolvimentistas, muito boazinhas, querem os juros mais baixos. Isso é uma bobagem. A gente sabe que não cabe nesta sala alguém com esse raciocínio.

Diria que temos outro passo muito importante a dar. Nós, por estamos na oposição, já nos comprometemos com certas reformas. E não ganhamos politicamente, na demagogia, de quem está no poder, não lucramos, aceitamos isso. Ganha politicamente quem está na oposição quando o governo erra em uma política de educação, de saúde, o que for; quando pratica um ato de corrupção, quando se equivoca em alguma coisa que leva à paralisia dos aeroportos; então, devo me manifestar, é meu papel de oposição. Mas não seria meu papel me opor à reforma da previdência: teríamos de fazer juntos uma nova edição da reforma da previdência; uma reforma tributária; a reforma política; a reforma administrativa, cortando esses ministérios em uma dezena, em mais do que isso. Agora mesmo me liga uma repórter da TV Senado e pergunta: "Houve alguma irregularidade no Bolsa Anzol, do Ministério da Pesca?" E falei para ela: "Mas existe Ministério da Pesca?" Não há necessidade de se ter um Ministério da Pesca, não há necessidade de tantos ministérios, poderíamos sincopar isso junto, em esforço claro de quem tem compromisso com o país, pois estamos falando em *concertación*. Não, estamos morrendo de medo de dizer que somos contra o Bolsa porque vão dizer: "Eles são contra o Bolsa." Bolsa Anzol. Se é uma coisa boa para os pescadores, ótimo! Tenho medo que um anzol machucando as finanças do Ministério da Pesca termine machucando o dedo da economia brasileira...

Medidas provisórias. A situação está cômoda para o governo, humilhante para o Congresso. Preconizo que as medidas provisórias entrem logo em vigor e, nesse ponto, divirjo da proposta do senador Antonio Carlos Magalhães, que defendia que elas não entrariam em vigor enquanto não houvesse aprovação pelas duas Comissões de Constituição e Justiça. Preconizo que as duas Comissões de Constituição de Justiça decidam sobre medidas provisórias, mas que se deixe logo entrar em vigor a iniciativa presidencial. Se, de repente, temos um ataque especulativo à moeda brasileira, não é justo que o presidente fique de mãos atadas; é fundamental que ele tenha um instrumento ágil para combater os efeitos desse ataque especulativo. Agora, que seja célere, 96 horas, quem sabe, a aprovação delas nas duas Comissões de Justiça, que examinam ou não sua constitucionalidade. Como está, não dá. Temos de nos acertar porque quem é governo hoje pode ser oposição amanhã e vice-versa. As medidas provisórias estão servindo para descaracterizar o papel nobre de uma instituição fundamental para a democracia, o Congresso Nacional.

Gostaria ainda de dizer que, nessa concertação, é importante discutirmos o uso político da administração pública. Não gosto da figura do aparelhamento do Estado, não gosto da figura do uso político do que quer que seja. Estamos vendo que esse problema do grampo, acontecido agora, não é bom para ninguém. Eu mesmo estava na lista dos grampeados. Tenho dito, mantendo o bom humor em casa, que hoje sou um marido atestado e aprovado até pela Abin, mas que é desagradável, é! Não tenho nenhuma dúvida de que o Tião – eu o conheço, ele é inatacável, sob todos os prismas, e olhe que botar a mão no fogo por uma pessoa não é uma coisa simples assim – concorda comigo... É duro saber que Dr. Paulo Lacerda me invade e não tenho a menor curiosidade de saber nada das conversas dele com a esposa dele, com os filhos, não tenho nenhuma curiosidade. Prefiro ver um filme bom, o Jack Nicholson é bem melhor do que o Dr. Paulo Lacerda. Entendo, portanto, que precisamos ter um compromisso muito firme com a democracia.

Vou dizer a todos uma coisa que guardo no fundo do coração: no que estou dizendo, não há nenhuma blague, nada, olho para mim e acho que isso se aplica a todos os presentes nesta sala, talvez, mas vou falar por mim. Sou filho de uma família de classe média de B para A – B que terminou A, enfim... Nunca tive problemas em estudar, nunca passei por nenhuma necessidade, estudei fora quando precisei, não tive de dividir o tempo entre estudo e trabalho. Sinto-me privilegiado dentro do Brasil. Eu me comparo, e digo isso do fundo do coração, com o presidente Lula. Ele é melhor do que eu, porque saiu lá de trás e foi bem à frente. Digo isso com muita sinceridade. O presidente Lula é um quadro político excepcional e não vou aqui entrar nas minúcias de seu governo, positivas ou negativas. Apenas quero dizer que cobro dele que entregue o país a seu sucessor, seja quem venha a ser, com as instituições fortalecidas, e não enfraquecidas. Vejo que um dos saldos negativos do país talvez seja estarmos vendo hoje instituições em xeque, o Congresso não está melhor, a relação Executivo-Legislativo não está melhor, a relação com o Judiciário não está melhor. O que se pode hoje esperar da Polícia Federal, que se sabe ser um quadro que presta serviços fantásticos ao país, mas que tem de ser trabalhada com muito rigor do ponto de vista de seus limites, como tem de ter limites o ministro Tarso Genro, tem de ter limite o presidente Lula, tem de ter limites o presidente Sérgio Guerra, tem de ter limite qualquer cidadão.

A democracia vive de conceder liberdades a partir dos limites que ela impõe, para que as liberdades sejam gozadas amplamente por todos. Não posso aceitar que o presidente passe a seu sucessor instituições em crise.

Essa Abin veio para substituir aquela coisa asquerosa da ditadura que era o Serviço Nacional de Informações. Ela não veio para ser uma instituição asquerosa também, substituir dedos-duros que queriam saber quem conspirava no bom sentido para abafar o grito por liberdade. A Abin nasceu para informar o presidente da República sobre ameaças de *lockout* de empresários ou de greve de caminhoneiros, ou de greve geral de trabalhadores, produzir dados para o presidente, se tem ou não tem gente da Al-Qaeda aqui por perto, em Foz do Iguaçu, sei lá. A Abin veio para isso. Não veio para escutar o meu telefone, ela não veio para escutar o telefone do secretário particular – o pessoal está me avisando que não é só lá no Senado não, acho que o tempo acabou também –, ela não veio para fazer o que está fazendo. Então, dá para dispensar uma Abin? Não dá. O Estado democrático moderno precisa de um instrumento que garanta esse tipo de informação com agilidade e confiabilidade ao presidente. Mas ele não pode ser utilizado como instrumento de perseguição a quem quer que seja, pois o feitiço vira contra o feiticeiro. Até porque, coisa absurda, acabam ouvindo o secretário particular do presidente da República, o que é de uma gravidade enorme. O senador Tião Viana se lembra na Comissão Parlamentar de Inquérito dos Bingos. Fui contra a convocação do secretário particular do presidente da República por entender que não era meu papel naquela comissão vasculhar nenhuma república do Galeão, que não era meu papel colocar no banco dos réus alguém tão próximo do presidente da República, eu não aceitava isto. E, na reunião secreta da comissão, manifestei-me assim. Voto vencido, fiz as perguntas com o maior respeito, com a maior discrição, com a maior distância do dr. Gilberto Carvalho. Considero ultrajante sabermos que as conversas dele são escutadas por quem quer que seja. Isso significa ameaça ao próprio presidente da República! Eu não queria que a Abin virasse uma SS sem Hitler. Não quero um Brasil com Hitler e com SS; quero democracia. Isso para mim é pedra de toque: democracia.

O compromisso com a democracia é algo que nos aproxima. Temos de ser muito claros ao afirmar esse compromisso entre nós, seja quem venha a ter o poder amanhã, seja quem tenha o poder hoje. O compromisso da oposição é não conspirar, o compromisso do governo é respeitar a democracia e aprofundá-la. Amanhã, se a oposição for governo, deve aprofundar mais ainda o regime democrático, quem for oposição tem o dever de não conspirar. Vejo que por aí temos muito a fazer e fico muito feliz por estar perto de pessoas que respeito, estimo e que, brincadeiras à parte, são pessoas que têm revelado muito valor na vida pública. Está aqui presente uma elite de pessoas do governo e do Partido dos Trabalhadores que é da minha relação pessoal, do meu afeto e do meu respeito. Meu respeito público por todos eles.

A sociedade contra a barbárie – e a favor da civilização

*Célio Borja**

*Jurista. Ex-ministro da Justiça.

Na seção do Fórum Especial de 2008, as intervenções dos parlamentares participantes versaram sobre a reforma política preconizada em propostas de emendas à Constituição e projetos de lei já apresentados ao Congresso Nacional.

Por imperativo de síntese, resumem-se nas matérias seguintes tais manifestações desses deputados e senadores: democracia, representação política (eleitor, partidos e sistema eleitoral), divisão de poderes e relações de seus órgãos e, enfim, objeto das intervenções do ministro Tarso Genro e do senador Sérgio Guerra, a concertação e o consenso como caminhos para uma reforma política aceitável e duradoura.

As exposições parecem partir, todas, da concepção kelseniana da democracia como Estado de partidos. A leitura dos textos do ainda jovem Hans Kelsen sobre essa matéria mostra que ele se deixou impressionar pela incipiente concepção soviética da organização política de base social, que seria submetida à prova nos anos seguintes de entreguerras, só então revelando o que nela havia de bom e de mau. O voto de lista fechada, a abolição do escrutínio uninominal e do distrito ou círculo, em suma, o monopólio do partido sobre a representação política massificada e hierarquizada, quando não militarizada, reduziram o papel do eleitor a quase nada, uma vez que os partidos nos quais somente se pode votar são taumaturgicamente os grandes sacerdotes de uma visão do mundo, de uma doutrina e de uma práxis políticas, fautores de um modelo de Estado que é seu destino construir. Cabe ao partido recrutar e selecionar seus membros e escolher, dentre eles, os que deverão ser votados pelos que lhe preferirem a lista.

Diversamente, o sistema majoritário que reconhece no eleitor o sujeito ativo da representação e lhe assegura total liberdade de escolha assim em seu distrito ou círculo, como na nação, quando ela é a *constituency*, como nas eleições presidenciais e assemelhadas, foi preterido pelos expositores em favor da representação proporcional *dos partidos políticos*, com lista fechada, tolerando alguns a lista aberta.

Quanto à divisão de poderes, foi unânime a defesa do Congresso como órgão legislativo por excelência e fórum de fiscalização e debates; e, também, a precaução contra as medidas provisórias. De outra parte, é visível o cuidado com a judicialização da política e a politização do ativismo judiciário. Igualmente, a percepção do risco e o descontrole investigativo do Parlamento, do Executivo e de seu braço policial, bem como do Ministério Público, nos conduziram a um Estado policial. Não se cuidou de um tópico crucial nas relações dos poderes nacionais: a autonomia da administração, o recrutamento, a seleção e a ascensão funcional pelo mérito, a abolição dos cargos em comissão e a implementação da norma constitucional que prevê essa última medida de forma peculiar.

Para não faltar a uma chamada da ementa do programa desta secção do Fórum Nacional, é imperioso lembrar que todas as nações, em todos os tempos, oscilaram entre a civilização e a barbárie. A barbárie nos espreita e, se não nos precavermos, ela nos atacará e nos dominará.

A propaganda, na paz e na guerra, é maniqueísta e atribui aos competidores a propensão à barbárie. Isso é tão falso quanto qualquer maniqueísmo. Civilização existe quando predominam os valores do espírito, que se manifestam nas artes mais do que na ciência, na religião e na filosofia, e, de modo prático, no direito que assegura a paz na família, na sociedade e no Estado.

SEXTA PARTE

Projeto Sinergias: oportunidade para o Nordeste e a Amazônia

Os desafios da questão regional brasileira

*Geddel Vieira Lima**

*Ministro da Integração Nacional.

O Brasil, que esteve à frente de seu tempo nas questões de desenvolvimento regional nas décadas de 1950 a 1970, conforme o argumento contido na ementa deste Painel IV, testemunhou, no âmbito da *débâcle* do planejamento, o esmorecimento do ideal de redução de suas desigualdades regionais, tanto por problemas estruturais quanto por fatores conjunturais.

A criação do Ministério da Integração Nacional (MI), órgão que tenho a honra de comandar, deu origem à retomada das discussões relativas às questões de integração nacional e desenvolvimento regional no Brasil.

Gostaria de acentuar que, sobretudo a partir de 2003, a retomada da discussão da chamada "questão regional" no âmbito do governo federal ganhou fôlego e consistência. Tenho observado que a temática vem extrapolando, de forma vagarosa mas consistente, os limites da pasta da Integração Nacional, dando, inclusive, ao ministério justificativa institucional inquestionável. Mas o fato é que questões referentes ao desenvolvimento regional e territorial têm ocupado parte importante da agenda do governo federal.

Em 2007, mais especificamente no dia 22 de fevereiro, institucionalizamos no âmbito do governo, por meio do Decreto nº 6.047, a Política Nacional de Desenvolvimento Regional (PNDR), uma formulação que vinha sendo idealizada desde o primeiro dia do governo Lula (e aqui aproveito para reconhecer o esforço de colaboradores como a professora Tânia Bacelar, em nome da qual agradeço a valiosa contribuição de tantos outros profissionais da academia e de nossa valiosa burocracia estatal que se dispuseram a aceitar o desafio de se dedicar à retomada do tema e prestaram importante contribuição para tal).

Fato é que o olhar para o passado recente traz a certeza de quanto andamos na direção certa para a redução das históricas e persistentes desigualdades sociais e regionais brasileiras. Mas ainda temos um longo caminho a percorrer.

Avalio que ainda não podemos considerar sequer aceitável as diferenças de bem-estar e de padrões de desenvolvimento que separam brasileiros por territórios elegíveis e excluídos do processo altamente seletivo de integração das economias mundiais.

E o que temos feito para cumprir nossa nobre missão institucional e atuar no sentido de reduzir nossas agudas desigualdades regionais? Vou procurar focar o objeto de minha apresentação nas regiões Nordeste e Amazônica, ao encontro da provocação contida na ementa do painel.

Enfrentamos, a meu ver, três grandes desafios para a retomada plena, sustentável e firme da chamada questão regional no Brasil:

1. precisamos de mais e melhores organizações para a gestão regional;
2. precisamos de mais e melhores opções de geração de emprego e renda nos territórios prioritários para o desenvolvimento regional brasileiro; e
3. precisamos de mais recursos para infra-estrutura, talvez o principal gargalo existente em diversos territórios que ainda estão excluídos do esforço nacional de desenvolvimento, nessa fase de prosperidade e de vigor da economia brasileira.

A título de exemplo, temos procurado reforçar nossa base institucional para o enfrentamento da missão que nos cabe, seja por meio da estruturação do Ministério da Integração Nacional, que começa a formar e consolidar seu quadro próprio de servidores, seja com a criação das novas Sudene e Sudam, por meio do reaparelhamento de ambas as instituições, o que não é uma missão trivial. Posso garantir aos senhores que estamos mais empenhados do que nunca em propiciar condições de governança às superintendências, para que elas possam cumprir o papel institucional devido. Isso é verdadeiro também para as instâncias dos governos estaduais e municipais que têm sido criadas com o objetivo de gestão territorial e regional – temos dado apoio a essas secretarias, por meio de informações disponíveis para a tomada de decisão, formação de pessoas e assistência técnica, por exemplo.

No que se refere à geração de opções de desenvolvimento em bases competitivas e auto-sustentáveis, temos utilizado os mecanismos de arranjos produtivos Locais nos territórios considerados prioritários pela Política Nacional de Desenvolvimento Regional. Só em 2007, repassamos recursos da ordem de R$300 milhões para ambas as regiões, operados por diversas instituições, a exemplo da CODEVASF e do DNOCS, no intuito de estimular e/ou fortalecer o setor produtivo local na geração de emprego e renda.

No caso da infra-estrutura, em se tratando de Nordeste, por exemplo, temos procurado garantir investimentos que dêem as bases de competitividade econômica para o desenvolvimento da região e atuar de forma efetiva no apoio às populações socialmente mais vulneráveis. Até 2010, o governo federal investirá no Nordeste mais de R$90 bilhões nas áreas de transporte, energia, habitação e saneamento. Estão contempladas obras que vão mudar a cara dessa região, como o Projeto São Francisco e a Transnordestina.

No que se refere ao financiamento do desenvolvimento regional, mais especificamente à questão do crédito para a iniciativa privada, permitam-me destacar o papel do Fundo Constitucional de Financiamento do Nordeste

(FNE), que, em 2007, aportou recursos da ordem de R$4,2 bilhões para a região. Já para a região Norte, no mesmo ano foram alocados recursos da ordem de R$1,1 bilhão pelo Fundo Constitucional de Financiamento do Norte (FNO).

Os dados até aqui disponíveis para o exercício 2008 nos deixam ainda mais animados, já que temos a informação de que, somente no período de janeiro a junho/2008, os financiamentos contratados totalizaram cerca de R$3,5 bilhões pelo FNE e R$893 milhões pelo FNO.

Destaco também o começo da efetiva operacionalização do Fundo Regional de Desenvolvimento do Nordeste (FDNE), que permite o financiamento à iniciativa privada de projetos de infra-estrutura.

Foram aprovados até junho de 2008 projetos que demandarão recursos da ordem de R$100 milhões no FDA e de R$96 milhões no FDNE.

Cabe registrar, ainda, que já foram aprovadas cartas-consulta totalizando cerca de R$60 milhões no FDA e R$3,6 bilhões no FDNE.

Finalmente, é importante mencionar que foram contratados, até junho de 2008, projetos no valor de R$725 milhões do FDA e R$47 milhões do FDNE.

Isso se soma ao mecanismo de incentivos fiscais que utilizamos amplamente, já que o desenvolvimento regional também é apoiado por meio de incentivos e benefícios fiscais concedidos aos empreendimentos que se instalam, ampliam, modernizam ou diversificam os setores considerados prioritários para o desenvolvimento regional. A estimativa da Receita Federal do Brasil é de que, em 2008, os gastos tributários relativos aos incentivos fiscais de redução de imposto de renda serão da ordem de R$2,1 bilhões na área de atuação da Sudene e R$1,6 bilhão na área de atuação da Sudam.

Quero abrir parênteses para citar um instrumento que considero prioritário à efetiva retomada da prioridade ao desenvolvimento regional no Brasil e prioridade de nossa gestão, o Fundo Nacional de Desenvolvimento Regional (FNDR). A aprovação do fundo no âmbito da PEC da Reforma Tributária, que ora se discute no Congresso Nacional, prevê aplicação de recursos em programas voltados ao desenvolvimento econômico e social das áreas menos desenvolvidas do país, bem como em programas de financiamento ao setor produtivo das regiões Norte, Nordeste e Centro-Oeste, além de transferências a fundos de desenvolvimento dos estados e do Distrito Federal. Uma vez aprovado, passaremos a contar com um montante expressivo de recursos, significativos, para a efetiva redução das desigualdades regionais brasileiras.

O Ministério da Integração Nacional é responsável, também, por várias e importantes obras no PAC em diferentes estados das duas regiões em pauta. Temos projetos de irrigação em Tocantins, Piauí, Ceará, Paraíba, Pernambuco, Alagoas, Sergipe e na minha Bahia.

Estamos trabalhando com projetos de esgotamento sanitário no Maranhão e na Bahia, por exemplo, e de tratamento de resíduos sólidos e controle de processos erosivos também no Maranhão. Isso sem contar as ações de abastecimento de água no Piauí, Paraíba, Pernambuco, Alagoas e Sergipe, bem como todas as demais atividades da integração de bacias e revitalização do São Francisco.

Cito, ainda, diversas outras ações programáticas para a região, como o Programa Pró-Água Semi-Árido, com avanços dignos de registro. Entre 2003 e 2007, foram concluídos, por exemplo, 35 sistemas de abastecimento de água, com investimentos totais de R$390,7 milhões, beneficiando 2,5 milhões de pessoas. Há outros nove sistemas que estão em fase de conclusão e dois em fase de contratação. Com isso, teremos uma população atendida, estimada, de 4,2 milhões de pessoas, no semi-árido nordestino, apenas com recursos do Pró-Água Semi-Árido.

No programa Pró-Água Nacional, com sistemas de adutoras, açudes, sistemas de abastecimento e estações de tratamento, existem obras em andamento nos estados do Piauí, Ceará, Rio Grande do Norte, Pernambuco, Alagoas e Bahia.

Por fim, vale destacar o Projeto São Francisco, cujo objetivo é garantir que 12 milhões de pessoas no semi-árido tenham acesso à água. Os recursos do PAC já estão garantidos tanto para a Revitalização do Rio São Francisco, R$1,6 bilhão, quanto para a Integração de Bacias do Nordeste Setentrional, cerca de R$4,8 bilhões até 2010, uma vez que o projeto consiste em duas ações fundamentais:

a) **Revitalização do Rio São Francisco**
   que abrange ações da nascente à foz, em Minas Gerais, Bahia, Pernambuco, Alagoas e Sergipe, tais como obras de saneamento básico; recomposição de matas ciliares; controle de erosão e tratamento de resíduos sólidos; além da recuperação de microbacias, criando condições para o desenvolvimento de atividades econômicas e busca de navegabilidade do Rio São Francisco.

b) Integração do Rio São Francisco com as bacias hidrográficas do nordeste setentrional
grande empreendimento de infra-estrutura hídrica, que levará pequena parte da água do Rio São Francisco para abastecer sistema de açudes, adutoras e rios, sobretudo dos estados de Pernambuco, Ceará, Paraíba e Rio Grande do Norte. Algo absolutamente corriqueiro no mundo, já que há obras semelhantes àquelas que estamos fazendo em outros países, como no Equador, Peru, Estados Unidos, Espanha e Egito. (A ExpoZaragoza 2008, em andamento, divulga amplamente um sem-número de projetos de transposição de águas em todos os lugares do mundo.)

Só para lembrar, nosso projeto consiste na construção de dois eixos, o Norte e o Leste, para levar água à região semi-árida do Nordeste setentrional – com um total de 622km de canais, oito túneis, 27 aquedutos, 35 reservatórios, nove estações de bombeamento e 4,5km de adutoras, representa uma grande obra de infra-estrutura hídrica, arrojada, que, em tempo, nosso governo finalmente "tirou da gaveta" para beneficiar 12 milhões de habitantes do semi-árido nordestino.

Sei com toda a minha convicção que temos uma longa caminhada pela frente, mas que temos dado passos concretos e efetivos para tornar o Brasil um "país de todas as regiões".

Não posso deixar de reiterar, ao final dessas breves considerações, minha confiança no excepcional futuro que o Brasil tem pela frente e a certeza de que fóruns como este são mecanismos fundamentais para a reflexão coletiva de nosso papel, além de possibilitar a contribuição de atores de diversas instâncias do Estado brasileiro para o objetivo que nos move.

Nordeste e Amazônia: oportunidades de investimento

*Roberto Cavalcanti de Albuquerque**

*Diretor-técnico do Inae. Ex-secretário de Planejamento da Secretaria de Planejamento da Presidência da República.

AMAZÔNIA, NORDESTE: VISÃO DE CONJUNTO

A Amazônia, com 3.853 mil quilômetros quadrados, ocupa 45,3% da área territorial do Brasil. É quase 2,5 vezes mais extensa que o Nordeste e mais de 1,2 vez maior do que o Centro-Sul (Tabela 1).[1] Duas características principais a singularizam: a complexidade de imensa bacia fluvial ainda em formação; e a hiléia, denominação dada por Alexander von Humboldt e Aimé Bonpland à portentosa floresta tropical úmida, de grande diversidade biótica.

O Nordeste, com 1.554 mil km², ocupa 18,3% do território nacional e equivale, em extensão, à metade do Centro-Sul (Tabela 1).[2] Duas particularidades principais marcam-lhe o território: a singular influência atlântica, atestada por grau de maritimidade 2,5 vezes superior ao brasileiro;[3] e o grande bolsão semi-árido interior – um trópico seco – que se estende do Piauí à Bahia, representando 62% da região.[4]

Com 51,5 milhões de habitantes (2007), o Nordeste detém 28% da população do país, equivalentes a 43,7% da população do Centro-Sul e a 3,5 vezes da Amazônica. A densidade demográfica, 33,2 habitantes por km², é 53% superior à do Brasil, mas algo inferior à do Centro-Sul (88% dela).

O grau de urbanização, 71% em 2005, embora tenha crescido muito nas últimas décadas do século passado, continuava inferior ao brasileiro (83%). Rápida transição demográfica, aliada a significativa porém decrescente emigração, determinaram expressiva redução no crescimento populacional, que foi, em média, 1,7% ao ano entre 1970 e 2007, inferior ao do país (1,9%) e Centro-Sul (1,8%).

A Amazônia, com 14,6 milhões de habitantes, abriga apenas 7,9% da população brasileira. Ainda é um vazio demográfico relativo, com 3,8 habitantes por km² (18% da média brasileira: 21,6 hab/km²).

---

[1] Entenda-se por Amazônia a grande região Norte, integrada pelos estados de Rondônia, Acre, Amazonas, Roraima, Pará, Amapá e Tocantins.

[2] Como sabido, a grande região Nordeste é formada pelos estados do Maranhão, Piauí, Ceará, Rio Grande do Norte, Paraíba, Pernambuco, Alagoas, Sergipe e Bahia.

[3] O grau de maritimidade é medido pela relação entre a extensão do litoral, mensurada em km, e a dimensão do território, medida em km². O litoral do Nordeste tem 3.347km (o brasileiro mede 7.408km). Fonte: IBGE (2006-8).

[4] O Polígono das Secas, que delimita esse bolsão (Lei nº 175, de 07.01.1936), tem, na área do Nordeste, 962,3 mil km². Ver Albuquerque (2002), p. 141; e Carvalho & Egler.

TABELA 1
Amazônia, Nordeste, Centro-Sul e Brasil: indicadores selecionados

Discriminação	*Amazônia (AZ)*	*Nordeste (NO)*	*Centro-Sul (CS)*	*Brasil (BR)*	*AZ/BR (%)*	*NO/BR (%)*	*AZ/CS (%)*	*NO/CS (%)*	*AZ/NO (%)*
Área (mil km²)	3.853,3	1.554,3	3.107,3	8.514,9	45,3	18,3	124,0	50,0	247,9
População, 2007 (mil)	14.623,3	51.535,3	117.829,6	183.988,2	7,9	28,0	12,4	43,7	28,4
Crescimento demográfico médio anual, 1970-2007 (%)	3,9	1,7	1,8	1,9	207,8	88,9	217,2	93,0	233,6
Densidade demográfica, 2007 (hab/km²)	3,8	33,2	37,9	21,6	17,6	153,4	10,0	87,4	11,4
Grau de urbanização, 2005 (%)	74,4	70,7	89,0	82,8	89,9	85,4	83,6	79,4	105,2
PIB, 2005 (PPC$ milhões de 2006)	81.935,8	215.759,3	1.353.928,3	1.651.623,4	5,0	13,1	6,1	15,9	38,0
Crescimento médio anual do PIB, 1970-2005	6,5	4,3	3,9	4,0	162,3	108,2	168,5	112,3	150,1
Densidade econômica, 2005, PPC$ mil de 2006 (PIB/km²)	21,3	138,8	435,7	194,0	11,0	71,6	4,9	31,9	15,3
Grau de industrialização, 2005 (%)	31,6	26,4	29,7	29,3	107,6	89,8	106,4	88,8	119,8
PIB *per capita*, 2005 (PPC$ de 2006)	5.702	4.330	11.699	9.179	62,1	47,2	48,7	37,0	131,7
Crescimento médio anual do PIB *per capita*, 1970-2005 (%)	2,4	2,6	2,0	2,1	115,1	127,8	119,2	132,4	90,0
Índice de Desenvolvimento Social, IDS, 2006 (valores entre 0 e 10)	7,48	7,08	8,57	8,11	92,2	87,3	87,3	82,6	105,6
Crescimento médio anual do IDS, 1970-2006 (%)	2,3	3,6	1,7	2,1	109,5	171,4	135,3	211,8	63,9
Índice do Nível de Vida, INV, 2000 (valores entre 0 e 10)	6,37	6,45	8,74	7,93	80,3	81,4	72,9	73,9	98,7
Incidência de pobreza extrema, 2005 (% da população)	6,9	13,0	4,2	6,8	101,5	191,2	164,3	309,5	53,1
Incidência de pobreza extrema, 2000 (% da população)	18,8	24,1	7,2	12,9	146,0	187,6	260,0	334,1	77,8

Fontes: IBGE; IPEA; Vergolino; Rocha & Albuquerque; Rocha.

O grau de urbanização regional (74%) supera o nordestino, refletindo ocupação territorial mais agrupada em núcleos urbanos. Devido a fortes imigrações, o crescimento demográfico dessa vasta região foi, em média, 3,9% ao ano em 1970-2007, embora venha revelando tendência declinante.

O PIB da Amazônia, PPC$81,9 bilhões, corresponde a 5% do brasileiro e 38% do nordestino. Revelou grande dinamismo, crescendo a 6,5% anuais entre 1970 e 2005, desempenho 63% superior ao do país. Mesmo assim, a densidade econômica regional em 2005, PPC$21,3 mil por km², representa somente 11% da brasileira e 5% da alcançada pelo Centro-Sul. O grau de industrialização, 32% (2005), superior ao brasileiro, reflete o peso da Zona Franca de Manaus e da minerometalurgia na formação do PIB regional.[5]

Já o PIB do Nordeste, PPC$215,8 bilhões (2005, preços de 2006), sinaliza o porte já significativo da economia de Nordeste, que equivale a 13,1% da brasileira. Ela apresentou bom dinamismo nas últimas três décadas, com crescimento médio anual do PIB entre 1970 e 2005 de 4,3%, superior ao do Brasil (4,0%) e Centro-Sul (3,9%). A densidade econômica regional, entretanto, PPC$138,8 mil por km², corresponde a 72% da brasileira e 32% da do Centro-Sul. O grau de industrialização, 26% em 2005, ainda é relativamente baixo se confrontado com os da Amazônia (32%) e do Centro-Sul (30%).

O Gráfico 1 apresenta as dimensões relativas da área, população e PIB das três regiões consideradas.

GRÁFICO 1
Regiões: área, população (2007) e PIB (2005)

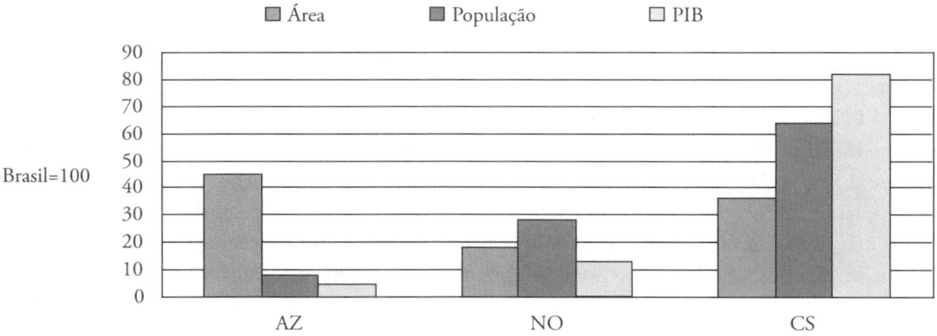

---

[5] Neste estudo, os valores de PIB e PIB *per capita* estão expressos em "dólares internacionais" de 2006, unidade de conta que exprime a paridade de poder de compra (PPC) entre o dólar nos Estados Unidos e o real no Brasil naquele ano, tornando compatíveis as comparações internacionais de valor. Ver The World Bank.

GRÁFICO 2

Brasil e regiões: PIB per capita, 2005

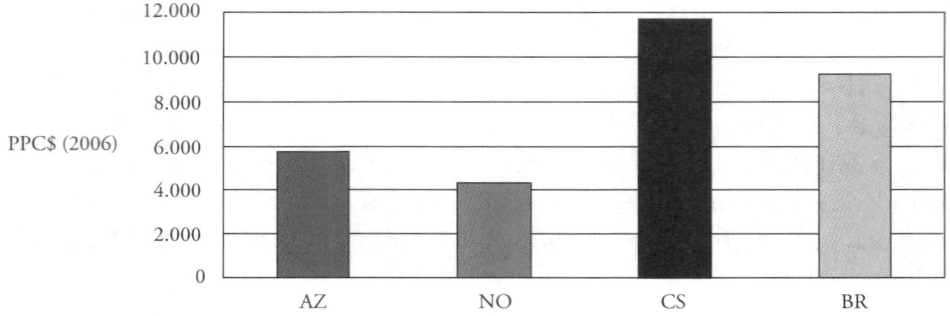

O PIB *per capita* do Nordeste, PPC$4,3 mil (2005), corresponde a 76% do amazônico (PPC$5,7 mil), 47% do brasileiro (PPC$9,2 mil) e 37% do centro-sulino (PPC$11,7 mil – Gráfico 2). Seu crescimento, contudo, foi mais elevado: 2,6% ao ano entre 1970 e 2005, ao passo que os da Amazônia, Brasil e Centro-Sul foram, respectivamente, 2,4%, 2,1% e 2,0%.[6]

Disparidades semelhantes, embora menos intensas, ocorrem entre os indicadores sociais das três grandes regiões. O Índice de Desenvolvimento Social (IDS) do Nordeste foi, em 2006, 7,08; e o da Amazônia, 7,48 (6% superior ao nordestino). O IDS do Centro-Sul, 8,57, foi 21% superior ao nordestino e 15% maior que o amazônico. Esse indicador cresceu mais, entre 1970 e 2006, no Nordeste: a 3,6% a.a., comparados com 2,3%% na Amazônia, 2,1% no Brasil e 1,7% no Centro-Sul. (Tabela 1 e Gráfico 3.)[7]

---

[6] Pelos padrões adotados pelo Banco Mundial, o Nordeste e a Amazônia estariam situados entre os países de renda média baixa, com PIBs *per capita* superiores aos da Índia (PPC$3.800) e Indonésia (PPC$3.950), mas inferiores ao das Filipinas (PPC$5.980). O Brasil situar-se-ia entre os países de renda média alta, com PIB *per capita* inferior à média mundial (PPC$10.218) mas superior ao da China (PPC$7.740). E o Centro-Sul estaria também nessa mesma faixa, mas com PIB *per capita* superior ao do Chile (PPC$11.270) porém inferior ao da Argentina (PPC$15.390). Os dados para os países estrangeiros e a média mundial são de 2006, a preços desse mesmo ano. Cf. The World Bank.

[7] O IDS é indicador sintético de desenvolvimento expresso em valores que variam hipoteticamente entre 0 e 10 e são apresentados com dois algarismos decimais. Ele é integrado por cinco componentes e 12 subcomponentes: (1) o componente saúde, formado pelos subcomponentes esperança de vida ao nascer e taxa de sobrevivência infantil (o complemento para 100 da taxa de mortalidade infantil); (2) o componente educação, formado pelos subcomponentes taxa de alfabetização e pela média de anos de estudo (ou escolaridade média) da população; (3) o componente trabalho, representado pelos subcomponentes taxas de atividade e de ocupação; (4) o componente rendimento, representado pelos subcomponentes PIB *per capita* e coeficiente de igualdade (o complemento para 1 do coeficiente de Gini); e (5) o componente habitação, formado pelos subcomponentes disponibilidades domiciliares de água, energia elétrica, geladeira e televisão. Cf. Albuquerque (2008).

GRÁFICO 3

Brasil e regiões: Índice de Desenvolvimento Social, 2006

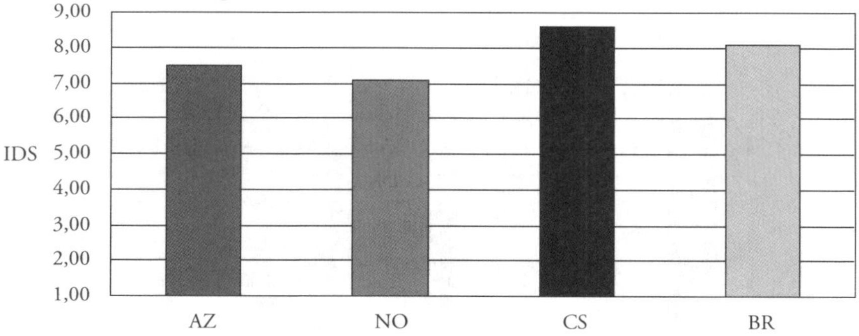

Um Índice do Nível de Vida (INV), calculado para 2000 (para o Brasil, regiões, estados e, inclusive, municípios, com base no Censo Demográfico), revela discrepâncias maiores. Ele foi 6,45 para o Nordeste, valor superior em 1,3% ao obtido para a Amazônia (6,37). E foi 8,74 para o Centro-Sul, 36% maior que o nordestino e 37% maior que o amazônico (Tabela 1).[8]

A incidência de pobreza extrema (proporção das pessoas com renda insuficiente para as necessidades básicas de alimentação) foi, em 2005, 13% no Nordeste, 6,9% na Amazônia, 4,2% no Centro-Sul e 6,8% no Brasil como um todo, caindo muito, em todos os casos, em relação a 2000.

Dinâmicas demográfica e econômico-social

Cabe examinar mais de perto as dinâmicas demográfica e econômico-social recentes do Nordeste e da Amazônia.

A Tabela 2 apresenta, por subperíodos, as taxas médias anuais de crescimento demográfico para o Brasil e regiões ao longo dos anos 1970-2005. Note-se que elas são fortemente decrescentes, espelhando a segunda etapa da transição demográfica vivida pelo país na segunda metade do século passado. Nos 35 anos como um todo, o crescimento populacional da Amazônia, alimentado, em grande parte, por imigrações, manteve-se em 4,0% ao ano. Seguem-se o Brasil (1,9%), o Centro-Sul (1,8%) e um Nordeste (1,6%) ge-

[8] O Índice do Nível de Vida é um indicador sintético de desenvolvimento social (variando também entre 0 e 10) integrado pelos seguintes componentes: (1) educação, representado pelos indicadores taxa de alfabetização, percentual de pessoas com 4 anos ou mais de estudo e percentual de pessoas com 8 anos ou mais de estudo; (2) habitação, representado pelos indicadores percentual de pessoas em domicílios com abastecimento d'água, energia elétrica e geladeira; e (3) informação e lazer, representado pelo indicador percentual de domicílios com televisão. Ver Albuquerque (2005a), p. 153.

GRÁFICO 4

Brasil e regiões: crescimento da população

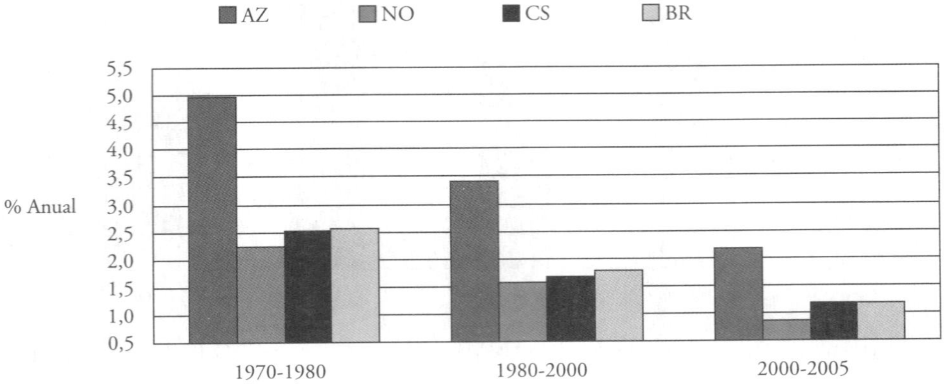

rador de emigrações. No correr dos anos, a redução do crescimento demográfico foi mais intensa no Nordeste e na Amazônia, mais lenta no Sudeste. O Gráfico 4 retrata essa evolução, por subperíodos.

O crescimento do PIB foi elevado na década de 1970, alcançando 8,6% ao ano no país, 12,5% na Amazônia, 8,9% no Nordeste e 8,5% no Centro-Sul (8,5%). No período seguinte (1980-2000), de anemia econômica no Centro-Sul como um todo (expansão do PIB de apenas 1,9% a.a.), continuou havendo mais dinamismo relativo na Amazônia (3,7% ao ano) e no Nordeste (2,5%). Mais recentemente (2000-2005), ensaiou-se tímida recuperação do evoluir da produção, que somente se configuraria mais claramente na segunda metade da presente década. O Gráfico 5 retrata bem, por subperíodos, a evolução ocorrida em 1970-2005 para o Brasil e regiões.

GRÁFICO 5

Brasil e regiões: crescimento do PIB

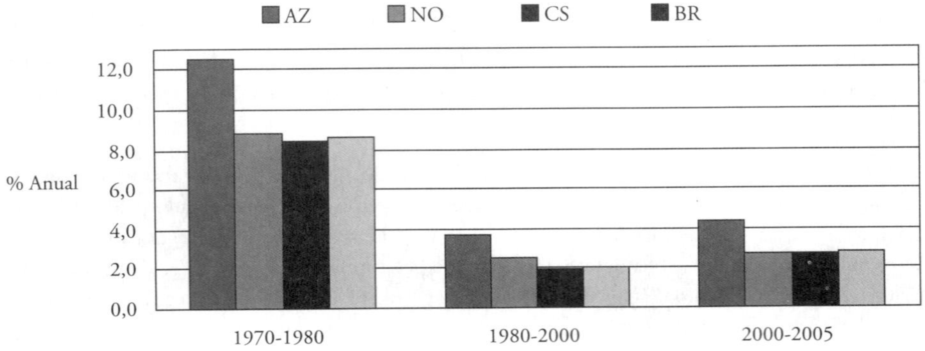

As taxas de crescimento dos PIBs *per capita* regionais também constam da Tabela 2. Note-se que elas são altas em 1970-1980, a despeito de ser ainda elevada a expansão demográfica, mas despencam abruptamente no subperíodo seguinte (1980-2000). Recuperam-se relativamente mais na primeira metade desta década devido à queda do crescimento da população. O Gráfico 6 apresenta as taxas de crescimento dos PIBs *per capita* para as três grandes regiões e o Brasil, segundo os períodos selecionados.

A Tabela 2 apresenta finalmente o crescimento médio anual do Índice de Desenvolvimento Social (IDS). Ele segue, por períodos, o mesmo padrão observado para o PIB *per capita*, embora com variações atenuadas em amplitude.[9] Pelas regiões, é o Nordeste que apresenta, em todos os períodos, o melhor desempenho. O Gráfico 7 retrata, para o Brasil e regiões, a performance do IDS.

TABELA 2

Brasil e regiões: dinâmica econômico-social, por períodos

Discriminação	*1970-1980*	*1980-2000*	*2000-2005*	*1970-2005*
	Crescimento da população (anual, %)			
Amazônia	5,0	3,4	2,2	4,0
Nordeste	2,2	1,6	0,9	1,6
Centro-Sul	2,5	1,7	1,2	1,8
Brasil	2,5	1,8	1,2	1,9
	Crescimento do PIB (anual, %)			
Amazônia	12,5	3,7	4,4	6,5
Nordeste	8,9	2,5	2,8	4,3
Centro-Sul	8,5	1,9	2,7	3,9
Brasil	8,6	2,1	2,8	4,0
	Crescimento do PIB *per capita* (anual, %)			
Amazônia	7,2	0,3	2,1	2,4
Nordeste	6,5	0,9	1,9	2,6
Centro-Sul	5,8	0,2	1,5	2,0
Brasil	5,9	0,3	1,6	2,1
	Crescimento do IDS (anual, %)			
Amazônia	4,4	1,2	3,1	2,4
Nordeste	6,5	2,2	3,4	3,6
Centro-Sul	3,4	1,9	1,6	1,7
Brasil	4,0	1,2	2,1	2,1

Fontes: IBGE; IPEA; Vergolino, Albuquerque, 2005 e 2008.

[9] Observe-se que o IDS já se expressa por um número relativo, ponderado por valores máximos e mínimos.

GRÁFICO 6

Brasil e regiões: crescimento PIB per capita

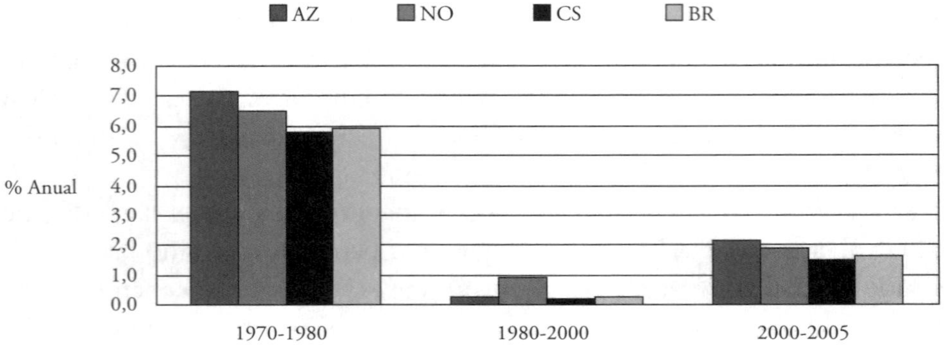

GRÁFICO 7

Crescimento do IDS, 1970-2005

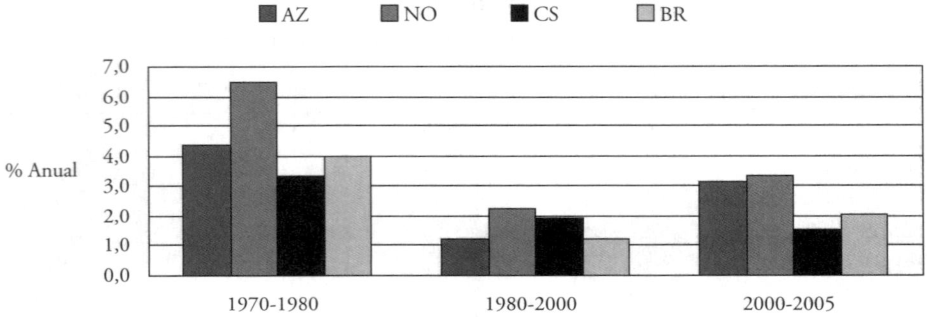

A Amazônia por estados

A Tabela 3 e os Gráficos 8 a 13 apresentam indicadores selecionados para os sete estados da Amazônia. Eles revelam disparidades interestaduais de desenvolvimento algo mais atenuadas que as verificadas entre as grandes regiões brasileiras e entre os estados do próprio Nordeste.

Os dois grandes estados da região, Amazonas e Pará, detêm juntos 73,1% da área (40,7% e 32,4%, respectivamente), 70,3% da população (22,0% e 48,3%) e 67,1% do PIB (31,3% e 36,8%) da Amazônia brasileira.

A ocupação do Amazonas é relativamente mais rarefeita, demográfica e economicamente: a densidade demográfica, 2,1 habitantes por km^2 em 2007, é menor que a paraense (5,7 hab/km^2) e a amazônica (3,8 hab/km^2), o mesmo ocorrendo com a densidade econômica, de PPC$16,3 mil em 2005 (a do Pará foi PPC$24,1 mil e a da Amazônia, PPC$21,3 mil).

O Estado do Amazonas, porém, tem maior grau de urbanização: 77,2% em 2005, com o do Pará sendo 73,8% e o da Amazônia, 74,4%. Ademais, está relativamente mais industrializado, com a indústria representando expressivos 45% do PIB (Pará: 33%; Amazônia: 32%). Os dois fenômenos se devem à importância de Manaus como pólo demográfico e industrial de grande expressão relativa.

É ainda Manaus que explica o mais elevado nível de desenvolvimento alcançado pelo Amazonas. O PIB *per capita* estadual, PPC$8,1 mil em 2005, é quase o dobro do paraense (PCC$4,4 mil) e 41% maior que o amazônico (PPC$5,7 mil). O IDS do estado, 6,63 em 2006, é superior tanto ao paraense (6,10) quanto ao amazônico (6,37). Ao longo dos últimos anos, a incidência de pobreza extrema no Amazonas reduziu-se rapidamente, afetando em 2005 apenas 5,4% da população (7,7% no Pará e 6,9% na região como um todo).

Os dois grandes estados da Amazônia repartem entre si toda a porção brasileira do Amazonas-Solimões (salvo seu delta, que também banha o Amapá). O Pará ocupa a porção oriental da região e tem litoral atlântico de 562km. O Amazonas é maciçamente continental, ocupando o grosso da Amazônia Ocidental.

O Tocantins é o terceiro maior estado da região, com 7,2% de seu território. Seu PIB é um pouco mais baixo que o amazônico (PPC$5,47 mil, 96% do regional), mas teve bom dinamismo desde a transformação de todo aquele norte de Goiás em estado (o crescimento do PIB foi de 6,4% ao ano entre 1970 e 2005, e o do PIB *per capita*, 3,3% anuais). Recentemente, o Acre passou a exibir o segundo menor PIB *per capita* regional depois do Pará (PPC$5,46 mil), bem como o segundo menor IDS (7,43, maior apenas que o do Pará: 7,17). Rondônia, o terceiro estado em população (9,9% dos amazônidas) e com PIB equivalente a 12,1% do amazônico, foi o estado que apresentou, em 1970-2005, mais intensos dinamismos demográfico (crescimento médio anual da população de 7,2%) e econômico (crescimento anual de PIB de 9,3% no mesmo período).

Roraima e Amapá têm a maior parte de seus territórios no Hemisfério Norte e extensas faixas de fronteira (no primeiro caso, com a Colômbia, a Venezuela e a Guiana; no segundo, com o Suriname e a Guiana Francesa).

Roraima apresentou crescimento da população elevado (devido a imigrações): 6,3% ao ano. Teve, sobretudo nos anos 70-80, alta expansão econômica, obtendo crescimento do PIB de 8,6% anuais em 1970-2005.

O Amapá, com PIB *per capita* um pouco acima do regional (PPC$5,8 mil em 2005), apresenta o mais elevado grau de urbanização (92,9%, explicado

TABELA 3

Estados da Amazônia: indicadores selecionados

Discriminação	*Rondônia*	*Acre*	*Amazonas*	*Roraima*	*Pará*	*Amapá*	*Tocantins*	*Amazônia*
Área (mil km^2)	237,6	152,6	1.570,7	224,3	1.247,7	142,8	277,6	3.853,3
População, 2007 (mil)	1.453,8	655,4	3.221,9	395,7	7.065,6	587,3	1.243,6	14.623,3
Crescimento demográfico médio anual, 1970-2007 (%)	7,2	3,1	3,3	6,3	3,2	4,5	2,8	3,9
Densidade demográfica, 2007 (hab/km^2)	6,1	4,3	2,1	1,8	5,7	4,1	4,5	3,8
Grau de urbanização, 2005 (%)	67,5	69,0	77,2	81,4	73,8	92,9	71,1	74,4
PIB, 2005 (PPC$ milhões de 2006)	9.924,0	3.447,5	25.659,2	2.445,2	30.113,6	3.359,0	6.987,3	81.935,8
Crescimento médio anual do PIB, 1970-2005	9,3	5,5	6,4	8,6	5,5	5,8	6,4	6,5
Densidade econômica, 2005, PPC$ mil de 2006 (PIB/km^2)	41,8	22,6	16,3	10,9	24,1	23,5	25,2	21,3
Grau de industrialização, 2005 (%)	14,0	12,0	45,1	11,2	33,0	11,4	27,7	31,6
PIB *per capita*, 2005 (PPC$ de 2006)	6.616	5.461	8.059	6.388	4.419	5.774	5.475	5.702
Crescimento médio anual do PIB *per capita*, 1970-2005 (%)	1,5	2,3	2,8	1,8	2,1	1,0	3,3	2,4
Índice de Desenvolvimento Social, IDS, 2006 (de 0 a 10)	7,56	7,43	7,65	7,93	7,17	7,63	7,66	7,48
Crescimento médio anual do IDS, 1970-2006 (%)	2,3	2,9	2,3	2,6	2,2	2,3	3,6	2,3
Índice do Nível de Vida, INV, 2000 (de 0 a 10)	6,75	5,93	6,63	7,29	6,10	7,86	6,07	6,37
Incidência de pobreza extrema, 2005 (% na população)	4,8	9,9	5,4	11,5	7,7	4,4	7,4	6,9
Incidência de pobreza extrema, 2000 (% da população)	10,2	17,6	25,7	14,7	18,2	16,2	18,3	18,8

Fontes: IBGE; IPEA; Vergolino; Rocha & Albuquerque; Rocha.

GRÁFICO 8

Amazônia: população por estados, 2007 (%)

GRÁFICO 9

Amazônia: PIB por Estados, 2005 (%)

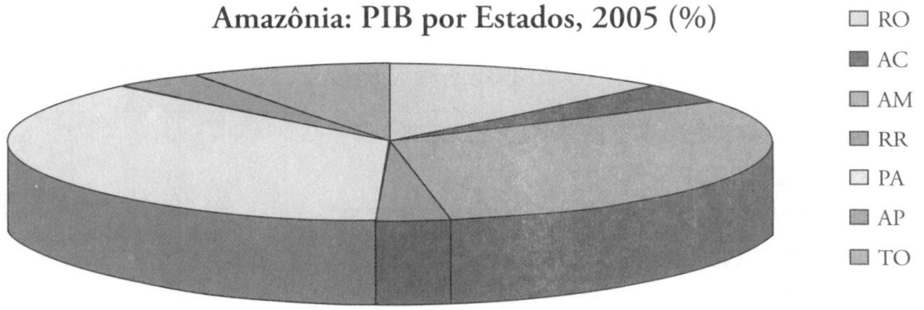

GRÁFICO 10

Amazônia: Crescimento do PIB, estados (1970-05)

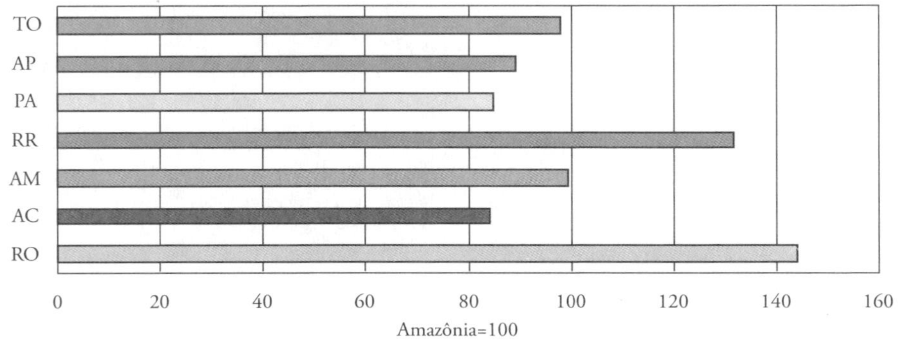

GRÁFICO 11

Amazônia, AZ; PIB per capita, estados, 2005

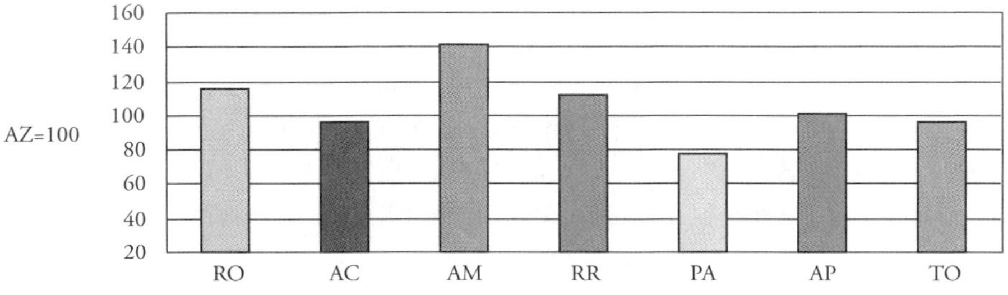

GRÁFICO 12
Amazônia, AZ: IDS 2006, estados

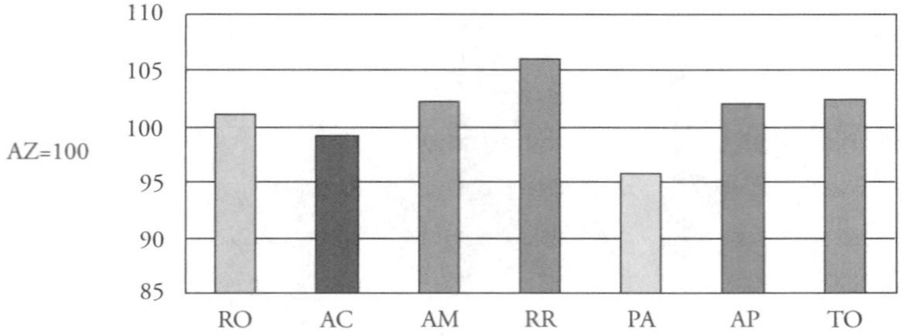

GRÁFICO 13
Amazônia: Proporção de Pobreza Extrema, Estados (2005)

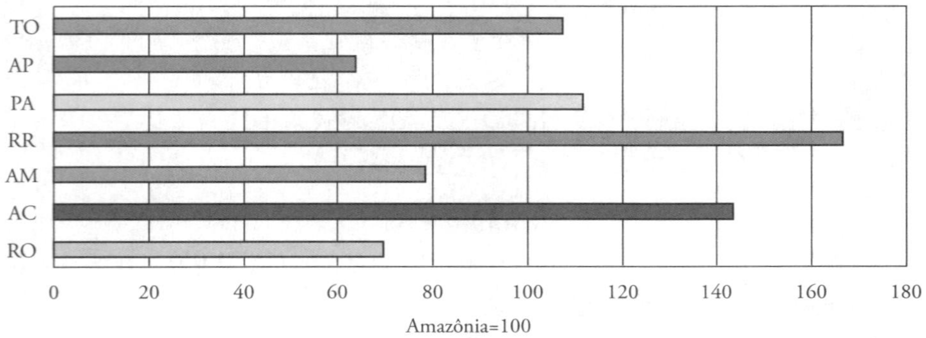

pelo peso de Macapá na população estadual). Pela mesma razão, apresenta desenvolvimento social e nível de vida bastante elevados em termos relativos.

O Nordeste por estados

A Tabela 4 apresenta indicadores selecionados para os nove estados do Nordeste. Por sobre as disparidades marcantes que distinguem a região como a menos desenvolvida do país, sobressaem, no confronto entre os estados que a integram, desigualdades em alguns casos mais acentuadas.

Dois estados, Maranhão e Piauí, detêm quase 38% do território do Nordeste (21,4% e 16,2%, respectivamente), mas respondem por menos de 18% (11,9% e 5,9%) da população e por 13,0% (9,0% e 4,0%) do PIB. Embora o Maranhão seja quase sempre úmido e o Piauí, dominantemente semi-árido, seus indicadores de desenvolvimento equivalem-se.

TABELA 4
Estados do Nordeste: indicadores selecionados

Discriminação	*Maranhão*	*Piauí*	*Ceará*	*R.G. do Norte*	*Paraíba*	*Pernambuco*	*Alagoas*	*Sergipe*	*Bahia*	*Nordeste*
Área (mil km²)	332,0	251,5	148,8	52,8	56,4	98,3	27,8	21,9	564,7	1.554,3
População, 2007 (mil)	6.119,0	3.032,4	8.185,3	3.014,6	3.641,4	8.485,4	3.037,1	1.939,4	14.080,7	51.535,3
Crescimento demográfico médio anual, 1970-2007 (%)	2,0	1,6	1,7	1,8	1,2	1,4	1,8	2,1	1,7	1,7
Densidade demográfica, 2007 (hab/km²)	18,4	12,1	55,0	57,1	64,5	86,3	109,4	88,5	24,9	33,2
Grau de urbanização, 2007 (%)	65,2	61,8	75,7	71,8	77,5	76,2	65,2	81,9	66,5	70,7
PIB, 2005 (PPC$ milhões de 2006)	19.480,4	8.557,2	31.477,	13.739,2	12.971,5	38.385,4	10.872,4	10.324,0	69.951,9	215.759,3
Crescimento médio anual do PIB, 1970-2005	5,1	5,0	4,8	5,3	4,3	3,3	3,9	5,1	4,3	4,3
Densidade econômica, 2005, PPC$ mil de 2006 (PIB/km²)	58,7	34,0	211,5	260,2	229,8	390,4	391,5	471,2	123,9	138,8
Grau de industrialização, 2005 (%)	17,7	17,4	23,3	26,0	22,9	22,3	27,3	32,7	33,1	26,6
PIB *per capita*, 2005 (PPC$ de 2006)	3.267	2.914	3.979	4.683	3.694	4.671	3.691	5.369	5.185	4.330
Crescimento médio anual do PIB *per capita*, 1970-2005 (%)	3,0	3,4	3,1	3,4	3,1	2,0	2,1	2,9	2,6	2,6
Índice de Desenvolvimento Social, IDS, 2006 (de 0 a 10)	6,58	6,91	7,24	7,22	7,11	7,06	6,22	7,49	7,24	7,08
Crescimento médio anual do IDS, 1970-2006 (%)	3,1	4,8	4,2	5,0	4,7	3,3	3,2	3,4	3,0	3,6
Índice do Nível de Vida, INV, 2000 (de 0 a 10)	5,35	5,47	6,61	7,22	6,81	7,21	6,31	7,02	6,29	6,45
Incidência de pobreza extrema, 2005 (% na população)	16,2	15,6	14,5	10,2	9,2	14,2	15,6	8,0	10,9	13,0
Incidência de pobreza extrema, 2005 (% na população)	30,1	26,7	24,9	19,4	21,2	23,0	27,4	20,4	22,9	24,1

Fontes: IBGE; IPEA; Vergolino; Rocha & Albuquerque; Rocha.

O PIB *per capita* do Maranhão, PPC$3,3 mil, é 77% do nordestino;[10] o do Piauí, PPC$2.003, 67% do regional. Os IDS do Maranhão e Piauí, 6,58 e 6,91, respectivamente, são 93% e 98% do nordestino; e as incidências de pobreza extrema (2005), sendo 16,2% e 15,6%, estão entre as mais elevadas entre os estados da região.

O rio Parnaíba, a fronteira líquida entre os dois estados, parece vir nivelando por baixo dois destinos. Seus múltiplos recursos, e os de sua bacia, ainda não foram adequadamente aproveitados como alavancas do desenvolvimento – salvo no caso da hidreletricidade. Nem logrou, até agora, melhor proveito o importante patrimônio de recursos naturais do Maranhão pré-amazônico.

Não se conclua, porém, que o Piauí e o Maranhão são economias estagnadas. O Piauí cresceu bem mais do que o Nordeste entre 1970 e 2005: 5,0% anuais. O Maranhão ainda mais, 5,1% ao ano. É que ambos partiram, há mais três décadas, de níveis muito baixos de desenvolvimento.

GRÁFICO 14
Nordeste: População por estados, 2007 (%)

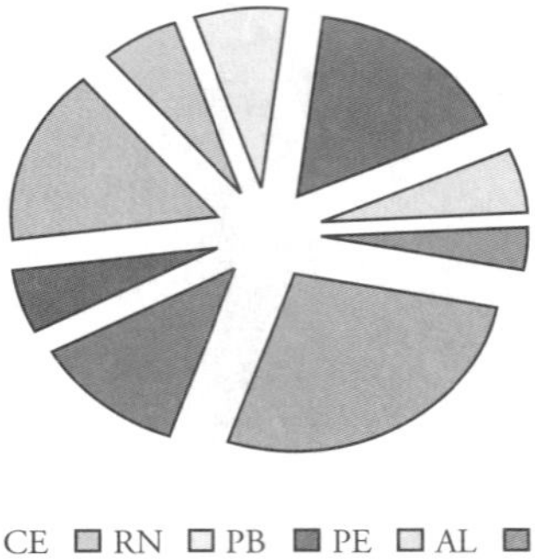

GRÁFICO 15
Nordeste: PIB por estados, 2005 (%)

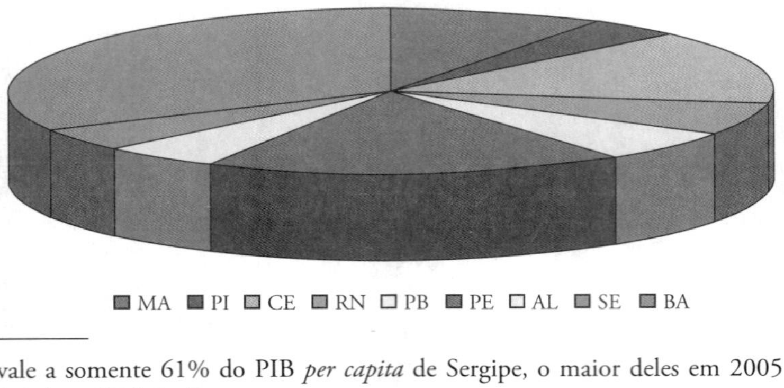

[10] Ele equivale a somente 61% do PIB *per capita* de Sergipe, o maior deles em 2005 dentre os estados do Nordeste (Tabela 4).

GRÁFICO 16
Nordeste: Crescimento do PIB, estados, 1970-05

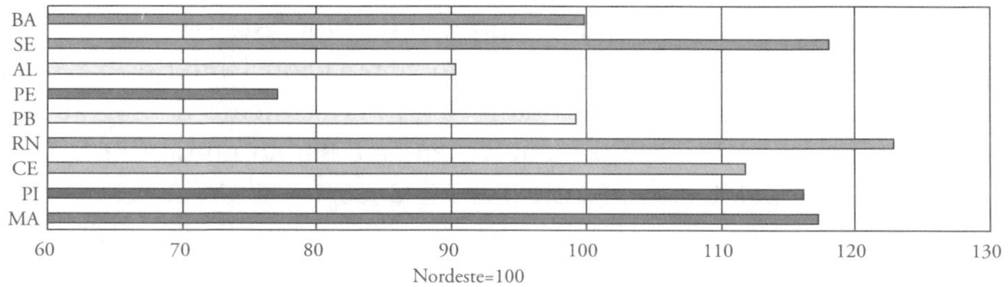

GRÁFICO 17
Nordeste: PIB per capita, estados, 2005

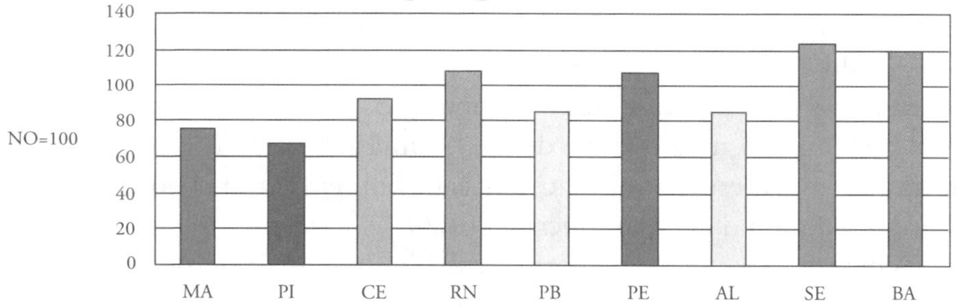

GRÁFICO 18
Nordeste (NO): IDS 2006, estados

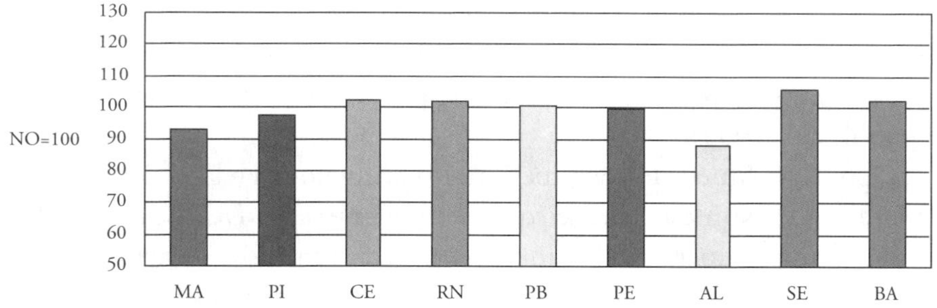

GRÁFICO 19
Nordeste: proporção de pobreza extrema, estados (2005)

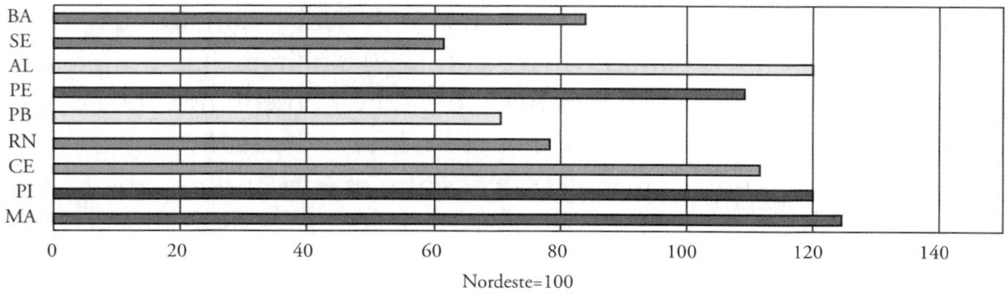

O PIB *per capita* de Pernambuco, PPC$4,7 mil, é superior ao do Nordeste (PCC$4,3 mil), o do Ceará (PPC$4,0 mil), inferior. Pernambuco, que exibe o segundo mais elevado grau de urbanização do Nordeste (76%), vem revelando nas últimas décadas tanto expansão populacional inferior à regional quanto mais baixo dinamismo econômico: seu crescimento demográfico foi 1,4% ao ano entre 1970 e 2007 (equivalente a 82% do nordestino), com o PIB evoluindo a 3,3% anuais entre 1970 e 2005 (77% do crescimento regional). Ao passo que o Ceará, com a população se expandindo a 1,8% anual – um pouco mais do que a do Nordeste (1,7%), porém mais que a pernambucana –, obteve crescimento econômico de 4,8% anuais, superior em 12% ao regional (4,3%).

Não surpreende, portanto, que o Ceará também tenha tido nos últimos anos evolução social mais rápida que Pernambuco. Em 2006, esse estado já apresentava IDS superior ao pernambucano (7,24, comparados com 7,06), com crescimento médio anual de 4,8% em 1970-2006 (Pernambuco: 3.3% ao ano). Nesse mesmo ano, a incidência de pobreza extrema no Ceará, 14,5%, já se aproximava da pernambucana (14,2%).

Dentre os três estados menores desse Nordeste mais nordeste (Rio Grande do Norte: área: 52,8 mil km^2, população, 3,0 milhões, PIB PPC$13,7 bilhões; Paraíba: área 56,4 mil km^2, população, 3,6 milhões, PIB, PPC$13,0 bilhões; e Alagoas: área, 27,8 mil km^2, população, 3,0 milhões, PIB, US$10,9 bilhões), destaca-se o Rio Grande do Norte: pelo elevado dinamismo econômico (crescimento anual do PIB de 5,3% em 1970-2005); e por ter indicadores sociais relativamente expressivos: IDS de 7,22 e proporção de pobreza extrema de 10,2% da população (2005).

Se, por suas dimensões, Sergipe é muito pequeno em relação à Bahia, o maior dos estados do Nordeste, eles se equivalem quanto aos níveis de desenvolvimento, com Sergipe superando a Bahia – e, em certa medida, os demais estados da região – no que respeita ao desempenho econômico dos últimos anos.

Com efeito, em área e população, Sergipe, com 21,9 mil km^2 e 1,9 milhão de habitantes, é o menor dos estados nordestinos, sendo o segundo menor (depois do Piauí) quanto ao PIB (PPC$10,3 bilhões). A Bahia, com área de 565 mil km^2, população de 14,1 milhões e PIB de PPC$70,0 bilhões (quase um terço do nordestino), é o maior deles nesses três indicadores. Porém, os PIBs *per capita* dos dois estados são bastante próximos (PPC$5,4 mil para Sergipe e US$5,2 mil para a Bahia), sendo os mais elevados dentre os estados do Nordeste, as incidências de pobreza extrema são de 8,0% e 10,9%, respectivamente, e os IDS, 7,49 e 7,24 (ambos superiores ao nordestino). Os crescimentos médios anuais dos PIBs entre 1970 e 2005 foram, respectivamente, 5,1% e 4,3% (este último igual ao regional), com os PIBs *per capita* evoluindo a 2,9% e 2,6%. Discrepam muito entre os dois estados as densidades demográfica e econômica e os graus de urbanização, bem mais elevados em Sergipe (Tabela 3).

UMA ESTRATÉGIA DE DESENVOLVIMENTO DO NORDESTE

Uma estratégia de desenvolvimento para o Nordeste deve ter como pressuposto necessário a visualização de uma nova geografia regional. A orientá-la, contaríamos com quatro opções básicas.

A nova geografia reparte a região em nove Unidades Geoeconômicas (UGs) e 33 Áreas Polarizadas (APs), consideradas espaços de referência básica ao planejamento das ações estratégicas. E concebe rede articulada de cidades-pólos de captação e disseminação do desenvolvimento.[11]

As quatro opções são escolhas estratégicas, isto é, objetivos-meios consistentes aos objetivos-fins, o crescimento econômico e o desenvolvimento. São elas (Diagrama 1):

I – competitividade sistêmica (eixos de integração e inserção, Mapas 1, 2 e 3; água para o semi-árido, Mapa 4; ecoeficiência);

II – economia baseada no conhecimento (capital humano; tecnologia e inovação; comunicação e informação);

III – expansão produtiva com dupla inserção competitiva (agronegócio; indústria de transformação; turismo; serviços modernos; e dupla inserção: nos mercados nacional e global);

IV – modernização social (expansão do emprego; redução da pobreza).[12]

Consideradas integradamente, essas quatro opções configuram uma só trajetória de mudanças, no curso da qual elas se intercomunicam, gerando sinergias que propiciam mais crescimento e mais desenvolvimento. A trajetória de mudanças é a própria estratégia.

---

[11] Desenvolvimento em sentido amplo: econômico, social, político, cultural.

[12] Para detalhamento dessas quatro opções, ver Albuquerque (2002 e 2005b).

DIAGRAMA 1

NORDESTE

Concepção Estratégica

I - NOVA GEOGRAFIA

- Tipificação de Áreas
- Hierarquia de Pólos
- Cidades Competitivas

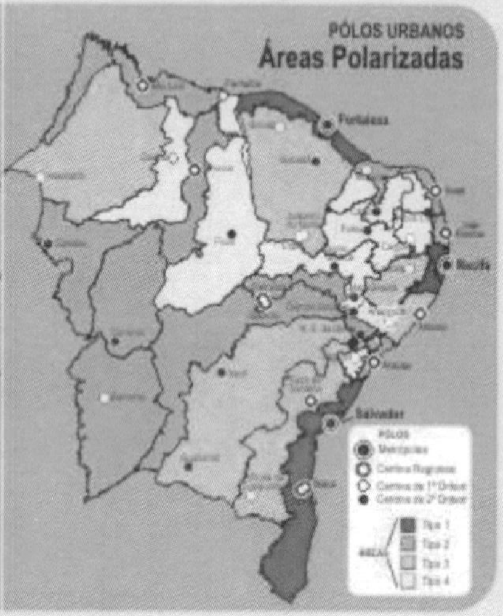

II – OPÇÕES ESTRATÉGICAS

COMPETITIVIDADE SISTÊMICA	ECONOMIA BASEADA NO CONHECIMENTO	EXPANSÃO PRODUTIVA COM DUPLA INSERÇÃO	MODERNIZAÇÃO SOCIAL
Eixos de integração e Inserção	Capital Humano	Agronegócio	Expansão do Emprego
Água para o Semi-Árido	Tecnologia e inovação	Indústria de Transformação	Redução da Pobreza
Ecoeficiência	Comunicação e Informação	Turismo	
		Serviços Modernos	

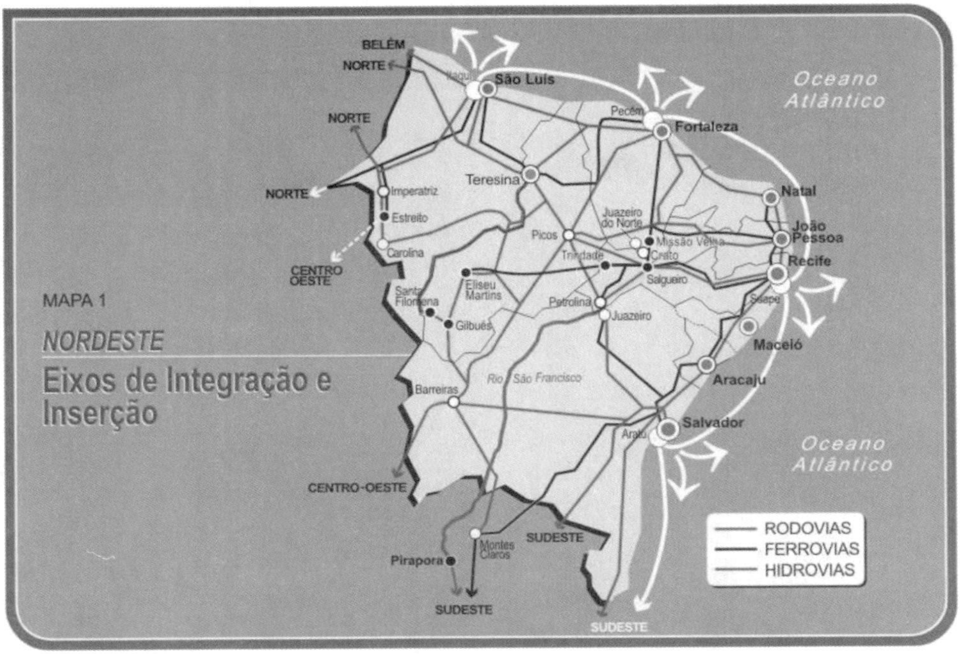
MAPA 1
NORDESTE
Eixos de Integração e Inserção
BELÉM
NORTE
Itaqui
São Luís
NORTE
NORTE
Imperatriz
Estreito
Carolina
CENTRO OESTE
Teresina
Pecém
Fortaleza
Natal
João Pessoa
Recife
Suape
Juazeiro do Norte
Missão Velha
Crato
Picos
Trindade
Salgueiro
Eliseu Martins
Santa Filomena
Gilbués
Petrolina
Juazeiro
Maceió
Aracaju
Rio São Francisco
Barreiras
Salvador
Aratu
CENTRO-OESTE
Montes Claros
Pirapora
SUDESTE
SUDESTE
SUDESTE
Oceano Atlântico
Oceano Atlântico
RODOVIAS
FERROVIAS
HIDROVIAS

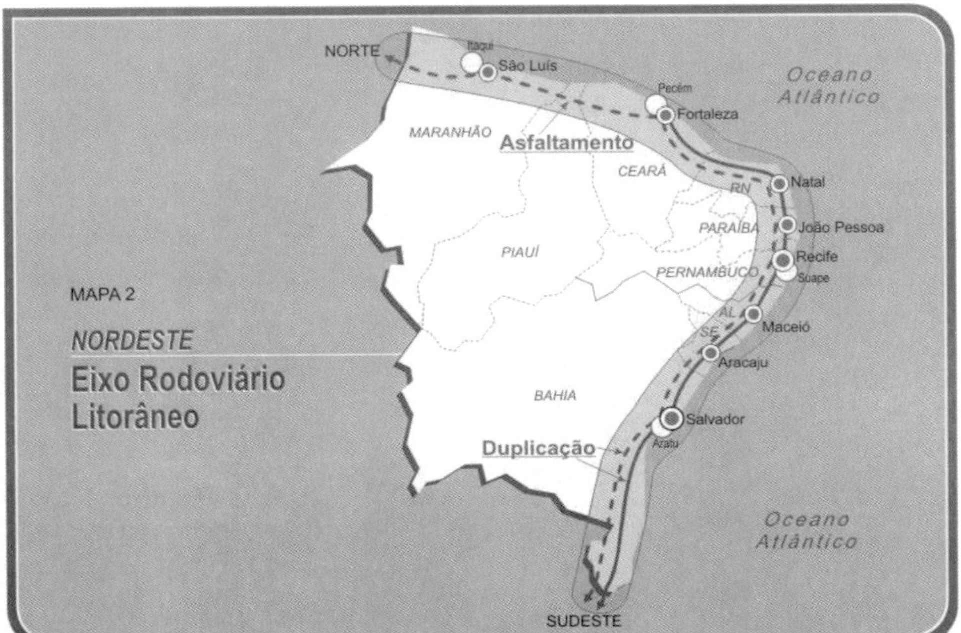
MAPA 2
NORDESTE
Eixo Rodoviário Litorâneo
NORTE
Itaqui
São Luís
Pecém
Fortaleza
MARANHÃO
Asfaltamento
CEARÁ
RN
Natal
PARAÍBA
João Pessoa
PIAUÍ
PERNAMBUCO
Recife
Suape
AL
Maceió
SE
Aracaju
BAHIA
Salvador
Aratu
Duplicação
SUDESTE
Oceano Atlântico
Oceano Atlântico

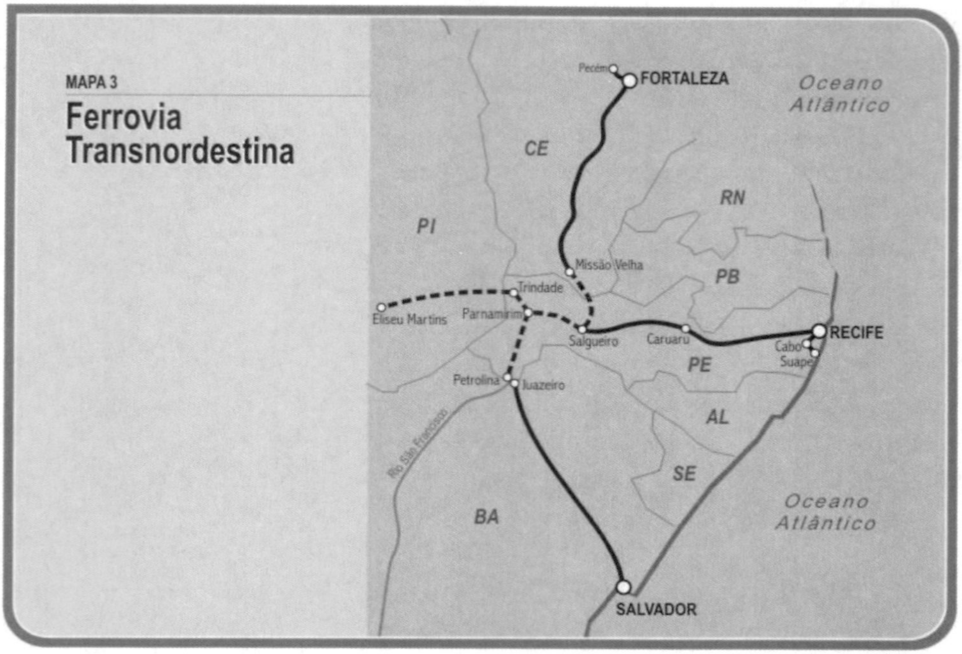

MAPA 3

Ferrovia Transnordestina

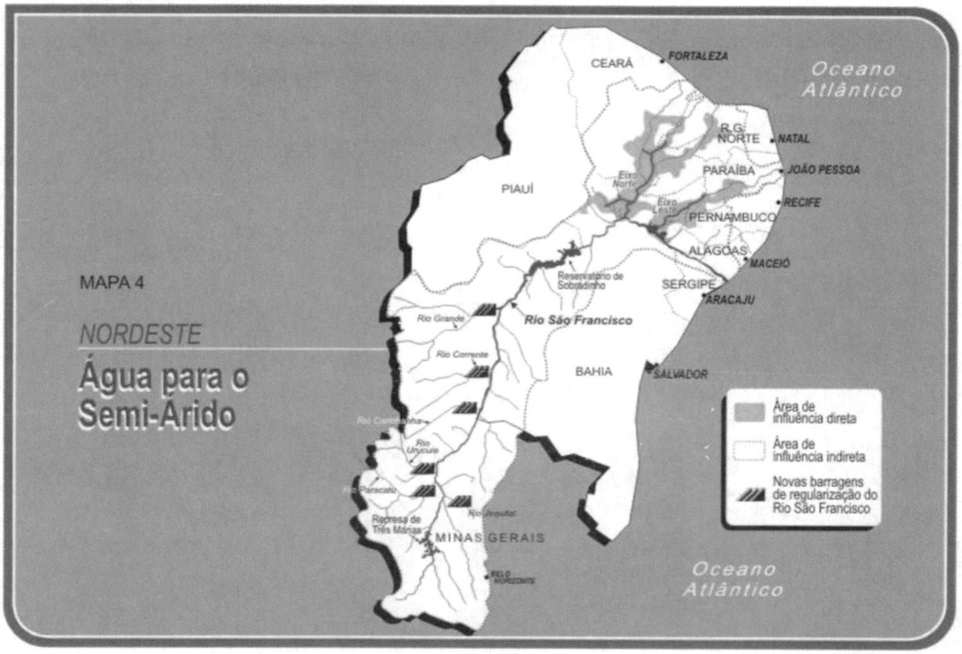

MAPA 4

NORDESTE

Água para o Semi-Árido

NORDESTE: NOVA GEOGRAFIA

Dois critérios sobrepõem-se na configuração de nova geografia para o Nordeste adequada aos propósitos da formulação de uma estratégia de desenvolvimento regional. O primeiro deles, de natureza geográfica, ecoambiental e antropocultural, reparte a região em nove Regiões Geoeconômicas (RGs). São elas (Mapa 5):

I – o Litoral-Mata, com área de 212,6 mil km² (13,7% do Nordeste), população de 24,2 milhões (46,9%), PIB de PPC$140,0 bilhões de 2006 (64,9% do nordestino) crescendo a 4,5% a.a. em 1970-2005 e PIB *per capita* de PPC$6,0 mil (39% superior ao regional);

II – a Pré-Amazônia, com área de 158,9 mil km² (10,2%), população em 2007 de 3,0 milhões (5,7%), PIB em 2005 de PPC$7,2 bilhões de 2006 (3,3% do nordestino) crescendo a 4,1% em 1970-2005 e PIB *per capita* (2005) de PPC$2,5 mil (57,0% do PIB regional);

III – o Parnaíba, com área de 99,7 mil km² (6,4%), população de 2,4 milhões (4,6%), PIB de PPC$7,1 bilhões (3,3% do nordestino) crescendo a 5,1% em 1970-2005 e PIB *per capita* de PPC$3,1 mil (70,5% do regional);

IV – O Sertão Setentrional, com área de 340,8 mil km² (21,9%), população de 7,8 milhões (15,1%), PIB de PPC$18,0 bilhões (8,3% do nordestino) crescendo a 3,8% em 1970-2005 e PIB *per capita* de PPC$3,4 mil (54,9% do PIB regional);

V – o Agreste Oriental, com área de 51,5 mil km² (3,3%), população de 4,3 milhões (8,3%), PIB de PPC$11,1 bilhões (5,2% do nordestino) crescendo a 3,3% em 1970-2005 e PIB *per capita* de PPC$2,7 mil (61,7% do regional);

VI – o São Francisco, com área de 153,0 mil km² (9,8%), população de 2,0 milhões (4,0%), PIB de PPC$7,7 bilhões (3,6% do nordestino) crescendo a 5,6% ao ano em 1970-2005 e PIB *per capita* de PPC$4,0 mil (91,7% do PIB regional);

VII – o Agreste Meridional, com área de 92,8 mil km² (6,0%), população de 4,0 milhões (7,7%), PIB de PPC$12,3 bilhões (5,7% do nordestino) crescendo a 3,6% em 1970-2005 e PIB *per capita* de PPC$3,1 mil (72,7% do PIB regional);

VIII – o Sertão Meridional, com área de 181,9 mil km² (11,7%), população de 2,9 milhões (5,7%), PIB de PPC$6,2 bilhões de 2006 (2,9% do nordestino) crescendo a 3,2% em 1970-2005 e PIB *per capita* de PPC$2,2 mil (50,3% do PIB regional); e

IX – o Cerrado, com área de 263,0 mil km² (16,9%), população de 1,1 milhão (2,1%), PIB de PPC$6,1 bilhões (2,8% do nordestino) crescendo a 7,9% em 1970-2005 e PIB *per capita* de PPC$6,0 mil (39,2% superior ao PIB regional).[13]

O segundo critério, de ordem político-administrativa, parte dos nove estados da região, sobrepostos às nove Regiões Geoeconômicas, dando origem às 33 Áreas Polarizadas constantes do Mapa 6. Elas estruturam o mosaico espacial sobre o qual vão projetar-se as ações de desenvolvimento. A Tabela 5 apresenta indicadores econômico-sociais selecionados para cada uma das APs do Nordeste.

A propósito delas, note-se que se encontram no Litoral-Mata dos estados da Bahia e Pernambuco e no Litoral do Ceará as três maiores concentrações demográficas e econômicas regionais. Elas refletem os elevados pesos relativos exibidos pelas regiões metropolitanas de Salvador, do Recife e de Fortaleza.

O longo Litoral-Mata baiano detém apenas 4,5% do território do Nordeste, mas abriga 12,5% da população (2007) e gera 21,6% do PIB (2005). O Litoral-Mata pernambucano, com apenas 0,7% do território regional, conta com 9,5% da população e 13,3% do PIB (exibindo as mais elevadas densidades demográfica e econômica entre as APs, a primeira 13,1 vezes superior à regional e a segunda, 18,5 vezes). O Litoral cearense, com 1,6% do território, possui 8,0% da população e 10,0% do PIB do Nordeste.

Os PIBs *per capita* (2005) dessas três APs foram, respectivamente, PPC$7,7 mil, PPC$6,0 mil e PPC$5,5 mil, sendo 65%, 39% e 26% superiores ao nordestino. A AP cearense foi a que apresentou dinamismo econômico mais elevado entre 1970 e 2005: crescimento médio anual do PIB de 5,2% (comparados com 4,5% para a baiana e 3,3% para a pernambucana).

Estão no Litoral-Mata as APs com os melhores níveis médios de vida: o Litoral-Mata sergipano, com INV de 8,01; o Litoral-Mata pernambucano, com INV de 7,98; e o Litoral-Mata potiguar, com INV de 7,82 (dados de 2000). São também litorâneas as áreas com menores incidências de pobreza (2000): o Litoral potiguar, com 14,6% da população vivendo em condição de pobreza extrema; o Litoral paraibano, com 14,9%; e o Litoral sergipano, com 16,6%.

---

[13] Essa regionalização foi adotada em estudo de 2002 elaborado para o Banco do Nordeste: ver Albuquerque (2002), p. 37-42. Por sua vez, a regionalização de 2002 fundamentou-se em estudo produzido para o Ipea por este autor em 1999. Ver Sudene.

MAPA 5
NORDESTE
REGIÕES GEOECONÔMICAS
Áreas Polarizadas
Litoral Maranhense
Parnaíba Piauiense
Litoral Piauiense
Litoral Cearense
Sertão Potiguar
Oceano Atlântico
Litoral-Mata Potiguar
Agreste Potiguar
Litoral-Mata Paraibano
Litoral-Mata Pernambucano
Litoral-Mata Alagoano
Agreste Alagoano
Sertão Alagoano
São Francisco Alagoano
São Francisco Sergipano
Litoral-Mata Sergipano
Sertão Sergipano
Agreste Sergipano
Litoral-Mata Baiano
Oceano Atlântico
São Francisco Pernambucano
Pré-Amazônia
Parnaíba Maranhense
Cerrado Maranhense
Sertão Piauiense
Sertão Cearense
Sertão Paraibano
Agreste Paraibano
Sertão Pernambucano
Agreste Pernambucano
Cerrado Piauiense
São Francisco Baiano
Cerrado Baiano
Sertão Baiano
Agreste Baiano

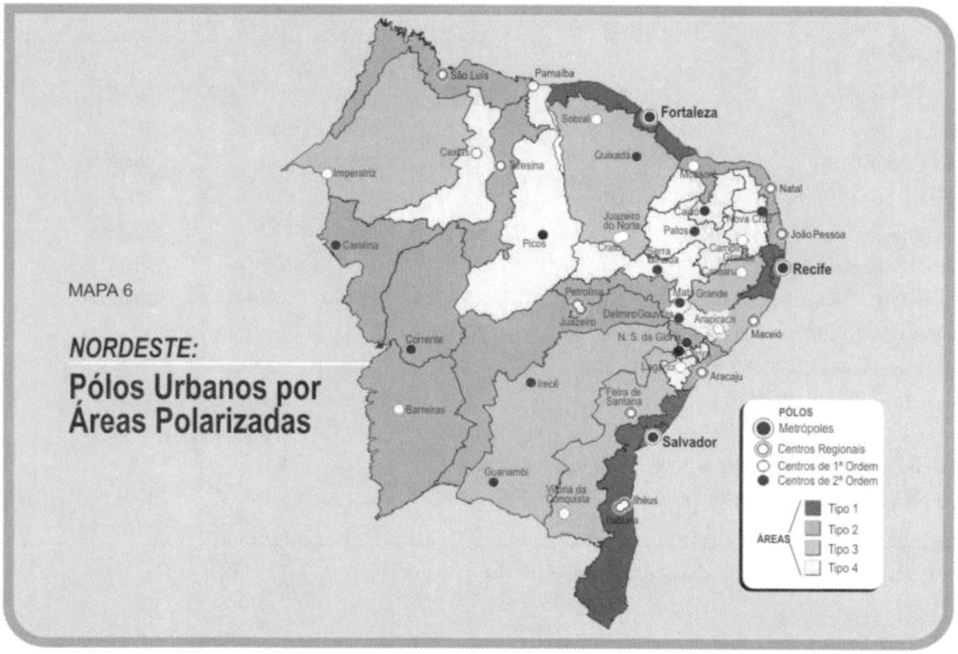
MAPA 6
NORDESTE:
Pólos Urbanos por Áreas Polarizadas
São Luís
Parnaíba
Fortaleza
Sobral
Quixadá
Caxias
Teresina
Imperatriz
Mossoró
Natal
Juazeiro do Norte
Patos
João Pessoa
Picos
Carolina
Crato
Recife
Petrolina
Delmiro Gouveia
Arapiraca
Juazeiro
Maceió
Corrente
N. S. da Glória
Aracaju
Irecê
Barreiras
Feira de Santana
Salvador
Guanambi
Vitória da Conquista
Ilhéus
PÓLOS
Metrópoles
Centros Regionais
Centros de 1ª Ordem
Centros de 2ª Ordem
ÁREAS
Tipo 1
Tipo 2
Tipo 3
Tipo 4

TABELA 5

Áreas Polarizadas do Nordeste, por estados: indicadores selecionados

Discriminação	*MARANHÃO*			
	Litoral	*Pré-Amazônia*	*Parnaíba*	*Cerrado*
Área (mil km²)	55,6	156,3	53,5	66,5
População, 2007 (mil)	2.026,0	2.954,0	857,9	281,1
Crescimento demográfico, 1970-2007 (%, anual)	2,7	1,6	1,5	1,9
Densidade demográfica 2007 (hab/km²)	36,4	18,9	16,0	4,2
Grau de urbanização, 2007 (%)	65,8	57,2	64,3	65,7
PIB, 2005 (PPC$ milhões de 2006)	8.773,2	7.180,4	1.742,9	1.783,8
Crescimento do PIB, 1970-2005 (%, anual)	6,1	4,1	3,9	7,7
Densidade econômica, 2005, PPC$ mil (PIB/km²)	157,8	45,9	32,6	26,8
Grau de industrialização, 2005 (%)	24,5	12,5	13,0	9,7
PIB *per capita*, 2005 (PPC$)	4.451	2.468	2.138	6.703
Crescimento do PIB *per capita*, 1970-05 (%, anual)	3,2	2,4	2,4	5,7
Índice do Nível de Vida, INV, 2000 (de 0 a 10)	6,70	4,75	4,58	4,68
Pobreza extrema, 2000 (% da população)	25,2	31,9	34,5	30,6

TABELA 5

Áreas Polarizadas do Nordeste, por estados: indicadores selecionados, conclusão

Discriminação	*PERNAMBUCO*			
	Litoral-Mata	*Agreste*	*São Francisco*	*Sertão*
Área (mil km²)	11,2	24,4	24,5	38,2
População, 2007 (mil)	4.882,6	2.098,6	540,2	964,0
Crescimento demográfico, 1970-2007 (%, anual)	1,5	0,8	2,8	1,0
Densidade demográfica 2007 (hab/km²)	436,3	86,0	22,0	25,2
Grau de urbanização, 2007 (%)	91,5	65,9	62,3	56,1
PIB, 2005 (PPC$ milhões de 2006)	28.662,8	5.410,2	2.266,0	2.046,5
Crescimento do PIB, 1970-2005 (%, anual)	3,3	3,1	6,3	3,1
Densidade econômica, 2005, PPC$ mil (PIB/km²)	2.561,5	221,8	92,4	53,6
Grau de industrialização, 2005 (%)	24,3	13,8	25,8	12,1
PIB *per capita*, 2005 (PPC$)	6.044	2.633	4.473	2.240
Crescimento do PIB *per capita*, 1970-2005 (%, anual)	1,7	2,2	3,4	2,2
Índice do Nível de Vida, INV, 2000 (de 0 a 10)	7,98	6,21	6,69	5,68
Pobreza extrema, 2000 (% da população)	20,7	24,4	21,9	31,7

Fontes: IBGE; IPEA; Vergolino; Rocha & Albuquerque; Rocha.

PIAUÍ				CEARÁ		RIO G. DO NORTE			PARAÍBA		
Litoral	Parnaíba	Sertão	Cerrado	Litoral	Sertão	Litoral-Mata	Agreste	Sertão	Litoral-Mata	Agreste	Sertão
9,2	46,7	113,4	82,2	24,4	124,5	17,2	9,4	26,2	5,1	13,0	38,3
284,4	1.514,1	984,8	249,0	4.136,8	4.048,5	1.959,0	408,0	647,6	1.314,4	1.188,2	1.138,8
1,4	2,0	1,1	1,6	2,8	0,9	2,6	0,9	0,8	2,2	0,8	0,6
31,0	32,4	8,7	3,0	169,8	32,5	113,7	43,6	24,7	256,0	91,3	29,7
70,7	75,7	46,7	55,5	89,5	58,2	83,2	60,2	68,2	88,5	68,4	62,2
630,9	5.385,8	1.844,9	695,6	21.536,3	9.941,3	11.152,2	873,1	1.713,9	7.094,4	3.466,5	2.410,6
3,9	5,6	3,9	6,3	5,2	4,1	5,8	3,4	4,0	5,4	3,4	3,3
68,8	115,3	16,3	8,5	884,1	79,9	647,4	93,2	65,4	1.381,8	266,4	62,9
14,5	21,0	12,2	5,9	25,9	17,6	28,5	9,2	18,5	26,0	24,1	12,0
2.224	3.541	1.919	2.892	5.451	2.510	5.877	2.180	2.697	5.560	3.016	2.221
2,4	3,4	2,7	4,7	2,3	3,2	3,1	2,5	3,2	3,0	2,6	2,8
5,71	6,62	3,98	4,08	7,62	5,55	7,82	5,56	6,40	7,74	6,61	6,01
28,4	21,9	32,2	32,4	18,9	31,0	14,6	32,2	24,7	14,9	23,3	25,9

ALAGOAS				SERGIPE				BAHIA				
Litoral-Mata	Agreste	São Francisco	Sertão	Litoral-Mata	Agreste	São Francisco	Sertão	Litoral-Mata	Agreste	São Francisco	Sertão	Cerrado
13,2	4,8	7,2	2,6	6,1	8,5	5,4	1,9	70,4	84,2	115,9	177,5	116,8
2.006,1	568,6	372,8	89,6	1.105,2	622,6	147,6	64,1	6.439,8	3.342,7	978,4	2.766,0	553,8
2,0	1,3	1,5	0,8	2,7	1,4	1,9	1,1	2,1	1,4	2,0	1,2	2,1
151,5	118,4	52,1	34,8	181,0	73,4	27,1	34,2	91,5	39,7	8,4	15,6	4,7
82,7	55,0	50,2	27,6	87,2	54,2	45,2	55,2	86,8	64,3	58,7	48,4	57,7
8.379,0	1.367,2	998,3	127,9	7.146,5	1.823,7	1.176,8	177,0	46.661,2	10.446,7	3.291,5	5.891,6	3.660,9
4,0	4,0	3,2	3,5	5,1	4,0	9,2	3,8	4,5	3,5	5,5	3,1	8,4
632,8	284,8	139,5	49,8	1.170,2	215,0	216,1	94,4	663,0	124,1	28,4	33,2	31,3
28,1	15,3	39,9	8,8	31,7	14,9	29,3	10,6	40,2	18,5	36,7	14,0	12,4
4.348	2.447	2.685	1.449	6.547	2.932	8.091	2.770	7.666	3.190	3.564	2.187	7.151
1,9	2,7	1,6	2,7	2,3	2,4	7,1	2,6	2,4	2,1	3,5	2,0	6,3
6,95	5,73	4,51	3,75	8,01	6,00	0,47	5,49	7,59	5,73	5,31	4,67	4,97
22,5	30,3	42,6	49,2	16,6	22,7	38,1	22,6	18,5	21,7	29,9	30,2	29,2

É ainda no Litoral-Mata que se localiza a outra área polarizada do Nordeste economicamente expressiva: o Litoral-Mata potiguar, com PIB de PPC$11,2 bilhões (equivalente a 5,2% do nordestino) e PIB *per capita* de PPC$5,9 mil. Seu crescimento econômico, medido pelo PIB, foi relativamente alto: 5,8% anuais em 1970-2005.

Demograficamente, o Sertão cearense apresenta, depois das três áreas litorâneas regionalmente hegemônicas, o maior peso: abriga 4,0 milhões de habitantes, sendo seguido pelo Agreste baiano, com 3,3 milhões; a Pré-Amazônia (MA), com 3,0 milhões; o Sertão baiano, com 2,8 milhões; e o Agreste pernambucano, com 2,1 milhões. Essas áreas, ao contrário das litorâneas, além de baixa densidade econômica, exibem taxas de crescimento do PIB, PIB *per capita* e INV muito inferiores às do Nordeste e proporções de pobres na maior parte dos casos mais elevadas (Tabela 5). O São Francisco pernambucano (2,8%), Litoral cearense (2,8%), Litoral maranhense (2,7%) e Litoral-Mata sergipano (2,6%) foram as áreas que apresentaram as mais altas expansões demográficas em 1970-2007, em parte explicadas por migrações internas. O São Francisco sergipano, com crescimento do PIB de 9,2%% anuais no mesmo período, o Cerrado baiano, com 8,4%, bem como os Cerrados maranhense (com 7,7%) e piauiense (6,3%) e o São Francisco pernambucano (6,3%), foram as APs que tiveram os melhores desempenhos econômicos.

É, pois, muito grande a diversidade de situações sub-regionais no Nordeste seja no que respeita aos níveis de desenvolvimento alcançados, seja quanto aos graus de desempenho revelados nas últimas décadas. Esse complexo e multivariado panorama econômico-social demanda a formulação de políticas e estratégias adequadas a suas muitas peculiaridades.

Áreas polarizadas: tipificação

A partir da Tabela 5 e levando também em conta o porte demográfico e econômico da cada uma das 33 APs do Nordeste, é possível chegar-se à sua tipificação, para fins de planejamento estratégico.

Desponta no primeiro grupo (Tipo 1), com três APs, o Litoral-Mata baiano, por suas dimensões demográfica e econômica e desempenho econômico-social acima da média do Nordeste. Em segundo lugar, vem o Litoral-Mata pernambucano, pela dimensão e boa performance social, embora se ressinta, relativamente ao Nordeste, de dinamismo econômico. E, em terceiro lugar, o Litoral cearense, com dimensões um tanto menores que o Litoral-Mata pernambucano, mas desempenho econômico-social mais expressivo que o baiano.

O segundo grupo (Tipo 2) é integrado: (1) por cinco APs de porte médio e elevado dinamismo econômico-social: o Litoral-Mata Potiguar, o Litoral Maranhense, o Litoral-Mata sergipano, o Litoral-Mata paraibano e o Parnaíba piauiense; e (2) por seis APs de pequeno porte demográfico mas de elevado dinamismo econômico-social: o Cerrado baiano, o São Francisco baiano, o São Francisco pernambucano, o Cerrado maranhense, o São Francisco sergipano e o Cerrado piauiense.

O terceiro grupo (Tipo 3) constitui-se de seis APs de porte médio, mas de insuficiente dinamismo econômico-social: o Litoral-Mata alagoano, o Agreste baiano, o Sertão cearense, a Pré-Amazônia, o Sertão baiano e o Agreste pernambucano

O quarto grupo (Tipo 4) é integrado por 13 APs de pequeno porte e com insuficiente dinamismo econômico-social: o Agreste paraibano, o Sertão paraibano, o Sertão pernambucano, o Sertão piauiense, o Agreste sergipano, o Parnaíba maranhense, o Sertão potiguar, o Agreste alagoano, o São Francisco alagoano, o Agreste potiguar, o Litoral piauiense, o Sertão sergipano e o Sertão alagoano.

O Mapa 6 apresenta as áreas polarizadas, segundo essa tipificação.

Pólos Urbanos: hierarquia

As 33 áreas em que neste estudo se repartiu, para fins estratégicos, o Nordeste são polarizadas, porquanto cada uma delas tem ao menos um município (e cidade correspondente) como centróide. Esses pólos configuram o subsistema regional de cidades. Eles vão desempenhar, segundo a hierarquia e as funções urbanas, os papéis de núcleos de transmissão e promoção do desenvolvimento, bem como de nós dos eixos de integração e inserção por onde circularão, em escala crescente, os fluxos de pessoas, bens e serviços.

A Tabela 6 identifica esses pólos, em número de 38 (em alguns casos, mais de um pólo por área), e apresenta seus indicadores demográficos e econômicos mais relevantes. Esses centros urbanos foram selecionados seja por sua importância demográfica e econômica com relação aos municípios e cidades de suas APs, seja por sua centralidade com respeito a eles.

Do cálculo das médias harmônicas de suas populações (2007) e PIBs (2005), resulta a hierarquia urbana regional apresentada no Mapa 6.

São consideradas de primeiro grau as regiões metropolitanas de Salvador, do Recife e de Fortaleza, listadas por ordem decrescente do valor dessas médias.

Nove são os pólos de segundo grau, correspondentes aos seguintes centros regionais, também ordenados por sua importância demográfica e econômica: as demais capitais de estados, São Luís, Maceió, Natal, Teresina, João Pessoa e Aracaju; e Feira de Santana, no Agreste baiano; Petrolina-Juazeiro, no São Francisco pernambucano e baiano; e Ilhéus-Itabuna, no Litoral-Mata baiano.

São de terceira ordem 12 centros urbanos: Campina Grande (Agreste paraibano), Crato-Juazeiro do Norte (Sertão cearense), Vitória da Conquista (Agreste baiano), Caruaru (Agreste pernambucano), Mossoró (Litoral potiguar), Imperatriz (Pré-Amazônia), Sobral (Sertão cearense), Arapiraca (Agreste alagoano), Barreiras (Cerrado baiano), Caxias (Parnaíba maranhense); Parnaíba (Litoral piauiense) e Lagarto (Agreste sergipano).

E são 14 os centros de quarta ordem: Patos (Sertão paraibano), Serra Talhada (Sertão pernambucano), Picos (Sertão piauiense), Guanambi (Sertão baiano), Quixadá (Sertão cearense), Caicó (Sertão potiguar), Irecê (Sertão baiano), Delmiro Gouveia (São Francisco alagoano), Nova Cruz (Agreste potiguar), Corrente (Cerrado piauiense), Nossa Senhora da Glória (São Francisco sergipano), Carolina (Cerrado maranhense), Mata Grande (Sertão alagoano) e Carira (Sertão sergipano).

As tendências para concentração dos mais expressivos centros urbanos no litoral e proximidades e para rarefação demográfica à medida que se avança para o interior são as características mais visíveis do processo de ocupação do território do Nordeste, em especial de sua urbanização. Basta observar que as três metrópoles nacionais da região, oito de seus centros regionais (inclusive cinco capitais de estados) e oito centros de primeira ordem se encontram à beira-mar ou a distâncias inferiores a 150km da costa. Apenas dois centros regionais (Teresina e Petrolina-Juazeiro) e quatro centros de primeira ordem (Crato-Juazeiro do Norte, Imperatriz, Barreiras e Caxias) estão mais interiorizados.

Note-se que esses 38 pólos ocupam apenas 6,9% da área territorial do Nordeste, mas abrigam 41% da população regional e detêm 63% do PIB. E são relativamente mais elevados do que os regionais seus crescimentos demográfico (2,8% anuais em 1970-2005, comparados com 1,7% do Nordeste) e econômico (avanço do PIB de 5,2% anuais em 1970-2000, o regional tendo sido 4,3%).

Cabe, porém, referir que é relevante a dispersão seja dos níveis de crescimento demográfico e econômico, seja dos PIBs *per capita* dos municípios-pólos selecionados.

A expansão demográfica alcançou, em 1970-2007, 5,0% ao ano em Barreiras, 3,8% e Petrolina-Juazeiro (4,1% em Petrolina), mas houve decréscimo da população em Quixadá, Ceará (de 0,7%), Carolina, Maranhão (0,5%). A dispersão é ainda maior no caso do PIB, cuja variação média anual em 1970-2005 vai de 10,8% em Barreiras a 0,5% em Irecê. Em 2005, o PIB *per capita* superou PPC$10 mil na Salvador metropolitana, mas foi PPC$1,6 mil em Mata Grande, Alagoas.

As três regiões metropolitanas também se apresentam bastante diferenciadas. Tanto na região metropolitana de Fortaleza quanto na de Salvador, a população concentra-se nos municípios das capitais, que abrigavam, em 2007, respectivamente, 72% e 80% dela. No Recife metropolitano, a população do município da capital corresponde a apenas 42% do total metropolitano, tendo crescido somente 1,3% a.a. entre 1970 e 2007. O município de Fortaleza concentra 77% do PIB metropolitano, o do Recife, 51%, e o de Salvador, 48%. Em 2005, os PIBs *per capita* metropolitanos de Fortaleza e do Recife eram, respectivamente, 7% e 19% menores do que os dos municípios das capitais, o contrário ocorrendo em Salvador, onde o PIB *per capita* dos municípios periféricos superava em 35% o da capital (é o efeito Camaçari, com o Pólo Petroquímico e a montadora da Ford).

TABELA 6

Nordeste: pólos urbanos – indicadores selecionados

Estado/área polarizada	*Pólo(s)*	*Área (mil km²)*	*População (2007, mil)*	*Crescimento demográfico (a.a., 1970-7)*	*Densidade demográfica (2007, hab/km²)*
Maranhão					
Litoral maranhense	Grande São Luís	1,4	1.211,3	3,8	859,0
	São Luís	0,8	957,5	3,5	1.157,6
Pré-Amazônia	Imperatriz	1,4	229,7	2,8	167,9
Parnaíba maranhense	Caxias	5,2	143,2	1,3	27,4
Cerrado maranhense	Carolina	6,4	24,4	-0,5	3,8
Piauí					
Litoral piauiense	Parnaíba	0,4	140,8	1,6	323,3
Parnaíba piauiense	Teresina	1,8	779,9	3,5	444,2
Sertão piauiense	Picos	0,8	70,5	0,8	87,7
Cerrado piauiense	Corrente	3,1	24,5	1,4	8,0
Ceará					
Litoral cearense	R. Metropolitana de Fortaleza	4,9	3.395,1	3,2	696,8
	Município de Fortaleza	0,3	2.431,4	2,9	7.764,6
Sertão cearense	Sobral	2,1	176,9	1,5	83,3
	Quixadá	2,0	76,1	-0,7	37,7
	Crato-Juazeiro do Norte	1,3	353,3	2,0	280,9
	Crato	1,0	111,2	1,2	110,2
	Juazeiro do Norte	0,2	242,1	2,5	974,2
Rio Grande do Norte					
Litoral-Mata potiguar	Mossoró	2,1	234,4	2,4	111,1
	Aglom. Urbana de Natal	2,5	968,8	3,3	384,5
	Município de Natal	0,2	774,2	2,9	4.546,3
Agreste potiguar	Nova Cruz	0,3	35,3	1,2	127,1
Sertão portiguar	Caicó	1,2	60,7	1,4	49,4
Paraíba					
Litoral-Mata paraibano	João Pessoa	0,2	674,8	3,0	3.204,7
Agreste paraibano	Campina Grande	0,6	371,1	1,7	597,9
Sertão paraibano	Patos	0,5	97,3	2,0	189,7
Pernambuco					
Litoral-Mata	R. Metropolitana do Recife	2,8	3.661,1	1,9	1.314,4
	Município do Recife	0,2	1.533,6	1,0	7.051,1

Grau de urbanização (2007, em %)	PIB, 2005 (PPC$ milhões de 2006)	Crescimento do PIB (anual, 1970-2005)	Densidade econômica (2005, PPC$ mil)	Grau de industrialização (2005,em %)	PIB per capita, 2005, PPC$	Crescimento do PIB per capita (a.a., 1970-2005)	INV 2000	Proporção de pobres (2000, %)
1,5	7.556,6	6,5	5.359,2	26,8	6.301,1	2,4	8,62	13,4
5,8	7.184,9	6,5	8.686,5	27,4	7.514,3	2,7	8,80	12,7
4,6	1.342,4	6,8	981,4	14,4	5.916,9	3,7	8,02	11,6
5,8	404,7	3,8	77,5	18,0	2.883,6	2,4	5,66	27,5
1,9	61,9	1,4	9,6	9,4	2.687,9	2,1	4,94	29,0
4,1	383,2	3,6	879,7	18,5	2.699	1,9	7,39	19,1
4,3	4.035,0	6,5	2.298,2	23,2	5.115	2,7	8,45	11,1
7,6	288,6	4,3	359,2	17,2	4.063	3,5	7,24	13,0
7,5	50,0	3,8	16,4	8,0	2.030	2,3	4,86	25,9
7,0	19.709,9	5,2	4.044,9	25,8	6.094,5	1,9	8,28	14,9
00,0	15.179,3	4,7	48.474,6	18,9	6.542,1	1,8	8,74	11,9
6,6	1.109,9	5,5	522,8	43,4	6.578,8	4,0	7,36	17,3
9,6	223,2	2,8	110,5	8,8	3.054,3	3,7	6,44	28,3
1,6	1.069,2	3,9	850,1	17,3	3.128,8	1,8	7,47	18,1
3,5	353,6	3,0	350,4	18,5	3.189,3	1,7	7,39	19,2
5,3	715,6	4,6	2.879,0	16,6	3.099,8	2,0	7,50	17,5
1,4	1.313,6	5,7	622,5	44,1	5.914,4	3,2	7,97	13,8
9,1	6.180,4	5,6	2.452,9	14,8	6.565,3	2,1	8,43	11,5
00,0	5.414,1	5,4	31.791,7	13,5	7.123,3	2,3	8,94	8,9
7,9	72,5	3,2	261,1	9,0	2.049,9	1,8	5,60	32,3
0,7	187,0	3,4	152,2	9,7	3.138,7	1,9	8,05	7,6
00,0	3.864,8	5,2	18.355,7	28,7	5.989,9	2,0	8,94	8,1
5,4	1.709,9	3,7	2.755,1	37,1	4.655,7	1,8	8,36	12,2
6,2	280,1	3,5	546,3	18,9	2.918,1	1,4	7,88	13,9
7,2	25.048,5	3,5	8.992,7	24,8	7.121,4	1,6	8,57	19,5
00,0	12.818,1	2,3	58.935,5	18,5	8.743,9	1,3	8,92	16,5

TABELA 6

Nordeste: pólos urbanos – indicadores selecionados, conclusão

Estado/área polarizada	*Pólo(s)*	*Área (mil km²)*	*População (2007, mil)*	*Crescimento demográfico (a.a., 1970-7)*	*Densidade Demográfica (2007, hab/km²)*
Agreste pernambucano	Caruaru	0,9	289,1	1,9	314,0
São Francisco pernambucano	Petrolina-Juazeiro	10,9	498,9	3,8	45,6
	Petrolina	4,6	268,3	4,1	58,9
Sertão pernambucano	Serra Talhada	3,0	76,2	0,8	25,6
Alagoas					
Litoral-Mata alagoano	Aglom. Urbana de Maceió	1,9	1.111,7	3,1	574,8
	Município de Maceió	0,5	897,0	3,4	1.756,5
Agreste alagoano	Arapiraca	0,4	202,4	2,1	575,9
São Francisco alagoano	Delmiro Gouveia	0,6	46,6	3,2	77,0
Sertão alagoano	Mata Grande	0,9	24,6	0,4	27,1
Sergipe					
Litoral-Mata sergipano	Aracaju	8,5	520,3	2,8	61,5
Agreste sergipano	Lagarto	2,3	89,0	1,5	38,1
São Francisco sergipano	Nossa Senhora da Glória	1,6	29,5	2,1	18,7
Sertão sergipano	Carira	1,5	19,0	1,2	12,5
Bahia					
Litoral-Mata baiano	R. Metropolitana de Salvador	2,8	3.599,5	3,1	1.268,7
	Município de Salvador	0,7	2.892,6	2,9	4.092,6
	Ilhéus-Itabuna	2,3	430,7	1,8	188,6
	Ilhéus	1,8	220,1	1,9	119,6
	Itabuna	0,4	210,6	1,7	475,2
Agreste baiano	Feira de Santana	1,4	572,0	3,0	419,7
	Vitória da Conquista	3,2	308,2	2,4	96,2
São Francisco baiano	Juazeiro-Petrolina	10,9	498,9	3,8	45,6
	Juazeiro	6,4	230,5	3,6	36,1
Sertão baiano	Irecê	0,3	62,7	0,0	199,8
	Guanambi	1,3	76,2	2,4	58,6
Cerrado baiano	Barreiras	11,9	129,5	5,0	10,9

Fontes: IBGE; IPEA; Vergolino; Rocha & Albuquerque; Rocha.

Grau de urbanização (2007, em %)	*PIB, 2005 (PPC$ milhões de 2006)*	*Crescimento do PIB (anual, 1970-2005)*	*Densidade econômica (2005, PPC$ mil)*	*Grau de industria-lização (2005,em %)*	*PIB* per capita, *2005, PPC$*	*Crescimento do PIB* per capita *(a.a., 1970-2005)*	*INV 2000*	*Proporção de pobres (2000, %)*
85,7	1.212,7	4,1	1.317,2	15,3	4.455,9	2,2	7,85	9,0
76,2	2.084,2	6,0	190,4	16,9	4.561,2	2,1	7,56	15,1
76,1	1.192,1	6,6	261,5	16,0	4.811,5	2,4	7,74	15,0
74,4	240,6	3,8	80,7	9,7	3.517,9	3,2	6,82	21,0
97,1	5.668,2	4,5	2.930,6	26,5	5.199,7	1,3	8,13	15,9
99,9	4.703,3	4,5	9.210,3	21,8	5.330,0	1,0	8,43	14,0
80,9	683,2	5,4	1.943,8	18,1	3.498,1	3,2	6,91	18,8
72,2	395,4	6,1	653,1	84,3	9.176,7	2,9	6,91	18,8
21,3	36,8	2,8	40,5	8,4	1.559,7	2,4	3,75	46,7
100,0	3.862,5	4,7	456,6	23,1	7.927,9	1,8	9,01	9,7
50,7	281,6	3,9	120,7	13,0	3.189,9	2,3	6,45	19,1
64,0	94,9	6,1	60,2	9,6	3.343,0	3,9	5,66	31,0
53,9	44,0	3,1	28,9	7,7	2.339,8	1,9	4,92	19,9
98,9	35.222,9	4,9	12.415,0	43,7	10.764,7	1,8	8,89	16,8
100,0	17.033,8	3,3	24.100,0	21,0	6.524,0	0,6	9,10	15,0
84,8	2.455,6	3,1	1.075,0	28,3	5.917,4	1,3	7,34	15,2
73,0	1.268,3	2,7	688,9	37,3	5.873,6	0,7	6,74	15,5
97,2	1.187,3	3,7	2.678,9	18,7	5.964,8	2,1	8,00	14,9
89,8	2.692,6	4,1	1.975,6	21,8	5.225,5	1,2	8,00	13,7
85,9	1.379,8	4,4	430,6	14,2	4.941,4	2,1	7,45	12,9
76,2	2.084,2	6,0	190,4	16,9	4.609,2	2,1	7,56	15,1
76,3	892,1	5,3	139,6	18,1	4.494,3	1,9	7,33	15,3
92,6	210,6	0,5	671,3	12,5	3.505,0	0,6	7,38	16,4
77,8	238,7	4,9	183,4	13,9	3.234,6	2,3	6,66	21,3
89,5	953,4	10,8	80,0	14,1	7.267,4	5,1	7,60	11,7

Política urbana: cidades competitivas

Todos esses aspectos devem ser levados em conta na formulação de uma política urbana para o Nordeste. Ela deve considerar a rede regional de cidades um subsistema do sistema urbano nacional, conferindo às metrópoles regionais funções de comutação, para dentro da região, das forças motrizes do crescimento originadas no resto do país e no exterior, sendo auxiliadas nesse papel pelos centros regionais em suas respectivas áreas de influência. O reforço das bases econômicas dos três grandes aglomerados urbanos regionais deverá deflagrar forças endógenas propulsoras tanto de uma maior interação econômica entre eles quanto de uma mais ampla e disseminada interiorização da urbanização e, em decorrência, do desenvolvimento. Os núcleos de primeira e segunda grandeza, reforçados em suas infra-estruturas intra-urbanas e suas bases econômicas, poderão atuar articuladamente como pólos a um tempo receptivos e transmissores de impulsos econômicos em suas respectivas subáreas: seja em interação com as demais cidades, seja provendo o meio rural dos estímulos de mercado e dos serviços de apoio de que necessita.

Em síntese, cabe reforçar e ampliar o "espaço de fluxos"[14] nordestino (ou seja, a circulação intra-regional de pessoas, bens, serviços, informação), tendo como vetores eixos multimodais de integração e como nós as cidades que encorpam a rede urbana. Cabe também intensificar as interconexões (econômicas, financeiras, informacionais) inseridoras do Nordeste no restante do país e no exterior, promovendo uma maior circulação inter-regional e internacional de riquezas, fertilizadora do desenvolvimento. Mais que tudo, vale tornar as metrópoles e os centros regionais cidades competitivas, nacional e internacionalmente, ou seja, capazes de atrair investimentos: pela infra-estrutura urbana de que dispõem, pelos serviços que disponibilizam.

A estratégia para operacionalizar essa política de desenvolvimento urbano envolve, de uma parte, a concepção de eixos regionais de integração e inserção que tomem esses pólos urbanos como núcleos densos de suas redes de transporte. Contempla, de outra parte, a identificação das oportunidades econômicas e dos problemas sociais e ambientais de cada um desses pólos e de cada uma das áreas em que eles se situam, de modo que se possa ter clareza quanto à natureza das ações de desenvolvimento viáveis e dos investimentos (em infra-estrutura econômico-social, em atividades diretamente produtivas) que elas demandarão.

---

[14] Ver, sobre esse conceito, Castells.

Os atributos necessários às regiões metropolitanas do Recife, Salvador e Fortaleza aproximam-se dos requisitos urbanos associados ao conceito de cidades mundiais. Elas devem atuar – já atuam, presentemente – como centros de comando, disseminação e controle do processo de desenvolvimento. E também como núcleos de comutação de seus impulsos para a rede urbana regional. Devem, portanto, estar dotadas, de modo sustentável, de um conjunto de condições para atender às demandas dos agentes econômicos nacionais e globais.

Além do porte, demográfico e econômico, e da localização nas áreas economicamente mais densas do Nordeste, faz-se necessário atentar para as suas qualidades urbanas: a disponibilidade e a eficiência das infra-estruturas e serviços urbanos básicos de energia, transportes, comunicações, saneamento, saúde, educação, cultura, lazer; a dimensão, atual e potencial, de sua estrutura urbano-industrial; as condições para o desenvolvimento, em bases competitivas, de novas atividades produtivas. Entre essas novas atividades, ressaltem-se rede, articulada nacional e internacionalmente, de C&T (envolvendo universidades, centros de pesquisa, institutos tecnológicos, empreendimentos intensivos em conhecimento) e os chamados serviços modernos – mercados financeiro, informática-telemática, mídia e publicidade, serviços médico-hospitalares, consultorias especializadas em economia e finanças, gestão de negócios, direito, contabilidade, além de toda uma gama de outras atividades profissionais, principalmente as de apoio à iniciativa empresarial. Importam igualmente a qualidade de vida, a higidez do meio ambiente e as amenidades urbanas disponíveis para a nova classe de pessoas – provenientes da região, do país ou do estrangeiro – que vai habitar essas cidades e viabilizá-las como centros de transações de relevância.

O mesmo se aplica, *mutatis mutandis*, aos centros regionais. Embora com níveis menores de complexidade urbana, essas cidades devem atuar na mediação entre as metrópoles regionais e os centros de primeira e segunda ordens na promoção e disseminação do crescimento e do desenvolvimento.

OPORTUNIDADES DE INVESTIMENTO NO NORDESTE

No Nordeste de hoje, são amplas as oportunidades de investimentos diretamente produtivos. Elas estão latentes em velhas economias – as atividades tradicionais de exportação baseadas na cana-de-açúcar e no algodão ou a pecuária, determinante do desbravamento e ocupação do sertão interior. E alimentam a nova economia: as indústrias de ponta, os serviços modernos, as tecnologias da informação e comunicação, TIC.

Adquirir e manter competitividade; inovar; criar, expandir mercados: eis as chaves de processo permanente e dinâmico de modernização e crescimento da produção regional de bens e serviços. Isso depende muito de uma capacidade de empreendimento e de gestão eficaz e ousada, desenvolvida pela iniciativa privada.

Visualizar essas oportunidades, tendo como referência espacial a nova geografia proposta para o Nordeste, é o propósito do que se segue.

Litoral-Mata

A principal região geoeconômica do Nordeste é naturalmente a que mais oferece oportunidades de investimento.

Cabe distinguir nela (1) as três APs Litoral-Mata baiano, Litoral-Mata pernambucano e Litoral cearense, que abrigam os três maiores pólos urbano-industriais do Nordeste, formados pelas regiões metropolitanas de Salvador, do Recife e de Fortaleza; (2) as cinco APs que abrigam centros regionais e pólos industriais de porte médio: o Litoral maranhense, que abriga a Grande São Luís; o Litoral-Mata alagoano, com a aglomeração urbana de Maceió; o Litoral-Mata potiguar, com a aglomeração urbana de Natal; o Litoral-Mata paraibano, com João Pessoa; e o Litoral-Mata de Sergipe, com Aracaju; e (3) outras oportunidades de espacialização mais difusa.

Litoral-Mata baiano: pólo urbano-industrial de Salvador

É a AP do Nordeste melhor resolvida economicamente, bem como a que apresenta a estrutura produtiva mais vigorosa e diferenciada.

Ela abriga o Pólo Petroquímico de Camaçari, o principal complexo industrial do Nordeste. Suas manufaturas se ampliaram e diversificaram-se mais recentemente em pelo menos duas direções promissoras: as indústrias automotiva e de celulose e papel.

O Pólo Petroquímico de Camaçari integra a extração de petróleo e gás natural, o refino do petróleo, a petroquímica básica e intermediária, a produção de resinas, fibras artificiais e sintéticas, os elastômeros e o fabrico de adubos e fertilizantes. Sua *alma mater*, a Copene, com capacidade instalada para 1,2 milhão de t/ano de eteno, produz ainda benzeno, butadieno, xilenos e tolueno. Seguem-se, em linha, as unidades dedicadas aos petroquímicos intermediários, todas elas de escalas técnicas eficientes, e as unidades especializadas em petroquímicos finais. O pólo responde por quase metade da petroquímica básica e intermediária brasileira, sendo competitivo, nacional e internacionalmente.

Pode-se caminhar para maior expansão dos segmentos à jusante da cadeia petroquímica, com o desenvolvimento de produtos mais nobres e com maior agregação de valor. São importantes, a esse propósito, as articulações com a produção de artefatos de plástico utilizadas nas cadeias de embalagens, construção civil, automotiva, eletroeletrônica e de utilidades domésticas.

O *cacau* é atividade concentrada no sul dessa AP (em torno do pólo urbano de Ilhéus-Itabuna). Como a capacidade de transformação industrial da amêndoa em chocolate e derivados é elevada e altamente qualificada nos países desenvolvidos, a regra tem sido a exportação da amêndoa de cacau, de quase nenhum valor agregado. Nos anos 80 e 90, a alta incidência da vassoura-de-bruxa derrubou mais da metade da produção cacaueira baiana. O Brasil passou a importar amêndoas da África para abastecer sua indústria de chocolates. Superada a crise, que se deveu a descuidos fitossanitários e à insuficiência de pesquisa biotecnológica, cabe caminhar para o desenvolvimento desse agronegócio e o alcance do objetivo de agregar mais valor à cadeia produtiva, mediante a ampliação da indústria nacional de chocolates e derivados (desde que possível, sem perda de mercados externos para países exclusivamente exportadores da amêndoa).

A região metropolitana de Salvador é um dos três grandes pólos regionais concentradores de *serviços modernos*. Dentre eles, destacam-se as TIC (softwares para automação e de emprego industrial, principalmente); os serviços médico-hospitalares, com significativa concentração de recursos humanos de elevada qualificação e grande potencial para investimentos em procedimentos de maior complexidade; bons potenciais em consultoria, construção civil urbana e industrial e publicidade.

O Litoral-Mata baiano configura-se como a AP com maior fluxo de *turismo* receptivo do Nordeste, com dois pólos importantes: o de Salvador (e Recôncavo) e o de Porto Seguro, mais ao sul. São grandes as potencialidades de investimento privado em serviços mais qualificados de apoio ao turismo (hotelaria, restauração, transporte, organização de excursões).

Litoral-Mata pernambucano: pólo urbano-industrial do Recife

É o segundo mais importante espaço regional de concentração demográfica e econômica e desponta como o segundo pólo industrial do Nordeste.

Nos últimos anos, respondendo a importantes avanços em infra-estrutura, de longa maturação – entre eles o Complexo Industrial-Portuário de Suape, ao sul do Recife, uma iniciativa da década de 1970 –, novos investimentos vêm sinalizando a recuperação industrial do estado, após mais de duas décadas de declínio. Cerca de 80 empresas já estão localizadas no Complexo (investimentos da ordem US$2 bilhões e geração de seis mil empregos). Entre elas, cabe mencionar grande unidade de produção de resina PET de poliéster (investimento de R$700 milhões), do grupo italiano Mossi & Ghisolfi. A fábrica está em funcionamento há mais de um ano e já está sendo ampliada. Grandes projetos – entre eles, uma refinaria de petróleo (Petrobras-PDVSA), uma siderúrgica da CSN e um grande estaleiro já com encomendas (Carmargo Corrêa e Queiroz Galvão) – encontram-se em implantação em Suape. São previsíveis outros desdobramentos produtivos nas cadeias petroquímica, metalmecânica e outras.

Na base industrial da região metropolitana do Recife, cabem investimentos capazes de integrar e dar dimensão e competitividade à indústria de materiais de construção (materiais elétricos; artefatos de cimento, gesso, vidro, plástico; madeira e mobiliário; tintas, resinas, borracha) e à indústria de equipamentos e insumos para a agropecuária (em especial para a agricultura irrigada).

O principal pólo de TIC do Nordeste é o do Recife. Esses serviços, gerados a partir de base tecnológica construída na Universidade Federal de Pernambuco, em associação com o governo do estado e a iniciativa privada, evoluíram rapidamente nos anos 90, adquirindo configuração inovadora com o projeto Porto Digital.

O Porto Digital é um ambiente de empreendedorismo, inovação e negócios de tecnologias da informação e comunicação. Mais amplamente, um ambiente competitivo de negócios que, além das TIC, identifica e promove oportunidades em cultura, turismo, lazer e entretenimento. É "um empreendimento de classe mundial ampliado", integrado por "5 Cs", ou seja: conhecimento (o domínio dos conceitos e tecnologias mais avançadas); competência (a habilidade de transformar conhecimento em produtos e serviços inovadores); conexões (acesso mundial a recursos e mercados); capital (disponibilidade de recursos financeiros); e confiança (a inovação é um processo interativo de fluxos de conhecimento e aprendizagem que requer o estabelecimento de relações de confiança entre as pessoas, empresas e organizações envolvidas).[15]

---

[15] Cf. Porto Digital. O modelo de classe mundial foi concebido por Kanter.

Localizado no bairro do Recife, o Porto Digital pretende conciliar, naquele sítio histórico em processo de renovação urbana, o antigo e o moderno. A área ocupada pelo projeto, servida por rede de fibra ótica e conectada à infovia de grande capacidade, abriga empresas de revenda, manutenção e distribuição de hardware e software, desenvolvimento de sistemas sob encomenda, produção de pacotes e consulta em tecnologia de software, provedoras de internet e treinamento e capacitação de recursos humanos.

O cluster de TIC do Porto Digital tem como âncoras, na área do conhecimento, o Centro de Informática de UFPE (formação de recursos humanos, inclusive em nível pós-graduado) e o Instituto de Inovação e Informática (promoção da inovação produtiva). Na área de competências, a Incubadora do Porto Digital (capacidade de formar mais de 100 empreendedores por ano e incubar concomitantemente trinta empresas); na de conexões, a Softex Recife (que articula as principais empresas de TIC em Pernambuco), o Escritório de Promoção de Investimentos em Tecnologia do Recife (promoção de negócios) e o Cesar – Centro de Estudos e Sistemas Avançados do Recife (transferência de tecnologia e conhecimento, berço de muitas empresas); nas áreas de capital e confiança, o Núcleo de Gestão do Porto Digital e a Secretaria de Ciência e Tecnologia do Governo do Estado. Com mais de 80 empresas e dois mil empregos, o Porto Digital gera faturamento anual estimado em R$300 milhões.

O *pólo médico-hospitalar* do Recife é o de maior dimensão do Nordeste, sendo por muitos considerado o terceiro do país (depois de São Paulo e Rio de Janeiro). Dispõe de recursos técnicos avançados, bons níveis de qualificação profissional e ágil capacidade executiva. Aponta para boas oportunidades de investimento nas tecnologias de ponta: desde a complementação de diagnósticos até procedimentos médico-cirúrgicos tecnologicamente avançados.

Hoje, a região metropolitana do Recife é núcleo importante de outros serviços modernos intensivos em conhecimento. Dentre eles, cabe referir a importância e as oportunidades dos *serviços de consultoria*. Eles se desenvolveram em virtude da tendência para terceirização de muitas atividades especializadas, contratadas por não integrarem os núcleos produtivos das empresas ou serem requeridas de forma intermitente. Hoje, abarca desde a administração de negócios, a economia, a contabilidade, a auditoria e o direito até a arquitetura e as engenharias (civil, mecânica, hidráulica, eletroeletrônica, de climatização). Há oportunidades visíveis de novos negócios na melhoria dos níveis de qualificação técnico-profissional; na montagem de esquemas polivalentes de consultoria (de modo a permitir a oferta ao mercado de pacotes integrados e viabilizar a participação em maiores concorrências); em parcerias com empresas de consultoria do Sudeste do país e do exterior; e, nas áreas de engenharia, na maior integração entre a elaboração de projetos técnicos e a especificação, cotação e fornecimento de equipamentos.

O *turismo* receptivo tem avançado na região metropolitana do Recife (Recife, Olinda, Jaboatão dos Guararapes, Porto de Galinhas e outros destinos litorâneos) e no Arquipélago de Fernando de Noronha, que recebem a maioria dos turistas que vão a Pernambuco. É um turismo voltado para o sol e o mar, bem como para o Carnaval e as festas juninas. O Litoral-Mata pernambucano é o terceiro maior destino turístico do Nordeste, tendo atraído em 2007 3,6 milhões de visitantes, entre eles 258 mil estrangeiros.

Há boas potencialidades de expansão desse fluxo turístico nos próximos anos, inclusive no que respeita ao turismo motivado pela grande riqueza histórico-cultural do Recife e de Olinda.

Litoral cearense: o pólo urbano-industrial de Fortaleza

A região metropolitana de Fortaleza deu desde 1970 largos passos nas manufaturas, tornando-se pólo industrial significativo. Seu perfil produtivo é mais voltado para as indústrias tradicionais, quase todas elas incorporadas ao agronegócio e intensivas em mão-de-obra. Destacam-se as manufaturas têxteis e de calçados, competitivas e modernas, que vão consolidando especialização estadual.

O grande salto qualitativo da industrialização nessa AP está associado ao êxito do Complexo Industrial e Portuário do Pecém, inaugurado em 2002 e concebido para indústrias de base como as siderúrgicas, de petróleo e petroquímica, bem como de geração de energia elétrica. Estão previstas para o complexo uma planta siderúrgica (a Usina Siderúrgica Cearense) e uma refinaria de petróleo (Petrobras), iniciativas capazes de gerar desdobramentos produtivos diferenciadores do perfil industrial do estado.

Fortaleza abriga dezenas de *empresas de TIC* de maior porte, concentradas em software. Além de atenderem ao mercado de sua área de influência (comércio, indústria, outros serviços), elas exportam cerca de um terço dos serviços que produzem.

Localiza-se em Fortaleza o terceiro pólo de *serviços médico-hospitalares* do Nordeste, que se expandiu muito nos últimos anos e detém bom potencial de crescimento. Destaquem-se ainda nessa AP os serviços de consultoria e publicidade.

A região metropolitana de Fortaleza é o *segundo pólo turístico do Nordeste*. Há nela, e em todo o litoral da AP, grandes atrativos naturais e culturais: sol e mar praticamente durante todo o ano, praias de rara beleza, artesanato criativo e diversificado, culinária típica e variada. A expansão do turismo no Litoral cearense depende de investimentos que propiciem um salto qualitativo e quantitativo na infra-estrutura e nos serviços de apoio a tanto necessários.

Centros regionais e pólos industriais de porte médio

São eles:

1) o pólo urbano-industrial de São Luís-Itaqui, na AP Litoral maranhense (alumínio, ferro-gusa, cimento);
2) o pólo urbano-industrial de Maceió, na AP Litoral-Mata alagoano (açúcar e álcool; cloroquímica);
3) o pólo urbano-industrial de João Pessoa-Cabedelo, na AP Litoral-Mata paraibano (cimento, têxteis e confecções, alimentos);
4) o pólo urbano-industrial de Aracaju, na AP Litoral-Mata sergipano (alimentos, têxteis, cimento, química); e
5) o pólo urbano-industrial de Natal, na AP Litoral-Mata potiguar (têxteis, alimentos, química, turismo e previsão de refinaria de petróleo).

Litoral-Mata: outras oportunidades

O cultivo da *cana-de-açúcar* ainda é atividade econômica tradicional no Litoral-Mata pernambucano e Litoral-Mata alagoano (além ter presença no Litoral-Mata paraibano e Litoral-Mata potiguar). Ela alimenta a indústria do açúcar e do álcool, que ainda é importante para a economia regional. Sua baixa produtividade relativa – agrícola e industrial – deflagrou crise que se arrastou por décadas, tendo sido mais intensa e profunda em Pernambuco. Muitos novos investimentos poderiam ser gerados no bojo de reestruturação seletiva da atividade, com avanços em direção a produtos sucroquímicos inovadores, intensivos em conhecimento, de maior agregação de valor e com mercados mais dinâmicos. Associada à reorganização empresarial e financeira permeando toda a cadeia produtiva.

A *castanha-de-caju* teve grande expansão na década de 1970 no Litoral cearense (e também no Litoral potiguar), concomitante à queda de produção ocorrida na África. A partir de então, foram instaladas grandes unidades de beneficiamento, tornando o estado o maior produtor e exportador do fruto, já processado. O quadro de quebra de safra e crescente perda de competitividade que se configurou mais recentemente, afetando a produção industrial, a qualidade do produto e sua comercialização, pode ser revertido por meio de atuação abrangente, envolvendo tanto o segmento agrícola (no qual cabe disseminar o cajueiro-anão, precoce e que gera elevados ganhos competitivos) quanto os industrial, comercial, financeiro e empresarial.

O Pólo Irrigado de Mossoró-Açu, no Rio Grande do Norte, volta-se em particular à produção e exportação de melão, estimadas em dois terços e 90% das brasileiras, respectivamente. A área plantada com o fruto, da ordem de 12 mil hectares, corresponde a cerca de 80% da superfície irrigada, e a produção vem sendo ordem de 230 mil toneladas (2006-7). No início deste século, desenhou-se tendência para perda de mercados externos, seja devido ao baixo teor relativo de sólidos solúveis do fruto brasileiro, seja pelo pouco poder de barganha. Vários grandes produtores começam a diversificar a produção, voltando-se para a manga e a banana, que revelam boas perspectivas comerciais no mercado interno. A partir de 2005, contudo, reagiram as exportações, que voltaram a ser ameaçadas desde 2007 pela valorização do real e elevação do preço dos insumos.

Agronegócio mais recente, de grande crescimento no Litoral-Mata, é a *carcinicultura*, que teve início nos anos 70 e ganhou dimensão empresarial na década de 1980-1990. Somente no decênio passado, porém, com a introdução de nova espécie, o cultivo do camarão adquiriu bases mais sólidas, dados elevada produtividade (5t/ha/ciclo), ritmo acelerado da produção e boa aceitação do mercado. Crise recente se abateu sobre a atividade com a desvalorização do dólar norte-americano tornando menos atraentes as exportações.

A *piscicultura* é atividade que vem sendo destacada como de bom potencial, tanto nos mercados regional e nacional quanto no global.

Pré-Amazônia

A Pré-Amazônia, região geoeconômica inserida em um só estado, o Maranhão, e correspondente à AP de mesmo nome, depara-se com problemas de baixa densidade econômica e níveis de produtividade insuficientes.

Sua dinamização produtiva poderá repousar nos binômios agricultura diversificada com pecuária moderna e racional e extrativismo florestal com beneficiamento industrial.

No primeiro binômio, a diversificação agrícola em áreas selecionadas pode caminhar na direção da produção de grãos (arroz, soja, milho, sorgo, amendoim, girassol) e da fruticultura de especialização tropical (caju, por exemplo), bem como na recuperação e manutenção de pastagens concomitante ao aumento da produção de carne (inclusive para exportação), leite e derivados.

No segundo binômio, cabe reverter a tendência de queda na extração de madeira na Pré-Amazônia mediante a implantação da indústria florestal moderna e sustentável (combinando técnicas de extração de impacto reduzido, certificação florestal, processamento da madeira, fabricação de móveis de qualidade, inclusive para exportação).

Parnaíba

Esta RG, integrada pelas APs Parnaíbas maranhense e piauiense, tem clara vocação para a irrigação, podendo utilizar-se do pólo de Teresina e das cidades médias da área (Caxias, Floriano) como bases para o agronegócio.

Estima-se que o potencial irrigável da bacia do Parnaíba seja de mais de 800 mil hectares, havendo boas condições para a aqüicultura, a pesca e a industrialização de pescados.

O pólo de Teresina é a maior aglomeração urbano-industrial interiorizada do Nordeste (com indústrias têxtil, de alimentos, cimento, materiais cerâmicos, madeira e mobiliário).

Sertão Setentrional e Sertão Meridional

Há hoje que distinguir preliminarmente os Novos Sertões dos Velhos Sertões do Nordeste.

Novos Sertões são as modernas indústrias de calçados em Sobral e Crato, no Sertão cearense. É o Pólo Gesseiro do Araripe, no Sertão pernambucano, com suas quase 400 empresas espalhadas pelos municípios de Araripina, Trindade, Ipubi, Ouricuri, Bodocó. Seu crescimento tem sido vertiginoso, a produção alcança 4,4 milhões de toneladas de gipsita por ano, com 32 tipos de produtos que têm o gesso como matéria-prima, e responde pela geração de 14 mil empregos. Esse pólo deverá beneficiar-se com a Ferrovia Transnordestina (ela tem em Trindade uma de suas conexões), que reduzirá drasticamente o frete para os portos de Suape, PE, e Pecém, CE.

Velhos Sertões são a agricultura e a pecuária de sequeiro (milho, feijão, mandioca, algodão, pequena criação extensiva) ainda dominante na paisagem econômica do semi-árido. Ela mantém certo porte relativo, mas se desestrutura a cada dia: ante a concentração e a rigidez da estrutura fundiária, associada à ruptura das formas tradicionais de organização do trabalho, baseada em parcerias e meações quase sempre espoliativas. E murcha, como sempre, nos anos de secas. Nesses velhos sertões, são as transferências públicas de renda feitas aos idosos e deficientes – aliadas aos volumosos e crescentes dispêndios do Programa Bolsa Família subsidiando as famílias mais pobres – que insuflam vigor ao mercado. Elas criam uma peculiar e preocupante "economia sem produção" e sem emprego, hoje certamente maior do que a gerada pela agropecuária tradicional.[16]

Na soma dos velhos com os novos sertões, o semi-árido ainda continua sendo um grande bolsão interior de baixo nível de desenvolvimento. Não se encontra estagnado, mas apresenta, globalmente, dinamismo insuficiente. O ritmo e o porte das transformações que se operam em sua estrutura produtiva não bastam para mudar o quadro econômico geral. A despeito das migrações, ainda detém população excessiva, dados os modos de produção prevalecentes e a base de recursos disponíveis.

A *pecuária bovina*, responsável pela ocupação dos sertões, responde ainda hoje por parcela importante do produto da agropecuária dessas duas RGs.

Predominantemente extensiva, com baixos padrões tecnológicos e insuficientes dimensão e produtividade, a bovinocultura continua a sofrer nos anos de seca. Alimentou no passado importante indústria de artefatos de couro. Para reativá-la, aglomeradas em *clusters* estrategicamente localizados, deve-se buscar internalizar a cadeia produtiva, com pecuária mais intensiva, exportação de carnes, o beneficiamento do couro em curtumes modernos, a diversificação da produção de artefatos de couro e a melhoria da qualidade de processos e produtos e das estratégias empresariais de comercialização.

No passado, o *algodão* foi um dos produtos mais importantes dos sertões, gerando, inclusive, exportações expressivas.

A produção, difusa pelos Sertões, mais votada ao algodão arbóreo, de fibra longa, disseminou pelo interior médias e grandes usinas de beneficiamento, emprestando dinamismo à economia. A partir dos anos 60, os fios sintéticos e o óleo de soja começaram a concorrer vantajosamente com seus dois principais subprodutos, a fibra natural e o óleo. O aparecimento do bicudo foi a pá de cal em desestruturação da produção de causas essencialmente estruturais: baixa produtividade e pouca capacidade competitiva, de um lado; rápidos

---

[16] A expressão "economia sem produção" deve-se a Gomes.

avanços tecnológicos de produtos competidores e mudanças nas preferências do mercado, de outro.

A recuperação da produção do algodão, que é recente, deve muito à Embrapa, que vem introduzindo variedades da planta mais resistentes e diferenciadas. Os maiores plantios localizam-se hoje no Sertão setentrional (Sertão cearense, em particular). No mesmo passo, a indústria têxtil regional ganhou novo ânimo, principalmente com a localização no Nordeste de unidades produtivas mais modernas e competitivas. Hoje, produz-se na região boa parte dos fios (principalmente de algodão) do país, bem como dos tecidos. O recrudescimento da demanda por fibras naturais, sobretudo nos segmentos de mercado de maior poder aquisitivo, cria condições para que se reintegre, na região, a cadeia produtiva baseada na cotonicultura, envolvendo a algodoeira, a fiação, a tecelagem, a tintura e acabamento e as confecções.

A *ovino-caprinocultura*, predominantemente de pequena escala, estende-se, viável, por quase todo o semi-árido. Mais voltada ao abastecimento local, tem mercado regional garantido e em expansão: de carne e também de couros e peles. Embora represente pouco mais de 1% do produto agropecuário regional, a atividade tem potencialidades: pela qualidade da carne caprina, de baixos teores calórico e lipídico (menos colesterol); pela qualidade superior dos couros, de boa cotação no mercado, pelos queijos, uma atraente possibilidade.

O *suprimento regular de água para o semi-árido* é condição necessária, mas insuficiente, à redução das desigualdades de desenvolvimento entre os Sertões secos e o restante do Nordeste. Outros fatores, dentre os quais a escassa modernização econômica – associada à baixa capacitação de recursos humanos e alta incidência de pobreza extrema –, respondem por esses persistentes desníveis de renda e bem-estar.

Contudo, uma estratégia de desenvolvimento para o semi-árido que queira ser eficaz não pode descurar grande e persistente esforço de fortalecimento da base econômica das cidades. Ali, a sociedade já é, e será cada vez mais, predominantemente urbana. E, salvo algumas exceções, essa expansão populacional nas cidades não vem sendo acompanhada do necessário fortalecimento de suas economias, ainda lastreadas em agropecuária tradicional de baixa produtividade, além de vulnerável às secas.

A opção estratégica para o desenvolvimento do semi-árido do Nordeste assenta-se em conjunto articulado de ações capazes, por um lado, de atenuar a amplitude das quedas cíclicas da produção, emprego e renda, ocorridas nos anos de seca; e, por outro lado, de imprimir mais velocidade e maior sustentação ao crescimento da economia urbana.

Ele se expressa nas seguintes diretrizes:

I – ampliação da oferta regular de recursos hídricos (projeto de transposição de bacias em início de execução beneficiando principalmente os Sertões pernambucano, paraibano, potiguar e cearense – Mapa 4);
II – reforço e dinamização da base econômica rural e urbana por meio de atividades pouco sensíveis aos efeitos das secas, entre elas:

1) a agricultura irrigada, base de agronegócios rentáveis, envolvendo algo como 2 milhões de hectares e complementada por reorganização agrária que enseje aos pequenos produtores rurais o acesso à terra, à água e aos serviços de apoio à produção e comercialização;
2) as atividades produtivas urbanas, desenvolvidas à montante e à jusante da cadeia produtiva do agronegócio, além de orientadas para vocações produtivas identificadas nas pequenas e médias cidades: a produção de bens de consumo em massa (vestuário, calçados); o beneficiamento de produtos minerais da região (gipsita, pedras graníticas, materiais cerâmicos e outros); materiais de construção; artesanato, comércio e outros serviços; turismo e lazer;

III – expansão e modernização das infra-estruturas e serviços urbanos: energia elétrica e comunicações, bem como armazenagem, comercialização, crédito e outros serviços de apoio;
IV – capacitação de recursos humanos (generalização da educação básica; qualificação para o trabalho; desenvolvimento de mentalidade moderna e espírito de empreendimento e inovação; combate à pobreza extrema);
V – redução das pressões antrópicas excessivas em subáreas com grande densidade demográfica, baixo potencial de geração, em bases permanentes, de emprego e renda, além de recursos naturais insuficientes ou degradados.

A execução de estratégia com essas características deverá gerar muitas oportunidades de investimento privado.

Agreste Oriental e Agreste Meridional

Não há tampouco como ignorar que Novos Agrestes confrontam-se com Velhos Agrestes nas duas RGs que se interpõem desde o Rio Grande do Norte até o sul da Bahia, entre o Litoral-Mata e os Sertões.

Os Novos Agrestes estão representados pelas indústrias têxtil e de calçados de Campina Grande, PB, Caruaru, PE, e Feira de Santana, BA – para não falar de suas universidades e centros avançados de pesquisa. Pelas indústrias de confecções de Santa Cruz do Capibaribe (roupas em geral) e Toritama (a "capital" do jeans), municípios do Agreste pernambucano – exibindo, graças a elas, elevados níveis de renda e emprego e baixíssima proporção de pobres na população.

Avançam tecnologicamente alguns agronegócios tradicionais dos Agrestes. Os *laticínios* ali localizados representam 12% do valor da produção agropecuária do Nordeste. As maiores bacias leiteiras estão no Agreste pernambucano e alagoano. Elas enfrentam a concorrência de leite e derivados provenientes do Centro-Sul, tendo buscado elevar a competitividade, com racionalização dos custos, tanto na manutenção e expansão dos rebanhos quanto no processo de beneficiamento e comercialização.

A *avicultura* também é relevante. Ela depende crucialmente dos custos de transporte das rações (grãos, principalmente). Por essa razão, um corredor de transporte eficiente, que carreie milho e soja do Cerrado para os Agrestes (a Ferrovia Transnordestina pode ter esse papel), será fator de estímulo à atividade, além de base para nova especialização exportadora regional.

A produção de *banana*, disseminada pelas duas RGs e voltada para o mercado regional, tem evoluído por altos e baixos, determinados por variações climáticas e ocorrências de pragas. A industrialização da fruta (doces, passas, farinha, óleo), hoje de pequena escala, é uma oportunidade de investimento interessante.

São Francisco

A *fruticultura irrigada* que se desenvolve sob o comando dos pólos geminados de Petrolina e Juazeiro (São Francisco pernambucano e baiano) marca importantes avanços tecnológicos e comerciais, sendo uma das faces dos Novos Sertões (aquelas duas APs também são, a seu modo, sertanejas, embora marcadas fundamente pelo rio São Francisco).

Destacam-se em Petrolina-Juazeiro a manga e a uva. Mas há também plantios de goiaba, pinha, graviola, mamão, melão, coco, maracujá e limão, entre outras frutas. A produção de manga evoluiu espetacularmente desde os anos 90. A de uva também. A vinicultura se expande, com Pernambuco tendo se tornado o segundo produtor nacional de vinho (cerca de 20% da produção). Os métodos de irrigação são modernos, adaptados a cada cultura e segundo colonos e empresas – estas adotando técnicas mais diversificadas, dentre as quais o gotejamento e a microaspersão. Boa parte da produção de manga, uva (e também de melão, coco e maracujá) é vendida a outras regiões do país, sobretudo ao Sudeste (apenas a manga e a uva têm sido exportadas). O pólo enfrenta duas dificuldades: a insuficiência de infra-estrutura de transportes e o acanhado apoio científico-tecnológico (em parte remediado com a recente instalação, em Petrolina, do Instituto Tecnológico da Uva e do Vinho). O valor bruto da produção irrigada de Petrolina-Juazeiro ainda é de pequena expressão, mas as potencialidades continuam importantes.

Cerrado

Pode-se falar na emergência de um complexo de *milho-soja* na RG Cerrado (na AP Cerrado baiano, principalmente). Nessa última área, polarizada por Barreiras e onde despontou mais recentemente o município de Luís Eduardo Magalhães, o cultivo do milho teve crescimento vertiginoso nos últimos anos. O uso de equipamentos e outros insumos modernos explica a elevada produtividade, que alcança 3,5t/ha, a mais alta do país, embora ainda inferior aos padrões internacionais (é de 5,5t/ha na Argentina, por exemplo).[17]

Salto igualmente espetacular deu a produção de soja do Cerrado como um todo: no Cerrado baiano e nos Cerrados piauiense (no entorno de Elizeu Martins) e maranhense (no entorno de Balsas) – onde será possível produzir milhões de t.ano de soja, sem prejuízo da expansão, em larga escala, da pecuária. A produtividade é alta e o custo da produção, baixo, mostrando-se, portanto, competitividade em preço e qualidade. Barreiras é pólo de indústrias modernas de beneficiamento (óleo, farelo), internalizando a cadeia produtiva, com a produção de milho (e também algodão) sendo componente integrador e de redução de custos e riscos. A ausência de transporte competitivo da produção para o Agreste e o Litoral-Mata seja para consumo (na avicultura, por exemplo), seja para exportação (através de Suape e Pecém), é obstáculo que poderá ser superado com a Ferrovia Transnordestina.

Seguindo os passos do Cerrado baiano, os Cerrados piauiense e maranhense desenvolvem em torno da soja, milho e pecuária importante conjunto de atividades agroindustriais (óleo, farinha de soja e derivados, laticínios, carnes). Grande parte dessa produção poderá escorrer para o exterior pelos portos de Itaqui, Pecém e Suape.

---

[17] Ver Sampaio.

UMA ESTRATÉGIA DE DESENVOLVIMENTO DA AMAZÔNIA

A proposta de estratégia de desenvolvimento para a Amazônia também parte de nova concepção da geografia regional e se orienta por três opções básicas.

A nova geografia reparte a região em 24 Áreas Polarizadas, consideradas espaços de referência funcionais às ações de desenvolvimento – em particular, o processo de ocupação demográfica e econômica seletiva, sempre atento à preservação de recursos naturais e à diversidade étnico-cultural.

As três opções constituem escolhas estratégicas cujo objetivo-fim é o ecodesenvolvimento.[18] São elas (Diagrama 2):

I – redução no hiato de competitividade, contemplando os transportes (ver, no Mapa 7, os eixos de integração e inserção considerados) e a energia, recursos humanos, conhecimento e biotecnologia, uso sustentável da biodiversidade;

II – mudança de paradigma produtivo voltado principalmente para o uso sustentável dos recursos naturais (extrativismo associado ao agronegócio, mineração controlada, indústria-bioindústria, ecoturismo);

III – transformação social (redução da pobreza, proteção ao índio).

Vistas em conjunto, essas cinco opções configuram uma só estratégia de ecodesenvolvimento.[19]

AMAZÔNIA: NOVA GEOGRAFIA

A identificação das Áreas Polarizadas (APs) da Amazônia levou em conta, por um lado, que não é uniforme, fisiográfica ou ecologicamente, o espaço regional. E que, nos mais três séculos de ocupação demográfica e produtiva, ele se tornou muito heterogêneo, econômica e socialmente. Por outro lado, procurou-se manter a regionalização adotada pelo IBGE: conservando-se as mesorregiões em alguns casos; e seguindo os limites das microrregiões, em outros. A Tabela 7 apresenta indicadores selecionados para as 24 APs propostas. E o Mapa 8 traz a visualização cartográfica delas.

---

[18] O termo ecodesenvolvimento, inicialmente utilizado na literatura econômica de língua francesa (*ecodéveloppement*) e divulgado pelo economista franco-polonês Ignacy Sachs, sublinha a sustentação ambiental do crescimento e do desenvolvimento, ou seja, o desenvolvimento durável. Cf. Sachs.

[19] Para o detalhamento dessas opções, ver Albuquerque (2005b).

DIAGRAMA 2

AMAZÔNIA

Concepção Estratégica

AMAZÔNIA
Áreas Polarizadas por Estados

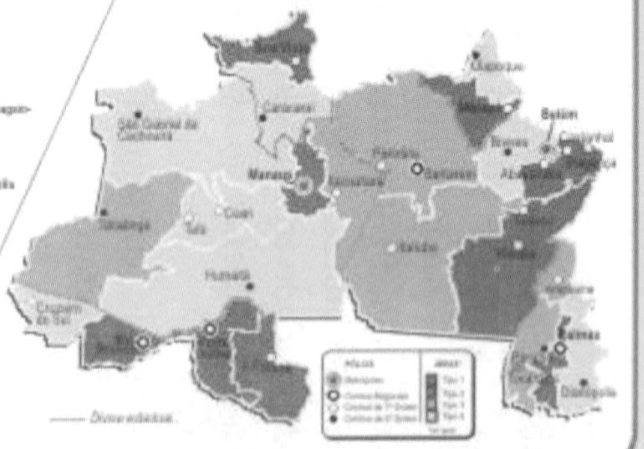

AMAZÔNIA
Pólos Urbanos por Áreas Polarizadas

I - NOVA GEOGRAFIA

- Tipificação de Áreas
- Hierarquia de Pólos
- Ocupação Descontínua e Seletiva
- Ecodesenvolvimento

II – OPÇÕES ESTRATÉGICAS

REDUÇÃO DO HIATO DE COMPETITIVIDADE

- Transporte e Energia
- Recursos Humanos
- Conhecimento: Biotecnologia
- Uso Sustentável da Biodiversidade

MUDANÇA DE PARADIGMA PRODUTIVO

- Estrativismo Associado ao Agronegócio
- Mineração Controlada
- Indústria: Bioindústria
- Ecoturismo

TRANSFORMAÇÃO SOCIAL

- Redução da Pobreza
- Proteção ao Índio

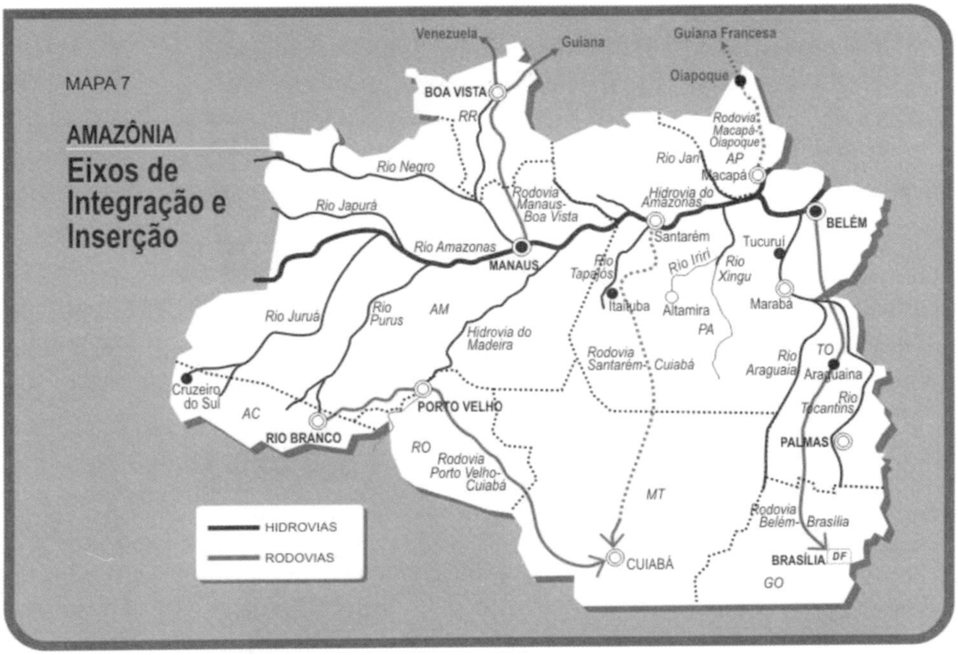
MAPA 7
AMAZÔNIA
Eixos de Integração e Inserção
Venezuela
Guiana
Guiana Francesa
Oiapoque
BOA VISTA
RR
Rodovia Macapá-Oiapoque
AP
Rio Jari
Macapá
Rio Negro
Rio Japurá
Rodovia Manaus-Boa Vista
Hidrovia do Amazonas
BELÉM
Santarém
Tucuruí
Rio Amazonas
MANAUS
Rio Tapajós
Rio Iriri
Rio Xingu
Itaituba
Altamira
Marabá
Rio Juruá
Rio Purus
AM
Hidrovia do Madeira
PA
Rodovia Santarém-Cuiabá
Rio Araguaia
TO
Araguaína
Cruzeiro do Sul
AC
PORTO VELHO
Rio Tocantins
RIO BRANCO
PALMAS
RO
Rodovia Porto Velho-Cuiabá
MT
Rodovia Belém-Brasília
HIDROVIAS
RODOVIAS
CUIABÁ
BRASÍLIA
DF
GO

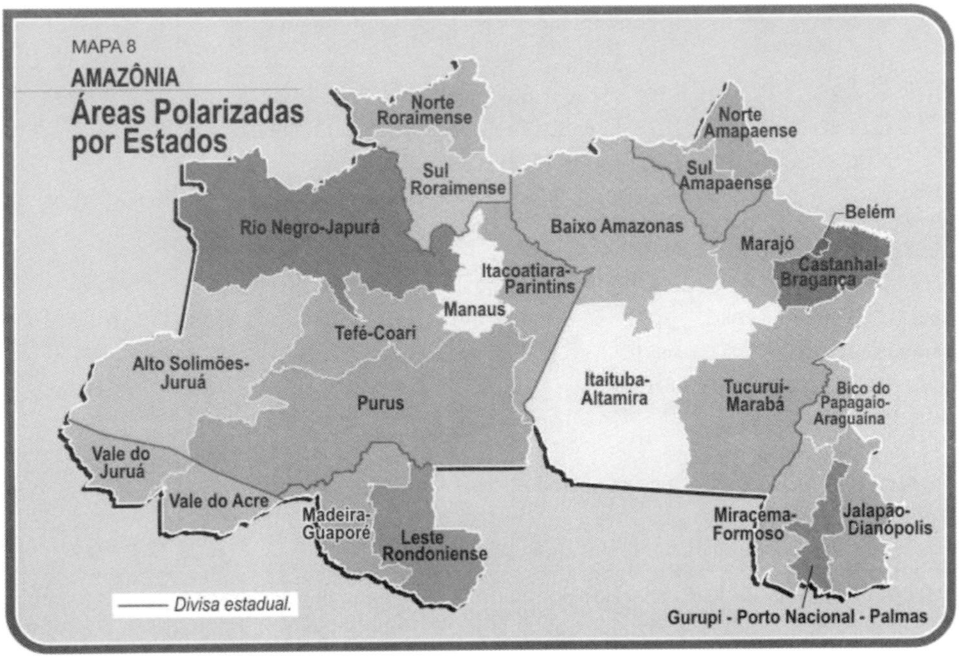
MAPA 8
AMAZÔNIA
Áreas Polarizadas por Estados
Norte Roraimense
Norte Amapaense
Sul Roraimense
Sul Amapaense
Belém
Rio Negro-Japurá
Baixo Amazonas
Marajó
Castanhal-Bragança
Itacoatiara-Parintins
Manaus
Tefé-Coari
Alto Solimões-Juruá
Itaituba-Altamira
Tucuruí-Marabá
Bico do Papagaio-Araguaína
Purus
Vale do Juruá
Vale do Acre
Madeira-Guaporé
Leste Rondoniense
Miracema-Formoso
Jalapão-Dianópolis
Divisa estadual.
Gurupi - Porto Nacional - Palmas

TABELA 7

Amazônia por Áreas Polarizadas e estados: indicadores selecionados

Discriminação	*RONDÔNIA*		*ACRE*	
	Madeira-Guaporé	*Leste**	*Vale do Juruá*	*Vale do Acre*
Área (mil km²)	108,0	129,6	45,3	107,2
População, 2007 (mil)	543,4	910,4	153,6	501,8
Crescimento demográfico, 1970-2007 (%, anual)	4,4	3,9	3,6	2,9
Densidade demográfica 2007 (hab/km²)	5,0	7,0	3,4	4,7
Grau de urbanização, 2007 (%)	75,6	64,8	55,6	75,6
PIB, 2005 (PPC$ milhões de 2006)	3.745,8	6.178,2	554,5	2.893,0
Crescimento do PIB, 1970-2005 (%, anual)	6,3	7,6	5,0	5,6
Densidade econômica, 2005, PPC$ mil (PIB/km²)	34,7	47,7	12,2	27,0
Grau de industrialização, 2005 (%)	10,5	16,1	7,1	12,9
PIB *per capita*, 2005 (PPC$)	6.910	6.450	3.681	5.573
Crescimento do PIB *per capita*, 1970-2005 (%, anual)	1,6	3,0	2,6	1,8
Índice do Nível de Vida, INV, 2000 (de 0 a 10)	7,53	6,35	4,91	6,14
Pobreza extrema, 2000 (% da população)	11,2	9,8	23,4	16,4

Nota: Taxas de crescimento para o Leste rondoniense a partir de 1980, quando foram criados os municípios que integram a AP.

TABELA 7

Amazônia por Áreas Polarizadas e estados: indicadores selecionados, conclusão

Discriminação	*PARÁ*			
	Baixo Amazonas	*Marajó*	*Belém*	*Castanhal-Bragança*
Área (mil km²)	340,5	75,2	31,4	87,5
População, 2007 (mil)	683,0	302,9	2.263,9	1.883,2
Crescimento demográfico, 1970-2007 (%, anual)	2,2	2,3	2,9	2,3
Densidade demográfica 2007 (hab/km²)	2,0	4,0	72,1	21,5
Grau de urbanização, 2007 (%)	58,1	42,2	92,3	53,3
PIB, 2005 (PPC$ milhões de 2006)	2.541,0	456,3	13.144,4	3.735,5
Crescimento do PIB, 1970-2005 (%, anual)	5,3	2,4	4,7	3,7
Densidade econômica, 2005, PPC$ mil (PIB/km²)	7,5	6,1	418,7	42,7
Grau de industrialização, 2005 (%)	32,5	18,2	28,9	16,9
PIB *per capita*, 2005 (PPC$)	3.783	1.600	5.994	2.016
Crescimento do PIB *per capita*, 1970-2005 (%, anual)	2,9	0,1	1,6	1,3
Índice do Nível de Vida, INV, 2000 (de 0 a 10)	5,31	3,57	8,70	4,87
Pobreza extrema, 2000 (% da população)	23,9	24,7	11,8	22,7

Fontes: IBGE; IPEA; Vergolino; Rocha & Albuquerque; Rocha.

	AMAZONAS					RORAIMA	
io Negro- apurá	Alto Soli- mões-Juruá	Tefé-Coari	Manaus	Itacoariara –Parintins	Purus	Norte	Sul
05,0	335,4	151,5	72,5	132,4	474,0	98,5	125,8
18,0	331,5	213,4	1.914,2	379,2	265,6	316,3	79,4
,8	2,7	3,0	4,2	2,3	1,9	6,0	8,1
,3	1,0	1,4	26,4	2,9	0,6	3,2	0,6
2,9	55,9	65,0	91,6	58,4	55,3	83,7	53,1
35,3	709,3	1.147,0	21.790,1	1.046,4	731,1	2.073,4	371,8
,2	4,0	7,2	7,0	3,9	3,4	8,4	9,5
,6	2,1	7,6	300,6	7,9	1,5	21,0	3,0
,0	7,2	51,9	49,5	6,1	5,7	12,0	6,3
.093	2.049	4.744	11.636	2.805	3.073	6.762	4.882
,3	1,0	3,5	2,6	1,5	1,7	2,0	1,0
,46	3,49	4,95	8,26	4,96	3,96	7,61	5,90
0,0	45,0	26,8	18,0	30,1	39,7	12,9	22,2

		AMAPÁ		TOCANTINS			
aituba- ltamira	Tucuruí- Marabá	Norte	Sul	Bico do Papa- gaio-Araguaína	Miracena Formoso	Gurupi-Porto Nacional-Palmas	Jalapão- Dianópolis
5,8	297,3	57,7	85,1	42,3	86,1	48,6	100,6
3,4	1.439,1	51,1	536,2	414,7	250,5	395,6	182,8
0	7,1	2,9	4,7	2,7	2,6	4,1	1,2
2	4,8	0,9	6,3	9,8	2,9	8,1	1,8
3,3	69,6	65,9	92,0	75,3	73,4	89,0	63,1
209,7	9.026,8	247,6	3.111,5	1.850,1	1.467,1	2.881,1	789,0
5	11,7	7,0	5,7	5,7	5,8	8,9	4,1
9	30,4	4,3	36,6	43,8	17,0	59,2	7,8
,3	48,8	11,6	11,4	25,5	21,5	34,5	19,0
508	6.695	5.910	5.763	4.245	5.764	7.052	4.450
1	4,0	4,4	0,6	2,6	3,0	4,2	2,9
47	5,39	5,49	8,05	5,88	5,95	7,46	3,89
,8	16,6	22,2	15,7	22,9	13,3	10,4	30,0

Note-se que as áreas Belém e Manaus, com 2,7% do território amazônico, detinham, em 2007, 28,6% da população e 42,7% do PIB regional. Belém, com 31,4 mil km^2 e 2,3 milhões de habitantes, tem maior densidade demográfica (72 habitantes por km^2) e econômica (PPC$456 mil por km^2). Manaus cresceu mais nos últimos anos, tanto em população (4,2% anuais em 1970-2007) quanto em PIB (7% ao ano em 1970-2005), superando amplamente, nesse último indicador, a Belém. Embora o PIB *per capita* manauara seja maior que o belensense, em 2000 o INV de Belém (8,70), AP melhor estruturada socialmente (e com menor ritmo de expansão demográfica), continuava maior que o de Manaus (8,26).

As outras quatro concentrações demográficas e econômicas regionais ocorrem no Pará (Tucuruí-Marabá e Castanhal-Bragança) e em Rondônia (Leste rondoniense e Madeira-Guaporé).

Tucuruí-Marabá (população: 1,4 milhões; PIB: PPC$9,0 bilhões, a terceira maior das APs amazônidas, apresentou, em 1970-2007, grande expansão populacional (7,1% anuais) e econômica (PIB crescendo a 11,7% ao ano): em decorrência, principalmente, dos impactos da Hidrelética de Tucuruí e da extração mineral. Seu PIB *per capita*, de PPC$6,7 mil em 2005, é 17% maior do que o regional.

O Leste Rondoniense, estruturado pela BR-364, é o quarto PIB dentre as APs (PPC$6,2 bilhões), sendo ainda a quinta AP em população (910 mil habitantes) e o sexto PIB *per capita* (PPC$6,5 mil). Madeira-Guaporé (população: 543 mil; PIB: PPC$3,7 bilhões), refletindo o peso de Porto Velho, tinha em 2005 o terceiro maior PIB *per capita* (PPC$6,9 mil), 21% maior que o regional.

Embora área de menor crescimento demográfico e econômico, Castanhal-Bragança, com população de 1,9 milhão, equipara-se demograficamente à AP de Manaus. Seu PIB foi PPC$3,7 bilhões e o PIB *per capita*, de apenas PPC$2,0 mil (35% do amazônida).

Podem ser consideradas de porte médio oito APs. São elas: Sul do Amapá (população, 536 mil; PIB PPC$3,1 bilhões, PIB *per capita*, PPC$5,8 mil), onde se encontra Macapá; Vale do Acre (população, 502 mil; PIB PPC$2,9 bilhões, PIB *per capita*, PPC$5,6 mil); onde se localiza Rio Branco; Norte de Roraima (população, 316 mil; PIB PPC$2,1 bilhões, PIB *per capita*, PPC$6,8 mil), polarizado por Boa Vista; Gurupi-Porto Nacional-Palmas, Tocantins (população, 396 mil; PIB PPC$2,9 bilhões, PIB *per capita*, PPC$7,1 mil); Bico do Papagaio-Araguaína (população, 415 mil; PIB PPC$1,9 bilhão, PIB *per capita*, PPC$4,2 mil); Miracena-Formoso, Tocantins (população, 251 mil; PIB PPC$1,5 bilhão, PIB *per capita*, PPC$5,8 mil); Itacoatiara-Parintins (população, 379 mil; PIB PPC$1,0 bilhão, PIB *per capita*, PPC$2,8 mil); e Tefé-Coari (população, 213 mil; PIB PPC$1,1 bilhão, PIB *per capita*, PPC$4,7 mil).

Cinco áreas polarizadas de importantes dimensões territoriais (equivalentes, juntas, a 51% da Amazônia) apresentam densidades demográficas e econômicas inferiores à regional, PIBs *per capita* entre PPC$4 e 2 mil, níveis de INV baixos e elevadas incidências de pobreza extrema: Rio Negro-Japurá, Alto Solimões-Juruá e Purus, no Estado do Amazonas; Baixo Amazonas e Itaituba-Altamira, no Pará.

As cinco últimas APs são de pequeno porte: Jalapão-Dianópolis, Tocantins (população, 183 mil; PIB PPC$789 milhões, PIB *per capita*, PPC$4,5 mil); Vale do Juruá, Acre (população, 154 mil; PIB PPC$555 milhões, PIB *per capita*, PPC$3,7 mil); Sul de Roraima (população, 79,4 mil; PIB PPC$372 milhões, PIB *per capita*, PPC$4,9 mil); Norte do Amapá (população, 51 mil; PIB PPC$248 milhões, PIB *per capita*, PPC$5,9 mil); e Marajó, Pará (população, 303 mil; PIB PPC$456 milhões, PIB *per capita*, PPC$1,6 mil, o mais baixo deles).

Afigura-se, portanto, muito ampla a diversidade de situações sub-regionais amazônidas, seja no que respeita às intensidades de ocupação demográfica e produtiva, seja quanto aos níveis de desenvolvimento e aos graus de desempenho alcançados nas últimas décadas. Essa característica está a demandar a formulação de políticas e estratégias de ecodesenvolvimento adequadas a cada uma das situações observadas.

Áreas Polarizadas: tipificação

A partir da Tabela 7, que apresenta os indicadores demográficos e econômico-sociais já considerados, e levando também em conta o porte demográfico e econômico das APs, medido pela média harmônica da população (2007) e PIB (2005), é possível, a exemplo do que foi feito para o Nordeste, propor uma tipificação, para fins de planejamento estratégico, das 24 Áreas Polarizadas da Amazônia.

Despontam dentre elas, num primeiro grupo (Tipo 1), Manaus e Belém, em ordem decrescente de importância. Manaus, a despeito de menor porte demográfico, apresenta-se com maior dimensão econômica. Cresceu mais, demográfica e produtivamente, nas últimas décadas, e seu PIB *per capita* em 2005 foi quase o dobro do belenense.

Um segundo grupo de APs, de Tipo 2, integrado por oito delas, inclui, por ordem de relevância, Tucuruí-Marabá, Castanhal-Bragança, Leste Rondoniense, Madeira-Guaporé (com Porto Velho), Sul do Amapá (com Macapá), Gurupi-Porto Nacional-Palmas, Vale do Acre (com Rio Branco) e Norte de Roraima (com Boa Vista). Essas áreas, embora de menor porte que as duas primeiras, apresentaram dinamismo econômico e social em geral superior ao amazônico ou próximos da média regional.

Um terceiro grupo (Tipo 3) é formado por seis áreas de porte médio. São elas, em ordem decrescente de importância: Baixo Amazonas (Pará), Itaituba-Altamira (Pará), Bico do Papagaio-Araguaína (Tocantins), Itacoatiara-Parintins (Amazonas), Alto Solimões-Juruá (Amazonas) e Miracena-Formoso (Tocantins).

O quarto grupo, finalmente (Tipo 4), compreende as oito APs restantes, de menor porte demográfico-econômico: Purus (Amazonas), Marajó (Pará), Tefé-Coari (Amazonas), Jalapão-Dianópolis (Tocantins), Vale do Juruá (Acre), Rio Negro-Japurá (Amazonas), Sul de Roraima e Norte amapaense.

O Mapa 9 apresenta as áreas polarizadas, segundo essa tipificação.

Pólos Urbanos: hierarquia

As 24 áreas em que se repartiu neste estudo a Amazônia são ditas polarizadas, porquanto cada uma delas tem ao menos um município (e cidade correspondente) como centróide. Esses pólos configuram o subsistema regional de cidades. Eles vão exercer, segundo hierarquias e funções urbanas próprias, os papéis de núcleos de transmissão e promoção do ecodesenvolvimento – e de nós dos eixos de integração e inserção por onde circularão, em escala crescente, os fluxos de pessoas, bens e serviços.

A Tabela 8 identifica os 30 pólos selecionados para a Amazônia e apresenta seus indicadores demográficos e econômico-sociais mais relevantes. Esses pólos foram selecionados seja por sua importância demográfica e econômica com relação aos municípios e às cidades de cada AP, seja por sua centralidade ou posicionamento estratégico no espaço regional. Eles correspondem a 17,7% da área da Amazônia, mas equivalem a 49,3% de sua população e 62,9% do PIB (2005), o que ilustra o elevado grau de concentração demográfica e econômica regional. A densidade demográfica média desses pólos foi de 10,6 hab/km^2 (2007), a densidade econômica, PPC$75,5 mil/km^2, e o PIB *per capita*, PPC$7.153 (2005).

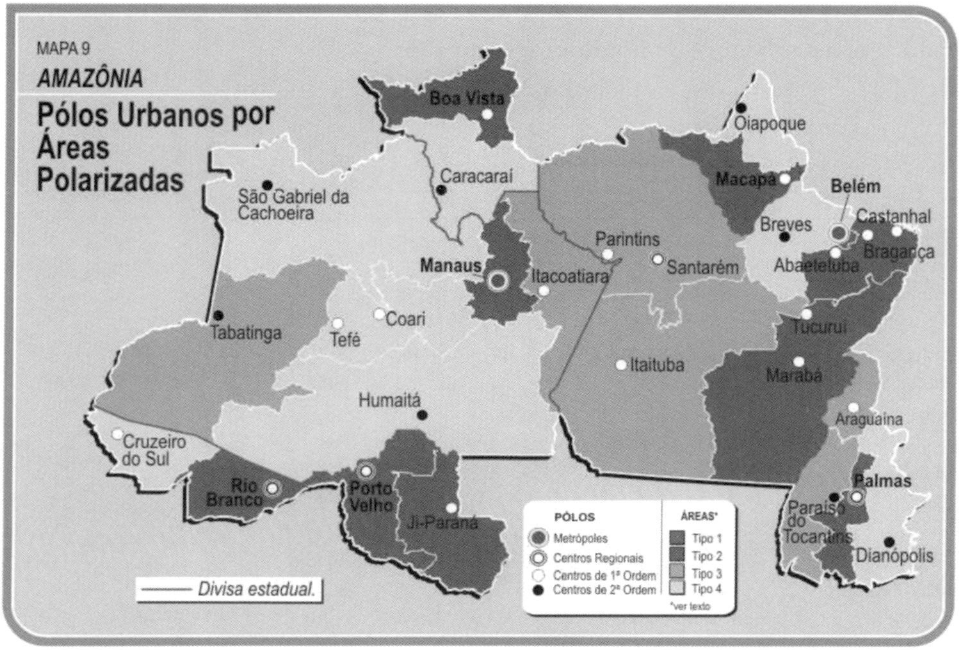
MAPA 9
AMAZÔNIA
Pólos Urbanos por Áreas Polarizadas
Boa Vista
Oiapoque
Caracaraí
Macapá
Belém
São Gabriel da Cachoeira
Castanhal
Breves
Parintins
Bragança
Abaetetuba
Manaus
Santarém
Itacoatiara
Coari
Tabatinga
Tefé
Tucuruí
Itaituba
Marabá
Humaitá
Araguaína
Cruzeiro do Sul
Palmas
Rio Branco
Porto Velho
Paraíso do Tocantins
Ji-Paraná
Dianópolis
PÓLOS
Metrópoles
Centros Regionais
Centros de 1ª Ordem
Centros de 2ª Ordem
ÁREAS*
Tipo 1
Tipo 2
Tipo 3
Tipo 4
*ver texto
Divisa estadual.

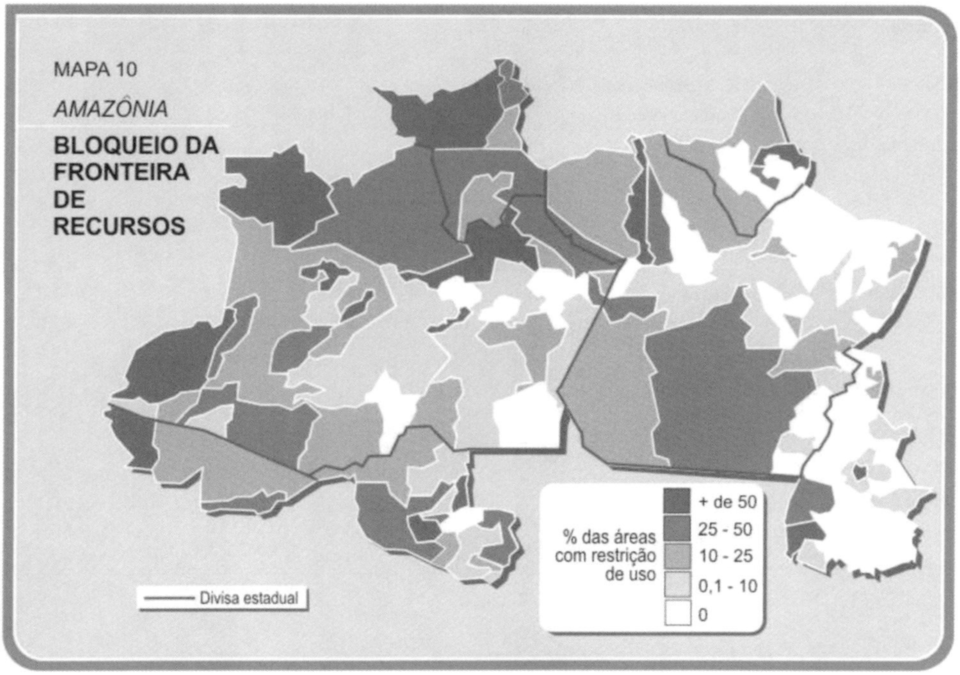
MAPA 10
AMAZÔNIA
BLOQUEIO DA FRONTEIRA DE RECURSOS
% das áreas com restrição de uso
+ de 50
25 - 50
10 - 25
0,1 - 10
0
Divisa estadual

TABELA 8
Amazônia: pólos urbanos – indicadores selecionados

Estado/área polarizada	*Pólo(s)*	*Área (mil km²)*	*População (2007, mil)*	*Crescimento demográfico (anual, 1970-07)*	*Densidade demográfica (2007, hab/km²)*
Rondônia					
Madeira-Mamoré	Porto Velho	34,1	369,3	4,1	10,8
Leste rondoniense	Ji-Paraná	6,9	107,7	(0,5)	15,6
Acre					
Vale do Juruá	Cruzeiro do Sul	7,9	73,9	1,4	9,3
Vale do Acre	Rio Branco	9,2	290,6	3,4	31,5
Amazonas					
Rio Negro-Japurá	São Gabriel da Cachoeira	109,2	39,1	2,9	0,4
Alto Solimões-Juruá	Tabatinga	3,2	45,3	3,0	14,0
Tefé-Coari	Tefé	23,7	62,9	3,3	2,7
	Coari	57,9	65,2	2,3	1,1
Manaus	Manaus	11,4	1.646,6	4,6	144,4
Itacoatiara-Parintins	Itacoatiara	6,0	84,7	2,2	14,2
	Parintins	8,9	102,0	2,7	11,5
Purus	Humaitá	33,1	38,6	2,6	1,2
Roraima					
Norte roraimense	Boa Vista	5,7	249,9	5,3	43,9
Sul roraimense	Caracaraí	47,4	18,0	3,9	0,4
Pará					
Baixo Amazonas	Santarém	22,9	274,3	1,9	12,0
Marajó	Breves	9,6	94,5	2,5	9,9
Belém	R. Metropolitana de Belém	1,8	2.043,5	3,1	1.123,3
	Município de Belém	1,1	1.408,8	2,2	1.323,0
Castanhal-Bragança	Castanhal	2,1	152,1	3,8	72,8
	Abaetetuba	1,6	132,2	2,3	82,1
	Bragança	1,0	101,7	1,4	98,8
Itaituba-Altamira	Itaituba	159,7	118,2	6,2	0,7
	Altamira	62,0	92,1	5,0	1,5
Tucuruí-Marabá	Tucuruí	2,1	89,3	6,1	42,8
	Marabá	15,1	196,5	5,8	13,0
Amapá					
Norte amapaense	Oiapoque	22,6	19,2	4,0	0,8
Sul amapaense	Macapá	6,4	344,2	3,8	53,7
Tocantins					
Bico do Papagaio-Araguaína	Araguaína	4,0	115,8	3,5	28,9
Miracena-Formoso	Paraíso do Tocantins	1,3	40,3	4,4	31,1
Gurupi-Porto Nacional-Palmas	Palmas	2,2	178,4	15,7	80,4
Jalapão-Dianópolis	Dianópolis	3,7	18,6	2,3	5,0

Fontes: IBGE; IPEA; Vergolino; Rocha & Albuquerque; Rocha.

Grau de urbanização (2007, em %)	*PIB, 2005 (PPC$ milhões de 2006)*	*Crescimento do PIB (anual, 1970-2005)*	*Densidade econômica (2005, PPC$ mil)*	*Grau de industrialização (2005, em %)*	*PIB* per capita *(2005, PPC$)*	*Crescimento do PIB* per capita *(ano, 1970-05)*	*INV 2000*	*Proporção de pobres (2000, %)*
82,4	2.812,5	6,1	82,5	8,9	7.696	1,7	8,39	9,5
88,0	778,5	2,8	112,9	21,4	7.084	3,3	7,73	7,2
68,9	301,5	4,7	38,0	8,9	3.575	2,7	5,89	17,4
92,7	1.824,1	5,4	197,8	16,1	5.966	1,5	7,86	10,3
43,7	85,5	3,8	0,8	6,0	2.546	1,1	4,03	49,3
68,4	89,8	12,9	27,8	8,2	2.073	9,5	5,73	23,3
75,1	181,4	5,1	7,7	6,0	2.601	1,3	6,03	20,7
66,3	753,9	8,9	13,0	75,7	9.078	5,5	4,80	28,7
99,4	20.932,7	7,2	1.836,0	51,3	12.921	2,2	8,74	17,0
65,4	350,5	4,9	58,9	4,4	4.437	2,7	5,94	28,4
64,9	240,2	3,6	27,0	8,1	2.234	0,6	5,42	39,7
72,8	96,4	3,9	2,9	8,9	3.356	2,0	5,85	30,1
98,5	1.742,9	7,9	306,5	13,5	7.357	2,3	8,68	7,4
54,9	77,6	4,7	1,6	5,6	4.471	0,7	6,03	22,7
71,0	974,2	4,5	42,6	15,7	3.637	2,5	6,71	20,2
52,9	153,0	4,2	16,0	24,6	1.838	1,9	4,10	25,8
97,6	10.771,7	4,2	5.920,9	21,0	5.395	1,0	8,76	11,7
99,4	8.674,3	3,7	8.145,5	19,3	6.312	1,4	8,93	11,0
90,2	551,9	5,4	264,0	25,1	3.647	1,3	7,73	12,3
58,8	213,4	3,6	132,5	12,5	1.665	1,3	5,82	22,6
63,7	178,7	2,9	173,6	11,5	1.788	1,5	5,49	18,9
69,8	300,0	6,9	1,9	19,2	3.188	1,0	5,94	18,2
74,6	283,2	7,1	4,6	14,2	3.433	2,1	6,84	9,9
95,7	1.407,6	14,8	674,7	84,0	16.841	8,0	7,60	13,7
80,0	1.599,8	9,1	106,0	39,1	8.357	2,9	6,86	14,7
65,7	110,2	8,7	4,9	10,0	6.941	4,9	5,94	13,0
95,6	2.173,5	4,7	339,2	8,8	6.250	0,6	8,63	12,8
94,7	827,9	6,3	207,0	32,9	6.642	2,4	7,87	12,2
95,2	272,5	5,9	210,1	30,6	6.737	1,1	7,99	7,9
98,2	1.333,3	17,4	600,9	34,8	6.553	0,3	8,63	7,0
78,9	115,7	6,4	31,0	41,4	6.969	4,2	6,26	20,5

Do cálculo das médias harmônicas de suas populações e PIBs, resulta a hierarquia urbana regional apresentada no Mapa 9.

São consideradas metrópoles as duas maiores aglomerações urbanas regionais, formadas pelo município de Manaus e a região metropolitana de Belém, nessa ordem, decrescente, de importância demográfico-econômica.

São oito os centros regionais: Porto Velho, Macapá, Rio Branco, Boa Vista, Santarém (PA), Marabá (PA), Palmas e Castanhal (PA), também ordenados segundo a importância demográfica e econômica.

São 12 os centros urbanos de primeira ordem: Araguaína (TO), Ji-Paraná (RO), Itaituba (PA), Tucuruí (PA), Abaetetuba (PA), Parintins (AM), Altamira (PA), Iacoatiara (AM), Bragança (PA), Coari (AM), Cruzeiro do Sul (AC) e Breves (PA).

E são oito os centros de quarto nível: Tefé (AM), Paraíso do Tocantins (TO), Tabatinga (AM), Humaitá (AM), São Gabriel da Cachoeira (AM), Oiapoque (AP), Dianópolis (TO) e Caracaraí (Roraima).

Cabe referir que é significativa a dispersão seja dos níveis de crescimento demográfico e econômico, seja dos PIBs *per capita* entre os municípios-pólos selecionados. A expansão demográfica alcançou, em 1970-2000, 16% ao ano em Palmas – uma cidade-capital planejada do final do século passado, 6,2 em Itaituba e 6,1% em Tucuruí. Houve, porém, decréscimo de população em Ji-Paraná (de 0,5% anuais) e crescimento relativamente moderado em Bragança (1,4%) e Cruzeiro do Sul (1,5%). As disparidades são também muito grandes no caso da evolução do PIB, cuja variação média anual vai de 17,4% anuais em Palmas e 14,8% em Tucuruí a 2,8% em Ji-Paraná e 2,9% em Bragança. O PIB *per capita* cresceu a 9,5% anuais em Tabatinga e 8% em Tucuruí, mas a apenas 0,3% em Palmas e 0,6% em Macapá e Parintins.

Observe-se ainda que o PIB *per capita* alcançou PPC$16,8 mil no município de Tucuruí e PPC$12,9 mil no de Manaus, mas somente PPC$1,7 mil e PPC$1,8 mil em Abaetetuba e Bragança.

Ocupação seletiva e descontínua

A ocupação demográfica e produtiva da Amazônia deve ser espacialmente seletiva e descontínua. Evita dispersão capaz de comprometer a preservação, a conservação e o aproveitamento sustentável dos recursos naturais, bem como a proteção das populações, culturas e terras indígenas. Resguardando-se de pressões antrópicas excessivas, ela deve realizar desconcentração concentrada do povoamento: reduzindo as migrações para as maiores cidades e estimulando centros urbanos interiorizados e fronteiriços a outros países.

Esse processo de ocupação deve, portanto, sujeitar-se a constrangimentos decorrentes da necessidade de proteção do patrimônio ambiental e étnico-cultural. É o que se pode chamar bloqueio necessário da fronteira de ocupação.

Estima-se que sofrem bloqueios, totais ou parciais, de uso 31% do território da Amazônia: 1.273,8 mil km^2 (Mapa 10). São áreas legalmente preservadas, com limitações diversas para usos produtivos: elas constituem as terras indígenas e as unidades de conservação, federais e estaduais (florestas e parques, estações ecológicas). Essas restrições são maiores em Roraima (50,8% do território) e no Amazonas (38,1%); menores no Tocantins (15,4%) e Rondônia (25,4%). E estão mais presentes na Amazônia Setentrional, onde alcançam 40,7%, do que na Amazônia Meridional (28,5%).[20]

Para ser efetivo, esse bloqueio de recursos supõe extremo rigor na gestão territorial: decorrente, de um lado, do objetivo de conservação dos recursos naturais em geral e, em particular, os da floresta tropical úmida; e, do outro lado, da proteção das terras, populações e culturas indígenas. Ele é importante para que não se voltem a cometer pecados ecológicos e extermínios étnicos que, perpetrados no passado, pesam nas consciências de tantos países, entre eles o Brasil.

Não há, porém, como negar que esse bloqueio de fronteira pode conflitar, em maior ou menor grau, com os objetivos de ocupação demográfica e expansão produtiva. Esses conflitos, atualizando-se, podem mesmo constranger o crescimento (ou certas formas mais destrutivas de crescimento). Cabe, pois, arbitrá-los, com vistas a assegurar o objetivo-fim, o ecodesenvolvimento, que envolve a harmonização do crescimento com a conservação dos recursos naturais.

É importante que a Amazônia beneficie-se em permanência, para viabilizar o crescimento e o desenvolvimento, da abundância e variedade de seus recursos naturais.

Esses recursos são ainda pouco conhecidos, escassamente avaliados, em grande medida inexplorados. Integram-no rica base mineral; ampla disponibilidade de solos, de várzeas e terra firme; formidável dotação de recursos hídricos; flora e fauna de grande biodiversidade.

Hoje, nenhuma região do mundo dispõe de patrimônio natural equivalente. É este o grande capital de que a região dispõe para sobre ele construir seu itinerário de progresso. Alia conhecimento – ciência, técnica – e gestão

---

[20] Dados coligidos por este autor com base em estatísticas do Ibama e do IBGE.

eficiente. Inova permanentemente. Concilia, assim, uso produtivo e preservação.

Essencial para o êxito de uma estratégia ordenada de ocupação demográfica e produtiva é a rede regional de cidades.

Ela se expressa em dois subsistemas urbanos, um deles encabeçado por Belém, o outro por Manaus. Belém exerce dominância sobre a Amazônia Oriental; Manaus, sobre a Amazônia Ocidental. O médio-baixo Amazonas é o divisor de águas entre as áreas de influência dominante das duas maiores aglomerações urbanas regionais.

As funções de comando do desenvolvimento, exercidas por Belém e Manaus – em interação principalmente com São Paulo –, são comutadas para dentro da região pelos centros regionais: Porto Velho, Rio Branco, Boa Vista, Santarém, Macapá, Bragança, Marabá.[21]

A rede urbana regional, porém, fragmentária e pouco articulada, além de dispersa em imenso território e servida por precária infra-estrutura, compromete a expansão dos fluxos de pessoas, bens e serviços: tanto dentro da região quanto inter-regional e globalmente.

Uma política urbana para a Amazônia, sobre procurar concentrar, em vez de dispersar espacialmente, a população e as atividades produtivas, deve orientar-se para o reforço desses centros regionais, bem como dos núcleos de segundo e terceiro níveis: em especial, os situados na faixa de fronteira (Cruzeiro do Sul, Tabatinga, São Gabriel da Cachoeira, Oiapoque).[22]

Esse reforço envolve as infra-estruturas intra-urbanas e as bases econômicas, de modo a capacitar essas cidades a atuar, articuladamente, como pólos a um tempo receptivos e transmissores de impulsos econômicos em suas áreas de influência: seja em interação com as demais cidades, seja provendo o meio rural dos estímulos de mercado e dos serviços de apoio de que necessita. Impõe-se, em particular, buscar a melhoria dos serviços de energia elétrica, água e saneamento, das vias urbanas, da coleta de lixo e dos demais equipamentos sociais urbanos (saúde e educação, principalmente, mas também informática, marketing e outras consultorias técnicas). Bem como assegurar o ordenamento da expansão urbana e a modernização da gestão municipal e outros serviços locais, públicos e privados.

---

[21] Palmas, deseixada a sudeste, está mais referida a Brasília e Goiânia.

[22] A faixa de fronteira é a área 150km de largura paralela à linha divisória do Brasil com os países limítrofes (Lei nº 6.634, de 02.05.1979, regulamentada pelo Decreto nº 85.064, de 26.08.1980).

A estratégia para operacionalizar essa política urbana leva em conta, de uma parte, a concepção de eixos regionais de integração e inserção que tomem esses pólos urbanos como núcleos de suas redes de transporte. Contempla, de outra parte, a identificação das oportunidades econômicas e dos problemas sociais e ambientais de cada um desses pólos e das áreas em que eles se situam, de modo que se possa ter clareza quanto à natureza das ações de desenvolvimento e dos investimentos (em infra-estrutura econômico-social, em atividades diretamente produtivas) que eles demandarão.[23]

OPORTUNIDADES DE INVESTIMENTO NA AMAZÔNIA

Na Amazônia, toda a riqueza está na floresta – na flora, na fauna. O solo, as águas a fertilizam. Destruir a floresta é dilapidar seu maior patrimônio – atual, potencial.

É preciso conhecer a floresta para conceber-lhe uso sustentável, utilizando produtivamente seus recursos e, ao mesmo tempo, assegurando-lhes renovação continuada.

Conhecimento: biotecnologia

Para que assim possa progredir, a Amazônia deverá dispor de conhecimento (ciência e técnica) suficiente e de capacidade (gestão) para empregá-los em busca do ecodesenvolvimento.

A região já dispõe de um conjunto de instituições de ensino e pesquisa, localizadas nas metrópoles regionais, Belém e Manaus, capazes de embasar a viabilização desses dois objetivos.

Essas instituições deveriam interagir de modo a se integrar em rede ou sistema regional de ciência e tecnologia que se mantenha em articulação per-

---

[23] Além dos pólos urbanos referidos, uma política urbana para a região deve ainda considerar prioritários os núcleos de fronteira que possam ir estruturando e galvanizando a ocupação dessas regiões lindeiras a outros países amazônicos, respeitados os constrangimentos ambientais e os cuidados decorrentes da proteção às populações, culturas e terras indígenas. Entre eles, cabe referir: Visconde do Rio Branco, localizado às margens do rio Içá, município de Santo Antônio do Içá, e Vila Bittencourt, localizado às margens do rio Japurá, município de mesmo nome, ambos na fronteira com a Colômbia e referidos ao pólo urbano Tabatinga; Iauretê, no rio Uapés, Vista Alegre, no rio Içana, e Cucuí, no rio Negro, todos eles localizados no município de São Gabriel da Cachoeira e referidos a esse pólo (os dois primeiros na fronteira com a Colômbia e o último, com a Venezuela); Paracaima, na fronteira com a Venezuela, e Uiramutá, Normandia e Bonfim, na fronteira com a Guiana, referidos ao pólo Boa Vista. Veja-se, a propósito, Programa Calha Norte.

manente com centros mais avançados de investigação científico-tecnológica, brasileiros e estrangeiros. Entidades nacionais – o Ministério de Ciência e Tecnologia, o BNDES, a Finep – e regionais – a Sudam, a Suframa, o Basa – devem convergir em amplo esforço conjunto, de entidades públicas e privadas, visando consolidar e mobilizar importante base de conhecimento científico-tecnológico na Amazônia.

Essa base de conhecimento deve preponderantemente:

I – aprofundar o inventário científico dos recursos naturais e do patrimônio cultural indígena (em especial o conhecimento da flora e fauna regionais, adquirido ao longo dos séculos), pré-investimento que se reveste de grande importância e urgência (são cada dia mais elevadas suas perdas);
II – avançar no esforço de pesquisa da biodiversidade e das ocorrências minerais da região, o que importa tanto ao avanço da ciência quanto à identificação de oportunidades produtivas referidas a essas dotações de recursos;
III – promover estudos e pesquisas em biotecnologia e minerotecnologia, orientados para atividades produtivas envolvendo, no primeiro caso, o extrativismo, a silvicultura, a piscicultura, o *agribusiness*, a indústria de transformação (inclusive a bioindústria), a saúde humana, animal e vegetal e a própria conservação ambiental. E conferindo ênfase, no caso da minerotecnologia, aos novos materiais, metálicos ou não-metálicos;
IV – utilizar a informática-telemática e a mídia tecnotrônica na disponibilização, disseminação e processamento de informações tecnológicas, gerenciais e mercadológicas sobre as oportunidades produtivas nessas áreas, mantendo-as permanentemente atualizadas e sob rigoroso acompanhamento, controle e avaliação de resultados;
V – estimular a aplicação na economia e, em geral, na sociedade das novas técnicas de gestão – entre elas, o planejamento estratégico com visões de curto, médio e longo prazos –, bem como a capacidade de empreendimento e inovação, ferramentas básicas para que os investimentos em capital material e humano e o próprio esforço de preservação e conservação ambiental logrem os resultados desejados.

Uma área, dentre as citadas, merece tratamento especial, em nível de elevada prioridade: a utilização da biotecnologia na expansão, em bases competitivas, de atividades produtivas referidas à dotação regional de recursos naturais. Esse emprego produtivo do conhecimento tem potenciais de expansão:

I – no extrativismo e silvicultura: manejo e adensamento florestal; extração e refino de óleos, essências e aromáticos empregados como alimento, fonte de energia, bem como nas indústrias farmacêutica, de cosméticos e perfumes; beneficiamento de madeiras secundárias e preservação das biodeterioráveis;
II – no extrativismo animal e na pecuária: ampliação controlada da pesca e caça; criação de mamíferos, quelônios e jacarés; cultivo de peixes ainda não-introduzidos na piscicultura; aproveitamento do potencial lipídico dos fígados e outros tecidos residuais de peixes;
III – no *agribusiness*: cultivo e industrialização de frutas tropicais e peixes regionais; produção de cultivares de maior resistência fitossintética ou pouco propensos a enfermidades; desenvolvimento de fertilizantes alternativos;
IV – na saúde humana, animal e vegetal: a produção de extratos e substâncias ativas, de efeitos terapêuticos, provenientes da flora e fauna; desenvolvimento de fitomedicamentos, inseticidas naturais, antibióticos, aminoácidos, enzimas, proteínas, vitaminas (é o caso das vitaminas A e C, extraídas do fruto camu-camu, abundante na região; ou a pesquisa de novos flavonóides extraídos das folhas de ginkgo biloba);[24]
V – na preservação e conservação do meio ambiente: biointervenção em solos; biorreciclagem de lixo e resíduos agroindustriais; emprego de bioindicadores no controle da poluição.

Todo isso depende crucialmente do desenvolvimento e integração, na Amazônia como um todo, de base científico-tecnológica. E do reforço dos elos de interação dessa base com as matrizes nacional e internacional de conhecimento. Depende também, para a transformação do conhecimento acumulado em inovações produtivas e organizacionais, de eficaz intercomunicação entre essa base e os agentes econômicos, sociais e políticos. Daí a necessidade de uma coordenação, em nível regional, dessas atividades, estruturadas em um sistema de grande efetividade gerencial e capazes de inserir-se, de forma criativa e eficaz, no processo de desenvolvimento.

O Centro de Biotecnologia da Amazônia (CBA), vinculado à Suframa, é entidade-chave para articular e aglutinar esforços nesse campo, em especial nas áreas de bioprospecção (com vistas a inventário da biodiversidade), conservação da biodiversidade, biotecnologia (processos e produtos) e no desenvolvimento de pólo de biotecnologia e bioindústria na região.

---

[24] Veja-se, a este propósito, Yoshida.

Uso sustentável da biodiversidade

As florestas tropicais úmidas são os ecossistemas terrestres de maiores complexidade e diversidade biológica. Elas abrigam entre 70% e 80% de todas as espécies de plantas e animais.

Cerca de um terço dessas florestas encontra-se no Brasil, particularmente na Amazônia, que abriga hoje a maior extensão contínua de floresta tropical úmida. Ela constitui um imenso banco biótico natural, com 30% do estoque genético do planeta. São cerca de 60 mil espécies de plantas, 2,5 milhões de espécies de artrópodes (insetos, aranhas, centopéias etc.), duas mil espécies de peixes e 300 de mamíferos.[25] Muito pouco conhecidos e caracterizados cientificamente, seus potenciais como recursos genéticos são praticamente ignorados.

A emergência, na agenda mundial de desenvolvimento, do conceito de biodiversidade – a biodiversidade diz respeito à variedade da vida, em várias dimensões: a variedade genética, dentro de populações e espécies; a variedade de espécies, da flora, fauna e microorganismos; a variedade de funções dos organismos nos ecossistemas; a variedade de ecossistemas, hábitats, comunidades[26] – deu mais vigor à defesa das florestas tropicais úmidas, naturalmente frágeis e de difícil regeneração. Destruí-las pode significar perdas irremediáveis de biodiversidade. Perdas incalculáveis, dado o desconhecimento de seu valor, ou seja, da biodiversidade como recurso genético. Conservá-la *in situ*, em especial as espécies vegetais, geralmente de maior diversidade genética, é prescrição atualmente impositiva.

A conservação supõe o estabelecimento de áreas protegidas, capazes de assegurar a diversidade interna de populações de vegetais e animais. Áreas de dimensões maiores do que as voltadas à conservação de espécies e ecossistemas.[27]

Foi nesse contexto que surgiram os chamados *corredores ecológicos*, ou seja, amplas faixas contínuas de áreas protegidas, nas quais se representem diferentes níveis de organização genética e se torne possível a livre circulação de genes.[28]

---

[25] Sarita Albagli, p. 199-200.

[26] Braulio Ferreira de Souza Dias, p. 16.

[27] Albagli, p. 208.

[28] Abagli, loc. cit. A legislação brasileira acolheu a seguinte definição de corredores ecológicos: "porções de ecossistemas naturais ou seminaturais, ligando unidades de conservação, que possibilitam entre elas o fluxo de genes e o movimento da biota, facilitando a dispersão de espécies e a recolonização de áreas degradadas, bem como a manutenção de populações que demandam para sua sobrevivência áreas com extensão maior do que aquela das unidades individuais" (Lei nº 9.985, de 18.07.2000, artigo 2º, item XIX).

Os corredores ecológicos foram concebidos na década de 1990: no âmbito do Programa Piloto para a Proteção das Florestas Tropicais no Brasil (PPG-7), de que participam, além do governo brasileiro, o Banco Mundial, a União Européia e o Grupo dos Sete (G7).

Foram estabelecidos para a Amazônia cinco corredores (Mapa 11). Para um deles, o Corredor Central da Amazônia, com 245 mil km², que se estende pelas bacias dos rios Negro e Solimões, já há alguns anos estão sendo concebidos planos de gestão integrada e amplamente participativa, com recursos do Banco Mundial, entre outras fontes. Visa-se, em especial, aumentar a conectividade da cobertura florestal no corredor e apoiar o manejo sustentável dos recursos naturais.

Considerando-se mais amplamente a questão da sustentabilidade ambiental do desenvolvimento, cabe ressaltar a importância, inclusive nos cinco corredores ecológicos, de zoneamento ecológico com medidas efetivas de proteção e conservação dos recursos naturais em geral e do patrimônio genético em particular. A busca desses objetivos deve assentar-se:

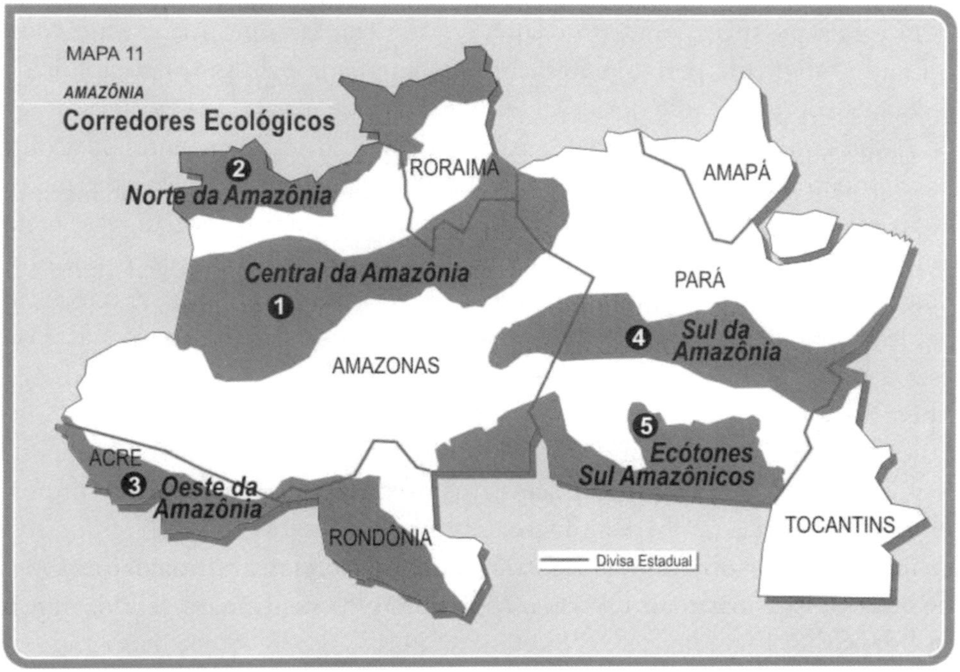

I – no controle das pressões antrópicas exercidas sobre os espaços, de preferência descontínuos, onde existam ou venham a ocorrer povoamento e expansão concentrados de atividades produtivas;

II – em concepção e execução de ordenamento territorial de toda a região.

Nesse entendimento, é mais que necessário dispor, para cada AP, de um zoneamento ecológico que mapeie as áreas de preservação, identifique os espaços em que existem pressões antrópicas, escalonando-as por seus graus de intensidade, bem como aquelas áreas que, em decorrência da estratégia proposta, devem ter sua ocupação topicamente intensificada ou ampliada, devidamente mensurados os possíveis impactos socioambientais.

O zoneamento ecológico aqui proposto difere do comumente preconizado, que é demasiadamente complexo, exigindo levantamentos minuciosos e envolvendo altos custos. Ele deve tomar como base os dados e as informações disponíveis, sendo concebido como um processo contínuo de produção e análise de informações, em constante ampliação e aperfeiçoamento. Ou seja, deve ser uma atividade permanente, que oriente decisões e se auto-alimente pelos resultados delas decorrentes, corrigindo, assim, rumos e submetendo os projetos de desenvolvimento ao crivo de análises de impacto ambiental (estas também descomplicadas e menos custosas, em tempo e recursos).

O zoneamento ecológico é uma ferramenta do processo de planejamento estratégico que incorpora, como uma de suas etapas, a própria execução. É, portanto, atividade permanentemente realimentada pelo próprio evoluir da realidade sobre a qual se deve exerce.

Assim concebido, não pode prescindir de mecanismos eficientes de acompanhamento e monitoração, bem como de ação de polícia eficaz e meios efetivos de cominação de penas. Um sistema de órgãos e entidades de meio ambiente, federais, estaduais, municipais e comunitários, atuando com fundamento em rede informacional em contínua atualização, pode ser o modelo institucional adequado a essa tarefa – modelo que, na verdade, já existe ou está previsto, necessitando apenas de ampliação e de ajustes programáticos e operacionais.

O Projeto Sipam-Sivam (Sistema de Proteção da Amazônia e Sistema de Vigilância da Amazônia), em funcionamento na região, é instrumento importante de vigilância também ambiental. Outros meios de produção tempestiva de informações sobre a evolução dos vários processos antrópicos (imagens orbitais de sensoriamento remoto, por exemplo) continuam tendo grande utilidade.

O avanço do conhecimento (da ciência e da tecnologia, difundidos e aplicados na região), bem como a consciência ecológica compartilhada por toda a sociedade, a par de grande esforço de educação ambiental, são instrumentos importantes para o constante aperfeiçoamento de processo de desenvolvimento norte-amazônico verdadeiramente sustentável.

Mudança de paradigma produtivo

Nas últimas décadas, o crescimento econômico da Amazônia, mais acelerado nos anos 70, foi impulsionado sobretudo pela indústria incentivada da Zona Franca de Manaus e por grandes projetos: minerometalúrgicos (ferro, cassiterita, bauxita); de produção de energia (hidrelétricas, gás natural); madeireiros (madeira, carvão, celulose); agropecuários. Dele, resultaram importantes contribuições para a formação de recursos humanos, avanços na infraestrutura de transporte e energia elétrica, modernização urbana, em especial das maiores cidades, e estímulos à capacidade de empreendimento.

A estrutura produtiva resultante, porém, guarda, por um lado, pouca relação com a base de recursos naturais da região. Por outro lado, repete e amplia o paradigma predatório dos recursos naturais, os quais são fonte e reserva do desenvolvimento.

Trata-se, pois, de padrão de crescimento que, sobre estar superado, é ameaça ao meio ambiente e à conservação da biodiversidade.

O novo paradigma de crescimento e desenvolvimento que emergiu no final do século XX envolve a aplicação do conhecimento como instrumento de uma nova relação entre o homem e a natureza. Bifronte, ele integra e harmoniza duas fronteiras: a fronteira dos recursos e a fronteira do conhecimento. Não impõe pressões desordenadas, além de desnecessárias, sobre o meio ambiente.

É no encontro dessas duas fronteiras, em permanente movimento, que se deve buscar uma nova estratégia de expansão e transformação produtivas da Amazônia. Pondo a ciência e a técnica a serviço do ecodesenvolvimento, ela subverte os modos pretéritos de ocupação do espaço ao incorporar a necessidade de sua conservação e reprodução sustentadas. Comanda uma forma mais intensiva e descontínua de uso do território, dando mais valor à diversidade e à qualidade do que à homogeneidade e à quantidade.

Nesse contexto, é imperioso reexaminar criticamente a experiência passada, utilizando a ciência disponível para desenhar os caminhos de expansão, diversificação e desconcentração concentrada das atividades econômicas: em áreas nas quais a região revele vantagens competitivas.

Novo extrativismo

O extrativismo tradicional em sua forma mais amena, a de coleta, pode ter sua sustentabilidade agronômica e ecológica. Sua sustentação econômico-social de longo prazo, no entanto, é precária. É lento o processo de reprodução natural de que ele depende. Decresce a produtividade da mão-de-obra à medida que se estendem ou se tornam rarefeitas as áreas de extração. Imobilizam-se, em repetição rotineira, os métodos e meios de trabalho.

Ademais, por depender da floresta, o extrativismo não resiste à expansão rápida, homogênea e compacta da fronteira agropecuária. Nessa alternativa de ocupação econômica, indesejável na Amazônia, é a terra, e não a floresta, o fator de produção.

Não é à toa, portanto, que o extrativismo tradicional vem perdendo sua importância na Amazônia. Ele tende a determinar situações de virtual estagnação econômica e lento progresso social.

Impõe-se sua reestruturação, tirando-se proveito tanto de experiências exitosas, em curso na própria região, quanto da própria evolução, multimilenar, do relacionamento do homem com a natureza.

Para propor as bases dessa reestruturação, cabe primeiro considerar o extrativismo predatório (casos da madeira, palmito, pau-rosa, pesca, caça). Nele, se o ritmo da extração for maior do que o da regeneração biótica natural, caminha-se para o aniquilamento da espécie. Trata-se, portanto, de controlar dois fluxos, definidos os limites de preservação dos estoques conhecidos, além de manter as áreas de conservação necessárias à sobrevivência das espécies. As técnicas e os métodos para tanto são sobejamente conhecidos e estão disponíveis: manejo sustentável das florestas e não desflorestamento indiscriminado; abate apenas dos espécimes vegetais adultos; espaçamento do abate; tempos próprios de caça e pesca, dentre outros.

Têm-se mostrado, contudo, difíceis sua implementação e seu controle.

Cabe destacar alternativa viável: a combinação da extração e do cultivo, agroflorestal ou agropecuário: seja em suas formas combinadas (o adensamento de espécies vegetais plantadas na floresta, ou o repovoamento de áreas excessivamente exploradas), seja em suas formas puras: a migração do extrativismo para o cultivo, que já ocorre nos casos do pau-rosa, da piscicultura.

No extrativismo de coleta (látex da seringueira, castanha-do-pará), ou na forma mista (de coleta e aniquilamento: caso do açaí, em que se colhe o fruto e se retira todo o palmito, com o sacrifício do vegetal), cabe promover extração racional, evitando as práticas sabidamente predatórias. Mas a grande procura de alguns produtos recomenda o cultivo: casos do guaraná, cultivo já praticado em larga escala; e do cupuaçu, castanha-do-pará, açaí, dentre outros.

O objetivo de sustentação econômico-social, porém, quase sempre aconselha sistemas extrativo-produtivos consorciando extrativismo e cultivo, ambos envolvendo espécies de ciclos produtivos diferentes. Ou seja, poliextrativismos e policulturas: açaí, bananeira, seringueira, por exemplo; ou castanha-do-pará, cupuaçu, pupunha; e muitos outros.

Os arranjos organizacionais para essas atividades podem envolver micro e pequenas empresas: cooperativadas para a comercialização em escalas condizentes aos mercados nacional e mundial; ou com o objetivo de fornecimento de matérias-primas para beneficiamento industrial na própria região.

O extrativismo está disseminado por todas as APs da Amazônia. Cabe, em particular, destacar: no Rio Negro-Japurá, o açaí, o dendê, a pupunha e a pesca; no Alto Solimões-Juruá, o açaí, a madeira e a pesca; em Itacoatiara–Parintins, a madeira, o guaraná e a pesca; no Baixo Amazonas, a castanha-do-pará, a madeira e a pesca; no Norte amapaense, o açaí e a castanha-do-pará; em Marajó, a pesca; no Vale do Acre, madeira e a castanha-do-pará; no Sul amapaense, a pesca e o açaí; na AP Manaus, a mineração; no Leste rondoniense, a madeira.

Essa mera exemplificação já sugere como recomendável (além de necessária) a consorciação, em níveis sub-regional e local, do extrativismo com o agronegócio e a indústria.

Mineração controlada

Hoje, tem-se por aceito que o impacto ambiental da mineração, quando praticada por empresas submetidas à atual legislação sobre a atividade, embora seja devastador, é pontual, isto é, espacialmente restrito. E deve ser eventualmente remediado mediante, por exemplo, a reconstituição da cobertura florestal. A atividade na Amazônia pode, entretanto, tornar-se aceitável, mormente naqueles casos em que a relação custo-benefício econômico-social for amplamente favorável.

É grande a riqueza mineral da Amazônia. Além de gás natural e petróleo, a região tem reservas importantes: de minerais metálicos: ferro, bauxita, cassiterita, cobre, níquel, titânio, manganês; de não-metálicos: salgema, potássio e materiais oleiro-cerâmicos; de metais e pedras preciosos e semipreciosos: ouro, diamante, ametista, zircônio, cristal de rocha.

Algumas das ocorrências minerais de aproveitamento atual e potencialmente mais relevante para a Amazônia são o gás natural, o petróleo, o ferro-manganês, o estanho metálico e os minerais oleiro-cerâmicos.[29]

As reservas de gás natural (67 bilhões de m^3) e petróleo (204 milhões de barris) localizam-se às margens do rio Urucu, Estado do Amazonas. O escoamento da produção tem ponto de apoio a cidade de Coari, às margens do rio Amazonas (AP Tefé-Coari), que recebe o produto de Urucu por gasoduto. O gás natural deverá suprir as deficiências de fontes de energia elétrica de Manaus, Itacoatiara, Parintins e outros pólos urbanos identificados neste estudo.

Em Coari, poderá vir a localizar-se usina de processamento dos minérios de ferro e manganês, existentes em importantes jazimentos no Estado do Amazonas. Nesse mesmo município, estão sendo exploradas reservas de petróleo e gás liquefeito de petróleo, GLP, suficientes ao abastecimento de toda a Amazônia, devendo esses produtos ser processados pela refinaria da Petrobras localizada em Manaus, o que abre possibilidades da criação, no futuro, de um pólo petroquímico.

A mina de Pitinga, localizada no município de Presidente Figueiredo, AP de Manaus (a 265km da capital amazonense pela BR-174), possui o maior depósito de cassiterita hoje existente no país. Produz 10 mil toneladas de estanho contido por ano, exportado *in natura*. A instalação de usina para a produção do estanho metálico é investimento que se reveste de economicidade, em especial se vier a utilizar energia proveniente do gás natural, de baixo custo relativo.

As atividades oleiro-cerâmicas têm potencialidades de desenvolvimento nas APs Negro-Japurá (para o abastecimento de Manaus, principalmente), Norte de Roraima, sul do Amapá e Marajó (para emprego em Belém), Gurupi-Porto Nacional-Palmas (uso local).

Agronegócio: maior valor

São vastas as potencialidades do *agribusiness* regional. Para viabilizá-lo, em escalas adequadas, com elevada agregação de valor e orientação para os mercados nacional e global, há de adotar-se o enfoque de cadeias produtivas integradas, de eficiência e produtividade comprovadas, envolven-

---

[29] Desconsideram-se os empreendimentos consolidados, tais como Carajás e Albrás-Alunorte (PA).

do desde o extrativismo, o cultivo e o criatório até a comercialização e o financiamento. Também é necessário conceber projetos específicos com esses objetivos e prover-lhes apoio técnico, linhas de crédito e outros mecanismos de fomento.

Cabe considerar o agronegócio primeiro no beneficiamento da produção extrativo-vegetal e animal sustentáveis: o beneficiamento da madeira (na construção naval, preparo de laminados e fabricação de móveis); pescado (enlatados, fatiados, peixes secos, farinha de peixe, entre outros), frutas (sucos, poupas, doces, sorvetes), óleos e essências vegetais, produtos farmacêuticos e muito mais. Essas atividades já começam a se fazer presentes em maior ou menor escala, em algumas APs. Cabe mencionar potencialidades evidentes: no que respeita ao uso da madeira, as APs de Manaus, Sul amapaense, Norte roraimense e Leste rondoniense; com relação ao pescado, o Sul amapaense e o Baixo Amazonas; com relação à fruticultura, as APs Itacoatira-Parintins, Sul Amapaense, Castanhal-Bragança e Gurupi-Porto Nacional-Palmas; e com relação a óleos e essências e produtos farmacêuticos, Manaus e Belém.

Em segundo lugar, no beneficiamento de produtos da silvicultura e do criatório: tanto considerados isoladamente quanto articulados com o extrativismo: o dendê, a pupunha (palmito) e a piscicultura (na AP Rio Negro-Japurá, por exemplo); a fruticultura, a mandioca, o dendê (na AP Alto Solimões-Japurá); a piscicultura e carcinicultura (na AP Sul amapaense); as frutas, hortaliças, mandioca, guaraná, plantas medicinais e cosméticas (nas APs Manaus e Itacoatira-Parintins); a pecuária bovina confinada (nas APs Manaus e Sul roraimense); as frutas cítricas e a mandioca (em Itacoatiara-Parintins); o dendê, o guaraná e a pecuária (no Baixo Amazonas); a soja, o milho, o café, o arroz (nos lavrados do Norte roraimense); a piscicultura de águas doce e salgada, os crustáceos, o dendê e a pupunha (no Norte e Sul amapaense), a pecuária do leite (Miracema-Formoso e Leste rondoniense).

Cabe ainda referir a possibilidade de se implantar em Itacoatiara pólo de beneficiamento da soja, que, oriunda do Centro-Oeste, por lá transita rumo aos mercados externos, em associação com o beneficiamento de grãos ou tubérculos (soja, arroz, mandioca) provenientes da própria Amazônia.

A bioindústria

São importantes as perspectivas do emprego da biotecnologia em geral e da engenharia genética em particular nos processos industriais que utilizam como matérias-primas os recursos bióticos da Amazônia.

Importa, nesse campo, tanto assegurar o avanço no conhecimento da biodiversidade regional quanto procurar assegurar direitos de propriedade sobre o uso de espécies naturais de elevado valor econômico. E também evoluir no inventário das biotecnologias referidas à base de recursos identificada, bem como em seu emprego no desenvolvimento de novos produtos, intensivos em conhecimento e com múltiplas aplicações: na agropecuária, no *agribusiness*, nas indústrias química, farmacêutica e de cosméticos, no controle do meio ambiente.

Para tornar realidade um pólo de bioindústrias na Amazônia – localizado, por exemplo, em Manaus; ou ao longo de um eixo interligando Manaus, na foz do rio Negro, a Itacoatiara, à margem esquerda do rio Amazonas –, é importante que o Centro de Biotecnologia da Amazônia (CBA) de Manaus tenha condições de ir preenchendo os hiatos tecnológicos eventualmente existentes entre a região e os centros nacionais e mundiais mais avançados em biotecnologias economicamente promissoras.

Para o êxito dessa tarefa, que envolve adequada capacitação científica e técnica, impõe-se o estabelecimento de parcerias com os grandes grupos nacionais e globais que se encontram na fronteira do processo de geração e aplicação desses conhecimentos, forma de atraí-los para participação ativa na região.

Com efeito, a bioindústria na Amazônia tem, em médio prazo, oportunidade de desenvolver-se nas seguintes áreas:

> I – na cosmética farmacêutica, contemplando óleos finos de castanha-do-pará e de polpas de frutos diversos; sabonetes finos; óleos essenciais e perfumes; pilocarpina (extraída do jaborandi);
>
> II – nos inseticidas, insetífugas e assemelhados, contemplando: os derivados da raiz de timbó, da madeira de quina, das sementes de andiroba, das folhas de pimenta longa;
>
> III – na produção de alimentos, contemplando óleos vegetais (buriti, tucumã e pupunha); aromas e sabores (de plantas e frutos da região); corantes naturais, gomas de marcar naturais, nutrientes especiais, derivados de frutos e de peixes.[30]

A importância econômica dos recursos genéticos da Amazônia, beneficiados pelas novas biotecnologias, ainda é de difícil mensuração. Admite-se

---

[30] Albagli, p. 222-3.

que sua importância será estrategicamente maior na indústria farmacêutica, pois cerca de um quarto dos fitoterápicos mundialmente comercializados tem origem em espécies vegetais das florestas de climas quentes. E também, conforme já indicado, na indústria de cosméticos.

Nessas áreas, algumas iniciativas empresariais podem ser referidas:

I – a produção de bixina (pigmento do grão de urucum) utilizada na fabricação de batom (envolvendo empresa norte-americana de cosméticos e indígenas do Vale do Juruá, Acre);[31]
II – parceria com os índios caiapós de Aucre, Pará, que vendem óleo bruto de castanha-do-pará para a indústria cosmética inglesa;[32]
III – a utilização, por empresas brasileiras de cosméticos, de princípios ativos provindos da flora da Amazônia, entre elas a Natura, a Chamma, a Phebo, a Extracta.[33]

Ecoturismo

O fluxo turístico receptivo da Amazônia, da ordem de 1,4 milhão (2007) ainda é limitado. Nesse ano, entraram por Manaus apenas 30,6 mil turistas estrangeiros e por Belém, 20,9 mil. Estima-se que o turismo internacional receptivo não tenha chegado, em toda Amazônia, a 200 mil pessoas.

Há, pois, um longo caminho a percorrer até que o turismo se torne, efetivamente, atividade importante na região.

São muitas as potencialidades do ecoturismo (ou turismo ecotropical) na Amazônia, em particular do turismo internacional. O Estado do Amazonas tem em Manaus pólo turístico já significativo. Os atrativos são a floresta e o labirinto dos rios. Os hotéis de selva já se disseminam pelo rio Negro e Médio Amazonas. Mas há boas possibilidades para o ecoturismo no Pará (a partir de Belém), no Amapá e em Roraima.

Belém já é pólo de turismo interno relevante e deve continuar expandindo essa atividade.

Manaus, sobretudo, por seu porte urbano, facilidade de acesso aéreo e os atrativos naturais circunvizinhos, tem meios para motivar, além do turismo internacional, também o turismo interno. As atrações culturais vinculadas ao

[31] Ver Arnt.
[32] Idem.
[33] Veja-se a propósito Costa Marinho e Paes de Carvalho.

ciclo da borracha: o Teatro Amazonas (1896), novamente casa da ópera ativa, o Mercado Municipal (1883), a Alfândega (1912), bens tombados pelo Patrimônio Histórico e Artístico Nacional, são o contraponto da natureza exuberante. O encontro das águas do rio Negro com as do Solimões, os passeios de rio, as caminhadas na floresta são atrações ecoturísticas. Parintins, situada em ilha no meio do rio Amazonas, produz, em junho, seu já famoso Festival Folclórico, inscrito no calendário dos eventos populares nacionais.

Roraima, onde o turismo é virtualmente inexplorado, tem grande e variada riqueza paisagística: montanhas, rios, corredeiras e lagos; campos naturais e savanas, rica floresta tropical; culturas primitivas (entre elas, a ianomâmi).

O Amapá, relativamente mais acessível, tem várias atrações: o Forte de São José do Macapá (1782), o passeio de trem pela floresta até a Serra do Navio, a pororoca no rio Araguari e a vizinha Marajó – a maior ilha fluviomarinha do mundo.

Uma estratégia de promoção do turismo receptivo para a Amazônia deve enfatizar duas idéias-força. A primeira delas está contida no próprio nome *Amazônia*, com sua carga de mito e mistério, despertando um amálgama de percepções díspares, ou mesmo contraditórias, como o *Inferno Verde* e a *Visão do Paraíso*. A segunda está no enlevo contemporâneo pelo *Retorno à Natureza*, responsável pelo crescente vigor, em escala mundial, do ecoturismo, em especial o ecoturismo tropical. Pois a Amazônia é o Trópico Anfíbio, mistura ainda incerta de terra e água. É o sol e é a floresta. E ali persistem culturas primitivas, em estados puros ou quase puros: elas respondem à imagem do *Bom Selvagem*, representação mental longamente vigente no Ocidente moderno.

O futuro do ecoturismo tropical amazônico depende, porém, de uma grande campanha de marketing junto aos grandes mercados potenciais: os Estados Unidos e Europa, a Ásia (Japão, Coréia e China, principalmente) e o Centro-Sul brasileiro. E de grande reforço da infra-estrutura e dos serviços turísticos: transportes, aéreo e fluvial (para a região e dentro dela), hotelaria, agências de viagem. Da capacitação dos recursos humanos locais em apoio mais eficiente e diversificado ao turista. Da valorização de suas manifestações culturais (inclusive da culinária e do artesanato, bem como dos produtos da floresta e de sua biodiversidade). Da maior acessibilidade aos sítios ecoturísticos mais distantes das maiores cidades. De conforto, previsibilidade e segurança.

Tudo isso envolve iniciativas das esferas pública e privada, em trabalho conjugado e coordenado. Elas deverão gerar importantes oportunidades de investimento produtivo.

Referências

ALBAGLI, Sarita. (1998). *Geopolítica da biodiversidade*. Brasília, Edições Ibama.

ALBUQUERQUE, Roberto Cavalcanti de (2002). *Nordeste: sugestões para uma estratégia de desenvolvimento*. Fortaleza, Banco do Nordeste, 2002.

____ (2005a). A questão social: balanço de cinco décadas e agenda para o futuro. Em VELLOSO & ALBUQUERQUE. coords. (2005), p. 63-177.

____ (2005b) Nordeste e Amazônia: novos caminhos do desenvolvimento. Em VELLOSO coord. (2005), p. 519-669.

____. (2008) O IDS, 1970-2006: ferramenta de análise da evolução social do Brasil, suas regiões e estados. Em VELLOSO, coord. (2008), parte VI.

ARNT, Ricardo. (1995). Perspectivas de futuro: biotecnologia e direitos indígenas. Em FATHEUER, T,W. (org.). *Biodiversidade*. Rio de Janeiro, Fase/Sactem.

CARVALHO, José Otamar de & EGLER, Cláudio Antônio Gonçalves. (2002) *Alternativas de desenvolvimento para o Nordeste semi-árido*. Fortaleza, Banco do Nordeste.

CASTELLS, Manuel. (1989). *The informational city*. Oxford-Blackwel, 1989.

CNF (Companhia Ferroviária do Nordeste). Ferrovia Transnordestina. www.cfn.com.br.

COSTA MARINHO, Vera (2004). Como as empresas brasileiras de cosméticos estão utilizando o conhecimento tradicional e as plantas medicinais. Em XXVI RESEM, paper 37.

EMBRATUR (Instituto Brasileiro de Turismo) (2008). www.embratur.gov.br.

FATHEUER, T,W., org. (1995). *Biodiversidade*. Rio de Janeiro, Fase/Sactem.

GOMES, Gustavo (2001). *Velhas secas em novos sertões*. Brasília, Ipea, 2001.

IBGE, Instituto Brasileiro de Geografia e Estatística (1970-2000). *Censos Demográficos de 1970, 1980, 1991 e 2000*. Rio de Janeiro.

____ (1977). *Séries Retrospectivas 1977*. Rio de Janeiro.

____ (2003). *Estatísticas do século XX*. Rio de Janeiro.

____ (1995-2006). *Pnads (Pesquisas Nacionais por Amostra de Domicílios)*. Rio de Janeiro.

____ (2003-2007). *Síntese de Indicadores Sociais*. Rio de Janeiro.

____. (2006). *Aspectos complementares de educação e acesso a transferências de renda de programas sociais*. Rio de Janeiro, 2006 (Suplemento da Pnad de 2006).

____ (2007). *Contagem da população 2007*. Rio de Janeiro.

____ (2007). *Sistema de contas nacionais*. Rio de Janeiro [n. 19, 20 e 21].

____ (2006-8). www.ibge.gov.br.

KANTER, R. M. (1995). *World class*. New York, Simon & Schuster.

MI (Ministério da Integração Nacional). *Projeto de integração do rio São Francisco com bacias hidrográficas do Nordeste Setentrional: relatório de impacto ambiental, Rima*, 2004.

____. *Projeto São Francisco*, Brasília, 2000 (Secretaria de Infra-Estrutura Hídrica).

____. *Projeto São Francisco*, Brasília, 2000 [Secretaria de Infra-Estrutura Hídrica].

____. www.mi.gov.br.

PAES DE CARVALHO, Antonio. Uma experiência empresarial brasileira em biotecnologia. In VELLOSO & ALBUQUERQUE (2002), p. 127-34.

PLANAMAZONAS. *Plano estratégico de desenvolvimento do Amazonas* (1994). Manaus, Governo do Estado do Amazonas. [Este documento foi concebido e redigido por Roberto Cavalcanti de Albuquerque, com o apoio de equipes técnicas do governo do Estado do Amazonas, sob a coordenação do secretário de Planejamento, Raimar da Silva Aguiar.]

PORTO DIGITAL [Governo do Estado de Pernambuco] (2002-2005). www.portodigital.org.

PROGRAMA CALHA NORTE (Ministério da Defesa). *Subsídios para uma estratégia de desenvolvimento da Amazônia Setentrional*. Brasília, 2001 [documento elaborado por Roberto Cavalcanti de Albuquerque com apoio do professor José Raimundo Vergolino e equipe do Instituto Superior de Administração e Economia, Isae, da Fundação Getulio Vargas, FGV].

PROJETO ÁRIDAS. *Nordeste: uma estratégia de desenvolvimento sustentável*. (1995). Brasília, Ministério do Planejamento e Orçamento, MPO, 1995. [Concepção da estratégia geral e redação do documento preliminar por Roberto Cavalcanti de Albuquerque com base nos estudos setoriais do Projeto Áridas.]

ROCHA, Sonia (2006). Tabulações especiais sobre pobreza, Brasil, regiões e estados (IBGE, Pnad de 2005). Em meio magnético.
SACHS, Ignacy. (1980). *Stratégies de l'ecodéveloppement.* Paris, Éditions Économie et Humanisme/Éditions Ouvrières.
SAMPAIO, Yony (2002). *Expansão e perspectivas do agronegócio no Nordeste.* Fortaleza, Banco do Nordeste.
SOUZA DIAS, Braulio Ferreira de (2002). A biodiversidade na Amazônia: uma introdução ao desconhecido. Em VELLOSO & ALBUQUERQUE, Roberto Cavalcanti de, coords (2002), p. 13-86.
SUDENE (Superintendência do Desenvolvimento do Nordeste) (1999). *Nordeste: uma estratégia para vencer o desafio da seca e acelerar o desenvolvimento.* Recife [Coleção Sudene 40 Anos]. (Estudo coordenado por Gustavo Maia Gomes e elaborado por Roberto Cavalcanti de Albuquerque e equipe.)
THE WORLD BANK (2007). *World development indicators database, 2007.*www.worldbank.com.
VELLOSO, João Paulo dos Reis, coord. (2005) *O desafio da Índia e da China e a resposta do Brasil.* Rio de Janeiro, José Olympio.
____ (2008). *O Brasil e a economia criativa: um novo mundo nos trópicos.* Rio de Janeiro, José Olympio.
VELLOSO, João Paulo dos Reis & ALBUQUERQUE, Roberto Cavalcanti de, coords. (2002). *Amazônia, vazio de soluções?: desenvolvimento moderno baseado na biodiversidade.* Rio de Janeiro, José Olympio, 2002 [Fórum Nacional].
____ (2005). *Cinco décadas de questão social e os grandes desafios do crescimento sustentado.* Rio de Janeiro, José Olympio.
VERGOLINO, José Raimundo (2001-5). *Base de dados econômico-sociais do Nordeste, 1970-2000.* Recife [em meio magnético]. Esse levantamento, elaborado para o Banco do Nordeste, teve a colaboração dos economistas Antonio Pessoa Nunes Neto e João Otávio Cavalcanti, bem como da estagiária de economia Soraya Santana dos Santos.
XXVI RESEM (XXVI Reunião Anual sobre Evolução, Sistemática e Ecologia Micromoleculares), anais. Instituto de Química, Universidade Federal Fluminense, UFF.
YOSHIDA, Massayoshi (2004). Agregação de valor aos produtos tradicionais: exemplo de estrato Egb761 de Ginkgo biloba. Centro de Tecnologia da Amazônia/USP. Mimeo.

Oportunidades para o Nordeste e a Amazônia: o papel do BDMG

*Paulo Paiva**

*Presidente do BDMG (Banco de Desenvolvimento de Minas Gerais).

Talvez, à primeira vista, pareça inapropriada a participação de instituições de desenvolvimento do Estado de Minas Gerais em um debate sobre oportunidades para o Nordeste e a Amazônia. Relativamente à Amazônia, Minas Gerais está, de fato, distante, e suas agências não têm mandato para atuar naquela região. Todavia, parte do território mineiro está incluída na área de atuação da Sudene. Os programas do BNB e da Sudene se aplicam, portanto, à área mineira do "Nordeste", onde o governo de Minas Gerais mantém igualmente programas e incentivos específicos. Ademais, essa região tem características geográficas e econômicas semelhantes às do Nordeste e, em especial, do semi-árido.

A atuação da Sudene em Minas Gerais abrange uma área de 211,7 mil km^2 ou 36,0% da área estadual. Essa região é composta por 168 municípios, abrangendo todos os 155 municípios das regiões Norte de Minas e dos vales dos rios Jequitinhonha e Mucuri, além de oito municípios das regiões centrais, dois do Noroeste e três do Rio Doce. Dos 168 municípios, mais da metade (85) está na área do semi-árido.

Segundo dados de 2005, da Fundação João Pinheiro, esses 168 municípios concentram 14,1% da população estadual e apenas 6,1% do PIB. Assim, o PIB *per capita* da área da Sudene em Minas Gerais, de R$4.317, é bastante inferior ao PIB *per capita* médio estadual (R$10.012).

Em 2000, nenhum município dessa área foi classificado como de elevado IDH-M e, dentre os 100 municípios mineiros com menor IDH-M, 88 estavam localizados na região da Sudene.

Abordarei aqui oportunidades para a construção de sinergias entre agentes de fomento ao desenvolvimento para o Nordeste a partir da experiência da atuação do Banco de Desenvolvimento de Minas Gerais S.A. (BDMG). Após essa pequena introdução, tratarei das novas dimensões do desenvolvimento regional, seguindo com algumas observações sobre o papel dos bancos de desenvolvimento, para, em seguida, apresentar algumas sugestões relativas a sinergias no financiamento ao desenvolvimento do Nordeste. Finalizarei com algumas conclusões.

DESENVOLVIMENTO REGIONAL

Quero iniciar registrando a importância de se retomar a discussão do tema do desenvolvimento regional, e particularmente do Nordeste, tão atual como o foi há cerca de cinco décadas, quando Celso Furtado escreveu *A questão Nordeste*.

Agora, contudo, o contexto no qual o tema se insere é bastante diferente daquele de décadas passadas. Primeiro, porque a economia brasileira está mais integrada internamente, os fluxos de comércio entre os estados se ampliaram, e há uma maior participação de empresas cujo capital é majoritariamente constituído em outra região. Em segundo lugar, porque se aprofundaram as comunicações entre as regiões, afetando os padrões de consumo, estimulando o turismo e reduzindo as distâncias. Em terceiro lugar, porque ocorreu uma maior integração no mercado financeiro e de capitais. Finalmente, porque a economia brasileira se integrou à economia internacional por meio do processo de globalização, ampliando as oportunidades de exportações para outros mercados e abrindo espaço para importações que trazem maior conteúdo de inovação tecnológica e de produtividade, contribuindo para o crescimento da economia da região e para a redução da pobreza. Todos esses processos, que resultaram no fim da "economia estadual autárquica", relativamente independente, predominantes dos anos 50 até os anos 80, se intensificaram com o ciclo recente de expansão da economia brasileira em ambiente de maior estabilidade monetária, preços de *commodities* relativamente mais elevados e expansão do comércio exterior.

Pensar o desenvolvimento regional hoje requer pensar desenvolvimento não apenas como um processo de industrialização via substituição de importações, mas como um processo de inserção competitiva da economia de uma região na economia nacional, promovendo sua inclusão regional e social e, ao mesmo tempo, garantindo sua sustentabilidade, quer do ponto de vista ambiental, quer do ponto de vista do próprio crescimento econômico.

Bancos de desenvolvimento com atuação no âmbito estadual foram constituídos no passado para promover a industrialização de seus estados, quer como repassadores de recursos do BNDES, quer como repassadores de eventuais fundos estaduais nos contextos daquelas economias "autárquicas". Vários deles, como o BDMG, foram muito ativos na segunda metade da década de 1960 e na década de 1970. A crise dos anos 80 e 90 afetou muito a oferta de crédito de longo prazo, limitando a ação dos bancos de desenvolvimento. Posteriormente, o programa de saneamento dos bancos estaduais e a consolidação dos acordos de renegociação das dívidas dos estados com a União resultaram na transformação dos bancos de desenvolvimento em agências de fomento. Restaram, além do BDMG, apenas o BANES, no Estado do Espírito Santo, e o BRDE, uma parceria dos estados do Paraná, Santa Catarina e Rio Grande do Sul.

A experiência de Minas Gerais no fomento ao desenvolvimento foi muito bem-sucedida, principalmente nos anos 70. O estado criou uma base institucional muito sólida com uma empresa geradora e distribuidora de energia elétrica (a CEMIG), um banco de desenvolvimento (o BDMG) e uma agência de promoção industrial (o INDI). Eu diria que, no âmbito estadual, constitui-se uma forte sinergia entre três instituições cujos objetivos se completavam e cujo resultado foi estimular o crescimento da economia mineira, colocando-a na terceira posição no ranking das economias estaduais.

Atualmente, o BDMG está revisitando sua missão, seus objetivos e seus instrumentos para adequá-los às novas dimensões do desenvolvimento, ao novo contexto da economia brasileira e ao novo mercado financeiro. E é nessa perspectiva que quero tratar das oportunidades para o financiamento ao desenvolvimento do Nordeste.

O PAPEL DE BANCO DE DESENVOLVIMENTO

Hoje, promover o desenvolvimento de uma região não significa apenas oferecer subsídios para a alocação de uma dada empresa em uma dada área de baixo dinamismo econômico. Em uma economia mais integrada e competitiva, decisões empresariais relativas à sua localização levam em consideração, principalmente, a proximidade com os insumos (matéria-prima e/ou mão-de-obra) ou com o mercado de consumo. Subsídios que não garantam a sustentabilidade do empreendimento não são relevantes para projetos que se propõem viáveis no longo prazo.

Por isso, é necessário buscar alternativas para a participação dos bancos estaduais de desenvolvimento e para as agências de fomento que tenham impacto sobre a eficiência da economia. Essas instituições, operando apenas com recursos públicos, são braços da política fiscal estadual. Dado que as condições de financiamento do BNDES no âmbito nacional e as do BNB no âmbito regional não diferem por unidade da federação, mas por programa ou região, as agências estaduais de fomento e os bancos estaduais de desenvolvimento, ao oferecerem incentivos para seus estados, correm sério risco de se transformar unicamente em agentes da "guerra fiscal", oferecendo condições mais "vantajosas" do que a dos bancos federais. Dessa forma, buscar programas em que essas instituições operem articuladamente com o BNDES e o BNB pode dar a elas uma função mais nobre no sentido da promoção do desenvolvimento regional.

Entender as potencialidades de uma região e derivar daí suas oportunidades é o primeiro passo para se construir uma estratégia de fomento ao desenvolvimento que possa ter algum grau de eficácia.

A participação de banco público deve ser voltada para suprir falhas de mercado. De um lado, na perspectiva nacional, é importante a consideração com o processo de redução das desigualdades regionais. De outro lado, do ponto de vista da economia local, deve-se buscar foco identificando onde o financiamento com juros subsidiados tem maior impacto para a redução da desigualdade e da eficiência da economia.

Fazendo um corte da economia por porte de empresas, parece-me óbvio que as micro e as pequenas empresas (MPEs) são elegíveis para uma política de fomento com juros subsidiados.

Olhando para as restrições ao crescimento da economia, eu identificaria como principais obstáculos ao crescimento econômico a formação da mão-de-obra, a inovação tecnológica e a escassez de infra-estrutura, que, por conseqüência, deveriam constituir-se em objetos de políticas públicas de fomento.

SINERGIAS NO FINANCIAMENTO

Podem-se organizar programas visando promover o desenvolvimento de projetos nas áreas de infra-estrutura, de educação e do fortalecimento de participação de micro e pequenas empresas em cadeias produtivas. Ademais, além de financiamento, os bancos de desenvolvimento podem atuar no sentido de promover o acesso das empresas da região ao mercado de capitais.

Em se tratando de financiamento, os principais *fundings* para os programas seriam os já existentes do BNDES, do BNB e os fundos estaduais, onde houver. O BDMG pode atuar em Minas Gerais e também no Estado da Bahia, em projetos de interesse comum, conforme Resolução nº 3.593/08 do Conselho Monetário Nacional.

Projetos de infra-estrutura

Trata-se aqui do fomento ao desenvolvimento nas áreas de transportes e logística, energia, telecomunicações e saneamento. De um lado, torna-se necessário viabilizar a participação privada em programas de concessão, quer isoladamente quer através de PPPs. Existem muitas oportunidades na área de transportes rodoviário, aeroviário e ferroviário, além de investimentos na infra-estrutura portuária. No campo da energia hidroelétrica, existem oportunidades na construção de PCHs. Por outro lado, há necessidade de financiamento ao setor público, em saneamento e desenvolvimento urbano, por exemplo. As agências de fomento não estão limitadas pela Resolução nº 2.827/01, que consolida e redefine as regras para o contingenciamento do crédito ao setor público. O BDMG, infelizmente, está submetido a seus critérios. Se o Conselho Monetário Nacional lhe dispensar o mesmo tratamento dedicado às agências de fomento, recursos do programa Novo Somma poderiam ser utilizados para o desenvolvimento urbano e saneamento nos municípios mineiros incluídos na área da Sudene, cujo IDH é mais baixo do que o da média do Estado de Minas Gerais. O Novo Somma alinha-se, ainda, aos objetivos do PAC.

Na área de telecomunicações, poder-se-ia, nos outros estados, desenvolver programa semelhante ao de Minas Gerais, que garantiu a cobertura da rede de telefonia celular em todos os seus municípios.

Educação

Há uma expansão considerável na oferta de vagas nas universidades e faculdades privadas, ampliando a participação do ensino privado no terceiro ciclo. Esse setor requer um monitoramento maior quanto à qualidade do ensino e à estabilidade econômico-financeira das instituições. Parece elevado o risco associado à inadimplência e à falta de escala na atividade comercial. Há necessidade de um programa que estimule fusões, aquisições e expansões, e a melhoria da qualidade do ensino, o que poderá ter efeitos positivos sobre o nível de formação do capital humano e de inclusão social na região. É uma oportunidade importante para a atuação das instituições de fomento.

No ensino público, poder-se-ia desenvolver um programa para melhorar a capacitação dos professores. Um exemplo seria oferecer financiamento, com subsídio concedido pelo estado ou prefeitura, para os professores adquirirem computadores com programas específicos para sua formação. O governo de Minas Gerais está desenvolvendo um programa semelhante por meio do BDMG.

Micro e pequenas empresas

Uma das alternativas possíveis para os setores da indústria de transformação e de agronegócios seria oferecer crédito visando consolidar na região a cadeia de fornecedores de empresas âncoras, estimulando a produção local e a geração de empregos. O modelo já foi testado com muito sucesso em Minas Gerais. Os recebíveis da empresa-âncora seriam utilizados como garantia, superando a fragilidade de crédito que, isoladamente, uma MPE poderia ter.

Da mesma forma, podem-se apoiar arranjos produtivos locais (APLs).

Um desafio seria utilizar o mesmo modelo de financiamento para estimular e fortalecer os fornecedores de serviços no setor de turismo. Aqui, a questão seria como constituir a garantia, na ausência de uma empresa âncora.

Para as MPEs optantes pelo Simples Nacional, poderia ser desenvolvido um programa de financiamento, utilizando-se o acesso do solicitante por meio da internet e o sistema de *credit scoring* para agilizar a análise e decisão.

Crédito subsidiado para esse setor teria um impacto muito positivo tanto para a promoção da inclusão quanto para o estímulo ao crescimento da empresa e, em conseqüência, da eficiência da economia.

Mercado de capitais

Além de fornecerem crédito, as instituições financeiras poderiam trabalhar no sentido de estimular as empresas do Nordeste a ter acesso ao mercado de capitais. Por um lado, visando o *middle market*, oferecendo financiamento para aquisições, fusões e fortalecimento da governança corporativa com vistas à abertura de capital, emissão de debêntures etc. Por outro lado, constituindo fundo de desenvolvimento, fundo mútuo de investimentos em empresas emergentes e fundo de investimento em participações, visando fortalecer as empresas regionais, principalmente aquelas com novos elementos de inovação, de preservação ambiental ou em áreas críticas para a economia da região. O BDMG está iniciando experiência pioneira em Minas Gerais com seu capital próprio. Seria possível constituir fundos com a participação do BNDES, BNB e BDMG, das agências estaduais de fomento que desejassem aderir ao programa, e da FINEP, por exemplo.

CONCLUSÃO

Parece-me que existem enormes oportunidades para uma ação coordenada e comum dos bancos de desenvolvimento visando fomentar a economia do Nordeste. Entendo que o papel dessas instituições é altamente relevante para a promoção da inclusão competitiva da economia nordestina à economia nacional e internacional. Torna-se necessário definir com clareza o foco da atuação, as estratégias e os programas mais adequados. Procurei indicar algumas áreas que, a meu juízo, parecem mais relevantes para promover o desenvolvimento com inclusão e sustentabilidade.

O papel do BNB no Nordeste de oportunidades

*Luiz Carlos Everton de Farias**

*Diretor de Controle e Risco do Banco do Nordeste.

Fazer uma reflexão sobre as estratégias de desenvolvimento para o Nordeste, a partir das oportunidades de negócios geradas na região pelos diversos agentes que nela atuam, requer, inicialmente, tentar compreender do ponto de vista histórico, cultural, econômico e social esse vasto território onde se insere uma das áreas mais pobres do país, mas que apresenta um grande e extraordinário potencial ainda não devidamente explorado.

O Nordeste percorreu um longo caminho, entre tensões (efeitos de secas), pressões (no Congresso Nacional e na mídia) e apelos daqueles preocupados com o equilíbrio entre as regiões como fator de harmonia nacional. Assim, a Constituição de 1934 consagra a orientação que atribui à União competência privativa para "organizar a defesa permanente contra os efeitos da seca, nos estados do Norte",[1] surgindo dois anos depois a primeira delimitação do que se convencionou mais tarde chamar de "Polígono das Secas".[2] A Constituição de 1937, em pleno Estado Novo, omite qualquer responsabilidade antes prevista, o que é retomado somente na Carta Magna de 1946.

Foi dessa forma que as "forças regionais" compeliram o presidente Getúlio Vargas a criar, em 1952,[3] o Banco do Nordeste do Brasil S.A. Trata-se, evidentemente, de uma conquista, passo importante e essencial que objetiva encontrar "soluções" de desenvolvimento para a região. A nova instituição, dessa forma, traz consigo ventos de esperança e um sopro renovador. Representa experiência ímpar, cujos resultados a sociedade brasileira percebe na medida em que a imagem do Nordeste arcaico ganha traços de uma modernidade que pretende oferecer progresso para todos. Isso significa a responsabilidade de incluir os indivíduos no processo produtivo, dando-lhes a oportunidade de serem cidadãos plenos.

Nesse esforço visando reduzir as desigualdades entre as regiões, as ações do banco, associadas a outros instrumentos governamentais, vêm, paulatinamente, mudando o perfil da região. Basta ver, como exemplo, as taxas médias de crescimento anual do PIB, no período 1986-2007, a preços constantes de 2006, em que o Nordeste (2,45%) supera o Brasil (2,43%), e no período de 2002 a 2006, crescimento acumulado em torno de 24,91% (Nordeste) e de 16,16% (Brasil).[4] Ademais, pode-se ainda citar a taxa de investimento em

---

[1] BARBOSA, Raul. *O Banco do Nordeste do Brasil e o desenvolvimento econômico da Região*. Fortaleza: Banco do Nordeste do Brasil, 1979, p. 172.

[2] PORDEUS, Ismael. *Banco do Nordeste*: origens. v.1. Fortaleza: Banco do Nordeste, s/d., p. 21.

[3] Projeto original do Executivo, aprovado pelo Congresso Nacional (Lei nº 1.469, de 19/07/1952) e regulamentado pelo Decreto nº 33.643, de 24/08/1953.

[4] Dados do Instituto Brasileiro de Geografia e Estatística (IBGE) – Contas Regionais.

expansão, que, de acordo com as projeções do IBGE, deve passar de 15,3%, em 2003, para 20,9% em 2010.

Considerando-se as perspectivas do mercado financeiro, torna-se relevante, igualmente, acentuar os sinais em que se prevê crescimento do país para os próximos anos, pois mesmo os cenários mais conservadores apontam crescimento. Não se trata de otimismo vão, mas análise calcada, sobretudo, no alcance do *Investment Grade*, nos massivos investimentos em infra-estrutura e tecnologia, propiciados pelo governo do presidente Luiz Inácio Lula da Silva; no aumento de renda *per capita* da população e sensível melhoria na distribuição de renda, para a qual têm contribuído significativamente programas sociais a exemplo do Programa Bolsa Família.

Positivo também é o aumento da base de clientes da indústria financeira, com crescimento da População Economicamente Ativa (PEA), bancarização da população, com estimativa que chega a 39 milhões de pessoas nos próximos anos; abertura de aproximadamente cinco milhões de empresas nos próximos 10 anos; crescimento significativo do volume de crédito no país; crescimento do mercado de crédito imobiliário; e a tendência de crédito rotativo do cartão como instrumento de financiamento ao consumo.[5]

Quando se analisa o grau de aderência do crescimento regional ao crescimento brasileiro, observam-se, com certa segurança, razões evidentes para o avanço da estruturação produtiva acelerada do Nordeste. A região vem, por exemplo, se apresentando como nova fronteira de crescimento econômico do país, além da ocorrência de ciclos de crescimento implicando diretamente perspectivas conjunturais mais favoráveis. Some-se a isso a mobilidade crescente de fatores no país em direção a áreas menos favorecidas e inexploradas, maior influência da reversão demográfica e localização e relocalização espaciais implicando vantagens competitivas para setores produtivos mais sensíveis a fatores locacionais.

Acrescente-se a isso a infra-estrutura do Nordeste, com seus 12 portos marítimos, oito terminais privados de uso misto, 409.473km de rodovias, 18 aeroportos – dos quais nove internacionais –, aproximadamente 8.231km de vias férreas e 27.767.120kW de capacidade instalada de energia. Não se pode esquecer, de outro modo, a construção das refinarias de petróleo e siderúrgicas na região como forma de agregar valores às exportações e reduzir as desigualdades entre os estados. O Nordeste, que não possuía sequer uma refinaria de

---

5 A.T. Kearney.

petróleo, em poucos anos contará com quatro: em Pernambuco, Maranhão, no Ceará e no Rio Grande do Norte.

O PAPEL DE UM BANCO DE DESENVOLVIMENTO

Nessa perspectiva, pode-se afirmar que não faltam razões para investir no Nordeste. E os próprios investidores asseguram essa assertiva. Pesquisa realizada pela PricewaterhouseCoopers com 84 grandes investidores do Nordeste constatou que a região apresenta custos menores, agrega possibilidade de expansão dos negócios, tem melhor qualidade de vida e localização estratégica, além de dispor de recursos naturais/matéria-prima.

Emerge, então, nesse contexto, o papel do Banco do Nordeste do Brasil S.A. como principal instituição de desenvolvimento da região. O BNB é uma instituição financeira múltipla, organizada sob forma de sociedade de economia mista, de capital aberto, tendo mais de 90% de seu capital sob controle do governo federal. Vinculado ao Ministério da Fazenda, é o maior banco de desenvolvimento regional da América Latina e diferencia-se das demais instituições financeiras por sua missão: atuar, na capacidade de instituição financeira pública, como agente catalisador do desenvolvimento sustentável do Nordeste, integrando-o na dinâmica da economia nacional.

Sua visão é a de ser referência como agente indutor do desenvolvimento sustentável da região Nordeste. Sua preocupação básica é executar uma política de desenvolvimento ágil e seletiva, capaz de contribuir, de forma decisiva, para a superação dos desafios e para a construção de um padrão de vida compatível com os recursos, potencialidades e oportunidades da região.

O BNB promove ações de complementaridade, a exemplo dos financiamentos de curto prazo; administra fundos de investimento e participação; promove a integração e a cooperação em bases territorializadas; executa políticas públicas governamentais, como é o caso do Protocolo Verde (documento firmado entre bancos federais em 1995 e relançado em 1/8/2008 com o objetivo de empreender políticas e práticas bancárias multiplicadoras, demonstrativas ou exemplares em termos de responsabilidade socioambiental), do qual é signatário; e realiza parcerias com ministérios, estatais, entidades de classe, representações da sociedade civil e instituições financeiras internacionais.

Exemplo categórico desse último item é o Programa de Desenvolvimento do Turismo no Nordeste (Prodetur/NE), iniciado em 1994 e contando com recursos da ordem de US$800 milhões e agora em sua segunda fase, Prodetur/NE II, com recursos da ordem de U$400 milhões. Trata-se de um programa de crédito público, destinado a estados e municípios, 60% financiados com recursos do Banco Interamericano de Desenvolvimento (BID), do qual o BNB é o órgão executor, e 40% de contrapartida local, com impactos na geração de empregos. O Prodetur foi concebido para propiciar condições favoráveis à expansão e à melhoria da qualidade da atividade turística na região, assim como para melhorar a qualidade de vida das populações residentes nas áreas beneficiadas, financiando obras de infra-estrutura (saneamento, transportes, urbanização), projetos de proteção ambiental e do patrimônio histórico e cultural, projetos de capacitação profissional e fortalecimento institucional das administrações de estados e municípios.

Com sede em Fortaleza, Estado do Ceará, o banco atua em 1.989 municípios, abrangendo os nove estados da região Nordeste (Maranhão, Piauí, Ceará, Rio Grande do Norte, Paraíba, Pernambuco, Alagoas, Sergipe e Bahia), o norte de Minas Gerais (incluindo os vales do Mucuri e do Jequitinhonha) e o norte do Espírito Santo, totalizando uma área de 1.775,4 mil km^2, na qual se inserem 974,4 mil km^2 (62,7% do território do Nordeste) correspondentes à área denominada de semi-árido.

Para isso, o banco conta com uma rede de 181 agências – quatro extra-regionais: São Paulo, Rio de Janeiro, Brasília e Belo Horizonte –, 5.801 funcionários e mais 200 agentes de desenvolvimento. Esses agentes, espalhados pelos mais longínquos lugares, levam o crédito produtivo orientado a todos os que vivem de seu próprio negócio. Vale registrar como caso de sucesso o Crediamigo, o maior programa de microcrédito da América do Sul para comunidades que buscam inserção no mercado. O Crediamigo, ao adotar a metodologia de formação de grupos solidários, dispensando apresentação de garantias reais, já participa com 14,83% no mercado elegível de microempreendedores do Nordeste.

Em 2007, por exemplo, foram emprestados R$794,6 milhões através de 766,5 mil contratos com moradores da região. Com esses números, o Banco do Nordeste responde por 72% dos empréstimos desembolsados no âmbito do microcrédito produtivo orientado, conforme dados do TEM. O Crediamigo prevê chegar a 1 milhão de clientes ativos até 2011. A inovação se reveste de tanta ousadia que chamou a atenção do próprio presidente Lula, o qual propôs ao BNB adentrar a Rocinha, uma das maiores favelas do Brasil, com os financiamentos do Crediamigo, oportunidade rara a demonstrar o espírito empreendedor dos nordestinos.

Essa experiência, ainda por se concretizar, está envolta por simbolismos. O crédito em si representa ferramenta essencial, mas ele sozinho, com certeza, não faz milagres. Em sua base, sobressaem a orientação e o acompanhamento, como instrumentos metodológicos, e a lucidez de abrir janelas a pessoas muitas vezes sem expectativa de um futuro melhor, como se estivessem condenadas à exclusão. Por isso, o aprendizado na Rocinha, lugar marcado por estereótipos e preconceitos, alarga a visão do banco como empresa voltada para o desenvolvimento, rompendo, sim, seus limites regionais, numa demonstração de que as sinergias criam pontes de lado a lado, sem fronteiras, sem barreiras. Ao levar o microcrédito para o Rio de Janeiro – além da Rocinha, pretende-se atender o centro da cidade, bairro da Glória, favelas da Maré e Rio das Pedras e outros municípios fluminenses, como Macaé –, o Banco do Nordeste pretende contar, em três anos, com cerca de 40 mil clientes no estado, uma plataforma considerável para levar o microcrédito também para todo o país.

O banco, vale ressaltar, tem a maior participação (63,4%, segundo posição de abril/2008) nos financiamentos de longo prazo da região. E, de acordo com o ranking da Federação Brasileira de Bancos (Febraban), é o primeiro colocado em crédito rural, com saldo de R$14,7 bilhões, seguido por instituições do porte do Bradesco e Itaú.[6] Essa condição se deve, em grande parte, ao fato de o BNB ser o gestor do Fundo Constitucional de Financiamento do Nordeste (FNE), criado pela Constituição de 1988.[7]

A poderosa ferramenta da redemocratização, garantida na Carta Magna, objetiva contribuir para o desenvolvimento econômico e social do Nordeste por meio da execução de programas de financiamentos aos setores produtivos, em consonância com o Plano Regional de Desenvolvimento, agora revalorizado com a recriação da Superintendência de Desenvolvimento do Nordeste (Sudene), e com os Planos Estaduais de Desenvolvimento, numa sintonia necessária e proveitosa com as prioridades de cada estado.

Os recursos do FNE destinam-se ao financiamento dos investimentos, sendo aplicados preferencialmente no longo prazo e utilizados para capital de giro ou custeio quando complementam o aumento da capacidade produtiva regional, considerando-se produtivos os setores agropecuário, de mineração, indústria, agroindústria, turismo, comércio regionais, beneficiando produtores, empresas, associações e cooperativas de produção. Para 2009, o orçamento é da ordem de R$7 bilhões.

---

[6] O ranking da Febraban exclui o Banco do Brasil.

[7] Artigo 159, inciso I, alínea "c", e artigo 34 do Ato das Disposições Constitucionais Transitórias, regulamentado pela Lei nº 7.827, de 27/9/1989.

Como instituição em movimento, dinâmica, o BNB passou a adotar, em 2008, uma estratégia que associa geração de negócios a organizações produtivas, visando aumentar a competitividade e promover a inclusão social e econômica. Trata-se do Nordeste Territorial, cujos objetivos consistem em melhorar a competitividade de cadeias produtivas; promover melhoria da renda e inclusão social; aumentar a produtividade e ampliar o acesso a mercados; integrar e ampliar o alcance das políticas públicas e promover o uso racional e sustentável dos recursos naturais. O Nordeste Territorial não significa apenas crédito; envolve questões em diversos âmbitos para os quais uma instituição de natureza pública tem de estar atenta. Nesse bojo, imbricam-se a inovação, a gestão, a orientação profissional, o mercado, as relações institucionais e a preocupação ambiental.

O banco, em síntese, é peculiar: atua na área cultural, por considerar as expressões artísticas relevantes para as identidades da região, motivo pelo qual mantém três centros culturais (Fortaleza e Juazeiro do Norte, no Ceará, e Sousa, na Paraíba) com programação diversa; implantou a Ouvidoria, por preocupar-se com seus públicos; intervém de forma marcante nas comunidades, implementando ações de responsabilidade social.

Uma contribuição marcante da atuação do BNB reside no Escritório Técnico de Estudos Econômicos do Nordeste (Etene). O trabalho de realização de pesquisas e estudos globais, setoriais, de cenários e de oportunidades de investimento empreendido por esse centro de pesquisa. O Etene tanto operacionaliza a política do banco para o apoio a projetos de pesquisa e difusão, de natureza econômica e tecnológica, inclusive teses acadêmicas, quanto colabora para a formulação e a avaliação de programas de desenvolvimento.

O banco, enfim, funciona como uma agência de financiamento, como uma usina de idéias, como um centro de formulação de pensamentos capazes de interferir na realidade regional. Seus recursos humanos estão voltados diuturnamente para a tarefa de desenvolver o Nordeste. E em cada um dos funcionários reside um átomo que se junta para formar uma empresa forte, criando em seus projetos as oportunidades de negócios geradoras de desenvolvimento e de inclusão social. O banco é ciente de suas responsabilidades, sabe que muito já fez pela região, mas tem consciência de que há muito por fazer, na longa caminhada de ajudar a transformar o Brasil num país igual para todos.

Os instrumentos de atuação da nova Sudene

*Saumíneo da Silva Nascimento**

*Diretor de Planejamento e Articulação de Políticas da Sudene.

A Sudene tem por finalidade promover o desenvolvimento includente e sustentável de sua área de atuação e a integração competitiva da base produtiva regional na economia nacional e internacional.

Compete a esse órgão:

I – definir objetivos e metas econômicas e sociais que levem ao desenvolvimento sustentável de sua área de atuação;
II – formular planos e propor diretrizes para o desenvolvimento de sua área de atuação, em consonância com a política nacional de desenvolvimento regional, articulando-os com os planos nacionais, estaduais e locais;
III – propor diretrizes para definir a regionalização da política industrial que considerem as potencialidades e especificidades de sua área de atuação;
IV – articular e propor programas e ações nos ministérios setoriais para o desenvolvimento regional, com ênfase no caráter prioritário e estratégico, de natureza supra-estadual ou sub-regional; e
V – articular as ações dos órgãos públicos e fomentar a cooperação das forças sociais representativas de sua área de atuação de forma a garantir o cumprimento dos objetivos e metas de que trata o inciso;
VI – atuar, como agente do Sistema de Planejamento e de Orçamento Federal, visando promover a diferenciação regional das políticas públicas nacionais e a observância dos §§ 1º e 7º do art. 165 da Constituição Federal;
VII – nos termos do inciso VI do *caput* desse artigo, em articulação com o Ministério da Integração Nacional, assessorar o Ministério do Planejamento, Orçamento e Gestão por ocasião da elaboração do plano plurianual, da lei de diretrizes orçamentárias e do orçamento geral da União, em relação aos projetos e atividades previstas para sua área de atuação;
VIII – apoiar, em caráter complementar, investimentos públicos e privados nas áreas de infra-estrutura econômica e social, capacitação de recursos humanos, inovação e difusão tecnológica, políticas sociais e culturais e iniciativas de desenvolvimento sub-regional;
IX – estimular, por meio da administração de incentivos e benefícios fiscais, os investimentos privados prioritários, as atividades produtivas e as iniciativas de desenvolvimento sub-regional em sua área de atuação, conforme definição do Conselho Deliberativo, em consonância com o § 2º do art. 43 da Constituição Federal e na forma da legislação vigente;
X – promover programas de assistência técnica e financeira internacional em sua área de atuação;
XI – propor, mediante resolução do Conselho Deliberativo, as prioridades e os critérios de aplicação dos recursos dos fundos de desenvolvimento e dos fundos setoriais em sua área de atuação, em especial aqueles vinculados ao desenvolvimento científico e tecnológico; e

XII – promover o desenvolvimento econômico, social e cultural e a proteção ambiental do semi-árido, por meio da adoção de políticas diferenciadas para a sub-região.

Assim, neste breve ensaio, abordarei alguns instrumentos de atuação da nova Sudene que a nova Diretoria da Autarquia já está implementando junto ao meio empresarial da área de atuação da Superintendência, por meio de divulgação direta com as entidades de classe. Dentre os dois principais instrumentos de atuação direta com o meio empresarial, estão: o financiamento de empresas através do FDNE (Fundo de Desenvolvimento do Nordeste) e os Incentivos Fiscais através da redução do IRPJ para projetos novos e projetos já existentes, do reinvestimento de parcela do IRPJ a pagar (30%), a isenção do AFRMM e do IOF e a depreciação acelerada incentivada e desconto da contribuição do PIS/Pasep e da Cofins e o Planejamento da área de atuação da Sudene (Nordeste e norte de Minas e Espírito Santo).

O Fundo de Desenvolvimento do Nordeste (FDNE) é um instrumento de atuação da nova Sudene pela via do financiamento. O fundo foi criado em 2001, pela Medida Provisória nº 2.156-5, de 25 de agosto de 2001, tendo por finalidade assegurar recursos para a realização de investimentos na área de atuação da Sudene, em infra-estrutura e serviços públicos e em empreendimentos produtivos com grande capacidade germinativa de novos negócios e atividades produtivas. Os recursos do fundo são oriundos de dotações orçamentárias à conta de recursos do Tesouro Nacional. Outro ponto de especificidade do FNDE é que são beneficiárias empresas instituídas sob a forma de Sociedade por Ação, que tenham por objetivo implantação, ampliação, modernização ou diversificação de empreendimentos produtivos, sendo o Banco do Nordeste do Brasil S/A o agente operador.

Nesse fundo, operacionalizado pela Sudene, alguns setores são priorizados, a exemplo de infra-estrutura – energia, transportes, telecomunicacões, instalação de gasodutos, produção de gás, abastecimento de água e esgotamento sanitário; em serviços – turismo, logística, indústrias cultural e de entretenimento; em inovação tecnológica – indústria de instrumentos de precisão, indústria farmacêutica, inclusive fármacos e hemoderivados, biotecnologia, mecatrônica, informática (hardware e software), eletrônico, microeletrônica e semicondutores; em setores tradicionais – fruticultura irrigada (projetos em pólos agrícolas e agroindstriais), agroindústria vinculada à agricultura irrigada, à piscicultura e à aquicultura, indústria extrativa de minerais metálicos e indústria de transformação.

Outro importante instrumento de atuação da Sudene é o conjunto de incentivos e benefícios fiscais, cuja finalidade é estimular os investimentos privados prioritários, as atividades produtivas e as iniciativas de desenvolvimento sub-regional na área de atuação da Sudene. Para isso, contamos com as seguintes modalidades: redução do IRPJ para novos empreendimentos, redução do IRPJ para empreendimentos existentes, reinvestimento do IRPJ, isenção do AFRMM e do IOF, a depreciação acelerada incentivada e o desconto da contribuição para o PIS/Pasep e da Cofins.

Incentivos fiscais ou benefícios fiscais são expressões sinônimas, caracterizando-se pela redução ou eliminação, direta ou indireta, do respectivo ônus tributário, oriundo de lei ou norma específica.

A legislação do Imposto de Renda tem diversos incentivos fiscais. Porém, por desconhecimento, muitos contribuintes deixam de utilizar tais dispositivos legais, pagando, assim, maior imposto.

Vale registrar que, de acordo com o art. 614 do Regulamento do Imposto de Renda/1999, não podem se beneficiar da dedução dos incentivos: as pessoas jurídicas tributadas com base no lucro presumido, as pessoas jurídicas tributadas com base no lucro arbitrado, as empresas instaladas em Zona de Processamento de Exportação (ZPE), as microempresas (ME) e empresas de pequeno porte (EPP), optantes pelo Simples, as empresas concessionárias de serviços públicos, relativamente à parcela do lucro inflacionário tributada à alíquota de 6% (6%) e as pessoas jurídicas com registro no Cadastro Informativo de créditos não-quitados do setor público federal (Cadin).

Assim, as empresas industriais ou agrícolas, que venham a se instalar na área de atuação da Sudene, poderão ter redução do valor do Imposto de Renda a pagar, calculado pelo Lucro da Exploração, pelo prazo de 10 anos. Isso também é válido para as empresas que ampliarem/modernizarem seus empreendimentos ou diversificarem sua linha de produção.

Para se habilitar aos diversos incentivos disponibilizados pela Sudene, a empresa interessada deve encaminhar requerimento à Sudene, solicitando que seja expedida declaração de que satisfaz as condições mínimas indispensáveis ao gozo do incentivo, juntamente com a documentação necessária, estabelecida segundo o Roteiro para Elaboração de Pleitos, adotado pela autarquia, disponível no site http://www.sudene.gov.br. A Sudene analisa o pleito e, ao aprová-lo, expede Declaração, sendo imprescindível que, de posse da mesma, a empresa compareça à Delegacia da Receita Federal à qual a empresa estiver jurisdicionada, solicitando o reconhecimento e a homologação do direito ao benefício pretendido.

Essa é uma parte dos benefícios que temos a oferecer à região Nordeste e ao Norte de Minas Gerais e Espírito Santo. Temos a expectativa de que diversos empreendedores busquem nossos serviços, pois terão a oportunidade de uma ampliação da competitividade na busca de um desenvolvimento regional mais equânime.

Outro ponto importante da nova Sudene é a elaboração do Plano de Desenvolvimento do Nordeste, atribuição legal da autarquia que deve ser feita em consonância com os referenciais estabelecidos nas políticas – esboçadas ou já consolidadas – definidas pelo governo federal para orientar e balizar o processo de desenvolvimento do Brasil e com a Proposta para Discussão do Plano de Desenvolvimento Sustentável do Nordeste (PDNE), elaborada pela então Agência de Desenvolvimento do Nordeste (ADENE), em conjunto com o Ministério da Integração Nacional.

Essa vinculação decorre da necessidade de assegurar nexos funcionais entre a proposta de desenvolvimento regional e o projeto de desenvolvimento adotado pelo país como um todo, sob pena de os objetivos definidos para a região não se enquadrarem no projeto nacional, desperdiçando-se, assim, uma oportunidade para o exercício de um novo ciclo do planejamento regional, capaz de reduzir as históricas desigualdades existentes entre as diversas regiões do Brasil.

Tendo presente essa questão, é condição indispensável que uma proposta de mudança estratégica para o Nordeste guarde uma estreita vinculação com a Política Nacional de Desenvolvimento Regional (PNDR), com o Plano Estratégico para o Desenvolvimento Sustentável do Semi-Árido (PDSA), todos desenvolvidos no âmbito do Ministério da Integração Nacional, e com a Política de Desenvolvimento Produtivo (PDP), de forma a garantir a desejada funcionalidade da proposta regional, no âmbito das opções estratégicas adotadas para o conjunto do País (MI/ADENE, 2006:18).

O Plano Regional de Desenvolvimento do Nordeste terá como objetivos, entre outros:

I – diminuição das desigualdades espaciais e interpessoais de renda;
II – geração de emprego e renda;
III – redução das taxas de mortalidade materno-infantil;
IV – redução da taxa de analfabetismo;
V – melhoria das condições de habitação;
VI – universalização do saneamento básico;
VII – universalização dos níveis de ensino infantil, fundamental e médio;

VIII – fortalecimento do processo de interiorização do ensino superior;
IX – garantia de implantação de projetos para o desenvolvimento tecnológico; e
X – garantia da sustentabilidade ambiental.

Vale registrar alguns indicadores da área de atuação da Sudene, a saber:

a) 11 estados;
b) 1.989 municípios;
c) 1.133 municípios no semi-árido (SA/ÁREA de atuação): 57%;
d) 1,7 milhão de km^2 (NE/BR: 18%);
e) 3.300km de litoral;
f) 55,1 milhões de habitantes (NE/BR: 28%);
g) PIB de R$248,44 bilhões (NE/BR: 14,1%);
h) PIB de R$263,34 bilhões (área de atuação);
i) PIB de R$69,09 bilhões (SA/área de atuação): 26%;
j) PIB *per capita* de R$4.927,00 (NE/BR: 50,6%);
k) 0,676 IDH (NE/BR: 88,2%); e
l) 20% taxa de analfabetismo pessoas > de 10 anos (NE/BR: 2,0).

Uma inovação na nova Sudene é a criação dos Comitês de Articulação. Um deles é o Comitê Regional de Articulação dos Órgãos e Entidades Federais. O Comitê Regional de Articulação dos Órgãos e Entidades Federais, instituído pelo § 3º, art. 10 da Lei Complementar nº 125, de 3 de janeiro de 2007, é órgão de administração colegiada, de natureza permanente e de caráter consultivo.

O Comitê Regional de Articulação dos Órgãos e Entidades Federais tem como objetivos:

I – promover a integração das ações dos órgãos e entidades federais na área de atuação da Sudene;
II – auxiliar a Sudene no monitoramento da execução e avaliação do Plano Regional de Desenvolvimento do Nordeste;
III – trabalhar de forma integrada, visando evitar sobreposições na execução de programas, projetos e ações no Nordeste;
IV – propor prioridades setoriais e espaciais para aplicação dos recursos;
V – atuar em conjunto, visando a implementação dos programas definidos como prioritários para o Nordeste pelo governo federal.

VI – permitir um processo permanente de cooperação entre as instituições federais por meio da manutenção de um sistema permanente de informações sobre prioridades, formas de apoio e sistemática operacional; da adoção de medidas de coordenação de política e diretrizes de planejamento das instituições integrantes; da constituição, quando couber, de grupos mistos de trabalho para exame de aspectos de setores relevantes da atividade social e econômica regional, objetivando a harmonização e a complementação das formas de apoio a esses setores pelas instituições integrantes; da adoção, quando couber, de mecanismos de cooperação técnica e intercâmbio de informações com outras instituições de desenvolvimento atuantes na região; e do intercâmbio de informações sobre projetos de interesse de qualquer das instituições integrantes.

Esta é a nova Sudene que surge para promover o desenvolvimento do Nordeste, mas que tem muitos desafios a superar num cenário de ampliação da competitividade da economia nordestina.

A Suframa e o desenvolvimento da Amazônia Ocidental

*Oldemar Ianck**

*Superintendente Adjunto de Projetos da Suframa.

É consenso entre todos nós que a presença do Estado é indispensável na elaboração de estratégias de desenvolvimento, sobretudo em regiões que sofrem com profundas desigualdades sociais. Na parte ocidental da Amazônia e nos municípios de Macapá e Santana, no Amapá, o modelo Zona Franca de Manaus, ou Pólo Industrial de Manaus, expressa o núcleo dinâmico da mais bem-sucedida política federal de desenvolvimento para aquela região do país.

Conduzida pela Superintendência da Zona Franca de Manaus (Suframa), essa política denota pujança não apenas em seus indicadores econômicos de relevância, mas nos excedentes de receitas públicas que gera e que se destinam a investimentos em infra-estrutura, apoio à produção, capital intelectual e em ciência e tecnologia, entre outros elementos estruturantes para toda a Amazônia Ocidental e Amapá.

Quanto ao desempenho econômico, destacamos alguns indicadores referentes ao primeiro semestre de 2008, quando o Pólo Industrial de Manaus contabilizou mais de 500 empresas nacionais e internacionais em operação; investimentos consolidados superiores a US$8 bilhões e expectativa de mais de US$5,7 bilhões para os próximos três anos; faturamento da ordem de US$15 bilhões e que, ao final de 2008, deve superar US$30 bilhões; além da geração de, aproximadamente, 110 mil postos diretos de trabalho; entre outros.

Para os estados da Amazônia Ocidental e Amapá, os efeitos do dinamismo do Pólo Industrial de Manaus são igualmente relevantes. Os recursos arrecadados pela Suframa, junto às empresas da Zona Franca de Manaus, são fonte inigualável de investimentos amplos na modernização produtiva infra-estrutural de municípios da região, com a construção de aeroportos, portos e rodovias, além de estruturas turísticas, projetos pilotos de produção, capacitação de mão-de-obra e similares. Nos últimos seis anos, a Suframa aplicou cerca de R$500 milhões na região.

Soma-se a tudo isso a pujança da economia do Estado do Amazonas, que abriga o Pólo Industrial de Manaus e que, no cálculo referente ao ano de 2006, deve alcançar um PIB de R$40 bilhões, em torno de dois terços de toda a Amazônia Ocidental. Somente a arrecadação federal do Estado do Amazonas representa 65% de tudo que a União arrecada na 2ª Região Fiscal, que compreende os estados da Região Norte, exceto Tocantins. Com esse desempenho, o Amazonas acaba por energizar toda a economia da região de seu entorno, o que significa consumo massivo a demandar produção dos estados vizinhos, indução para a realização de obras de infra-estrutura inter-regionais, transferência de recursos de particulares residentes no núcleo dinâmico, além de se consolidar como centro robusto para a formação de capital intelectual.

Por todos os seus êxitos econômicos, o modelo Zona Franca de Manaus tem demonstrado ser a única política federal de desenvolvimento, em âmbito regional, que tem tido continuidade e consistência econômica capaz de responder a novos desafios. Tem sido capaz de produzir riquezas econômicas, distribuir benefícios sociais e, fundamental, contribuir para a proteção ambiental em níveis que chegam, como no Amazonas, a 98% da cobertura vegetal original.

No entanto, não são apenas os indicadores socioeconômicos que traduzem o significado estratégico do modelo Zona Franca de Manaus. Há um conjunto de iniciativas em estágios avançados de consolidação que revelam futuro auspicioso, como a implantação de dezenas de estruturas de Ciência, Tecnologia e Inovação (C,T&I), dentre as quais, de forma particular, destaco o Centro de Ciência, Tecnologia e Inovação do Pólo Industrial de Manaus (CT-PIM) e o Centro de Biotecnologia da Amazônia (CBA).

Com referência ao CT-PIM, consolidam-se iniciativas para o adensamento tecnológico do Pólo Industrial de Manaus e em apoio ao desenvolvimento de segmentos industriais de vanguarda, como os produtos embasados em tecnologia digital, em particular televisores, conversores de sinais e celulares, entre outros. Em relação ao Centro de Biotecnologia da Amazônia, este consolida-se como instituição capaz de atender aos objetivos propostos quando de sua concepção, qual seja, a de promover a geração de biotecnologias e produtos baseados na biodiversidade regional. Até o final de 2008, 31 das 35 unidades projetadas para o CBA estarão operando regularmente. Serão 23 laboratórios, cinco unidades de apoio técnico, duas unidades de apoio tecnológico e cinco áreas administrativas.

Não obstante sua infra-estrutura estar em consolidação, o CBA já desenvolve mais de uma dezena de projetos em áreas como de cosméticos, bioinseticidas, biocombustíveis, alimentos funcionais, bioprospecção de microorganismos e de cultura de tecidos de plantas amazônicas. Ainda com respeito ao CBA, é mister destacar que seu funcionamento já estaria a pleno vapor caso não persistissem as dificuldades em se identificar um modelo jurídico adequado a seus fins. Atualmente, consoante decreto federal, há um grupo interministerial trabalhando com o propósito de definir esse tão esperado modelo institucional para o CBA.

Outros projetos igualmente estratégicos para o futuro do modelo Zona Franca de Manaus de destaque são:

- a oferta de dezenas de graduações, especializações, mestrados e doutorados, a maioria financiada pela Suframa, para fomentar a formação de capital intelectual na região, em áreas estratégicas como Logística, Desenvolvimento Sustentável, Microeletrônica, Telecomunicações, Robótica, Informática e Engenharia de Produção;
- a ampliação da cooperação tecnológica internacional com institutos renomados, entre os quais o alemão Fraunhofer-IZM; o francês Le Pôle Minatec – Laboratoire d'Eletronique de Technologie de l'Information (Leti-Minatec); o belga Interuniversity MicroEletronics Center (IMEC); e o português Escola Superior de Tecnologia de Viseu;
- e, na área de logística, os concretos e céleres esforços visando o estabelecimento de novas rotas para o transporte de carga e fluxo turístico, a exemplo da interligação de Manta (costa do Oceano Pacífico, no Equador) a Manaus, visando conectar o Pólo Industrial de Manaus e toda a região aos mercados latinos da costa leste do Pacífico e ao grande mercado asiático, seja para importação de insumos, seja para exportação de produtos manufaturados.

Destaco, de forma particular, os estudos que apontam a viabilidade de implantação de um complexo gás-químico na região, com a disponibilização para Manaus, a partir de 2009, do gás natural da província petrolífera de Urucu, localizada no município amazonense de Coari. Tais estudos, realizados pela Suframa, constataram que a oferta do gás possibilitará a implantação de um complexo industrial relacionado a produtos como metanol, estirênicos e fertilizantes, da ordem de US$1 bilhão, com faturamento anual estimado em mais de US$1,63 bilhão, além de geração de oito mil empregos diretos na fase de implantação e outros dois mil diretos e 35 mil indiretos na fase de operação. E, mais que isso, dará início a um grande mercado de gás na região, um segmento oportuno para interagir com a oferta potencial de países vizinhos, como a Venezuela e a Bolívia.

Temos inúmeras razões para crer que nenhuma estratégia de desenvolvimento regional para a Amazônia pode prescindir das densas qualidades e da capacidade econômica do modelo Zona Franca de Manaus, sobretudo no que diz respeito à geração de riquezas e à redução das desigualdades regionais. A Suframa, como é sua prática corrente, está aberta ao diálogo e pronta para colaborar com a identificação de sinergias possíveis no âmbito da Amazônia, apoiando aquelas que sejam portadoras de capacidade para atrair investimentos, mas, sobretudo, aquelas que estimulem o surgimento de empreendimentos endógenos para que a geração de riqueza, emprego e renda tenha mais enraizamento regional.

Cartão Resposta

05012004B-7/2003-DR/RJ
Elsevier Editora Ltda

CORREIOS

ELSEVIER

SAC | 0800 026 53 40
ELSEVIER | sac@elsevier.com.br

CARTÃO RESPOSTA

Não é necessário selar

O SELO SERÁ PAGO POR

Elsevier Editora Ltda

20299-999 - Rio de Janeiro - RJ

Acreditamos que sua resposta nos ajuda a aperfeiçoar continuamente nosso trabalho para atendê-lo(la) melhor e aos outros leitores.
Por favor, preencha o formulário abaixo e envie pelos correios.
Agradecemos sua colaboração.

Seu Nome: _____

Sexo: ☐ Feminino ☐ Masculino   CPF: _____

Endereço: _____

E-mail: _____

Curso ou Profissão: _____

Ano/Período em que estuda: _____

Livro adquirido e autor: _____

Como ficou conhecendo este livro?
☐ Mala direta   ☐ E-mail da Elsevier
☐ Recomendação de amigo   ☐ Anúncio (onde?) _____
☐ Recomendação de seu professor?
☐ Site (qual?) _____   ☐ Resenha jornal ou revista
☐ Evento (qual?) _____   ☐ Outro (qual?) _____

Onde costuma comprar livros?
☐ Internet (qual site?) _____
☐ Livrarias ☐ Feiras e eventos ☐ Mala direta

☐ Quero receber informações e ofertas especiais sobre livros da Elsevier e Parceiros

Qual(is) o(s) conteúdo(s) de seu interesse?

Jurídico - ☐ Livros Profissionais ☐ Livros Universitários ☐ OAB ☐ Teoria Geral e Filosofia do Direito

Educação & Referência - ☐ Comportamento ☐ Desenvolvimento Sustentável ☐ Dicionários e Enciclopédias ☐ Divulgação Científica ☐ Educação Familiar
☐ Finanças Pessoais ☐ Idiomas ☐ Interesse Geral ☐ Motivação ☐ Qualidade de Vida ☐ Sociedade e Política

Negócios - ☐ Administração/Gestão Empresarial ☐ Biografias ☐ Carreira e Liderança Empresariais ☐ E-Business
☐ Estratégia ☐ Light Business ☐ Marketing/Vendas ☐ RH/Gestão de Pessoas ☐ Tecnologia

Concursos - ☐ Administração Pública e Orçamento ☐ Ciências ☐ Contabilidade ☐ Dicas e Técnicas de Estudo
☐ Informática ☐ Jurídico Exatas ☐ Língua Estrangeira ☐ Língua Portuguesa ☐ Outros

Universitário - ☐ Administração ☐ Ciências Políticas ☐ Computação ☐ Comunicação ☐ Economia ☐ Engenharia
☐ Estatística ☐ Finanças ☐ Física ☐ História ☐ Psicologia ☐ Relações Internacionais ☐ Turismo

Áreas da Saúde - ☐ Anestesia ☐ Bioética ☐ Cardiologia ☐ Ciências Básicas ☐ Cirurgia ☐ Cirurgia Plástica ☐ Cirurgia Vascular e Endovascular
☐ Dermatologia ☐ Ecocardiologia ☐ Eletrocardiologia ☐ Emergência ☐ Enfermagem ☐ Fisioterapia ☐ Genética Médica
☐ Ginecologia e Obstetrícia ☐ Imunologia Clínica ☐ Medicina Baseada em Evidências ☐ Neurologia ☐ Odontologia ☐ Oftalmologia
☐ Ortopedia ☐ Pediatria ☐ Radiologia ☐ Terapia Intensiva ☐ Urologia ☐ Veterinária

Outras Áreas - ______________________________

Tem algum comentário sobre este livro que deseja compartilhar conosco?

____

* A informação que você está fornecendo será usada apenas pela Elsevier e não será vendida, alugada ou distribuída por terceiros sem permissão preliminar.
* Para obter mais informações sobre nossos catálogos e livros por favor acesse **www.elsevier.com.br** ou ligue para **0800 026 53 40.**

Este livro foi impresso nas oficinas gráficas da Editora Vozes Ltda.,
Rua Frei Luís, 100 – Petrópolis, RJ,
com papel fornecido pelo editor.